U0554696

当代中国教育改革与创新

总主编　朱永新

当代中国高等教育

以变化适应未来人才需求

Higher Education in Contemporary China

Adapting to Future Talent Needs with Changes

主　编　瞿振元

副主编　胡建华　李立国

中国人民大学出版社

· 北京 ·

总 序

见证中国教育的成长

改革开放 40 年以来，中国发生了翻天覆地的巨变。40 年前的 1978 年，中国的国内生产总值（GDP）只有 3 600 多亿元；2017 年，中国的 GDP 达 827 122 亿元，增加了近 230 倍。中国奇迹、中国速度、中国故事，已经成为世界关注的重要话题。

在中国奇迹、中国速度的背后，中国教育的贡献是不言而喻的。如果没有中国教育为中国经济的发展提供重要的人力资源与智力支撑，这一切是不可能发生的。但是，中国教育一直没有引起真正的关注，直到一个偶然的事件，中国教育才为世界所瞩目。

2009 年，上海学生代表中国首度参加经济合作与发展组织（OECD）的国际学生评估项目（Programme for International Student Assessment, PISA）就拿了一个大满贯，包揽了数学、阅读和科学 3 个冠军。2013 年，上海学生以数学 613 分、阅读 570 分和科学 580 分的成绩，在所有 65 个国家（地区）中位居第一，再次夺魁。这一次，86.8％的上海学生的成绩达到或超过 OECD 平均成绩 494 分，呈现出上海义务教育校际差异小、均衡程度高的特点。一时间，"藏在深闺无人识"的中国教育成为世界教育的焦点。"上海为什么能？""中国教育到底有什么秘密武器？"许多关注中国教育的人不断追问。

一直埋头学习别国教育的我们，也开始仔细地打量自己。有着重视教育的深厚文化传统的中国，这些年来，在"穷国办大教育"的背景下，用世界最快的速度推进了学前教育，普及了义务教育，实现了高等教育的大众化。中国教育的悄然变革，让我们也重新认识了自己。

在国家教育投入上，连续多年占 GDP 的比重达 4％，2016 年中国教育经费总投入已达 3.89 万亿元，其中国家财政性经费投入首次超过 3 万亿元。

在教育普及上，2016 年，中国的学前教育毛入园率为 77.4％，小学净入学率为 99.9％，初中毛入学率为 104％，九年义务教育巩固率为 93.4％，高中阶段毛入学率为 87.5％，高等教育毛入学率为 42.7％。这些数据均超过中高收入国家平均水平。

在信息化建设上，全国中小学生基本实现电子学籍管理，各级各类学校互联网的接入，从 5 年前的 20％左右，增加到现在的 94％多。6.4 万个教学点实现数字教育资源全覆盖，惠及 400 多万偏远农村地区的孩子。

在推进教育公平上，90％以上残疾儿童享有受教育机会，80％以上的农民工随迁子女在流入地公办学校就学。全国 2 379 个县（市、区）通过义务教育发展基本均衡督导评估，约占全国总数的 81％，11 个省份整体通过。高考录取率最低省份与全国平均水平的差距从 2010 年的 15.3 个百分点缩小至 2017 年的 4 个百分点以内。

在教育国际化上，我国已成为世界第三、亚洲最大的留学目的国，来华留学人员突破 44 万人，生源地国家和地区总数为 205 个。80％出国留学人员选择毕业后回国发展、为国服务。与 188 个国家和地区建立教育合作交流关系，与 46 个重要国际组织开展教育交流，与 47 个国家和地区签署学历学位互认协议。

我们每个人都见证了中国经济的高歌猛进和中国教育的快速成长。40 年来，中国的教育成就是全方位、开创性的，中国的教育变革是深层次、根本性的。从"有学上"到"上好学"，从普及教育到均衡发展再到内涵发展，从教育大国迈向教育强国，中国教育进入了一个新时代。

在看到这些成就的同时，我们也清晰地意识到中国教育面临的困难与问题，看到人民群众日益增长的对于美好教育的需求与我们教育自身发展的不均衡不充分之间的矛盾，看到中国教育与世界先进国家教育之间的差距。

看到，是一种见证。见证，是为了建设。这就是我们编写"当代中国教育改革与创新书系"的初衷。一方面，我们希望通过这套丛书系统总结中国改革开放 40 年以来教育发展的经验和教训，梳理我们在幼儿教育、基础教育、职业教育、高等教育、国际教育，以及区域教育改革和民间教育实验方面取得的成果；另一方面，我们希望把中国教育正在发生的故事介绍给世界，让世界了解真实的中国教育，并在与世界交流的过程中丰富和完善我们自己的教育。

"当代中国教育改革与创新书系"是一套开放的丛书，既有宏观层面的研究，也有微观层面的叙事。丛书既囊括了荣获首届国家基础教育教学成果特等奖的情境教育，又分享了在全国具有广泛影响力的新教育实验的最新成果；既介绍了在科技不断发展和互联网革命背景下不断快速发展的职业教育、国际教育，也总结了日新月异的家庭教育、学前教育进程；既以在 PISA 评比中崭露头角的上海教育为典型探讨了如何通过教师教育培训提升教学质量，也分析了海门作为县级市在改变区域教育生态方面所做的内容和制度创新。我们希望尽可能全面地反映改革开放 40 年以来中国教育改革与创新的成果，但由于多种原因，难免有遗珠之憾，因此，欢迎各个领域的专家积极联系我们，为我们出谋划策，提出宝贵建议，帮助我们发现优秀的教育案例与故事，也欢迎毛遂自荐提供相关的素材，更欢迎相关专家指导和参与这套丛书的编写工作。

朱永新

于北京滴石斋

2018 年 6 月 4 日

目　录

第一章
中国高等教育的发展

世纪之交，中国高等教育迈出了大改革大发展的坚实步伐，高等教育的跨越式发展较好满足了社会经济和文化发展的需求，不断满足了人民群众日益增长的接受高等教育的需求，推动了经济社会的可持续发展，中国成为名副其实的高等教育大国。

2010 年以来，高等教育站在了由大向强的新起点上。国务院发布的《国家中长期教育改革和发展规划纲要（2010—2020 年）》绘制了教育发展的宏伟蓝图。为适应全面建成小康社会、建设创新型国家和人力资源强国的需要，我国加快了从高等教育大国向高等教育强国迈进的步伐。

第一节　中国高等教育的发展成就

一、高等教育大众化水平持续提升

高等教育招生规模和在校生规模在 1999—2005 年呈现持续快速增长态势，自 2006 年起招生规模呈减速增长趋势，特别是自 2010 年起更是呈现低速增长态势。

自 1999 年年始，我国高等教育连年大幅扩招，拉开了普通高等学校扩招的序幕，1999—2005 年每年扩招速度都在 20％以上。2007 年，《国家教育事业发展"十一五"规划》出台，开始有计划地降低扩招速度，使每年招生增长率不超过 10％。2010 年出台的《国家中长期教育改革和发展规划纲要（2010—2020年）》更是明确地提出了低速增长的方针，2010—2020 年每年招生增速保持在 2％～3％。从 2011 年起，中国高等学校无论招生人数还是在校生人数都保持基本稳定。中国高等教育大众化已进入规模相对稳定的发展新时期。2019 年，中国高等教育毛入学率达到 51.6％，正式进入高等教育普及化发展阶段，中国高等教育发展进入新时期。

1999—2019 年的招生人数、在校生人数、毛入学率如表 1-1 所示。

表 1-1　1999—2019 年的招生人数、在校生人数、毛入学率

年份	招生人数（人）	在校生人数（人）	毛入学率（％）
1999	1 548 554	4 085 874	10.5
2000	2 206 072	5 560 900	12.5
2001	2 682 790	7 190 658	13.3
2002	3 204 976	9 033 631	15.0
2003	3 821 701	11 085 642	17.0

续前表

年份	招生人数（人）	在校生人数（人）	毛入学率（%）
2004	4 280 750	12 845 873	19.0
2005	4 837 445	15 060 351	21.0
2006	5 307 628	16 870 435	22.0
2007	5 551 665	18 424 493	23.0
2008	5 974 805	19 852 665	23.3
2009	6 312 722	21 132 684	24.2
2010	6 548 833	22 077 870	26.5
2011	6 753 113	22 888 480	26.9
2012	6 888 336	23 913 155	30.0
2013	6 998 330	24 680 726	34.5
2014	7 213 987	25 476 999	37.5
2015	7 378 495	26 252 968	40.0
2016	7 486 110	26 958 433	42.7
2017	7 614 893	27 535 896	45.7
2018	7 909 931	28 310 348	48.1
2019	9 149 026	30 315 262	51.6

资料来源：教育部网站。

2019 年，全国共有普通高等学校和成人高等学校 2 956 所，其中，普通高等学校 2 688 所（含独立学院 257 所）（见图 1-1），成人高等学校 268 所；在普通高等学校中，本科院校 1 265 所，高职（专科）院校 1 423 所。高等教育在学总规模 4 002 万人，比 2010 年增长 69.5%（见图 1-2）；毛入学率达到 51.6%，比 2010 年增长 25.1 个百分点，超过中高收入国家平均水平。

高等教育体系进一步健全。2019 年，普通高等教育本专科共招生 914.90 万人，在校生 3 031.53 万人，毕业生 758.53 万人。成人高等教育本专科共招生 302.21 万人，在校生 668.56 万人，毕业生 213.14 万人。

2019 年，全国共有研究生培养机构 828 个，其中，普通高校 593 个，科研机构 235 个。研究生招生 91.65 万人，其中，博士生招生 10.52 万人，硕士生招生 81.13 万人。在校研究生 286.37 万人，其中，博士生在校 42.42 万人，硕士生在校 243.95 万人（见图 1-3）。毕业研究生 63.97 万人，其中，毕业博士生 6.26 万人，毕业硕士生 57.71 万人。专业学位研究生教育加速发展，硕士层次专业学位类型由 2009 年的 19 个增加到 2018 年的 47 个，基本覆盖国民经济和社会发展的主要领域，专业学位招生占研究生招生总数的比例由 2009 年的 14.1% 提高到 2018 年的 50.05%，改变了长期以来研究生招生以学术学位研

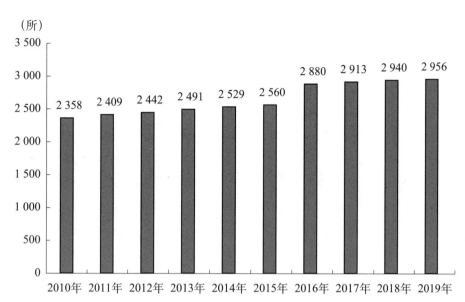

图 1-1　2010—2019 年全国普通高等学校和成人高等学校数量

资料来源：教育部网站。

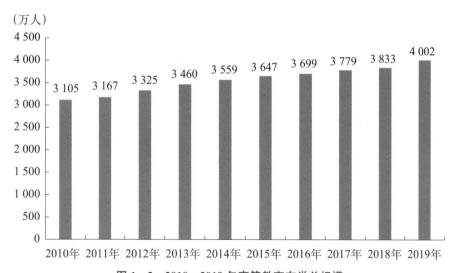

图 1-2　2010—2019 年高等教育在学总规模

资料来源：教育部网站。

究生为主的局面。其中，硕士专业学位研究生占招生总数的 57.68%。博士层次专业学位已有金融、教育、工程、电子信息、机械、材料与化工、资源与环境、能源动力、土木水利、交通运输、兽医、临床医学、口腔医学和中医学等 14 个种类，其中工程博士涵盖电子与信息、生物与医药、先进制造、

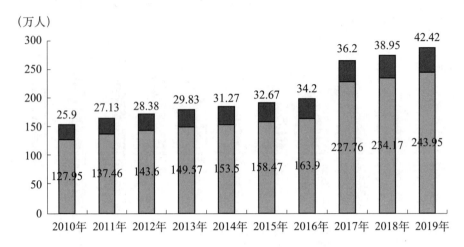

（万人）

图 1-3 研究生教育规模稳步提高

资料来源：教育部网站。

能源与环保四个领域，进一步满足了国家重大工程项目对高层次工程技术领军人才的需求。

高等职业教育大力发展，高职院校数量占全国高校"半壁江山"；高等继续教育深入发展，建立了国家、地方两级开放大学；高等民办教育积极发展，普通本专科在校生占全国在校生数的 23.4%。2019 年，民办高校 757 所（含独立学院 275 所，成人高校 1 所），招生 219.69 万人，在校生 708.83 万人。其中，硕士在校生 876 人，在学 1 865 人，本科在校生 439.03 万人，高职（专科）在校生 269.79 万人。民办的其他高等教育机构 784 所，各类注册学生 51.37 万人。

学校办学规模趋于稳定。普通高等学校校均规模 11 260 人，其中，本科学校 15 179 人，高职（专科）学校 7 776 人。普通高等学校教职工 256.67 万人，专任教师 174.01 万人。普通高校生师比为 17.95∶1，其中，本科学校 17.39∶1，高职（专科）学校 19.24∶1。普通高校专任教师年龄层次发展均衡，如图 1-4 所示。

教育公平持续推进，人民群众获得感增强。农村和贫困地区学生上重点高校人数大幅提升，农村户籍大学生招生占比超过 60%，千万家庭有了第一代大学生。研究生教育实现 56 个民族全覆盖。自 2012 年起，先后实施"国家农村贫困地区定向招生""面向贫困地区定向招生专项计划"等计划，畅通农村和贫困地区学生纵向流动渠道。2015 年，专项计划共招收 7.5 万名学生，比 2014 年增长了 10.5%。扩大"支援中西部地区招生协作计划"规模，安排专门招生

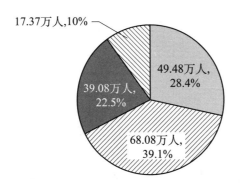

17.37万人,10%

49.48万人,28.4%

39.08万人,22.5%

68.08万人,39.1%

▨35岁以下　▨35~44岁　▥45~54岁　▤55岁及以上

图1-4　2019年全国普通高校专任教师年龄层次状况

资料来源：教育部网站。

指标，由高等教育资源丰富的东部省市高校，招收升学率相对偏低的中西部省份学生。2010 年到 2014 年，累计安排招生计划 90 万人。据初步统计，2015 年，录取率最低省份与全国平均水平的差距从 2010 年的 15.3 个百分点缩小至 5 个百分点以内。

健全了从本专科到研究生教育的家庭经济困难学生资助政策体系（见图 1-5）。在本专科教育方面，形成了奖、贷、助、补、减和勤工助学相结合的资助政策体系。国家奖学金奖励特别优秀本专科生，每年 6 万名，每生 8 000 元；国家励志奖学金奖励品学兼优的家庭经济困难本专科生，向国家急需的农林水地矿油等专业学生倾斜，每生每年 5 000 元，约占在校生总数的 3％；对家庭经济困难学生提供国家助学金，平均每生每年 3 300 元，覆盖 20％的在校生。2014 年将本专科生助学贷款限额由 6 000 元提高到 8 000 元，2015 年将贷款最长期限从 14 年延长到 20 年。同时，家庭经济困难的新生可以通过高校"绿色通道"先办理入学手续。从 2012 年起，在中西部地区启动家庭经济困难新生入学资助项目，为他们提供一次性交通费及入学后短期生活费。在研究生教育方面，设立研究生国家奖学金，每年 4.5 万名，其中硕士生 3.5 万名、每生每年 2 万元，博士生 1 万名、每生每年 3 万元。完善研究生国家助学金奖助政策体系，从 2014 年秋季学期起，硕士研究生国家助学金标准达到每生每年 6 000 元，博士研究生国家助学金标准达到每生每年 10 000 元。

扩大残疾人接受高等教育的机会。在国家高考中为盲人考生印制专门试卷，在硕士研究生招生考试中实行残疾学生单考单招，专门设立残疾人中医专业硕士学位，为更多残疾人提供了进入高一级学校深造学习的机会。

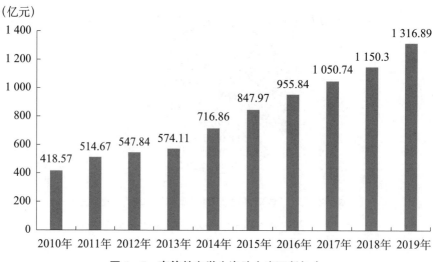

图 1-5 高等教育学生资助力度不断加大

资料来源：教育部网站。

二、高等教育服务经济社会发展的能力显著提高

接受高等教育文化程度人口大幅增长。从全国第六次人口普查（以下简称"六普"）数据看，2000—2010 年，中国 GDP 年均增长率超过 10%（为 10.46%），高等教育文化程度人数年均增长率也超过了 10%（为 10.12%）。具有大学（大专以上）文化程度人口，从 2000 年的 4 563 万人增加至 2010 年的 11 964 万人，已经高于世界第十一大人口国家墨西哥的总人口（2010 年为 11 409 万人），与世界第十大人口国家日本的总人口（2010 年为 12 648 万人）接近。具有高中（含中专）文化程度人口，从 2000 年的 14 068 万人增加至 2010 年的 18 799 万人，年均增长率达到 2.94%。综上，高中以上文化程度人数从 2000 年的 18 631 万增加至 2010 年的 30 763 万，已与世界第三大人口国家美国的总人口（2010 年为 30 933 万人）相当接近。"十二五"期间（2010—2015年），我国普通高校累计输送 3 550 万专门人才，接受过高等教育的新成长劳动力超过 45%，为推动大众创业、万众创新培养了大批生力军。中国开始形成世界级人才城市。从"六普"数据可以看到，中国接受高等教育文化程度人口集聚趋势更加明显，北京、上海等地迅速成为世界级人才城市。北京市大学文化程度人口，1990 年只有 100 万人，2010 年达到 617.8 万人；上海市大学文化程度人口从 1990 年的 87 万人增加到 2010 年的 505.31 万人；天津市大学文化程度人口从 1990 年的 41 万人增加到 2010 年的 226.16 万人；重庆的这一数字在

2000 年仅为 87 万人，但 2010 年已达到 249.3 万人，年均增长 11.15%，在四个直辖市中增长最快。四直辖市合计占全国总数的 11.5%。北京、上海不仅是中国大学之都、人才之都，而且也是世界大学之都、人才之都。

2010—2016 年，全国高校科技经费稳步提高（见图 1 - 6）。高校牵头承担 80% 以上的国家自然科学基金项目和一大批 "973" "863" 国家重大科技计划，产出了一大批标志性成果。高校科技论文发表量也在稳步增长（见图 1 - 7）。2013 年，我国作者（第一作者）发表 SCI[①] 论文 20.41 万篇，其中 82.2% 出自

图 1 - 6　全国高校科技经费稳步提高

资料来源：教育部网站。

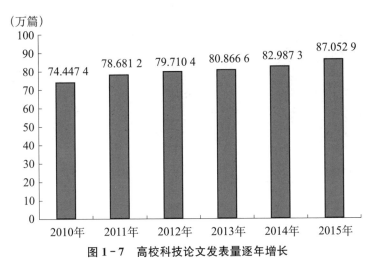

图 1 - 7　高校科技论文发表量逐年增长

资料来源：教育部网站。

---

① SCI 为 Science Citation Index（美国科学引文索引）的简称。

高校。现在，世界上每 7 篇 SCI 论文中就有 1 篇出自我国高校。科研能力和学科建设水平的提高使我国高校的国际学术排名显著前移，近 600 个学科进入世界同类学科前 1%，位居全球第六，50 多个学科进入前 1‰。115 家国家大学科技园在成果转化、企业孵化等方面发挥了重要作用。2014 年大学科技园在孵企业共申请专利 1.2 万余项，一大批研究成果直接服务于国家重大经济和社会需求（见图 1-8）。图 1-9 为 2011—2019 年国家科技三大奖高校获奖比例情况。

图 1-8　全国高校专利申请和授权数量不断增加

资料来源：教育部网站。

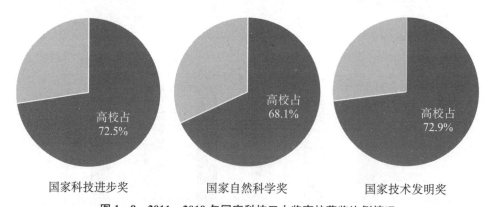

图 1-9　2011—2019 年国家科技三大奖高校获奖比例情况

资料来源：教育部网站。

加快建设一流大学和一流学科。近年来，高校学科国际影响力明显提升，近 600 个学科进入基本科学指标数据库（Essential Science Indicators，ESI）前 1%，位列全球第六，50 多个学科进入世界同类学科前 1‰。我国一流大学和一流学科建设成效显著，受到国际社会的广泛关注。为了解决高校特别是新建本科院校"同质化"办学问题，国家大力推动地方本科高校向应用型高校转变。目前，已有 26 个省份启动了这项工作，近 150 所高校开始转型发展，着力培养应用型、技术技能型人才，服务地方经济社会发展。

近年来，高职院校增强了服务区域经济社会发展能力，重点向中小城市布局，超过 53％的高职院校设在地级市及以下地区。强化与产业结构升级和高新技术发展同步，高职新增专业点 3 504 个。推进校企全面合作，成立了 62 个行业职业教育教学指导委员会，组建约 1 000 个职教集团，覆盖 70％以上高职院校。强化工学结合，现代学徒制试点全面展开，推动职业院校与合作企业共同研制人才培养方案、开发课程教材、实施教育教学、组织考核评价。进一步增强吸引力，高职毕业半年后就业率达 90％，对口率达 76％。通过高等职业教育发展，更多孩子圆了大学梦，成为家庭第一代大学生，获得改变个人和家庭命运的机会。

三、高等教育国际交流日益扩大

在国际经济竞争与合作日益紧密的今天，世界各国越来越将文化和教育交流视为增强其全球影响力和实现其政治利益的有效途径，并将接收和培养外国留学生作为其全球发展战略的重要组成部分。改革开放以来，特别是进入 21 世纪以来，中国高等教育国际化进程实现了跨越性发展。中国已经成为世界第三、亚洲第一的留学生接收国，中国高等教育竞争力日益增强，出国留学学生数量大幅增长，境外办学能力有了突破，对外文化传播影响力日益增强，部分学科实力在全球排名不断攀升，中国高等教育国际化已经迈出了实质性步伐。

进入 21 世纪以来，来华留学的人数激增。据统计，2019 年共有来自 202 个国家和地区的 397 635 名各类外国留学人员在 31 个省、自治区、直辖市的 811 所高等学校、科研院所和其他教学机构中学习。通过实施"留学中国计划"，我国正成为新兴留学目的地国，来华留学中的学历学生比例稳步提高（见图 1 - 10）。

根据教育部公布的 2019 年的相关数据，来华留学生按照洲统计：亚洲 240 154 人，占比 60.40％；欧洲 66 749 人，占比 16.79％；非洲 49 792 人，占比 12.52％；美洲 34 934 人，占比 8.79％；大洋洲 6 009 人，占比 1.51％。

2018 年，按来华留学生国别排序前 15 名分别为：韩国 50 600 人，泰国 28 608 人，巴基斯坦 28 023 人，印度 23 198 人，美国 20 996 人，俄罗斯 19 239 人，印度尼西亚 15 050 人，老挝 14 645 人，日本 14 230 人，哈萨克斯坦 11 784 人，越南 11 299 人，孟加拉国 10 735 人，法国 10 695 人，蒙古 10 158 人，马来西亚 9 479 人。

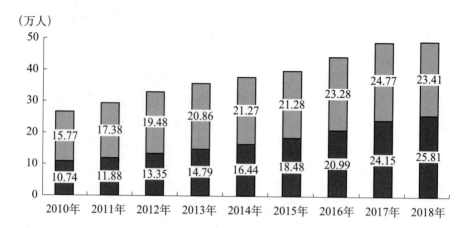

图 1 - 10　来华留学生规模不断扩大

资料来源：教育部网站。

按去向省、自治区、直辖市排序，前 10 名分别为：北京 80 786 人，上海 61 400 人，江苏 45 778 人，浙江 38 190 人，辽宁 27 879 人，天津 23 691 人，广东 22 034 人，湖北 21 371 人，云南 19 311 人，山东 19 078 人。

按留学生类别统计：接受学历教育的外国留学生总计 258 122 人，占来华学生总数的 52.44%，比 2017 年增加了 16 579 人，同比增加了 6.86%；硕士和博士研究生共计 85 062 人，比 2017 年增加了 12.28%，其中，博士研究生 25 618 人，硕士研究生 59 444 人。2018 年，来华留学非学历学生数为 234 063。

按经费办法统计：中国政府奖学金生 63 041 人，占来华留学生总数的 12.81%；自费生 429 144 人，占来华留学生总数的 87.19%。

中外合作办学在不断扩大，数量由 2010 年的 502 所增至 2015 年的 1 112 所，增长率超过 100%（见图 1 - 11）。"引进来"与"走出去"同步提高，高质量中外合作办学资源持续增多。海外办学迈出实质性步伐，已有厦门大学马来西亚分校、老挝苏州大学等 4 所机构 98 个项目在境外落地。在 162 个国家设立了 541 所孔子学院和 1 170 个孔子课堂。170 多个国家开设汉语课程或专业，61 个国家和欧盟已将汉语教学纳入国民教育体系，外国汉语学习者达 1 亿人。

推进开放式合作办学与国际人才联合培养。近年来，中国高校与海内外高校合作开展开放办学与人才培养工作日益加强，通过在海外设立联合学位教育项目、扩大学生海外交流等促进中国高等教育国际化。在本科教育阶段部分学科专业通过"2＋2""3＋1""3＋2"等模式联合授予学位；注重国际化培养，选派高年级学生到国外一流大学学习，进入实验室接触科学前沿；拓展本土国

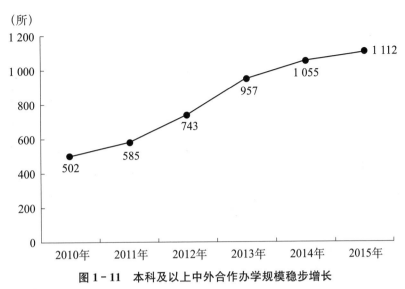

图 1 - 11　本科及以上中外合作办学规模稳步增长

资料来源：教育部网站。

际化办学能力，吸引世界知名教授授课或参与海外名校在线课堂，举办国际夏令营，营造国际化学习氛围。在国际联合培养方面，上海纽约大学、宁波诺丁汉大学、西交利物浦大学、中国人民大学中法学院等已经成为国际合作办学的新载体。西交利物浦大学教师全球招聘，招收来自数十个国家的近百名留学生，通过"2+2"和"4＋X"合作协议，学生具备长期的国外学习经历。中国人民大学中法学院，采取"五年三学位"的培养计划，学生分不同年限在国内和法国两地学习，合格者可以同时获得中、法两国学士学位，并可自愿继续深造获得法国硕士学位。

出国留学与学成归国的学生数量同步扩大（见图 1 - 12）。2018 年我国当年出国留学人员 66.21 万人，比 2009 年增加了 188.70％；各类留学回国人员51.94 万人，比 2009 年增加了 379.22％。教育部最新统计数据显示，2018 年度我国出国留学人员总数达 66.21 万。其中国家公派 3.02 万人，单位公派 3.56万人，自费留学 59.63 万人。从结构上看，自 2001 年起，自费出国人员一直占出国留学人员总数的 90％以上。进入 21 世纪以来，中国在美留学生占美国国际学生比例一直超过 10％，自 2003—2004 学年起，更是连续 12 年持续攀升，从 10.79％增长到 31.19％，增长近 3 倍。2009—2010 学年，中国在美留学生达到 127 628 人，首次超过印度。之后，连续 6 年都为最大美国国际学生来源国。2014—2015 学年，中国在美留学生数量保持平稳增长，首次突破 30 万，达304 040 人，相较 2013—2014 学年增长 10.79％。根据美国国家科学基金会的数据，在美国，出生在海外的持有理科或工科博士学位者约有 1/4 来自中国。

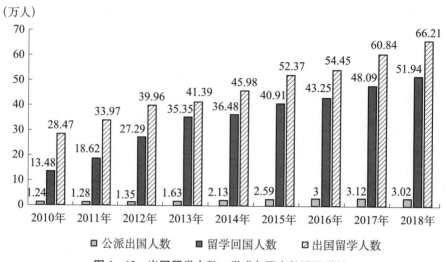

图1-12　出国留学人数、学成归国人数明显增长

资料来源：教育部网站。

四、全面提高高等教育质量成为时代最强音

美国学者马丁·特罗（Martin Trow）曾指出，在任何国家，高等教育所出现的问题都是与它的扩展相关联的，并且，高等教育大众化既包含量的增长，又包含质的变化。高等教育从精英教育阶段向大众化教育阶段的转变，不仅是毛入学率的提高，而且包括高等教育的观念、功能、学校类型与规模、质量标准、入学与选拔方式、教学内容和学科专业设置、教学管理方式等方面的全方位变革。高等教育大众化，不仅有量的标准，而且有质的要求。现在高等教育进入大众化阶段主要是从量的方面讲。从质的方面讲，这些年来很多高等学校都进行了改革和探索，但是有领导、有步骤、有计划、有目的的系统的变革还是很稀少，并没有形成系统的提高高等教育质量的指导方针和原则。如果不着力提高高等教育质量，就有可能导致一个低水平、低标准、低层次的高等教育体系。提高高等教育质量，是在新的历史条件下、新的历史起点上提出的国家指导高等教育发展的大政方针。提高高等教育质量，要从宏观入手、微观发力，从宏观和微观结合上努力。

2012年的《关于全面提高高等教育质量的若干意见》把人才培养作为提高质量的首要工作，强调要重新认识高校的根本任务是培养人，进一步树立以人才培养为中心的理念，把人才培养质量作为衡量办学水平的最主要标准；进一步树立以适应经济社会发展和国家战略需求为检验标准的理念，把社会评价作为衡量人才培养质量的重要指标；进一步树立以学生为本的理念，把一切为了学生健康成长作为教育工作的首要追求。

国家出台了一系列提高人才培养质量的系列具体举措。例如，设置国家级工程实践教育中心，促进创新人才培养。2012 年 7 月，教育部等 23 个部门批准中国建筑工程总公司等 626 家企事业单位为首批国家级工程实践教育中心建设单位。在企业建设工程实践教育中心是卓越计划的重大改革举措，此前已有 194 所高校和 980 家企事业单位联合申报了国家级工程实践教育中心。同时，教育部决定 2013 年在中央部门所属高等院校立项建设 80 个"本科教学工程"大学生校外实践教育基地。

同时，为了促进高等教育的区域均衡发展，提高中西部地区高等教育的办学水平，国家积极推进"中西部高等教育振兴计划"，力促中西部高校的崛起（见表 1-2）。教育部在 2012 年 1 月 20 日印发的《教育部 2012 年工作要点》的通知中要求，启动实施中西部高等教育振兴计划，促进高等教育特色发展。从 2012 年开始到"十二五"末，国家将积极推进"中西部高等教育振兴计划"，该计划旨在通过中央和地方财政及政策的支持，改善中西部高校办学条件，提高办学水平，有效增加区域内优质高等教育资源。2012 年，该计划推出了两项重要建设工程。一是"中西部高校基础能力建设工程"。中央政府为振兴中西部高等教育，使中西部一批本科高校的实力得到较大提升，计划重点支持建设中西部 23 个省（市、区）和新疆生产建设兵团所属的 100 所地方高校的发展建设。二是实施"中西部高校综合实力提升工程"，由中央财政投入 60 亿元，在 13 个没有教育部直属高校的中西部省份和新疆生产建设兵团，各支持建设一所有特色、高水平的地方高校。

表 1-2　"中西部高等教育振兴计划"实施情况

项目名称	主要内容	参与学校
中西部高校基础能力建设工程	投入 100 亿元，支持中西部 23 个省（市、区）和新疆生产建设兵团所属 100 所高校加强基础能力建设	100 所
中西部高校综合实力提升工程	投入 60 亿元，在没有教育部直属高校的 13 个省（区）和新疆生产建设兵团各支持重点建设一所高校	14 所
千名中西部大学校长海外研修计划	由香港李兆基基金会和培华教育基金会共同出资 8 000 万元与教育部合作开展，计划 2012 年到 2016 年间，资助千名中西部地方公办高校领导干部赴海外进行研究培训	中西部地方公办高校

资料来源：教育部网站。

另外，教育部还与香港李兆基基金会和培华教育基金会合作开展了"千名中西部大学校长海外研修计划"。

五、高等教育经费投入稳步增长

高等教育经费投入特别是生均教育经费和生均预算内教育经费自 1999 年到 2005 年呈连续下降态势，自 2006 年起呈逐年递增态势，2009 年恢复到了 1999 年的水平，2011 年增幅尤为明显。高等教育经费投入尤其是财政性教育经费投入的增加对于提高教育质量来说是最重要的物质保障。

高等教育生均教育经费、生均预算内教育经费和生均预算内公用经费是反映高等教育投入的最重要指标，直接制约着普通高校办学条件能否改善、办学质量能否有效提高。自 1999 年扩招始，我国高等教育投入虽连年持续增加，但是增长速度赶不上扩招速度，导致 1999—2005 年无论是高校生均教育经费，还是生均预算内教育经费和生均预算内公用经费都呈逐年下降趋势。自 2006 年始，才呈现缓慢回升态势，到 2009 年终于回到了 1999 年的水平。由于《国家中长期教育改革和发展规划纲要（2010—2020 年）》提出到 2012 年实现财政预算内教育经费达到占 GDP 4% 的目标，2011 年高等教育生均预算内教育经费和生均预算内公用经费增幅显著（见表 1-3）。

表 1-3 1999—2018 年普通高校生均教育经费、生均预算内教育经费、生均预算内公用经费

年份	生均教育经费（元）	生均预算内教育经费（元）	生均预算内公用经费（元）
1999	15 231.00	8 914.00	2 962.37
2000	15 974.00	8 625.00	2 921.23
2001	15 445.00	7 793.00	2 613.56
2002	15 119.56	7 021.06	2 453.47
2003	14 962.77	6 522.48	2 352.36
2004	14 928.92	6 220.60	2 298.41
2005	15 025.47	5 594.71	2 237.57
2006	15 332.80	6 395.38	2 513.33
2007	16 319.98	6 963.29	2 596.77
2008	17 972.13	8 241.58	3 235.89
2009	18 646.97	9 035.33	3 802.49
2010	20 497.92	10 144.33	4 362.73

续前表

年份	生均教育经费（元）	生均预算内教育经费（元）	生均预算内公用经费（元）
2011	24 753.14	14 442.20	7 459.51
2012	24 130.90	16 367.21	9 040.02
2013	26 086.50	15 591.72	7 899.07
2014	26 791.00	16 102.72	7 637.97
2015	29 471.00	18 143.57	8 280.08
2016	30 457.00	18 747.65	8 067.26
2017	33 481.00	20 298.63	8 506.02
2018	36 294.00	20 973.62	8 825.89

资料来源：教育部网站。

2005 年为历史最低点，2005 年我国高等教育财政性经费投入为 1 129 亿元（其中普通高校为 1 091 亿元），当年的 GDP 为 183 218 亿元，高等教育财政性经费投入占 GDP 的比重为 0.62%，其中，普通高等教育财政性经费投入占 GDP 的比重为 0.59%。联合国教科文组织在《教育数据和指标》中分析了 85 个国家的 2005 年高等教育财政性经费投入数据，结果显示，21 个发达国家的平均值为 0.99%，而 64 个发展中国家的平均值为 0.74%，85 个国家的平均值为 0.82%。2005 年，我国的这一比例不仅低于发达国家的平均值，也低于发展中国家的平均值。据计算，与 2005 年中国经济发展水平相应的高等教育财政性经费投入占 GDP 的比重平均应该为 0.78%；与中国经济发展水平相应的财政性经费占高等教育总经费的比重平均应该为 61.6%，而当年我国的实际值为 45.0%，低了 16.6 个百分点。

从 2006 年起，高等教育财政性经费投入占 GDP 的比重不断提高，2006 年是 0.60%，2007 年是 0.62%，2008 年是 0.66%，2009 年是 0.68%，2010 年是 0.74%，2011 年是 0.87%。从 2006 年起，普通高等教育财政性经费投入占 GDP 的比重也在不断提高，2006 年是 0.58%，2007 年是 0.60%，2008 年是 0.64%，2009 年是 0.66%，2010 年是 0.72%，2011 年是 0.85%。

自 2010 年以来，高等教育财政性经费投入增幅显著。高等教育财政性经费投入占 GDP 的比重在 2011 年达到 0.87%。高等教育生均教育经费、生均预算内教育经费和生均预算内公用经费明显提高。2012 年，伴随"国家财政性教育经费支出占 GDP 比重不低于 4%"目标的实现，高等教育财政性经费投入有较大提升，为全面提高高等教育质量提供了经费保障（见图 1-13、图 1-14）。

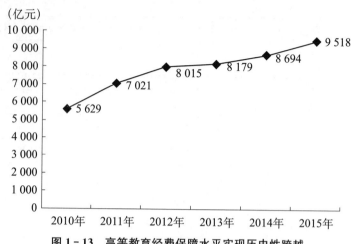

图1-13　高等教育经费保障水平实现历史性跨越

资料来源：教育部网站。

图1-14　普通高校生均教育经费整体稳步提高

资料来源：教育部网站。

第二节　中国高等教育发展的基本经验

党的十八大以来，以习近平同志为核心的党中央十分重视高等教育的发展，深刻回答了"培养什么人、怎样培养人、为谁培养人"这一重大理论和实践问题。在 2018 年 9 月 10 日召开的全国教育大会上，习近平指出，"在实践中，我们就教育改革发展提出一系列新理念新思想新观点，主要有以下几个方面，坚持党对教育事业的全面领导，坚持把立德树人作为根本任务，坚持优先发展教育事业，坚持社会主义办学方向，坚持扎根中国大地办教育，坚持以人民为中心发展教育，坚持深化教育改革创新，坚持把服务中华民族伟大复兴作为教育的重要使命，坚持把教师队伍建设作为基础工作。这是我们对我国教育事业规律性认识的深化，来之不易，要始终坚持并不断丰富发展。"① 具体到高等教育领域，我们的基本经验主要包括以下几点。

一、立足中国国情，走中国特色高等教育之路，是我国高等教育发展的必然选择

2018 年 5 月 2 日，习近平在北京大学师生座谈会上强调："人才培养体系必须立足于培养什么人、怎样培养人这个根本问题来建设，可以借鉴国外有益做法，但必须扎根中国大地办大学。"② 纵观中外大学发展史，一流大学都是在服务所在国家和地区的需求中得到发展的。服务国家战略和经济社会发展是大学自身发展的源头活水。

世界各国都在积极探索建立一个既满足本国经济、社会发展需要，又适应经济全球化要求的高等教育发展新模式。新中国高等教育的发展既有光辉成就，也有曲折探索。从历史经验看，我国高等教育发展必须立足中国国情，走中国特色高等教育之路，即遵循社会主义教育制度的本质要求，适应以全面建设小康社会为标志的现代化建设的多方面需求，适应国家现代化建设对人才和智力支持的新要求，坚持以中国的现实问题解决为目标，适应人民群众对于高等教育多层次、多类型、高质量的新期盼，并始终坚持对中华民族传统精神和学术文化的继承性和创新性。

二、遵循高等教育规律，坚持以人民为中心的高等教育发展理念，是我国高等教育发展的必由之路

高等教育发展必须遵循其自身发展规律。长期以来，我们在高等教育发展

---

① 习近平 . 坚持中国特色社会主义教育发展道路　培养德智体美劳全面发展的社会主义建设者和接班人 . 人民日报，2018 - 09 - 11.
② 习近平 . 习近平在北京大学师生座谈会上的讲话 . 人民日报，2018 - 05 - 03.

的指导思想上存在着急于求成的情况，每当经济发展加快，大都伴随着高等教育的急剧扩张，在每次发展之后又总会经历一个结构调整和强调质量的阶段。此外，在中国特色社会主义进入新时代的新形势下，高等教育的发展思想必须更加强调以人民为中心，以应对中国社会的主要矛盾的根本变化，满足广大人民群众期望通过接受高等教育过上美好生活的殷切期望，办好人民满意的高等教育，发展公平而有质量的高等教育。因此，要处理好高等教育发展满足经济社会需要与人民群众需要的关系。高等教育发展应该适度超前于经济发展水平，但是如果忽视社会、经济发展的客观需求及教育发展的可能条件，就可能导致在教育发展中出现某些困难。高等教育发展既要考虑人民群众的热情和渴望，又必须考虑经济社会发展的水平和承受能力。要处理好高等教育适应经济社会发展与遵循自身规律的关系。高等教育系统的改革是十分复杂的过程，改革政策的成败往往要在若干年后才能表现出来，其效果会影响到一代人甚至几代人。因此，在确立高等教育发展战略与改革过程中，必须遵循高等教育的规律和特点，改革既要坚决，又要谨慎。

三、坚持育人为本和立德树人根本任务，把促进人的全面发展和适应社会需要作为衡量高等教育人才培养水平的根本标准

把促进人的全面发展和适应社会需要作为衡量高等教育人才培养水平的根本标准，集中体现了马克思主义人的全面发展学说及其教育思想的要义，是新中国成立以来，特别是改革开放以来党的教育方针的基本内容。确立以人为本的教育理念，人不仅是发展的手段，更是发展的目的。教育最为根本的作用在于促进人的全面发展，在于立德树人。因此，发展高等教育，既要重视高等教育对于社会主义经济建设的作用，也要重视高等教育对于社会主义政治建设、文化建设、社会建设的作用，更要重视高等教育对于人的发展的意义，把教育的社会价值和个体价值结合起来，重视高等教育与社会整体和个人的协调发展。高校要以学习者为本，以学习者发展需要为本，学习者对于教育拥有充分的选择权，让每一个学生能够选择到合适的教育，促进每一个学生的发展。新时代高等教育的发展，必须把立德树人作为根本任务，把立德树人的成效作为检验高等学校一切工作的根本标准，把立德树人作为高等学校工作的主线。高质量的高等教育就是培养出德智体美劳全面发展的社会主义建设者和接班人，就是要造就出信念坚定、品德优良、知识丰富、本领过硬的高素质人才。

四、坚持教师为本，把高校教师队伍建设作为高等教育事业发展的"基础工作"

习近平总书记在全国教育大会上强调，"坚持把教师队伍建设作为基础工作"。在学校思想政治理论课教师座谈会上，习近平总书记强调，"办好思想政治理论课关键在教师，关键在发挥教师的积极性、主动性、创造性"。广大教师和教育工作者是推动高等教育事业科学发展的生力军。要把加强高校教师队伍建设作为高等教育事业发展最重要的基础工作来抓，充分信任、紧紧依靠广大教师，提升教师素质、提高教师地位、改善教师待遇、关心教师健康。要真正树立人才资源是第一资源的观念，建设一支高水平的高校教师队伍。营造良好的学术氛围、和谐宽松的学术环境，提供良好的教学科研条件；要关心教师，为教师提供良好的生活条件，使之过上体面的生活；要建立科学的评价机制，真正体现尊重人才、尊重知识、尊重劳动、尊重创造，体现百家争鸣、百花齐放。加强教师师德师风建设，使教师做到忠于职守、忠于学术理想、忠于党和人民的教育事业。

五、坚持深化教育改革创新，加大体制机制创新，是我国高等教育发展的不竭动力

改革开放以来，我国高等教育根据政治、经济、文化、科技发展的需要，遵循教育规律和特点，不断推进教育思想、教育制度、教育体制、课程与教学内容、教学模式与方法手段的改革。以改革为动力，不断推进高等教育迈向新台阶，促进了高等教育的大发展，提高了高等学校服务社会的能力。没有改革，就没有我国高等教育的大发展。习近平总书记在全国教育大会上发表重要讲话指出，坚持深化教育改革创新。这一重要论断，既是我国教育改革发展在实践中的重要经验总结，又是党和国家教育事业发展的根本动力所在，是新时代教育改革发展的必由之路。当前，高等教育体制改革仍需不断完善和深化，政府转变职能和高校自主办学与自我管理的能力有待进一步加强，学术的地位和权利须切实得到尊重。要坚持解放思想，不断树立新的观念，开拓新的思路；进一步深化改革，创新体制与机制，使高等教育更加适应社会主义市场经济体制和建设创新型国家的需要；要进一步营造有利于高等教育稳步、健康发展的体制环境；进一步理顺中央与地方的关系、政府与学校的关系、学校与社会的关系，推进管办评分离，探索建立符合高等教育规律的教育管理体制和现代大学

制度，从而为高等教育的更好、更健康发展创造良好的体制环境。

六、坚持党的全面领导，全面贯彻党的教育方针，是我国高等教育发展的根本保证

党的全面领导是中国特色社会主义教育体系的本质特征。必须紧紧围绕党的中心任务和高校的中心工作抓党建。必须紧紧抓住培养人才这一根本任务，坚持育人为本、德育为先的理念，不断加强和改进大学生思想政治教育，落实立德树人根本任务。改革开放以来，高等学校紧紧围绕培养什么人、怎样培养人这一重大课题，坚持党的教育方针，把立德树人作为根本任务，坚持育人为本、德育为先，以理想信念教育为核心，以爱国主义教育为重点，以思想道德建设为基础，以促进学生全面发展为目标，努力增强思想政治教育的针对性、实效性和吸引力、感染力，为提高大学生的思想政治素质和健康素质发挥了重要作用。

第三节　中国高等教育面临的挑战

中国高等教育普及化已经到来，在高等教育规模基本稳定、生均教育经费投入大幅增长、重视全面提高高等教育质量和促进高等教育体制机制创新的条件下，在中国全面建成小康社会、基本实现教育现代化的时代背景下，中国高等教育完全可以成功跨越后发国家高等教育大众化的困境，并寻求中国高等教育大众化的发展模式、实现高等教育与经济社会的良性循环、建立起中国特色现代高等教育。

我国高等教育虽然取得了巨大成就，但还不完全适应经济社会发展和人民群众接受良好教育的要求，同国际先进水平相比还有明显差距。我国高校的研究成果数量众多，但是与发达国家相比，研究成果的质量和国际影响力还有较大差距，高等教育对于国家经济社会发展的贡献有待提高。

质量是高等教育的生命线。展望未来，要把全面提高质量作为高等教育改革发展最核心最紧迫的任务，大力提升人才培养水平、大力增强科学研究能力、大力服务经济社会发展、大力推进文化传承创新，不断为社会主义现代化建设提供强有力的人才保证和智力支撑，为全面建设小康社会、建设社会主义现代化国家、实现中华民族伟大复兴做出应有贡献。当前中国高等教育发展的主要挑战是：

（1）高等教育投入仍然需要持续增加。教育经费投入是高等教育发展的基

本保障。从世界各国高等教育投入情况看，随着近年来经济增长困难，各国不同程度削减政府的公共财政投入，高等教育面临着财政紧缩压力。而就中国情况而言，从绝对数量看，过去一段时间，高等教育处在"大投入、大发展"阶段，国家公共财政经费投入连续十几年保持平稳增长，国家教育总经费成倍增长，高校绝对经费数量保持继续增长，生均拨款水平达到历史最高水平。然而，从高校教育经费占全国总经费的比例看，总体略有下降。不同高校经费投入不平衡，很多新建本科院校的生均拨款尚未达到国家基本要求。我国高等教育自20世纪90年代中后期形成"财、税、费、产、社、基、科、贷、息"的多种融资渠道以后，各类资金为我国各级教育规模发展提供了强有力的支撑。但近十几年来，除高校生均拨款标准和高校学费方面的几项政策以外，我国高等教育融投资体制改革基本处于停滞状态。未来我国高等教育社会投入能否保持稳定甚至稳中有升，是高等教育能否长期稳定发展所要面对的现实问题。在中国未来高等教育发展中，应该适度降低学杂费比重，逐步提高财政投入的比重，拓宽其他社会投入的来源渠道。这将为中国高等教育实现科学发展提供主要的资金支持和投入机制保障。

（2）高等教育发展不平衡不充分问题显著。党的十九大报告明确提出，中国特色社会主义进入新时代，我国社会主要矛盾已经转化为人民日益增长的美好生活需要和不平衡不充分的发展之间的矛盾。高等教育发展亦是如此，存在着发展不平衡不充分的现实困境。一方面，中国东中西部发展不平衡，如重点建设高校主要集中于东部地区，再加上中国经济发展不平衡，东部发达地区的高校投入明显高于中西部地区。不同地区高校之间的差距仍然较大。从重点建设高校的区域分布来看，在39所"985工程"高校和112所"211工程"高校中，东部地区分别为26所和71所，占比分别为66.7％和63.4％，中部地区分别为6所和17所，占比分别为15.4％和15.2％，西部地区分别为7所和24所，占比分别为17.9％和21.4％[1]。即使在2017年国家实施"双一流"建设重大战略后，东部、中部、西部地区高等教育发展不平衡问题依然没有得到明显改观。西部地区"双一流"建设高校总量偏少，2017年仅有9所大学列入建设计划，占全国总数的21.4％，其中有6个省份没有国家"双一流"建设高校；仅有51个一流建设学科，占总数的11％。西部地区国家重点学科、国家重点实验室和工程技术研究中心科研平台数量少，分别仅占东部地区的37.5％、7.6％、25.7％。从办学经费来看，中西部地区的办学经费明显低于东部地区，

---

① 申怡，夏建国．论我国高等教育的"不平衡不充分"及其破解路径．中国高等教育，2018（1）：10-12.

近年来，尽管中西部地区的教育经费投入在逐年增加（其中义务教育阶段投入经费占较大比例），但多数高校办学经费仍然相对短缺，如西部各省区高等学校生均预算内教育事业费、生均预算内公用经费，大多低于全国平均水平且与东部地区差异较大。2017 年西北 5 省高等学校的教育事业费仅为 290 亿元，比江苏一省的教育事业费还少 10 亿元；全国高校生均预算内公用经费为 8 886.5 元，新疆、陕西、贵州均低于全国水平，甚至还不到北京的 1/4。从高等教育国际化水平看，东中西部高等学校的不平衡问题也非常显著。《大学国际化水平排名（URI-2018）》报告显示，2018 年东部地区大学国际化水平远远高于中西部地区，中部地区大学国际化水平也明显高于西部地区，学生国际化、教师国际化等专项排名中仅有两所西部大学进入前十。如从中外合作情况看，2017 年西部地区高等教育中外合作办学机构和项目均低于全国平均水平，主要集中在重庆、四川、陕西、广西 4 个省份、合计 86 个，占西部地区总数的近 73%，仅为东部地区的 20%；贵州、新疆、甘肃 3 个省份高等教育中外合作办学数量占西部地区总数的比例均在 5% 以下；西藏、青海、宁夏 3 个省份还没设立或举办中外合作办学机构和项目[①]。

另一方面，高等教育发展不充分的问题也不容忽视。研究显示，2005—2017 年中国高等教育发展不充分性呈明显的下降趋势，但下降程度有限，2005 年高等教育不充分发展的综合指数为 76.2，2017 年下降至 61.9，不充分性下降 18.77%。2011 年高等教育不充分性下降幅度最大，下降比例达 5.3%，其次为 2015 年，高等教育不充分性下降比例为 4.2%。另外，从时间维度看，2012 年以来，高等教育发展不充分性的下降趋势减缓且波动性加大。从 2017 年不同地区的高等教育不充分发展情况看：中国高等教育发展最为充分的前 5 个地区是北京、上海、天津、陕西、吉林，主要集中在三个直辖市以及老牌高等教育强省。中国高等教育发展最不充分的 5 个地区是内蒙古、新疆、河南、山东、云南[②]。

因此，如何破解区域高等教育发展不平衡不充分的难题，让更多的人民群众享受更好的优质高等教育资源，是当下中国高等教育改革发展面临的重要挑战之一。

（3）高等教育服务经济社会发展的能力需要进一步加强。当前，我国高等教育办学规模和年毕业人数已居世界首位，但规模扩张并不意味着质量和效益

① 王嘉毅，麦艳航. 西部地区高等教育发展：机遇、挑战与对策. 中国高教研究，2019（12）：49-53.

② 邹克，郑石明. 高等教育不平衡不充分发展统计测度研究. 清华大学教育研究，2020，41（1）：55-65.

增长，走内涵式发展道路是我国高等教育发展的必由之路。高等教育要切实增强服务经济社会发展的能力，培养经济社会发展最为需要的应用型、复合型、技术技能型人才，提高高等教育的贡献率和收益率，主动适应、引领服务经济社会发展和科技进步。但当下中国高等教育人才培养的质量、规格与经济社会发展所需的各种人才要求之间还存在一定的差距。2019 年 10 月 21 日，全国人大常委会执法检查组关于检查《中华人民共和国高等教育法》实施情况的报告指出，一部分高等教育机构的办学思路与发展目标还没有真正转到以服务国家需要和经济社会发展及促进学生成长发展为重点的战略上来，对经济社会需求和人民群众对于高等教育要求的认识、理解和把握不精准。产业结构优化调整和经济社会发展需求最为迫切的应用型、复合型、技术技能型人才十分紧缺，社会需要的人才高校培养不到位，高校培养的毕业生就业困难，人才供给和市场需求"对不上"，毕业生就业难问题逐渐显现，高等教育"产能过剩"的隐忧不容忽视①。有关资料显示，我国高校毕业生的专业不对口比例由 2003 年的 31.3% 上升到 2017 年的 38.9%②。工科类人才培养的规模和结构尚不能完全适应我国制造业转型升级的需求。机械类、电气信息类、化工与制药类、轻工纺织食品类等专业所占比例明显下降，与同期我国制造业迅速发展不相适应，可能会影响制造业转型升级。2015 年有关数据显示，高职高专人才培养主要面向第三产业的占 70% 左右，面向第二产业的只占 20% 左右，与制造业相关的更是只占 12.7%，对于制造业的人才支撑严重不足③。

在中国高等教育规模位居世界第一、高等教育进入普及化阶段的新形势下，如何改变精英教育和大众教育阶段的发展模式，以高等教育系统的多样化来适应经济社会发展和需求，实施高等学校分类管理、分类评价，就成为当下高等教育改革发展必须思考的重要议题。但促进高等学校多样化，并不是按照欧美的标准来指导中国高校发展。世界各国各地的高等教育系统被打上了时代烙印与各自特色，也是各自高等教育系统演化的结果。高等学校分类与多样化是高等学校发展的结果，关键要靠其自身的实践与改革的指导，而不是用西方的标准去衡量中国高校分类，更不能把这套指标体系强加于中国高校。随着经济增长与社会需求的多样化，在高校规模基本稳定并且竞争加剧的现实情况下，高校会逐步寻找自身定位发展方向，中国高等学校分类的实践模式会逐步形成。

① 王晨. 全国人民代表大会常务委员会执法检查组关于检查《中华人民共和国高等教育法》实施情况的报告. http://www.npc.gov.cn/npc/c30834/201910/5e021a6d9c5f4577a0a090c9757ed640.shtml.
② 岳昌君. 高校毕业生就业状况的城乡差异研究. 清华大学教育研究，2018（2）：92-101.
③ 李立国. 高等教育内涵式发展下的高水平人才培养体系建设：逻辑框架与作用机制. 清华大学教育研究，2019，40（6）：10-19.

要加快高等学校设置分类标准，引导各地方政府、各高校主动适应地方经济发展需要，根据自身优势，提高办学特色和办学水平。从地方政府层面说，应着力于高校类型结构优化，根据地方经济结构和产业结构发展，统筹各级各类教育，推动地方高校转型，把主要办学思路转到服务地方经济社会发展上来，转到产教融合、校企合作上来，转到增强大学生就业创业能力上来。从高校自身层面说，应着力于层次结构和专业结构优化，主动结合地域特色和区域优势，科学合理定位学校的层次类型、办学定位和办学目标，全面优化内部学科专业结构，增强人才培养与社会产业结构之间的契合度，消除同质化现象。

第二章
人才培养与质量保障体系建设

第一节 人才培养规模及结构

一、人才培养层次结构

(一) 本专科生教育

21世纪以来,我国高等教育规模稳步增长,高等学校毕业生数、招生数以及在校生数持续增长,如图2-1所示。

高校本专科在校生数量规模不断扩大,由2000年556.1万人,增长到2018年的2 831.0万人,年均增长率高达9.46%,其中2000年到2008年增长最为迅速,8年间增加了1 328.8万人,平均每年增加166万人,2008年之后增加趋势放缓,由1 884.9万人增加到2 831万人,10年增加了946.1万人。

高校本专科招生数量稳步增加,由2000年的220.6万人,增长到2018年的791万人,年均增长率为7.35%,其中2000—2010年招生数量增加幅度明显,10年间增加了418.9万人,2010年之后稳步增加。

高校本专科毕业生数量逐渐增加,由2000年的95万人,增长到2018年的753.3万人,年均增长率更是达到12.19%,与招生数相对应,2000—2010年毕业生总量也相对增加明显,10年间增加了480.4万人,2010年之后增速变缓。

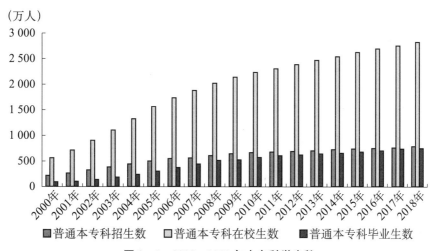

图 2-1 2000—2018年本专科学生数

资料来源:2019年《中国统计年鉴》。

具体到本科和专科教育各自每年的在校生数、招生数以及毕业生数，以2014—2018 年的数据为例，如图 2-2 至图 2-4 所示。

高校本科在校生数量规模不断扩大，由 2014 年的 1 541.1 万人，增长到2018 年的 1 697.3 万人，年均增长率为 2.44%；高校专科在校生数量规模稳步扩大，由 2014 年的 1 006.6 万人，增长到 2018 年的 1 133.7 万人，年均增长率为 3.01%。

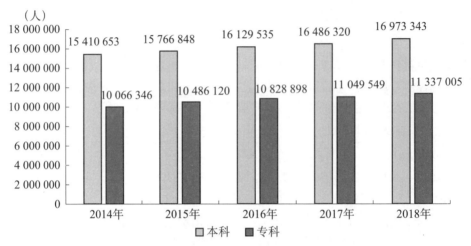

图 2-2 2014—2018 年本专科在校生数

资料来源：2019 年《中国统计年鉴》。

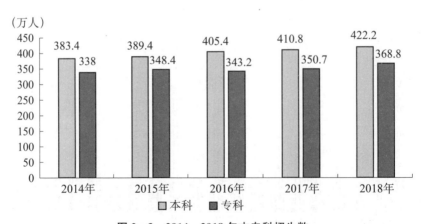

图 2-3 2014—2018 年本专科招生数

资料来源：2019 年《中国统计年鉴》。

（人）

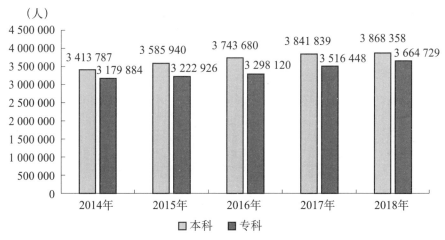

图 2 - 4　2014—2018 年本专科毕业生数

资料来源：2019 年《中国统计年鉴》。

高校本科招生数量逐渐稳步增加，由 2014 年的 383.4 万人，增长到 2018 年的 422.2 万人，年均增长率为 2.44%；高校专科招生数量曲线为波浪状，2015 年达到一个峰值，为 348.4 万人，2016 年下降至 343.2 万人，2017 年后呈现增长态势，总体而言由 2014 年的 338 万人，增长到 2018 年的 368.8 万人，年均增长率为 2.20%。

高校本科毕业生数量稳步增加，由 2014 年的 341.4 万人，增长到 2018 年的 386.8 万人，年均增长率为 3.17%；高校专科毕业生数量增长较快，由 2014 年的 318 万人，增长到 2018 年的 366.5 万人，年均增长率为 3.61%，但是毕业生数量与本科毕业生数量基本持平。

（二）研究生教育

研究生在校生数量规模不断扩大，如图 2 - 5 所示，由 2000 年的 301 239 人，增长到 2018 年的 2 731 257 人，年均增长率为 13.03%，其中 2000 年到 2010 年增长较为迅速，10 年间增加了 123.7 万人，平均每年增加 12.4 万人，2010 年到 2016 年增长放缓，由 2010 年的 153.8 万人增长到 2016 年的 198.1 万人，增加 44.3 万人，2017 年出现显著增长，达到 264 万人。

研究生招生数量稳步增加，由 2000 年的 128 484 人，增长到 2018 年的 857 966 人，年均增长率为 11.13%，其中 2000—2010 年招生数量增加幅度明显，10 年间增加了 41 万人。

研究生毕业生数量也逐渐增加，由 2000 年的 58 767 人，增长到 2018 年的 604 368 人，年均增长率为 13.82%，其中与招生数相对应，2000—2010 年毕业

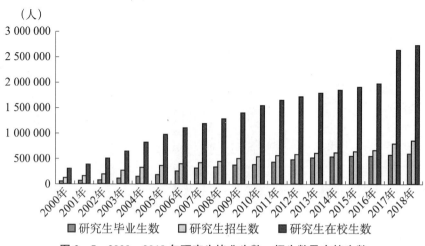

图 2 - 5　2000—2018 年研究生毕业生数、招生数及在校生数

资料来源：2019 年《中国统计年鉴》。

生总量也相对增加明显，10 年间增加了 32 万人，2010—2016 年增长放缓，2017 年出现显著增长。

具体到硕士研究生和博士研究生教育各自每年的在校生数、招生数以及毕业生数，以 2014—2018 年的数据为例，如图 2 - 6 至图 2 - 8 所示。

硕士研究生在校生数量规模显著增长，由 2014 年的 1 535 013 人，增长到 2018 年的 2 341 739 人，年均增长率为 11.14％；博士研究生在校生数量规模稳步扩大，由 2014 年的 312 676 人，增长到 2018 年的 389 518 人，年均增长率为

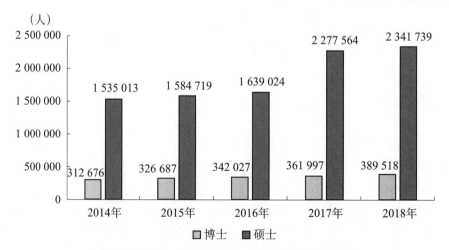

图 2 - 6　2014—2018 年硕士、博士研究生在校生数

资料来源：2014—2019 年《中国统计年鉴》。

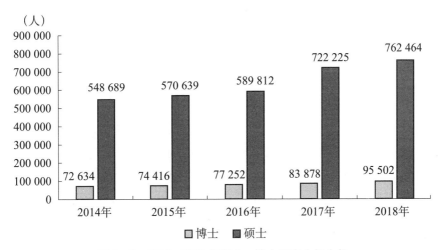

图 2-7 2014—2018 年硕士、博士研究生招生数

资料来源：2014—2019 年《中国统计年鉴》。

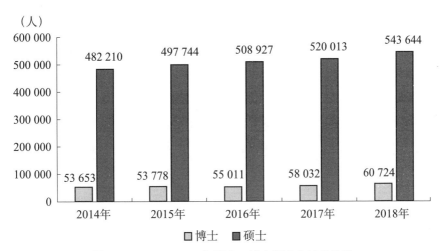

图 2-8 2014—2018 年硕士、博士研究生毕业生数

资料来源：2014—2019 年《中国统计年鉴》。

5.65%。现阶段相较于硕士研究生，博士研究生体量相对较小（硕士毕业生总量约是博士毕业生总量的 9 倍，硕士在校生总量约是博士在校生总量的 6 倍）。

硕士研究生招生数量逐年增加，由 2014 年的 548 689 人，增长到 2018 年的 762 464 人，年均增长率为 8.57%；博士研究生招生数量也稳步增长，由 2014 年的 72 634 人，增长到 2018 年的 95 502 人，年均增长率为 7.08%。

硕士毕业生数量增加较快，由 2014 年的 482 210 人，增长到 2018 年的 543 644 人，年均增长率为 3.04%；博士毕业生数量也稳步增长，由 2014 年的

53 653 人，增长到 2018 年的 60 724 人，年均增长率为 3.14%。

二、人才培养学科结构

（一）本科人才培养的学科与专业

我国学科目录分为学科门类、一级学科和二级学科三级。学科门类是对具有一定关联学科的归类，是授予学位的学科类别；一级学科是指高等院校里的学科分类，一级学科是学科大类，二级学科是其下的学科小类，教育部《学位授予和人才培养学科目录》2011 年修订版，共设 13 个学科门类，分别为哲学、经济学、法学、教育学、文学、历史学、理学、工学、农学、医学、军事学、管理学、艺术学，110 个一级学科，如理学门类下设数学、物理、化学等一级学科。一级学科再下设若干二级学科，如数学下设基础数学、计算数学等二级学科。专业，一般指高校或中等专业学校根据社会分工需要而划分的学业门类，在二级学科下设置专业，专业有的恰好对应着研究生招生的二级学科目录，有的则包含着几个学科。

一般意义上来说，在某一学科领域，高等教育在校生数越多，相应的其毕业生数也相对越多，图 2-9 和图 2-10 关于 2013—2017 年本科分专业毕业生数与在校生数的柱状图（柱状图中无法显示某些数据，是因为该专业数据过小，特此说明。）也对此现象予以佐证。整体而言，2013—2017 年我国本科教育在学科与专业发展方面，工学、管理学、文学以及艺术学等学科发展较快，无论是毕业生数还是在校生数，上述学科都是最高的；相对而言，哲学、历史学以

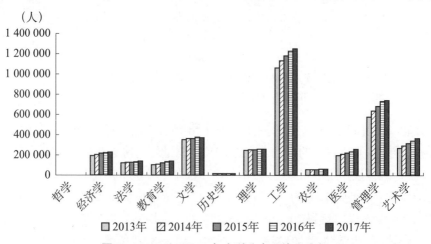

图 2-9　2013—2017 年本科分专业毕业生数

资料来源：2013—2017 年《中国教育统计年鉴》。

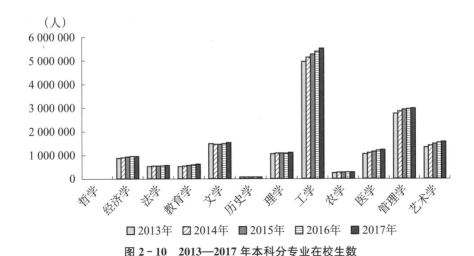

图 2 - 10　2013—2017 年本科分专业在校生数

资料来源：2013—2017 年《中国教育统计年鉴》。

及医学等学科的发展较为薄弱，无论是毕业生数还是在校生数占比都不是很大；
经济学、法学以及教育学等专业发展较为平稳，起伏变化不是很大，毕业生数
都呈现稳步增长的态势。

以 2017 年本科分学科门类的毕业生数为例，如图 2 - 11 所示，各学科专业
毕业生数量从多到少的一个排列为：工学、管理学、文学、艺术学、医学、理
学、经济学、教育学、法学、农学、历史学和哲学，工学毕业生数量最多，高
达 1 247 808 人，其次是管理学，为 741 061 人；工学和管理学的毕业生数约占
整体本科毕业生数的一半；哲学毕业生数量最少，仅为 2 108 人，工学的毕业
生数量约是哲学毕业生数量的 592 倍。

图 2 - 11　2017 年本科分学科门类毕业生数（单位：人）

资料来源：2017 年《中国教育统计年鉴》。

（二）研究生人才培养的学科与专业

如图 2-12 和图 2-13 所示，工学、管理学、医学以及理学等学科发展较快，上述学科无论是毕业生数还是在校生数都是最高的；相对而言，哲学、历史学、军事学以及艺术学等学科的发展较为薄弱，无论是毕业生数还是在校生数占比都不是很大；经济学、法学、教育学以及文学等学科的人才培养发展较为平稳，虽然有增有减，但是起伏变化不是很大。

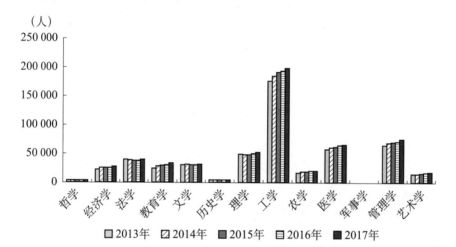

图 2-12　2013—2017 年研究生分学科门类毕业生数

资料来源：2013—2017 年《中国教育统计年鉴》。

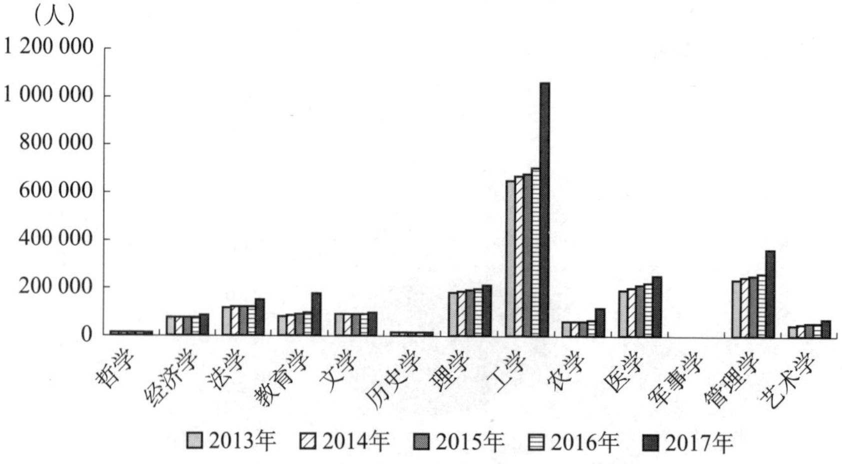

图 2-13　2013—2017 年研究生分学科门类在校生数

资料来源：2013—2017 年《中国教育统计年鉴》。

　　以 2017 年研究生分学科门类的毕业生数为例，如图 2-14 所示，各学科门类毕业生数量从多到少的一个排列为：工学、管理学、医学、理学、法学、教育学、文学、经济学、农学、艺术学、历史学、哲学、军事学，工学毕业学生最多，高达 198 548 人，其次是管理学和医学，分别为 76 147 人和 66 869 人，工学、管理学和医学的毕业生数约占整体研究生毕业生数的 59.1%；军事学的毕业生数量最少，仅为 203 人，其次为哲学的毕业生数，为 3 984 人，工学的毕业生总量约是军事学毕业生总量的 978 倍，约是哲学毕业生总量的 50 倍。

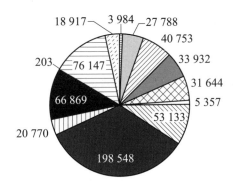

图 2-14　2017 年研究生分学科门类毕业生数（单位：人）

资料来源：2017 年《中国教育统计年鉴》。

　　2013 年之后研究生教育发展呈现出另一个趋势，即专业学位研究生教育迅猛发展，以专业学位和学术学位研究生毕业生为例，如图 2-15 所示，2013 年专业学位研究生毕业生数仅为 131 772 人，2017 年已经迅速增加到 237 566 人，

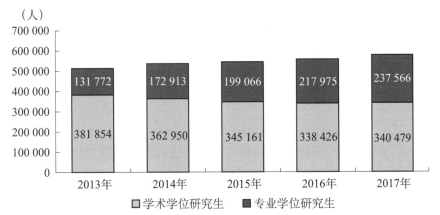

图 2-15　2013—2017 年学术学位研究生和专业学位研究生毕业生数

资料来源：2013—2017 年《中国教育统计年鉴》。

增加了 80.29％，年均增长率为 15.94％，专业学位毕业生数量已占研究生毕业生总量的 41.1％。相较于专业学位，学术学位研究生稳中有降，自 2013 年之后数量不断减少，2017 年出现小幅度增长。

（三）高职专业的领域结构

2016 年以后，我国高职教育专业大类根据不同标准进行重新统计，因此本部分在分析高职专业领域结构时按时间划分为 2013—2015 年和 2016—2017 年两部分。

2013—2015 年我国高职教育在专业领域发展方面，财经大类、制造大类、文化教育大类以及土建大类的人才培养最多，上述专业领域无论是毕业生数还是在校生数都是最高的；制造大类、文化教育大类等专业领域的毕业生虽然逐渐有所下降，但仍是较为发达的专业；相对而言，公安大类，水利大类，环保、气象与安全大类，材料与能源大类等专业领域发展较为薄弱，无论毕业生数还是在校生数占比都不是很大；交通运输大类、艺术设计传媒大类等专业领域发展较为稳定，毕业生数以及在校生数每年变化幅度较小（见图 2-16、图 2-17）。

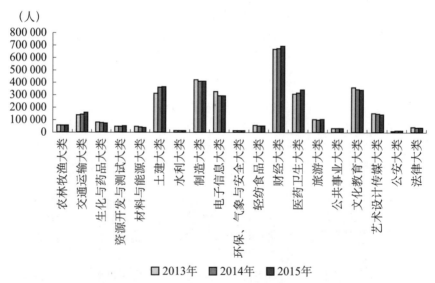

图 2-16 2013—2015 年高职专业领域毕业生数

资料来源：2013—2015 年《中国教育统计年鉴》。

2016—2017 年我国高职教育在专业领域发展方面，财经商贸大类、装备制造大类、医药卫生大类以及土木建筑大类的人才培养较多，上述专业领域无论是毕业生数还是在校生数都是较高的；相对而言，公安与司法大类、水利大类、

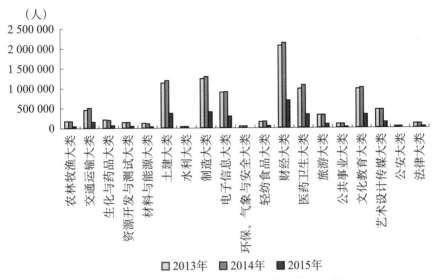

图 2 - 17　2013—2015 年高职专业领域在校生数

资料来源：2013—2015 年《中国教育统计年鉴》。

新闻传播大类、轻工纺织大类以及公共管理与服务大类等专业领域发展较为薄弱，无论毕业生数还是在校生数占比都不是很大；交通运输大类、文化艺术大类等专业领域发展较为稳定，毕业生数以及在校生数每年变化幅度较小（见图2 - 18、图 2 - 19）。

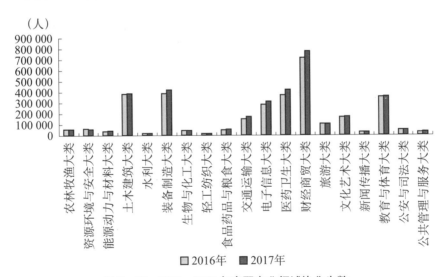

图 2 - 18　2016—2017 年高职专业领域毕业生数

资料来源：2016—2017 年《中国教育统计年鉴》。

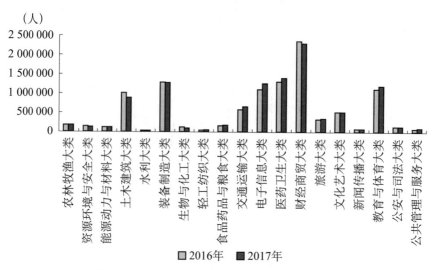

图 2 - 19　2016—2017 年高职专业领域在校生数

资料来源：2016—2017 年《中国教育统计年鉴》。

以 2017 年高职教育专业领域的毕业生数为例，如图 2 - 20 所示，各专业领域毕业生数量从多到少的一个排列为：财经商贸大类、装备制造大类、医药卫生大类、土木建筑大类、教育与体育大类、电子信息大类、交通运输大类、文化艺术大类、旅游大类、农林牧渔大类、资源环境与安全大类、食品药品与粮食大类、公安与司法大类、生物与化工大类、能源动力与材料大类、公共管理与服务大类、新闻传播大类、轻工纺织大类、水利大类，财经商贸大类毕业生数最多，高达 775 258 人，其次是装备制造大类为 423 730 人，财经商贸大类和

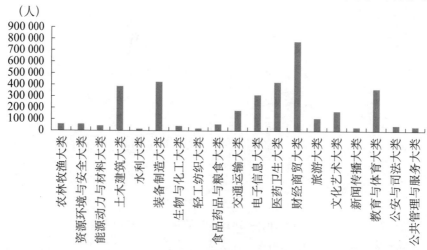

图 2 - 20　2017 年高职专业领域毕业生数

资料来源：2017 年《中国教育统计年鉴》。

装备制造大类的毕业生数约占整体研究生毕业生数的 34.1%，水利大类的毕业生数最少，为 14 309 人，其次为轻工纺织大类，为 17 430 人，财经商贸大类毕业生总量约是水利大类的 54 倍，约是轻工纺织大类的 44 倍。土木建筑大类、教育与体育大类、电子信息大类、文化艺术大类、交通运输大类以及旅游大类发展较为平稳，毕业生介于 10 万～40 万之间。

三、人才培养区域结构

（一）全国各省、自治区、直辖市高等学校机构数量分布

2013 年之后，我国高等学校机构数量呈现增长的态势，如图 2-21 所示，由 2013 年的 2 491 所，增加到 2017 年的 2 631 所，一共增加了 140 所，平均每年增加 35 所。

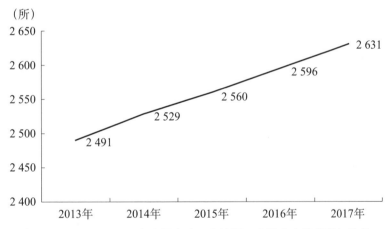

图 2-21　2013—2017 年全国各省、自治区、直辖市高等学校机构数

资料来源：2013—2017 年《中国教育统计年鉴》。

具体到各个省份，从表 2-1 可知，2013 年之后，大部分省、自治区、直辖市的高等学校机构数均有不同程度的增加，截至 2017 年，江苏省内高等学校机构数量最多，共 167 所，其次是广东省，为 151 所，山东、河南、湖北、湖南、河北、辽宁等省份高等学校机构数量也处于较高水平，西藏的高等学校机构数量最少，共计 7 所。

从不同省、自治区、直辖市的增加情况来看，其中贵州省由 2013 年的 52 所增加到 2017 年的 70 所，共增加 18 所；广东省由 2013 年的 138 所增加到 2017 年的 151 所，共增加 13 所；江苏省由 2013 年的 156 所增加到 2017 年的 167 所，共增加 11 所；云南省由 2013 年的 67 所增加到 2017 年的 77 所，共增

加 10 所。

表 2 - 1　2013—2017 年全国各省、自治区、直辖市高等学校机构数

省份	2013 年	2014 年	2015 年	2016 年	2017 年
北京	89	89	91	91	92
天津	55	55	55	55	57
河北	118	118	118	120	121
山西	78	79	79	80	80
内蒙古	49	50	53	53	53
辽宁	115	116	116	116	115
吉林	58	58	58	60	62
黑龙江	80	80	81	82	81
上海	68	68	67	64	64
江苏	156	159	162	166	167
浙江	102	104	105	107	107
安徽	117	118	119	119	119
福建	87	88	88	88	89
江西	92	95	97	98	100
山东	139	141	143	144	145
河南	127	129	129	129	134
湖北	123	123	126	128	129
湖南	122	124	124	123	124
广东	138	141	143	147	151
广西	70	70	71	73	74
海南	17	17	17	18	19
重庆	63	63	64	65	65
四川	103	107	109	109	109
贵州	52	55	59	64	70
云南	67	67	69	72	77
西藏	6	6	6	7	7
陕西	92	92	92	93	93
甘肃	42	43	45	49	49
青海	9	12	12	12	12
宁夏	16	18	18	18	19
新疆	41	44	44	46	47

资料来源：2013—2017 年《中国教育统计年鉴》。

以 2017 年普通高等学校机构数为例，从图 2－22 可以发现，河北、辽宁、江苏、浙江、安徽、江西、山东、河南、湖北、湖南、广东、四川等省份高等学校机构数量较多，均在 100 所以上；北京、天津、陕西、山西、内蒙古、吉林、黑龙江、上海、福建、广西、重庆、贵州、云南等省份高等学校机构数量处于中等偏上，为 50～100 所；甘肃、新疆两个省份高等学校机构数量处于中等偏下水平，分别为 49 所和 47 所；海南、西藏、青海和宁夏等省份高等学校机构数量较低，均不足 20 所。

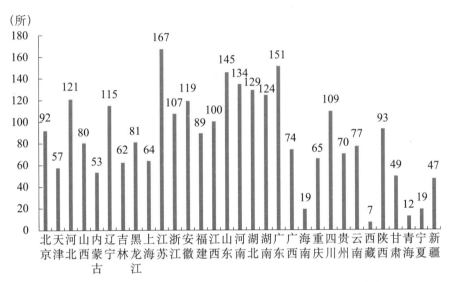

图 2－22　2017 年全国各省、自治区、直辖市高等学校机构数

资料来源：2017 年《中国教育统计年鉴》。

（二）全国各省、自治区、直辖市"双一流"建设数量分布

世界一流大学和一流学科，简称"双一流"。建设世界一流大学和一流学科，是中共中央、国务院做出的重大战略决策，也是中国高等教育领域继"211 工程""985 工程"之后的又一国家战略，其目的在于提升中国高等教育综合实力和国际竞争力，为实现"两个一百年"奋斗目标和实现中华民族伟大复兴的中国梦提供有力支柱。

2017 年 1 月，教育部、财政部、国家发展和改革委员会印发《统筹推进世界一流大学和一流学科建设实施办法（暂行）》，《办法》提出，到 2020 年，若干所大学和一批学科进入世界一流行列，若干学科进入世界一流学科前列；到 2030 年，更多的大学和学科进入世界一流行列，若干所大学进入世界一流大学前列，一批学科进入世界一流学科前列，高等教育整体实力显著提升；到本世

纪中叶，一流大学和一流学科的数量和实力进入世界前列，基本建成高等教育强国。同年 9 月，教育部、财政部、国家发展和改革委员会联合发布《关于公布世界一流大学和一流学科建设高校及建设学科名单的通知》，正式公布世界一流大学和一流学科建设高校及建设学科名单，首批"双一流"建设高校共计137 所，其中世界一流大学建设高校 42 所（A 类 36 所，B 类 6 所），世界一流学科建设高校 95 所；双一流建设学科共计 465 个（其中自定学科 44 个）。

通过表 2-2 可以看到，现阶段我国优质高等教育资源在全国范围内分布不均匀，总体呈现从东部到中部、西部逐渐由强变弱的特点。就一流学科高校而言，体现相对均衡分布的特点，分布在全国 29 个省、自治区、直辖市；就一流大学高校而言，集中体现了集中建设的原则，分布在 22 个省、自治区、直辖市。其中，北京有 26 所一流学科高校和 8 所一流大学高校，数量遥遥领先于其他省份。

以一流学科高校数占当地高校数量的比例为指标，根据 2017 年的数据进行统计，北京有 92 所普通高校，其中 26 所一流学科高校，占比达 28.3%；上海64 所高校中有 10 所一流学科高校，占比 15.6%；西藏仅 7 所学校，但西藏有 1所大学为一流学科高校，占比 14.3%，排名第三。以一流大学高校数占当地高校数量的比例为指标，北京共有 8 所一流大学高校，占该市普通高校数量的8.7%，排名第一；上海有 4 所，占比 6.3%，排名第二；天津 57 所高校中有 2所，一流大学高校占比为 3.5%，排名第三。值得注意的是，河南和河北普通高校数量为 134 所和 121 所，但一流学科高校仅有 1 所，分别占比 0.75% 和0.83%，排在最后两位。

表 2-2　2017 年全国各省、自治区、直辖市"双一流"建设高校数

	省份	普通高校数	"双一流"高校数	一流大学高校数	一流学科高校数	入选学科总数
东部地区	北京	92	34	8	26	162
	天津	57	5	2	3	12
	上海	64	14	4	10	57
	辽宁	115	4	2	2	5
	江苏	167	15	2	13	43
	浙江	107	3	1	2	20
	福建	89	2	1	1	6
	山东	145	3	2	1	6
	广东	151	5	2	3	18

续前表

	省份	普通高校数	"双一流"高校数	一流大学高校数	一流学科高校数	入选学科总数
东部地区	海南	19	1	0	1	1
	河北	121	1	0	1	1
中部地区	山西	80	1	0	1	1
	吉林	62	3	1	2	12
	黑龙江	81	4	1	3	11
	安徽	119	3	1	2	13
	江西	100	1	0	1	1
	河南	134	2	1	1	1
	湖北	129	7	2	5	29
	湖南	124	4	3	1	12
西部地区	内蒙古	53	1	1	1	1
	广西	74	1	0	1	1
	重庆	65	2	1	1	1
	四川	109	8	2	6	14
	贵州	70	1	0	1	1
	云南	77	1	1	0	2
	西藏	7	1	0	1	1
	陕西	93	8	3	5	17
	甘肃	49	1	1	0	4
	青海	12	1	0	1	1
	宁夏	19	1	0	1	1
	新疆	47	2	1	1	4

资料来源：2013—2017年《中国教育统计年鉴》。

（三）全国各省、自治区、直辖市高等学校毕业生数量分布

从表2-3可知，2013年之后全国大部分省、自治区、直辖市研究生毕业数量均有不同程度的增加，目前而言，北京、上海、江苏、湖北、广东、四川以及陕西等省份的研究生毕业数量较多，其中北京市最多，高达85 145人；内蒙古、江西、贵州、西藏、新疆、宁夏以及青海等省份的研究生毕业数量较少，其中西藏最少，仅为467人。

就 2013 年之后各省、自治区、直辖市研究生毕业数量的增长而言，大部分地区均有不同程度的增加，其中北京市的增长最为显著，由 2013 年的 69 773人，增长到 2017 年的 85 145 人，年均增长率为 5.10%；上海市由 2013 年的34 148 人，增长到 2017 年的 40 425 人，年均增长率为 4.31%；内蒙古、海南、贵州、西藏、青海等省份硕士毕业生数量增加幅度较小。

表 2-3　2013—2017 年各省、自治区、直辖市研究生毕（结）业生数量

省份	2013 年	2014 年	2015 年	2016 年	2017 年
北京	69 773	78 390	80 658	83 469	85 145
天津	14 959	15 774	16 253	16 997	16 182
河北	11 201	12 098	12 301	12 568	12 742
山西	7 708	8 437	8 738	9 059	8 910
内蒙古	5 120	5 465	5 382	5 650	5 633
辽宁	28 243	28 767	29 968	27 714	29 725
吉林	17 088	16 980	18 072	17 445	18 678
黑龙江	18 263	20 456	18 909	19 261	19 086
上海	34 148	36 013	37 289	39 212	40 425
江苏	39 936	41 512	42 601	43 526	45 627
浙江	15 519	16 465	17 037	17 726	18 634
安徽	12 956	13 851	15 401	15 988	16 570
福建	10 065	10 828	10 902	11 888	11 888
江西	7 853	8 122	8 829	9 008	9 132
山东	22 427	23 332	23 146	24 091	24 704
河南	10 588	11 105	10 542	11 890	12 878
湖北	33 935	31 992	34 116	34 838	34 774
湖南	17 173	18 886	18 502	18 783	19 073
广东	23 902	25 457	26 088	27 074	27 065
广西	7 518	8 007	8 444	8 840	9 044
海南	1 029	1 158	1 224	1 248	1 336
重庆	14 168	14 905	14 847	15 360	15 497
四川	23 782	24 608	25 164	24 925	25 512
贵州	4 064	4 396	4 538	4 728	4 924

续前表

省份	2013 年	2014 年	2015 年	2016 年	2017 年
云南	8 710	8 963	9 642	9 905	10 227
西藏	274	290	423	477	467
陕西	27 120	26 865	28 266	27 879	29 056
甘肃	8 297	8 591	9 143	8 756	9 105
青海	760	821	939	990	1 051
宁夏	1 232	1 362	1 410	1 532	1 570
新疆	4 615	4 901	5 453	5 574	5 636

资料来源：2013—2017 年《中国教育统计年鉴》。

从表 2-4 可知，2013 年之后全国大部分省、自治区、直辖市普通本专科毕业生数量均有不同程度的增加，目前而言，江苏、山东、广东、浙江以及湖南等省份普通本专科毕业生数量较多，其中山东省最多，高达 571 220 人；海南、西藏、青海、宁夏以及新疆等省份普通本专科毕业生数量较少，其中西藏最少，仅为 9 020 人。

就 2013 年之后各省、自治区、直辖市普通本专科毕业生数量的增长而言，大部分地区普通本专科毕业生数量都有不同程度的增加，其中广东省的增长最为显著，由 2013 年的 412 315 人，增加到 2017 年的 511 222 人，年均增长率为 5.52%；海南、青海等省份普通本专科毕业生数量增加幅度较小。

表 2-4　2013—2017 年各省、自治区、直辖市普通本专科毕（结）业生数量

省份	2013 年	2014 年	2015 年	2016 年	2017 年
北京	150 929	149 231	154 449	155 327	155 444
天津	120 996	123 505	132 072	137 906	139 162
河北	334 278	344 518	327 981	335 218	329 972
山西	173 259	174 060	191 273	199 259	210 429
内蒙古	108 272	111 723	107 863	111 516	117 798
辽宁	241 049	247 510	258 296	263 530	268 767
吉林	146 379	151 779	157 048	164 912	170 059
黑龙江	184 085	185 376	193 980	199 598	197 183
上海	133 794	132 411	128 711	132 596	134 207
江苏	473 843	478 713	484 096	481 554	489 522
浙江	244 860	253 708	263 981	273 342	276 580

续前表

省份	2013 年	2014 年	2015 年	2016 年	2017 年
安徽	280 106	299 877	292 469	308 025	322 786
福建	187 230	190 144	194 652	199 465	204 417
江西	240 601	240 289	234 541	256 369	295 985
山东	475 858	464 076	474 195	509 142	571 220
河南	450 194	445 252	465 782	486 850	504 119
湖北	361 572	390 921	389 206	394 158	394 897
湖南	294 355	295 911	300 459	316 504	332 792
广东	412 315	440 952	476 901	489 397	511 222
广西	169 543	174 050	182 658	189 441	210 666
海南	43 804	44 792	48 245	48 713	50 370
重庆	148 684	165 817	181 068	189 918	196 414
四川	318 407	338 643	361 510	362 127	386 145
贵州	88 060	98 599	116 824	116 794	149 037
云南	127 932	141 970	146 031	152 435	175 254
西藏	9 139	9 109	9 536	9 201	9 020
陕西	253 823	277 356	299 738	321 348	305 124
甘肃	109 192	118 697	124 003	119 911	124 786
青海	12 447	12 732	13 403	14 097	14 661
宁夏	22 221	24 456	28 235	29 436	31 563
新疆	69 983	67 494	69 660	73 711	78 686

资料来源：2013—2017 年《中国教育统计年鉴》。

第二节　创新人才培养模式

一、专业教育与通识教育相结合的人才培养模式

（一）人才培养的历史变迁

1. 专业教育理念的历史发展

（1）专业教育的实施。

新中国成立以后，在国家建设需要的指引下，与计划经济体制相适应，在

学习苏联教育的过程中，专业教育的理念与模式形成。专业教育理念的基本特征是按专业招生、培养、分配，以专业为教学的中心，围绕专业构造课程体系，按专业制定教学计划、教学大纲，编写教科书，展开教学过程。这一时期的专业设置趋向于越分越细，业务范围越来越窄，但与经济建设的需要联系比较紧密。通过统一的教学计划与教学大纲来实现统一的专业培养目标，课程结构上适应专业教育的要求。

(2) 专业教育的成就与局限性。

专业教育理念下的人才培养模式培养了当时经济建设急需的干部与各个建设部门的技术人才，有力地促进了国家的经济建设。专业教育有其历史合理性，具体表现为以下几点：

第一，实行专业教育是国家经济建设的需要。专业教育理念的确立，重构了我国高等教育体系，按专业来招生、培养、分配，把高等学校分成一个个目标明确的专业，满足了当时经济建设的需要，提高了高级专门人才的培养质量，满足了社会对专门人才的需要。

第二，实行专业教育是国家政治的现实选择。一方面，欧美资本主义国家的大学教育与新中国的政治与经济制度不相适应，我们当时又缺乏办理高等教育的经验；另一方面，苏联的高等教育制度在许多方面与新中国相契合，又有一套成熟先进的制度、内容与方法。所以，学习苏联的高等教育制度，建立专业教育模式在当时是一种合理的选择。

第三，奠定了我国高等教育人才培养的基础。学习苏联的专业教育模式，一方面，使我国高等教育在很短的时间内形成了一套相对完整的专业设置制度以及高等教育体系，在教学管理方面，形成了一套相对成熟的教学计划、教学大纲，奠定了高等教育发展的基础。另一方面，为国家建设培养了大量各类高级专门人才，适应了国家建设的需要，在各个行业发挥了重要作用，有力地促进了社会主义建设。例如，我国中科院院士和工程院院士中有一大批都是20世纪50年代培养起来的科学家。

同时，专业教育存在着诸多弊端，这导致我国高等教育发展面临诸多问题。具体而言：

第一，专业教育适应社会需要的问题，即需要的人才和培养的人才"口径"统一的问题，以及人才需求预测精确性的问题。预测包括两个方面：一方面需要各个业务部门根据年度的长远的生产计划和计算工程技术人员的定额，推算出比较长期的逐年的对于各类干部需要的数量与质量；另一方面又要根据高等学校的可能条件（主要是师资的质量与数量、学生的来源、校舍与教学设备等方面的条件），来预测哪些专业可以设置、如何发展，因此人才的预测难度较大。

第二，专业知识分化与分割的问题。在专业教育模式下，大学的组织形式和学科制度重视适应知识高度分化的要求，往往既有可能忽视对学生进行价值理性的教育，也容易忽视对知识的高度综合的适应，它使专业产生凝聚力的同时，也使本学科专业与其他专业相脱离，不仅将本来相互联系的知识割裂为狭窄的知识领域，而且使人才培养在很大程度上变成了狭窄的职业训练。

第三，专业设置和课程组织方面的问题。在专业教育模式中，专业分割、科系之间相互隔离，每一个科系就是一个相对封闭的小社会。这种学科结构的不合理，既影响了科学研究的基础理论成果向高新技术转移的速度，又妨碍了自然科学与社会科学之间的相互渗透，扩大了各学科之间的学术隔阂。久而久之，专业划分过细和学生知识结构过于单一就会严重影响创新人才培养、知识创造、社会快速变化以及计划经济向市场经济转型的需要。

2. 宽口径、厚基础教育理念

改革开放以来，大学本科教育受到了高度重视，我们进行了多方面的探索和改革，逐步形成了宽口径、厚基础的教育理念。20 世纪 80 年代中期以后，随着经济与教育体制改革不断深化，大学本科教育越来越重视对社会急需的实际应用人才的培养，对过去培养目标过高、专业设置过窄的情况进行了调整。20 世纪 90 年代初期以后，通才教育思想、文化素质教育思想、人文教育思想、通识教育思想深刻地影响了大学本科教育，人们充分认识到传统的"专业教育"的弊端，本科教育的专业口径进一步拓宽，国家专业目录种数大幅度减少，高等学校柔化了专业方向；本科教育强调基础宽厚，更加注重做事与做人教育的统一。在本科教学改革中，不断拓宽专业口径、改革专业设置，修订教学计划、调整课程结构。

在培养目标方面，本科教育人才培养目标总的变化趋势是从狭窄走向宽广，降低了部分科类过高的要求，加强了对社会需要的应用型、复合型人才的培养，拓宽基础、增强毕业生的适应性，强调知识、能力、素质协调发展。例如，20世纪 80 年代末，教育行政部门针对本科教育培养目标和专业要求偏高的情况，修改了"高级专门人才"的提法，调整了本科教育的定位，提出了新的国家关于本科教育的培养目标，即"培养基础扎实、知识面宽、能力强、素质高的高级专门人才"，并据此"逐步构建起注重素质教育，融传授知识、培养能力与提高素质为一体，富有时代特征的多样化的人才培养模式"[1]。

在宽口径、厚基础教育理念形成过程中，大学本科教学也在不断地进行改

---

① 倪明江. 创造未来. 杭州：浙江大学出版社，1999.

革。宏观方面，修订了专业目录，拓宽了专业口径；微观方面，修订教学计划，调整课程结构；各高等学校积极进行本科教学改革，拓宽专业面，加强基础，促进学生全面素质的发展，增强本科教育的适应性。

3. 通识教育与专业教育相结合的教育理念

(1) 通识教育的引入。

对于我国来说，通识教育是由国外"general education"翻译而来的舶来品。通识教育是和专业教育相对应的，以自由教育为渊源，是因为专业教育的过分发展而兴起的。通识教育的引入在我国高等教育界广受重视，很多高校极力倡导并且践行了通识教育理念。举措虽然各不相同，但是概括起来主要有：一是实行大类招生，学生在一、二年级不分专业，接受基础教育，到三年级时才进行专业学习；二是成立专门的学院，将其作为实施通识教育的实验点，如复旦大学在 2005 年成立的复旦学院、北京大学在 2007 年成立的元培学院、中山大学在 2009 年成立的博雅学院等；三是开设全校通识课，精心构建通选课的课程体系，精心挑选通选课的任课教师，为学生提供高质量的通识课程；四是注重本科教育的基础性与通识性，注重文理渗透，注重学科的交叉与融合，重视学生能力的培养，重视学生人文素质与科学素质的提升；五是教学管理上更富有弹性，实行学分制、双学位制、主辅修制等制度，并允许学生跨系、跨专业、跨学校选课。

现阶段通识教育与专业教育之间一般被认为有三种关系：第一，通识教育是专业教育的补充与纠正，即学生在所学专业之外再学一些本专业外的知识和技能；在这里，通识教育与专业教育是并列的概念。第二，通识教育是专业教育的延伸与深化，即专业教育通识化，将过分狭窄的专业教育拓宽；在这里，专业教育是通识教育的上位概念。第三，通识教育是专业教育的灵魂与统帅，专业教育应该在通识教育思想的指导下进行；在这里，专业教育是通识教育的下位概念①。

(2) 通识教育与专业教育相结合。

2015 年，高等教育毛入学率达到 40%，大学本科教育规模不断扩大，本科教育需要重新定位自己。在信息技术日新月异不断发展的今天，一个人在未来所需的知识技能是复杂多样的，四年本科教育不可能满足一个人一生的工作需要；人们对知识的渴求越来越强烈，终身学习的理念正在被人们广泛接受。面对挑战，本科教育必须从理念到实践进行富有时代性的变革，才能使学生更好、更全面地跟上这不断发展的时代。

---

① 季成钧. 试论大学专业教育与通识教育的关系. 中国高教研究，2002 (3)：50-52.

专业教育与通识教育相结合是高等教育人才培养发展的主要方向，2016 年公布的《中华人民共和国国民经济和社会发展第十三个五年规划纲要》中关于提升大学人才培养能力，提出实行"改革人才培养机制，实行学术人才和应用人才分类、通识教育和专业教育相结合的培养制度，强化实践教学，着力培养学生创意创新创业能力"，明确提出通识教育与专业教育相结合的教育理念，这既是国家对通识教育、素质教育的高度认可，又为"十三五"期间大学创新人才培养指明了方向。

（二）通识教育与专业教育相融合的实践

1. 高校改革与探索的相关案例

案例一：复旦大学通识教育的改革与探索

2005 年，复旦大学率先在国内实施通识教育改革，并成立了复旦学院。2012 年 9 月，学校正式组建了新的复旦学院（本科生院），整合了原复旦学院、教务处、本科招生办公室的职能和机构，深化通识教育改革。复旦大学的通识教育改革主要通过课程和书院两条途径整体推进。通识教育核心课程建设重在人的自我超越、促进全面人格的养成，其改革经验为大类课程及专业课程改革提供了经验借鉴；推行贯穿本科教育全过程的四年书院制，打通了人才培养的各个环节，将学术的精神从课堂贯穿到学生生活的全过程。

2005 年复旦学院成立之后，以课程为主推行通识教育改革，构建了通识教育的核心课程，核心课程主要被划分为六大模块，即文学经典与文化传承、哲学智慧与批判性思维、世界视野与现代化认识、科学精神与科学探索、自然生态与生命关怀、艺术创作与审美体验。其主导原则是：突破单纯的"专业视域"和单纯的"知识视域"，从培养中华民族一代新人的角度出发，为学生提供能够帮助其形成基本的人文修养、思想视野和精神感悟的课程。每门课程都会由资深的老师教授，以此形成一个经典导读、助教制度、小班讨论、多元考核、网络互动等富有特色的教学模式。其中讨论班是最主要的形式之一，讨论班以小班教学为主，每班人数原则上不多于 20 人，每次不少于 2 学时。

2012 年组建新的复旦学院（本科生院）之后，校教学指导委员会下设了通识教育委员会，负责通识教育核心课程的顶层设计和建设规划。2016 年，实施了 10 年的核心课程体系开始"大换血"，对 180 门通识教育核心课程重新规划，对一些不符合通识教育培养目标的课程进行调整。复旦通识教育在六大模块核心课程的基础上，增加了新的模块——社会研究与当代中国。这七大模块共分50 多个基本课程单元，而且不再按照自然科学、工程科学、人文、社会科学等大科目进行分类。复旦大学根据通识教育的目标，整合不同学科的教学内容——每个课程单元成立教学团队，不同院系、学科和专业的优秀教师共同规划同一个单元的课程，共同研讨教学读本。比如，原本文史经典中的子学，不再像过去那样，各个院系的老师各开各的课，而是在"诸子经典"这一基本课程单元中，由来自中文系、历史系、哲学系等不同院系的老师共同组成"教研室"，对教学大纲、教学要求、教学读本等教学的各个方面进行研讨，重新整合。

在通识教育与专业教育结合方面，复旦大学探索了"以学为中心"的核心课程教学改革路径。复旦大学对通识教育的要求是：通识教育改革"先行一步"，为专业课程改革积累经验。先行一步的通识教育核心课程改革提倡"以学为中心"，这是实现"通专结合"的重要路径之一。在"以学为中心"教学改革中，复旦大学已经基本做到了"大班授课，小班研讨"模式；重视教学大纲，教学方面强调"思考点"，而非中学阶段的知识点，在"以学为中心"模式下，课程的重心是教师教学模式的改变，在教师整体教学安排和课程大纲的设计过程中，以"思考点"、问题意识作为切入"以学为中心"的教学模式改革的核心点。在驱动学生学习的动力方面，课程改革的重心在于师生互动和生生互动，避免老师的一味讲授、单一输出。

"住宿书院制"是复旦大学推行通识教育最重要的支点之一。2010年，复旦大学成立了希德书院。"住宿书院制"十分强调"师生共建"与发挥学生的聪明才智和主观能动性，是实现学生自我管理、自我服务、自我教育的基本单位。学生通过自主选举产生运行管理委员会，下设各职能委员会，协助书院院长和教师开展工作。2012年学校组建新的复旦学院（本科生院）之后，下设志德、腾飞、克卿、任重、希德五个住宿学院，各书院以"读书、修身"为价值核心，辅以"转变、关爱"两翼，努力建设一种创新型的书院生活模式。为了打造各具特色的住宿书院氛围，复旦大学还请出了5位德高望重的资深教授担任书院院长，他们分别来自自然科学、人文科学、社会科学、技术科学和医学五大学科领域。院长将系统负责各住宿书院的学术文化建设，以主题活动、研讨班和特色课程等形式，与本科生"亲密接触"。复旦大学副校长陆昉认为："书院既是实现文化育人的住宿园区，也是师生共享的公共空间，更是学生自我管理的教育平台。"

案例二：北京大学通识教育的改革与探索

北京大学于2001年设立元培计划实验班，2007年成立元培学院，探索通识教育与专业教育相结合的改革道路。改革在低年级实行通识教育和大学基础教育，加强和拓宽学生专业基础；在高年级实行宽口径专业教育，注重实践和创新能力培养；由导师指导制定教学计划，实行自由选课学分制和自由选择专业制度。

改革教学体系，构建学科大类教学计划。学院实行低年级不分专业，按文理两大类招生的政策。学生在全校的学科范围内选择和构建自己的课程与知识结构；学生在对学校的学科状况、专业设置、培养目标有进一步了解后，在导师指导下根据自己的能力和志趣在全校范围内自主选择专业。在和专业院系充分沟通和认证的基础上，学院进一步优化课程结构，降低对必修课和总学分的要求，为学生提供更多的选择空间。2016 年，各专业教学计划总学分为 120 学分，其中公共必修课程 31～39 学分，专业必修课程 44 学分，选修课程至少 31 学分，毕业论文 6 学分。

推进通识课程改革，注重学生人生观、价值观的培养。学院推进新型教学方式，以思政课和英语课程改革为抓手，试点建设通识教育核心课程。在积极探索通识教育课程创新与人才培养关系的基础上，将设计八门"元培平台通识课"。"元培平台通识课"包括政治课和通识教育核心课程，采取大班授课，小班讨论的方式，通过邀请学校优秀教师负责授课，打造独具特色的高水平通识课程平台，并建议学生每学期修读一门。通识教育核心课程拟分为四大类：人文经典阅读（古代、近现代）、历史与社会思想经典阅读（古代、近现代）、艺术类和科学史。学院将思政课纳入通识核心课程体系，按照通识教育的思路，强化经典阐释、学术思路、理论反思在教学过程中的运用，培养学生确立正确的人生观、价值观。学院还在教育教学中贯彻落实立德树人根本价值导向，把社会主义核心价值观教育融入思政课的教学中。

加强导师团队建设，构建全方位的指导体系。导师制成为学院人才培养的特色，"元培导师"已成为北大教师的一个荣誉。"元培导师"目前包括校聘导师、专业导师团队、专职导师和课外导师。其中，校聘导师主要在指导新生选课、选专业及适应方面发挥作用；专业导师团队参与新生研讨课的教学，以小班授课的形式帮助学生认真和深入地思考专业选择方面的问题，指导教师为学生介绍相关领域的现状和发展趋势，使学生进一步了解相关领域的前沿问题。

设置交叉学科专业，培养跨学科创新型人才。学院推进以跨学科专业为代表的专业建设，探讨新专业的培养思路。学院在国内率先开设了跨学科专业，如"古生物学""政治学、经济学和哲学""外国语言与外国历史"。2014 年 9 月，学院开设了整合科学实验班，其宗旨在于打破人为造成的传统学科之间的壁垒，目标是将数学、物理、化学和生物等学科相互打通并做内在整合，以培养既有扎实的数理化基础，又对生命科学这一蓬勃发展的新学科有深刻了解的人才。实验班全新设计课程，实施小班教学，由多名中国科学院院士、长江学者、国家杰出青年基金获得者组成教师团队，实现教学资源的最优配备。2015年9月，学院设立数据科学专业，培养面向未来的数据科学专业人才。数据科学专业的学生在前两年将主修数学、计算机科学和统计学方面的基础课程，后两年由学生结合自己的兴趣和能力选修金融、医疗、生物、人文、社科、自然语言处理等多方面数据分析和处理的相关课程并参与实际处理这些数据的一些项目。

开展新生训练营和新生研讨班，加强新生指导工作。学院从2014年开始为新生开设暑期新生训练营，邀请各专业知名教授进行学科专题讲座和学科资源介绍，拓宽新生的眼界，使其了解相关专业的基础知识，增强其适应环境的能力。学院自2014年起开始设立讨论班，一方面，实现"宽口径、厚基础"和"以学生为主体"的理念要求；另一方面，解决新生了解大学、选择专业的现实困难。学院的新生必须参加"新生研讨课"。

加强学生学术学会建设，构建朋辈支持体系。学院成立了学生学术学会，学生不但能参与到与导师、专业院系的沟通交流之中，还能深入参与政治课改革、英语课改革、新生研讨课建设和教学计划修订。

案例三：浙江大学通识教育的改革与探索

浙江大学于2006年推出全面实施通识教育的措施，2008年7月成立本科生院，以更好地实行通识教育、拓宽学生知识视野，并在本科生院内部成立"求是学院"。2008年第一届"大类招生、大类培养"的本科生入校，学校开始实行"一横多纵"的学生教育管理体制。所谓"一横"就是本科新生进校之后，在主修专业确认之前实行通识教育大类培养，以"求是学院"为主负责学生管理，专业学院协助；所谓"多纵"就是本科生第二年进行主修专业确认，从第三年起进入各专业学院进行专业的深入学习、回归专业学院管理，但此时学生可以在大类中自由选择专业，跨大类选择专业的自由也可能放宽。

通识课程是浙江大学探索通识教育改革的主要途径。浙江大学通识课程分为通识核心课程和通识选修课程两类。通识核心课程包括历史与经典类的"孔子与论语""东方文明史""中华文明史"等，文学与艺术类的"唐诗经典研究""中国古代小说鉴赏""圣经与文学"等，哲学类的"希腊罗马哲学""现当代西方哲学""当代科学哲学"等，社会科学类的"性别与社会""文化人类学""宪法与民主"等以及自然科学类的"生命科学""化学与人类文明"等。浙江大学通识核心课程实行助教和小班化制度，即每周一次大班上课加一次小班讨论课，讨论课由助教负责进行。浙江大学目前实行春夏秋冬一学期制，核心课程一般是春夏或者秋冬一个长学期，每学期16周，每周一次大班教学和一次助教主持的讨论课，每次课2～3节。大类学生从这些课程中根据自己的兴趣必修一门。除了通识核心课程之外，通识选修课程主要包括历史与文化、文学与艺术、经济与社会、沟通与领导、科学与研究、技术与设计六大类。

经过3年多的实践，通识课程的质量，尤其是六大类通识选修课的质量遭到了质疑，主要表现为课程零乱、缺乏规划、教学模式单一、质量监控不到位等。

为了实现通识教育的目标，提高课堂教学质量，浙江大学开始着手进行改革。学校适时成立通识教育委员会，启动通识核心课程建设计划。通识核心课程是基于学校原有的六大类通识选修课之上新设立的一类课程。通识核心课程建设采取"成熟一门开设一门"的原则，逐步取代六大类通识选修课的做法。通识核心课程的建设有诸多突破和创新：第一，课程规划方面，通识核心课程由通识教育委员会对课程设置的目的和知识覆盖范围进行"顶层设计"，所有核心课程基本按3学分或4学分设计教学内容，大学分设置课程；申请讲授通识核心课程的教师，须过评审关，评审采用国际通用的教学大纲评审法。第二，改革教学与考核模式，引入研讨型教学模式，在通识核心课程的建设中引入研讨型教学模式，要求通过评审的课程，全部试行研讨型教学模式改革，即实行理论课大班授课，讨论课分小组进行。通常，每周一次理论课，一次讨论课，连续16周。理论课每班100～120人，讨论课每班30人左右，讨论课一般由在校博士生主持；强化过程考核，评价以强化过程考核为主，通识核心课程考核由平时成绩、课堂讨论和期终书面考试组成。第三，将助教培训机制化，定期由教学法专家对助教进行培训，并邀请有经验的助教现身说法。第四，全程质量跟踪，通识核心课程采取听课、定期和学生交流座谈、定期发放学生调查表、定期听取主讲教师和助教意见和建议的方式，全程跟踪教学质量。

案例四：南京大学通识教育的改革与探索

为推动通识教育办学思想和教育理念，南京大学2006年将基础学科教育学院更名为匡亚明学院，其前身分别为少年部（1985年）、基础学科教学强化部（1989年）以及基础学科教育学院（1998年）。匡亚明学院实行"大理科"人才培养模式。以"以重点学科为依托，按学科群打基础，以一级学科分方向，贯通本科和研究生教育"为模式，以"创新本科通识教育和研究性教学、强化科学研究基本训练、推进国际化合作培养，提升政治思想品德教育，探索个性化人才培养，使高素质创新拔尖人才脱颖而出"为途径，以"培养具有良好科学精神、人文素养、宽厚学科基础、突出创新能力的拔尖人才"为目标，学生按文理两个大类招生。低年级不分专业。在课程体系方面，第一年设置大平台通修课程，第二年按模块（基地）设置核心课程，第三年为专业核心课程，第四年为选修课程、科研训练课程和毕业论文。各个模块（基地）之间的部分核心课程可以替代或覆盖，鼓励学生选修多种学科的课程，以从事边缘学科和交叉科学的研究。

本科课程与培养计划按照通识通修课程、学科专业课程、开放选修课程和科研训练与毕业论文（设计）四大模块设置。不同学科专业课程模块之间的部分核心课程可以替代或覆盖，相邻阶段之间有所交叉，鼓励学生跨学科选修课程。在公共基础方面着重强化大文科（语言、史学、经济、逻辑）、大理科（数学、物理、化学兼顾生物）大平台课程以及计算机信息技术和英文训练。各个方向（一级学科）核心课程的设置，首先是按学科群（模块）的基础课，此后注意各学科领域中知识的完整性，不偏重于某一专业，使之比传统单一专业的"专业基础"更宽厚。一些属于二级学科的专业核心课，将按分专业必修或选修课处理。（1）通识通修课程模块：包括文化、历史、艺术、法律等通识教育课程，思想政治理论课程，军事课程、大学语文和大学体育，以及新生研讨课程和数学、计算机、英语等分层次通修课程。（2）学科专业课程模块：包括学科平台课程与专业核心课程，根据理科强化班和应用文科强化班的专业分流方向（理科：数学、物理、天文、生物、化学、生物物理、生物化学；应用文科：经济、管理、法学和新闻传播学）分别设置相应的课程。（3）开放选修课程模块：包括专业选修课程、一级学科选修课程、跨学科选修课程、公共选修课程、本科第二课堂。（4）科研训练与毕业论文（设计）模块：包括科研训练、毕业论文与设计。

2009年9月，南京大学开始在一年级新生当中启用新的教学模式——三三制，实行通识教育基础上的专业教育。这个教学模式以通识教育和个性化培养为特征，实行三个培养阶段和三个发展途径。第一个"三"，即三个培养阶段，实际上就是把本科四年分成三个阶段。第一个阶段是大类培养阶段，主要在学生一年级的时候来施行；第二个阶段是专业教育培养阶段；第三个阶段是多元培养阶段。大类培养阶段，主要由新生研讨课程计划和通识教育课程计划两部分组成；专业教育培养阶段，主要由学科大类平台课程计划和专业课程计划两部分组成，学生完成前两个学习阶段任务以后，就进入多元培养阶段；多元培养阶段实行的是个性化培养课程计划，在这个阶段，学生可以在本专业学术类、跨专业学术类和就业创业类这三个层面上进行选择。"三三制"教改下，南京大学通识教育课程共分为七大单元，具体包括科技进步与生命探索、中国历史与民族文化、世界历史与世界文明、价值观与思维方法、经济发展与社会脉动、文学艺术与美感以及跨文化沟通与人际交流。截至 2015 年 11 月，学校共有 117 门通识教育课程面向全校本科生开放，授课教师基本为教授职称。

2013 年，通过"悦读经典计划＋精品通识课"的"组合拳"，南京大学通识教育进入更加追求质量的改革阶段。2013—2017 年，"三三制"教改由关注培养模式和学生个性化培养的第一阶段，进入关注教学质量和学生全面发展的第二阶段。启动"悦读经典计划"，继续丰富通识教育，"悦读经典计划"分为"研读"模块、"导读"模块以及"悦读"模块；共有文学与艺术、历史与文明、哲学与宗教、经济与社会、自然与生命以及全球化与领导力六个知识单元；指定 60 本（每单元 10 本）基本经典书目；组建资深导师团队，60 位"悦读计划导师"、60 个导读班、60 位助教，每本经典由一位导师牵头负责组织"经典导读班"，导读班采取线上和线下相结合的形式；2015 级新生，毕业前需至少选修 6 个导读班（每单元至少一个），通过导师考核才可获得 2 学分。继续打造精品通识课程是南京大学深入推进通识教育的另一举措，出台《南京大学通识教育课程建设与质量保障方案》，打造学科系列精品通识课，继续引进海内外优秀教师和优秀课程，推进教师培训、打造优质通识课教师队伍，同时继续打造精品通识"慕课"。

2. 各高校进行通识教育改革实践的共性总结

（1）建立了通识教育改革的专门性学院，对通识教育进行顶层设计。复旦大学成立了复旦学院（本科生院），北京大学成立了元培学院，浙江大学成立了本科生院，南京大学成立了匡亚明学院，专门负责通识教育的顶层设计和建设规划。

（2）教育过程中均有针对性地推进通识教育和专业教育的结合。上述四个大学开展的通识教育实践探索，均将学生入学后的第一年作为通识教育的阶段，按大类培养，不分专业，旨在拓宽学生知识视野，完善学生知识体系，第一年之后（特殊专业第二年之后）转入专业教育的学习和培养阶段。

（3）纷纷构建通识教育核心课程体系。上述四个高校，均构建了本校的通识教育课程体系，作为本校开展通识教育的主要抓手，通识课程的设计兼顾中外历史文化以及紧贴本国经济社会发展现实，划分不同的模块，同时注重对学生世界观、价值观以及思维方式的训练；课程开展的方式主要采取小班授课的自由讨论方式，且授课的教师全部为知名教授，有条件的学校配备了相应的助教人员。

（4）注重营造学生之间交流学习的良好氛围，给予学生充分的选择自由。在通识教育改革过程中，均注重营造学生之间的良好学习氛围，如复旦学院实行"住宿书院制"，元培学院成立学生学术学会，一方面加强学生之间的沟通交流，另一方面注重学生的自我管理，充分尊重学生的选择意愿，给予学生更多、更广泛的学习自由，以及包括课程选择自由、专业选择自由和辅修/双学位教育等在内的选择自由权。

二、应用型人才培养模式

所谓应用型人才是指能将专业知识和技能应用于所从事的专业社会实践的一种专门的人才类型，是熟练掌握社会生产或社会活动一线的基础知识和基本技能，主要从事一线生产的技术或专业人才。应用型人才显著不同于学术型以及技能型人才。具体而言，应用型人才注重在生产或工作实践中具体应用专业理论知识解决实际问题的能力，学术型（或基础型）人才则注重在学术研究中广泛运用专业理论知识进行理论、知识、方法创新的能力。与高等职业教育以培养学生的职业岗位技能型人才相比，应用型人才强调理论、知识、方法、能力的协调发展，比高等职业教育培养的技能型人才有更"宽""专""交"的知识结构，更强的自主学习能力和岗位适应性，不仅具有胜任某种职业岗位的技能，而且具有知识、技术创新和知识、技术二次开发的能力，具有更高的适应多种岗位的综合素质[①]。

（一）培养应用型人才的社会背景

实施创新驱动发展、"中国制造2025"、"互联网＋"、大众创业万众创新、"一带一路"倡议、京津冀协同发展、长江经济带建设等国家重大战略，打造中国经济的升级版，加快产业转型升级步伐，迫切需要加快应用技术人才培养，推动形成科学合理的教育结构和人力资源结构。但我国高等教育结构性矛盾突出，一些本科院校人才培养趋同，与产业发展、生产和创新实践脱节，出现就业难、招生难等问题。要破解人才培养与经济社会发展需求的结构性矛盾，必须加强顶层设计，实行高等教育分类改革，解决部分地方高校的办学定位问题，引导这些高校走与地方经济社会发展和产业技术进步融合发展之路，推动高等学校科学定位、特色发展和质量提升，全面增强地方高校服务区域经济社会发展的能力。在这一现实处境之下，党中央、国务院做出引导部分地方本科高校转型发展的重大决策。

2013年6月28日，在教育部的推动下，天津职业技术师范大学、浙江科技学院、黄淮学院等35所高校发起成立的"应用技术大学（学院）联盟"在天津成立，这标志着我国建设应用技术大学的开始。2013年11月，中共十八届

---

① 张士献，李永平. 本科应用型人才培养模式改革研究综述. 高教论坛，2010（10）：5-8.

三中全会提出加快建设具有中国特色的高水平应用技术大学，由此向应用技术大学转型发展成为大多数新建本科院校的必然选择。2014 年，教育部实施应用技术型大学改革试点，云南工商学院、昆明学院等 6 所高校开始转型试点。2014 年 4 月，由应用技术大学（学院）联盟和中国教育国际交流协会在河南驻马店联合主办的"产教融合发展战略国际论坛"上，178 所高校达成了《驻马店共识》，致力于呼吁社会各界关心和支持普通本科高校向应用技术大学转型。2015 年，教育部、国家发展改革委、财政部印发了《关于引导部分地方普通本科高校向应用型转变的指导意见》，更加明确了转型的基本思路以及主要任务。天津中德应用技术大学、天津职业技术师范大学、上海应用技术大学、贵州工程应用技术学院、常熟理工学院、黄淮学院等一批高校在应用技术转型道路上积累了相当的经验。

党的十九大提出要实现高等教育内涵式发展，深化产教融合、产学研结合、校企合作是高等教育，特别是应用型高等教育发展的必由之路。2017 年，批准设置目录外新专业 43 个，其中 93% 以上为应用型本科专业。2018 年 9 月，习近平总书记在全国教育大会上强调，要提升教育服务经济社会发展能力，着重培养创新型、复合型、应用型人才。下好新一轮科技革命和产业变革的"先手棋"，主动应对以新技术、新产业、新业态和新模式为特征的新经济发展迫切需求，必须主动布局未来战略必争领域人才的培养。

（二）应用型人才培养的特征

应用型人才和其他人才相比，属于一种中间人才，既有一般人才应具有的理论知识，因为要面向现场操作过程，又必须具有较强的理论技能。

1. 基础理论、知识、技能与应用能力培养并重发展，培养规格以"构建知识能力、专业应用能力及综合素质培养"为中心

应用型本科培养的人才除应达到本科教育对人才的最基本要求，即掌握该学科的基本理论、知识和技能外，还应具有较强的专业应用能力，能够直接适应社会相应的职业与岗位需求。这是与学术型人才及技能型人才的不同之处，应用型本科人才培养既注重基础，更强调应用。

应用型本科人才培养要注重理论知识与实践知识并重，尤其要加强掌握工作过程性知识和工作经验性知识，让学生在学习专业知识过程中了解将要从事的工作流程与过程。对于应用型本科人才而言，除应具备完成专业工作应具备或掌握的基础性专门技术技能外，还应具备综合运用专业知识、完成专业工作任务所特有的综合能力。此外，运用所学知识解决实际问题的能力、表达和沟通能力、团队合作能力、组织协调能力以及创新能力对于应用型本科人才来说

也是至关重要的。应用型本科人才除应具有良好的公民道德，合格的思想政治素养，良好的身心素质，基本的人文、科学素养等基本素质外，还应具有高度的职业责任心、严谨的工作作风和踏实的工作态度，具有明确的职业岗位工作规范、安全规范以及一丝不苟完成本职工作的意识和能力，具有强烈的进取精神、认真刻苦钻研业务的素质，具有团队精神、善于合作和协同工作的素质。

2. 专业体系的建设与产业链、创新链紧密相关

应用型本科人才培养围绕产业链、创新链调整专业设置，形成特色专业集群。建立行业和用人单位专家参与的校内专业设置评议制度，形成根据社会需求、学校能力和行业指导依法设置新专业的机制。改变专业设置盲目追求数量的倾向，集中力量办好地方（行业）急需、优势突出、特色鲜明的专业。以重庆文理学院为例：

重庆文理学院定格产业，"三大举措"促进学科专业对接产业。其学科专业结构调整的主要举措为：第一，重点打造专业集群；对接重庆市支柱产业、战略性新兴产业和现代服务业，适应产业结构调整和升级需求变化，重点发展材料机械类、电子电气类、财经管理类、生物化工类、文化创意类、土木建筑类等六大学科专业集群，在资金投入、招生指标、教师引进、新专业申报、办学条件配置等方面向专业集群倾斜，建成一批规模大、有特色、优势明显的支撑性专业。第二，加大特色专业建设力度，发挥三级质量工程项目建设的聚集效应；重点建设10个校级特色专业、6~8个国家和市级特色专业，三级特色专业达到专业总数的1/3；继续保持和巩固"教师教育类"专业传统优势，强化教师教育类专业特色；培育一批优势明显的特色专业，形成一批示范专业，带动全校所有专业及专业群的改革与发展。第三，建立专业评估与退出机制；建立特色新专业、市级特色专业和新办专业评估标准体系，定期开展各种类型的专业评估；通过评估，将一批有潜力、市场前景好的专业方向发展为专业，关闭一批学生报考率低、就业率低、供过于求的专业，对有一定市场需求而规模过大的专业进行招生限制，形成适应产业结构和劳动力变化的专业结构动态调整机制。

3. 课程体系建设依托产业技术驱动，注重产学研结合

应用型本科人才培养以社会经济发展和产业技术进步驱动课程改革，整合相关的专业基础课、主干课、核心课、专业技能应用和实验实践课，更加专注培养学习者的技术技能和创新创业能力。与此同时，将创新创业教育融入人才培养全过程，将专业教育和创业教育有机结合。应用型本科与高职高专课程体系的根本区别在于其"依托学科"，与学术型本科课程体系的根本区别在于"面向应用"。

应用型本科人才强调专业应用能力及社会适应能力的培养，要求打破以课堂理论教学为主的单一培养模式，实现多模式的培养途径。建立产教融合、协同育人的人才培养模式，实现专业链与产业链、课程内容与职业标准、教学过程与生产过程对接。加强实验、实训、实习环节，实训实习的课时占专业教学总课时的比例达到30％以上，建立实训实习质量保障机制。以合肥学院为例：

合肥学院的产学研合作大楼，有一家"合大环境监测有限公司"，公司看上去不起眼，却拥有80多项国家标准的环境检测权。这个由学校出场地、社会投资建设的企业，既面向社会经营，同时也是一个"嵌入式"实验室。环境工程专业的学生在这里做实验，所用的标本都是真实的送检样品，实验环节就是真实的检测环节，实验结果也是最终的检测结果。

4. 教学方法方面，注重培养学生的"构建知识能力"

应用型本科人才培养重视培养学生的专业应用能力，要求理论与实践紧密结合，实现在实践过程中掌握理论知识与培养应用能力。传统的"灌输式"授课方法已经无法适应应用型本科人才的培养要求，应用型本科人才的培养要求创造一种教与学、老师与学生互动的学习情境，期望通过学生的学习掌握知识，并形成构建知识的能力。使学生不仅能适应相应行业的工作岗位要求，还能将构建知识的能力应用于其他职业。以重庆文理学院为例：

重庆文理学院彻底改变"教师一讲到底、学生被动听记"的状态，广泛采用任务驱动、项目导向、问题教学、案例教学等多样化教学方式，形成生动活泼的课堂教学氛围。充分突出学生的主体地位，引导学生开展自主、合作、探究学习，促进学生学习方式的转变。旅游学院鼓励教师大胆创新，在课程教学中采用"任务驱动五步"教学法，即课程教学以项目为载体，以"典型工作任务"为引领来组织教学，通过开展相应的活动实施教学过程，使职业和岗位技术技能与学习情境相符，实现教学内容与实际工作任务的紧密结合。每一个项目的教学按照"任务准备→学生展示→活动开展→提升训练→总结提高"的过程展开。"任务驱动五步"教学法，融启发引导、案例教学法、角色扮演、分组讨论等多种教学方法于一体，完全适合应用型专门人才的培养。法学专业根据自身专业特点，在课程教学中大力采用模拟法庭开展教学，通过对所选择案例的重演，让全体学生全程演练法庭模拟环节，使学生熟悉司法审判的实际过程，熟悉与案件相关的实体法和程序法，具备强烈的现实感和实战性，提升了学生在法律文书写作、演讲口才训练、法律知识运用等方面的水平，培养和锻炼了学生发现问题、分析问题和解决问题的能力，提高了学生的语言表达能力、组织协调能力。

5. 重视"双师型"师资队伍建设

应用型本科人才的培养，需要有一批适合应用型本科教育的"双师型"教师。改革教师聘任制度和评价办法，积极引进行业公认专才，聘请企业优秀专业技术人才、管理人才和高技能人才作为专业建设带头人、担任专兼职教师。有计划地选送教师到企业接受培训、挂职工作和实践锻炼。通过教学评价、绩效考核、职务（职称）评聘、薪酬激励、校企交流等制度改革，增强教师提高实践能力的主动性、积极性。以合肥学院为例：

合肥学院实施"应用能力培养计划"，要求专业教师每个任期内必须有半年以上的企业工作经历。通过"双进双培"让学校实践就业基地进企业，企业研发中心进校园，校企共同打造应用型师资。目前，合肥学院与企业共建的实践基地有191个，"嵌入式"实验室3个，工程中心5个。合肥学院通过实施校企双方"双聘双挂"的举措，把企业工程师请到学校聘为教授，让学校教师走进企业担任兼职工程师；让教师到企业挂职，企业高级人才到学校挂职，以此打造"双能型"师资，培养教师实践教学能力。目前，在学校专任教师中，有企业工作经历、行业背景、工程背景和经过行业培训的教师将近六成。

（三）应用型人才培养模式

现阶段各个高校关于应用型人才培养的实践探索，主要存在如下几种应用型人才培养模式：

1. "嵌入式"人才培养模式

"嵌入式"人才培养模式的原理来源于"嵌入式"系统。这是一种在制造、过程控制、通信、医学等方面有着极其广泛的应用，被公认为未来电子信息技术重点发展方向之一的系统。"嵌入式"模式有两种类型：一是单向嵌入型，即企业根据自身需要，以校企合作的形式将功能性需求嵌入到对方中去；二是双向嵌入型，即校企双方通过共同参与合作，把各自的功能性需求积极主动地嵌入对方，从而实现功能性互补[1]。这种方式的优点在于：第一，不打乱正常的教学计划；第二，满足了企业或用人单位对人才在知识、技能和素质方面的具体要求。以湖北文理学院为例：

湖北文理学院提出针对应用型本科人才培养的"211"人才培养模式。其运行方式是，用1/2左右的时间通过通识教育课程、学科基础课程的学习夯实人才基础；用1/4左右的时间通过专业核心课程的学习提升专业理论素养；用

---

[1]　匡德花，黄顺杨，罗碧纯. 嵌入式校企合作：高职人才培养模式新路径探析. 湖北职业技术学院学报，2012（1）：12 - 15.

1/4 左右的时间通过实践性专业方向课程的学习和实践强化专业应用能力。"211"人才培养方案的制定由学校、企事业单位、学生联合设计。共同审定人才培养目标与人才培养规格，根据社会需要灵活设置应用型专业方向，共同讨论构建由通识教育课程、学科基础课程、专业核心课程、专业方向课程四个模块组成的课程教学体系，共同构建实践性教学体系，共同参与教学质量评价体系的制定。

2. "订单式"人才培养模式

"订单式"人才培养模式是指企业按其发展规模，预测人才需求量，向学校"下订单"，组织学校进行人才培养工作[①]。这种人才培养模式为学校解决了就业率偏低的难题、为大部分学生解决了就业的困扰，同时也为企业提供了符合企业需求的人才，可以说是一种"三方共赢"模式。以齐鲁理工学院和上海机电学院为例：

齐鲁理工学院非常重视密切校企、校地合作，着力打造"订单式"培养品牌。首先是打造校企合作"订单式"培养品牌，为企业培养高素质应用型人才。学校已与海信集团、海尔集团、钱江集团、阿里巴巴、浙江橙果公司、山东师创软件工程有限公司等 536 家大中型企业单位签订校企合作育人协议，并开设阿里巴巴班、橙果班、海信班、海尔班、钱江班、上汽实业班、华为班、万科班、军护班、万声班等 22 个特色订单班。在订单班开办过程中，校区、校地双方，努力做到"八个共同"，即共同制定应用型人才培养标准，共同完善培养方案，共同构建课程体系，共同开发教材、更新教学内容，共同建设实习实训基地，共同组建教学团队，共同实施培养过程，共同评价培养质量。齐鲁理工学院副院长张庚灵介绍说："通过订单式培养，显著提高了应用型人才培养质量，提升了学生的就业率和就业质量，扩大了学校的社会影响，拓宽了学校的办学路子。"

上海机电学院以"上海市属高校应用型本科试点专业"为契机，通过"订单式"模式培养人才，培养"适销对路"的毕业生。学校以用人单位需求为导向，在优化课程设置、加大实习比重的基础上，探索个性化、"一对一"培养模式，为用人单位"私人定制"毕业生，打通供与求的"最后一公里"。同时，通过工学交替、人员互聘、"订单式"培养等多种形式，校企合作共建二级学院、校企联合培养硕士研究生、校地共建科技工作站和技术转移中心等。

3. "产学研"人才培养模式

"产学研"人才培养模式是指将生产、学习和科研结合在一起的人才培养模

---

① 张涛，谢璐."订单式"培养模式发展存在的问题及对策研究. 淮南职业技术学院学报，2007 (2)：11-13.

式。近年来我国地方高校越来越多地在学校和部分学科专业上采用此种模式并取得了良好的人才培养效果。这种模式的优势在于可以将学校和企业或科研单位良好的教育资源结合起来，既可以学习学校先进的理论知识，又可以在企业或科研单位实践领域得到锻炼。该模式在一定程度上弥补了大部分地方本科高校只注重理论教学、忽视实践锻炼的不足。以安徽三联学院和重庆工商学院为例：

安徽三联学院是安徽省第一所民办高校，旨在进一步加大"产学研"合作教育，培养应用型专业技术人才，提高人才的培养质量。学院要求各二级教学单位按照"瞄准一个产业＋盯紧几个企业"的目标，将"产学研"合作教育从交通工程学院交通安全专业群上逐步拓展到其他二级学院的多个专业，并结合集团下属的三联交通公司、三联机器人公司、上海联岸公司等单位的资源优势，紧跟安徽省"大力发展公共安全、电子信息、高端装备制造等战略性新兴产业"和合肥市"大力打造机器人产业、国家级动漫和服务外包基地"等发展战略，重点培育"交通安全类、信息技术类、文化创意类"等应用型专业群。

重庆工商学院积极探索多层次、多渠道、多形式的"产学研"合作人才培养模式。创办政产学研用参与的各司其职的理事会制学院。为适应重庆市打造长江上游金融中心及人才高地的迫切需要，与重庆市金融办、银监会、证监会、保监会等机构联合创办重庆金融学院，培养复合型中高端金融人才。在创办重庆金融学院过程中，探索建立地方政府、行业企业、高校、科研院所等各方参与的政产学研用联盟。与国内知名行业企业实施实质性合作办学。为适应国家文化创意产业发展的需要，与重庆广电集团、美国云泰集团、重庆港鑫装饰公司等联合创办重庆工商大学长江传媒学院、影视动画学院、建筑装饰艺术学院，共建西部首家传媒运营实训中心、影视动画制作基地、重庆港鑫创意产业园，成为集文化创意产业人才培养、文化创意产品创作与研发、文化创意产品生产于一体的立体综合型合作办学实体。

4."三位一体"人才培养模式

"三位一体"的内涵十分丰富，众说纷纭，莫衷一是。张杰认为，"三位一体"指的是"能力建设、知识探究和人格养成"的育人理念和"课内与课外相结合、教学与科研相结合、人文与科技相结合"的课程体系[①]。杨吉兴等认为，"三位一体"指的是"知识、能力和素质为一体"、"公共能力、专业能力和发展

---

① 张杰．三位一体培养创新型领袖人才：上海交通大学人才培养目标探索．国家教育行政学院学报，2010（10）：5-7.

能力为一体"以及"理论教学、实践教学和校园文化活动为一体"[①]。"三位一体"的人才培养模式没有固定的限制，针对不同的人才培养要求可以确定不同的"三位一体"内容，因而此种模式对应用型人才培养来说有一定的结合学校自身发展和生源水平确定其内容的空间。以长江师范学院为例：

长江师范学院管理学院围绕建设具有鲜明特色的"教学应用型大学"的目标，以"知识、素质、能力"为核心，培养能够适应经济社会发展的具有良好知识迁移能力和可持续发展能力的高素质应用型管理人才，构建并实施了"三位一体"工学结合管理类人才培养模式，在办学转型上进行了积极的探索。其主要做法为：第一，课堂教学"双进式"；创新课堂教学范式，"企业家进课堂"与"课堂进企业"互动"双进式"系列教学活动。第二，实验实训"双化式"；创新实验实训教学模式，注重实验实训的"项目化"与"实战化"的有效结合；能够较好培养适应经济社会发展的具有良好知识迁移能力、解决实际问题能力和可持续发展能力的高素质应用型管理人才。第三，顶岗实习"双段式"；创新顶岗实习分段模式，即在大学一年级的暑期进行专业认知顶岗实习和在大四的上学期期末进行毕业顶岗实习的"双段式"。

三、高职人才培养模式

高职人才培养模式是在一定的教育思想指导下，为实现高职教育人才培养目标而采取的人才培养活动的组织样式和运行方式。高职人才培养模式包括：培养目标、培养内容、培养过程、培养评价、培养制度。

（一）高职人才培养模式的主要特点

（1）人才培养目标的职业定向性。高职教育是培养某一社会行业技术岗位群所需要的高级技术型、管理型人才，"职业性"是高职教育的本质属性之一。在现代社会中，社会产业结构和技术结构都发生了巨大的变化，职业种类日新月异。因此，高等职业教育要不断根据社会职业岗位发展的需要来调整自身的专业设置，适应未来职业内涵和外延的变化趋势，树立动态的职业观。

（2）专业设置与区域发展的紧密联系性。高等职业教育是服务于一方经济的，主要是为学校所在地区的经济发展培养高级技能型人才。因此其专业设置要适应本地区社会产业结构发展的需要，同时，高职院校要依靠区域优势，发

---

① 杨吉兴，等.地方本科院校人才培养模式改革创新　以怀化学院"三位一体"应用型人才培养模式改革为例.怀化学院学报，2012（12）：100-104.

挥特色，打造品牌专业，提升竞争力。

（3）教学内容的实用性。各学科都是一个庞大的理论体系，有其独特的知识结构群，但是由于各类学校教育目的和培养目标的不同，其对知识内容的选择也不一样。高职教育不像普通高等教育那样，以某一专业的学科理论体系为依据，而是针对某一职业岗位技术群的需求来设置教学内容，以胜任该工作岗位所需要的基础理论知识、专业技术技能来组织教学；不是注重纯理论的研究，而是具有较强的针对性和实用性。

（4）双师型的师资队伍。高职教育培养的是掌握必要的基础理论知识和具有较强的实践能力的技术性人才，这决定了高职院校的教师必须是既精通理论知识又有丰富实践经验的"双师型"教师。精通理论知识是教师教好课的基础，但是作为高等职业教育，由于它培养人才的职业定向性，因此高职院校的教师还必须具有丰富的实践操作技能，及时了解和把握新知识、新技术发展的前沿动态，把理论教学和实践教学紧密结合起来，使培养的学生能很快地适应具体工作的需要。

（5）参与主体的多元性。高等职业教育是培养生产建设、管理和服务等工作第一线需要的高级应用型人才，因此，高职院校人才的培养就要充分发挥学校、企业、经济实体的作用，鼓励他们积极参与到人才培养的过程中。同时充分调动学生的积极性，使各参与主体在良性的互动中培养出多元化的人才。

（6）与社会实践联系的紧密性。高等职业教育培养的人才很重要的一个方面就是要有很强的实际动手能力，这已成为国内外高职院校的共识，加强实践教学已成为高职教育人才培养中重要的一环。高职院校不仅要有周密的实践教学计划和管理，而且要主动和企业、科研部门等社会部门取得合作，争取社会各方面的支持，加强实践教学，确保其培养目标的实现。

（二）高职院校人才培养模式

随着我国高等职业教育的快速发展，在立足于我国高等教育发展需求的基础上，通过学习和借鉴国外先进的人才培养模式，我国的高职教育人才培养模式也呈现出多样化的发展趋势。目前，我国高职院校的人才培养模式主要有"产学研"结合的人才培养模式、"订单式"人才培养模式、"双证书制"人才培养模式等。

1. "产学研"结合的人才培养模式

"产学研"结合的人才培养模式倡导学校与企业合作，以培养学生的专业素质、应用操作能力和就业竞争力为主，以合作开发与研究实际技术问题为辅，利用学校和企业以及研究机构不同的教育环境和教育资源，理论教学以学校为主，技能培训和实践教学以企业为主，课堂理论教学与学生参加企业实际工作有机结合，旨在培养适合企业和用人单位需要的有较强综合应用能力的人才。

"产学研"结合的人才培养模式的特征：一是建立产学结合、校企联合的办学体制，注重学生实践能力的培养；二是专业设置、教学体系和教学内容与企业的需求相吻合；三是教学与科研紧密结合，为企业提供智力支持。以西京学院为例：

西京学院在探索产学结合方面积累了宝贵的经验。学校改革教育模式，探索多种联合办学形式，推进校企合作，践行"产学研"结合，培养高素质的高级应用型人才，促进学校和企业紧密结合，更好地发挥服务功能。一是在人才培养模式上，学校以社会需求为导向，积极寻求与企业的合作，力求生产过程和教学过程相结合、专业教材和岗位标准相结合、专任教师和企业工程技术人员相结合；二是在学生培养规格上，学校以实践能力为重点，一、二课堂相结合，根据企业对人才的岗位需要，在抓好学生德育和智育的基础上引进企业文化，让学生在校学习时就关注企业、热爱企业，提高学生的岗位能力和社会能力，培养德技双馨的实用型人才；三是在合作内容上，积极搭建产学研合作平台，学校邀请企业领导和专家参与人才培养方案、指导学校专业建设、指导专业课程设置和教学计划的制定，把企业对人才知识、能力及素质的需求，落实到课程体系的支撑上，贯穿到教学实施的全程塑造中，实现多样性和个性化教学，初步形成了以"产学合作"为主要途径，"校企结合"为主要载体，"学以至真、工以致善、工学结合"的教学模式，努力培养高级应用型人才；四是聘请企业具有实践经验的管理人员或者工程技术人员担任兼职教师到学校实训中心来指导学生实训，企业为学生提供部分工作岗位，使学生在校期间有机会进入生产实际领域，获得真正的职业训练和工作体验，并在工作岗位上完成一定的任务，将教学过程与企业生产过程对接，建立以企业为主、学校为辅的学生顶岗实习管理制度。

2. "订单式"人才培养模式

"订单式"人才培养模式建立在校企双方相互信任、紧密合作的基础上，就业导向明确，企业参与程度深，能极大地调动学校、学生和企业的积极性，提高人才培养的针对性和实用性，实现学校、用人单位与学生三赢的一种具有明显特色的培养形式。"订单式"人才培养模式是最近几年我国高等职业教育领域中人才培养模式改革与探索的新热点。

"订单式"人才培养模式的特征：一是校企双方签订人才培养协议；二是校企双方共同制定人才培养计划、共同培养人才；三是企业按照协议约定安排学生就业，学校对就业学生做好"售后"服务。以石家庄邮电职业技术学院为例：

石家庄邮电职业技术学院作为国内唯一一所培养邮政特色专门人才的高职院校，主动与邮政企业加强联系，在广泛调研的基础上，形成了与邮政企业共同开展"订单式"人才培养的办学思路，为企业"量身定制"与基层一线岗位要求"零距离"的高素质技能型人才。参考国内外校企合作进行人才培养的先进经验，结合自身特色，学院逐步形成了具有自身特色的订单生培养模式。首先根据全国邮政各省、地（市）、县基层企业用人数量及专业需求确定招生计划，考生根据学院与企业制定和公布的订单计划自愿报考；学院按照国家统一的高考招生规定进行招生录取，并按照企业要求制定人才培养方案，实施特色人才培养；企业全方位跟踪和参与人才培养的全过程；学院、企业和考生以协议方式保证订单式人才培养内容和过程的落实；学生完成理论和实训教学环节，顺利毕业则依协议到邮政企业工作。学院自2004年起开始试点工作，面向福建省邮政企业招收订单式学生。随着订单生培养机制的不断健全，企业反应良好，订单的省份和学生数量逐年递增，到2007年已有15个省（自治区、直辖市）邮政公司与学院签订了订单式培养学生协议，订单生规模近千人，订单式人才培养格局基本形成。

3. "双证书制"人才培养模式

所谓双证书制，是指高等职业院校毕业生在完成专业学历教育取得毕业文凭的同时，必须通过与其专业相衔接的国家就业准入资格考试，并获得相应的职业资格证书。高等职业教育是一种就业教育，其首要目标是使学生获得从事某个职业和行业的实际技能与知识，并能在生产实践中熟练运用和得到发展，适应生产一线需要的生产、经营、管理、服务一线的高等技术应用型人才。高等职业院校实行"双证书制"是提高毕业生职业素质和就业竞争力、实现职业教育与劳动就业对接的重要举措。

推进建立和完善"双证书制"，实现学历证书与职业资格证书对接。积极组织开展本行业所负责的职业资格认证及行业相关专业的"双证书"实施工作试点。依据产业发展和行业企业岗位职业能力标准所涵盖的知识、技能和职业素养要求，指导相关试点专业的人才培养方案制定、核心课程开发、技能训练和岗位职业能力认证等工作，推动职业学校和职业技能鉴定机构、行业企业的深度合作。推动在省级以上重点学校设立职业技能鉴定点，将相关课程考试考核与职业技能鉴定合并进行，使学生在取得毕业证书的同时，获得相关专业的职业资格证书和行业岗位职业能力证书。以铜陵职业技术学院为例：

铜陵职业技术学院进一步完善了学历证书和职业资格证书"双证书制"。在教学内容上突出岗位要求，同时将国家职业资格标准（职业资格证书考证）内容和省市级、国家级职业技能大赛的内容纳入相关专业技能课程的教学内容中，使教学内容与职业要求相关联、使技能鉴定成绩和技能大赛获奖等级与相关专业技能课程的成绩相挂钩。学院鼓励学生"一张文凭，多张证书"，全方位地为学生提供职业资格证书达标途径，一是通过开设证书课程专门学习，如电气自动化技术专业、机电一体化技术专业将各类考证课程融入日常教学中；二是集中时间强化培训，如护理、会计等专业每年在考证之前都会安排专业老师对学生进行集中强化培训，以提高考证通过率；三是精心设计实践体系，将职业资格证书培训与校内生产性实训基地相结合。学生获证平均合格率达到85%以上，并多次在各类职业技能大赛中获奖。

四、创新创业教育人才培养

创新创业教育是以培养学生的创新精神、创业意识和创业能力为基本价值取向的一种新的教育理念，它是将创新的理念融入创业教育中的一个新概念。创新创业教育，既不等同于原来的创新教育或者是创业教育，也不是创新教育和创业教育的简单叠加，在理念和内容上都实现了对创新教育和创业教育的超越。创新创业教育总体目标是提高学生的创新精神、创业意识和创新创业能力，培养造就拥有知识、能力、境界、眼界、敢于竞争的创新创业人才[①]。

（一）推进创新创业教育的背景

高校创新创业教育改革是服务经济结构转型、发展动能转换的重要举措，成为培养应用型、创新型人才的重要途径。在创新创业教育改革积极推进的良好局面下，112所中央部委所属高校制定了深化创新创业教育改革方案，许多高校将创新创业教育改革纳入学校综合改革方案，积极有序推进。首批有137所高校、50家企事业单位和社会团体联合成立了"中国高校创新创业教育联盟"。新疆、甘肃、陕西、青海四省区的16所大学科技园联合建立了"丝绸之路经济带众创空间"。2015年，全国高校共设立创新创业基金达10.2亿元，吸引校外资金12.8亿元，为支持大学生创新创业提供了有力的资金支持[②]。

党的十八大明确提出，要加大创新创业人才培养支持力度。习近平总书记

---

① 吴岩．建设高等教育智库联盟 推动高等教育改革实践．高等教育研究，2017（11）．

② 刘延东．深入推进创新创业教育改革 培养大众创业万众创新生力军：在深入推进高校创新创业教育改革座谈会上的讲话．http://www.moe.edu.cn/jyb_xwfb/moe_176/201510/t20151026_215488.html.

多次做出重要指示，要求加快教育体制改革，注重培养学生创新精神，造就规模宏大、富有创新精神、敢于承担风险的创新创业人才队伍。李克强总理多次强调，大众创业、万众创新，核心在于激发人的创造力，尤其在于激发青年的创造力。2012 年 8 月，教育部制定了《普通本科学校创业教育教学基本要求（试行）》，将"创业基础"作为高校必修课。2015 年，国务院办公厅印发了《关于深化高等学校创新创业教育改革的实施意见》，从完善人才培养质量标准等九个方面对高校开展创新创业教育提出了指导意见，成为高校开展创新创业教育的行动指南。

习近平总书记在全国教育大会上提出，要把创新创业教育贯穿人才培养全过程。在教育中重视培养创新思维，着重提升创新能力，在增强综合素质上下功夫，实现"以创造之教育培养创造之人才，以创造之人才造就创新之国家"教育目标，需要持续深入推进创新创业教育，将其贯穿于大学生培养全过程，努力实现创新创业教育与专业教育有机融合。在《中共中央关于坚持和完善中国特色社会主义制度 推进国家治理体系和治理能力现代化若干重大问题的决定》中，"创新"和"创业"是高频词汇，累积出现 32 次。其中，"创新"出现31 次，相关表述内容聚焦"建设创新型国家""创新教育和学习方式"等；"创业"出现 1 次，提及"建立促进创业带动就业、多渠道灵活就业机制"，时代的发展要求高等教育人才培养范式必须进行一次重大变革。

创新人才培养机制。实施高校毕业生就业和重点产业人才供需年度报告制度……深入实施系列"卓越计划"、科教结合协同育人行动计划等，多形式举办创新创业教育实验班，探索建立校校、校企、校地、校所以及国际合作的协同育人新机制……高校要打通一级学科或专业类下相近学科专业的基础课程，开设跨学科专业的交叉课程，探索建立跨院系、跨学科、跨专业交叉培养创新创业人才的新机制……健全创新创业教育课程体系。

——《关于深化高等学校创新创业教育改革的实施意见》

（二）创新创业教育模式

在各项国家政策的鼓励下，高校逐渐形成各具特色的创新创业教育模式。以 2016 年首批获选的全国高校创新创业 50 强高校为例，可以发现当前我国高校创新创业教育若干代表性模式：

（1）平台性创业学院整合实施双创教育模式。即成立创业学院作为创新创业教育的专门平台，有专门的机构代码和运作团队，但招收的学生不涉及学籍问题，通过平台化运作充分整合学校内外部的各类创新创业教育、实践资源，面向全校学生开放创业通识类课程及组织实施相关的创新创业实践教育活动。

做得较为典型的有以下学院：中国人民大学创业学院、上海交通大学创业学院、西安外事学院创业学院、大连理工大学创新实验学院。

（2）双创教育与科技产业园孵化联动模式。即创新创业教育与大学生科技产业园的孵化转化职能深度联动。这些实践转化性的平台多为"大学生科技产业园""大学生创业孵化基地"或者是校企合作提供给学生的实习实践。创业实践平台可以是真实的创业体验，也可以是虚拟的创业体验。典型高校如北京大学创新创业孵化生态链、清华大学 X-Lab、浙江大学国家大学科技园、吉林大学国家级大学生科技创业实践基地、南京理工大学三大创业园区、浙江工贸职业技术学院温州市大学生科技创业园。

（3）立足国内、放眼全球的国际合作办学模式。一些高校依托其本地优势，结合国内创新创业现状和特点，积极探索与国际知名创新创业教育机构合作办学的模式，以学习和吸收国际上先进的创新创业教育经验。典型如南京大学-纽约大学创新创业学院。

（4）专业纵深化、产教协同性的创业实训模式。一些专业学科优势明显、在专业行业领域特点突出的高校及高职院校，也探索以创业实训基地的方式搭建校企合作平台，以真实的创业项目团队为载体，让学生的整个学习过程实际上就是与特定行业对接的实习实践过程。典型如杭州师范大学钱江学院、重庆交通大学多元人才培养实验班、深圳职业技术学院汽车与交通电子产品检测中心平台。

除了以上基于高校主体探索推动的创新创业教育实践之外，由非高校主体，包括企业主体组织创办的创新创业企业大学学习平台（如北京万学教育科技集团、阿里巴巴的湖畔学院、京东的京东创业营等）以及个体投资人或投资金融机构延伸建立的社会性、社群性创新创业平台等，也都吸引着包括大学生在内的创业群体，在其组织平台上展开创新创业的相关学习、实践和转化活动。这些企业性、社会性机构主体构建运行的创新创业平台，与我国高校建设实施的创新创业教育一起，共同构成了我国创新创业教育实践的总体生态系统。

（三）高校创新创业教育的实践路径探索

第一，建立大学生创新创业基地（中心），提供创新创业实践平台。2009年，东北农业大学大学生成立的创新创业中心，是黑龙江省内高校建立大学生创新创业中心的先驱。该校为实现其创新创业中心实践效率的提升，实行"三带一体"的制度，即由领导班子带领负责教师、负责教师带领优秀大学生创业者、优秀大学生创业者带动全体创业者，以促进创新创业中心的共同发展。在首个创新创业中心的成功引领下，东北农业大学先后发展两个大学生创新创业的孵化基地，培训过上千名大学生创新创业者。2013年该校共确立大学生创新创业训练计划项目139项，其中，有20个项目被评为国家级重点项目，20个项目被评为省级一般项目，21个项目被评为校级指导项目。再例如，成立于2005年的中南大学创新创业中心，是一个集理论研究、创业教学与培训、创新创业实践、创业服务于一体的职能部门。该中心由中国大学生创业网、大学生创业园、SIYB（创办和改善你的企业）培训项目管理部、模拟创业实训项目管理部（简称PF管理部）、学生助理等学生组织和部门组成。据统计，自2005年起中心已经投入资金1 600多万元，资助了2 500多个大学生创新创业项目；先后有19家学生公司获得科技部创新基金710万元无偿资助，有52家学生公司获长沙市创业富民专项资金、长沙市科技计划立项等各类资助共计378万元。四川大学搭建高质量创新创业平台，依托学校科技园建立"大学生创业服务平台"，与成都市武侯区政府共建共管"川大青年（大学生）创业园"，已登记管理的大学生创业项目近200个，入园项目50多个，涉及电子信息、软件研发、电子商务等行业。

第二，引企业入学校，加强校企合作。2007年河南农业大学在与河南莲花企业集团、河南天冠企业集团、河南金星啤酒集团等集团合作的基础上建立了研究生创新创业基地——"河南农业大学/河南莲花味精股份有限公司共建研究生创新基地""河南农业大学/河南天冠企业集团有限公司共建研究生创新基地"，并以研究生创新创业带动本科生创新创业实践，以研究生创新创业的实力团队带领本科生创新创业实践，为大学生创业实践提供了一个坚实、广阔的平台，充分激发学生创新创业的热情与干劲。

第三，实行"产学研一体"产业化，提高科研成果转化。青海大学的创新创业中心，将食品科学专业知识与工程专业产学联合起来，探索新办学模式，建立了"课堂教学—实验室教学—基本生产环节实习（校内实习车间）—生产实践（校外实习基地）—课堂的本科教学"教学模式；在科学研究方面根据院系学科特点，实现了"研究开发（学校研究室）—产品小试（学校实习车间）—产品中试开发（企业）"的科研成果转化模式，提高了本校创新创业教育的实践水平。

第四，建立校园创新创业实习孵化基地。苏州工业职业技术学院充分利用自身专业特色与享有的资源优势，向社会招商引资，建立了各项大学生创新创业孵化基地，并在孵化基地由优秀学生组织的创业团队的带领下创建小型公司。学生团队需通过竞标才能获取经营权，利用学生团队间的竞争，培养学生的竞争意识；采用"自主经营、自负盈亏"的经营模式激发学生的创新创业战斗精神。

第五，加强师资队伍建设，提升教师创新创业教育教学能力和水平。江苏省配齐配强创新创业教育师资队伍，健全教师创新创业教育培训制度，搭建教师创新创业教育培训平台。将创新创业教育纳入教师专业技术职务评聘标准和绩效考核指标体系，支持教师以对外转让、合作转化、自主创业等形式将科技成果产业化。杭州市通过实施"师友计划"，建立起一支800余人的创业导师队伍，以结对带教等方式帮助大学生更好地踏上创业之路。山东大学加强创新创业教育骨干教师队伍建设，建立健全开放式、动态化的创新创业导师聘用机制，建立专兼结合的创新创业教育师资团队；聘请创业成功者、企业家、风险投资人等担任创新创业指导教师，建立校外创新创业教育导师库；推动教师到行业企业挂职锻炼，支持教师以对外转让、合作转化、自主创业等形式将科技成果产业化。

案例一：浙江工贸职业技术学院园区化产教融合、系统化创新创业

浙江工贸职业技术学院探索园区化产教融合、系统化创新创业的经验，成功入选教育部全国高职院校征集创新创业教育特色典型案例。其主要经验做法如下：

第一，建立创业学院，形成创新创业的联动机制。

为推进创新创业教育，专门成立创新创业领导小组，制定学院创新创业规划，统领学院创新创业工作，完善了创新创业体制机制，保障了创新创业工作的顺利开展。2010年成立创业学院，打造创新创业教育、研究、孵化指导等完整体系，有效地整合、组织、协调创新创业教育资源，全面开展创新创业教学与研究工作。同时构建创业学院、教学部门、思政部门及二级院系的协调工作机制，形成人人参与、贯穿全程、全校联动的创新创业机制。

第二，积极推行"2+1"创业教育改革，构建"分层分类"的创新创业教育体系。

"2+1"创业试点教育即第一学年和第二学年，学生在所在院系学习专业课程，第三学年转入创业学院接受创业专业（按创业方向分班）教育。学生在第二学年第二学期结束前进行报名，第三学年所学课程和学分替代原专业培养方案规定的课程和学分，创新创业实践和创新创业项目可以替换毕业实习和毕业设计。

"分层"包括创新创业普及教育、通识教育、"2+1"试点教育和实践教育四个层次。面向全体大一学生开展创业普及教育，作为公共基础课列入培养方案，计2个学分；面向全体学生，结合专业教育开展创业通识教育，纳入全校通

识教育体系，计选修课学分；面向具有创业意向的学生开展"2+1"创新创业教育改革，选拔学生进入"2+1"创新创业班学习，实行创新创业学分替换；面向有创业项目的同学开展创业孵化帮扶，有创业项目的学生进入大学生创业园、三大园区和专业实训场所进行创业孵化，配备创业导师，替换顶岗实践学分。

"分类"指的是通识教育阶段按专业类别，根据学生学习兴趣，结合专业开设不同的创业和创客教育课程；"2+1"创新创业教育阶段，根据学生创业意愿的不同，开设网络创业、文化创意创业、科技创业、巾帼创业、瓯厨艺术创业及泵阀设计创业六个专业。鼓励学生结合所学专业、自身技能及创业意向，选择进入不同的专业班学习，满足学生个性化学习需要。每个班级按不同的教学标准、教学内容来实施教学，实践阶段根据不同的创业项目，配备不同的创业导师。如下图：

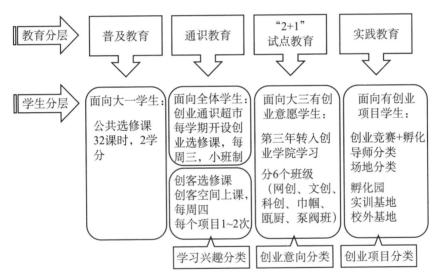

第三，园区化的创业师资、开放实训室与教学制度改革为创新创业教育改革提供了保障。

通过"契约约束"机制，对于入驻园区的企业，入园协议中规定企业有承担教学任务、接受师生创业实践的义务；通过"政策激励"机制，例如租金减免、津贴发放等措施，吸引园区的企业家担任学院兼职创业导师。"老板即导师"，聘请园区35名企业家担任学院创业导师，兼职授课、举办讲座、与学生创业团队一对一结对服务，积极派遣12名老师到园区自主创业或企业挂职，提升自身实践能力。院园人员的双向交叉流动，实现了双重身份的自然转化，有效提高了创业教育的水平和效果。同时，制定了《学生创新创业学分认定管理办法》《"2+1"创新创业人才培养改革方案》《创业学院试点建设方案》等系列文件。完善创新创业课程学分、证书学分和业绩学分的管理制度，实行弹性学制，支持学生保留学籍休学创业。

第四，园区化众创空间，提升了创业孵化帮扶能力。

（1）搭建"四创"核心圈＋服务圈的众创空间平台。"四创"核心圈包括创业学院、创客空间、创业孵化园和浙江创意园，主要是构建涵盖创意、创新、创业全过程的服务体系。服务圈主要为创新创业者提供风险投资、网络、场所、知识产权、创业指导、人才、中介等创业全要素服务。发挥众创空间的政策集成和协同效应，实现创新与创业相结合、线上与线下相结合、孵化与投资相结合，为大学生创新创业提供良好的工作空间、网络空间、社交空间和资源共享空间。

（2）完善创业融资服务平台。与温州市科技局共建的温州风险投资研究院，为学生创新创业提供天使投资、风险投资等融资服务，并定期举办资本"相亲会"，实现大学生创新创业项目与资金有效对接；成立学生创业扶持基金（每年提供100万元），针对在校大学生提供创业扶持资金，解决大学生创业遇到的融资困难；出台大学生创业补贴实施方案，对申领到工商营业执照（不含个体户）并担任公司法人的全日制学生给予一次性创业补贴。

（3）培育知识产权一站式服务平台。建立温州市知识产权服务园，为大学生的创新创业提供有关知识产权的"一站式"服务。如专利申报、商标注册、质押贷款、维权服务等。

案例二：上海理工大学打造创新创业教育升级版的探索与实践[①]

上海理工大学是国家级人才培养模式创新实验区及教育部大学生创新创业训练计划实施高校，2016年入选国家科技部"国家创新人才培养示范基地"，将深入推进创新创业教育作为教育教学改革的突破口和重中之重。

第一，完善顶层设计，打造多层次立体化创新创业教育体系。

能力达成：全覆盖、分层次、全过程。对全体学生，以创新创业能力达成为导向，在培养方案中设置创新创业类4个必修学分。对有志于以所学专业进行创业的学生，开设了"创业管理"第二专业，培养"专业＋创业"的复合型人才。对有强烈创业志向且具备创业潜质的学生，组建创新创业教育实验班，2010年首期实验班26名学员至今创业成功比例达80%。

学分认定：成果导向、水平导向、实践导向。4个必修创新创业学分被细

---

① 胡寿根. 深化高校创新创业教育改革经验交流会交流发言材料之八：打造创新创业教育升级版的探索与实践. http://www.moe.gov.cn/s78/A08/gjs_left/s3854/s5674/201703/t20170302_297903. html.

分为"2＋1＋1"。其中的 2 学分可通过修读相关课程获得学分，其中的"1＋1"分别为 1 学分的创新大作业和 1 学分的创业大作业，该"1＋1"的黄金学分必须通过成果认定的方式获得。"大作业"成果不设固定形式，但注重成果的专业水平，具体成果包括高水平学术论文、授权专利、学科竞赛获奖、创新实验、创业实践等。

第二，加强协同育人，补齐创新创业教育培养短板。

与行业企业协同，凸显创新创业人才培养的行业需求导向。以实施"卓越计划"为契机，确立"对接行业、改造专业、引导就业、鼓励创业"的教育教学改革理念，主要举措：面向行业企业人才培养需求，不断优化学科专业结构；对接行业标准，持续改进人才培养方案；聘请企业家、创业成功人士等优秀人才担任创新创业兼职教师，定期发布行业创新创业项目指南，帮助大学生获得自主创业资金支持。

与区域高校、科研院所协同，打破优质教育资源共享的传统壁垒。与浙江工业大学、南京工业大学共同组建"长三角高等工程教育联盟"，联合原机械工业部在沪八家行业科研院所共建"机械工业共性技术上海研究院"，汇聚区域高校和行业科研院所的创新教育资源，强化科教融合，开展联合招生、联合培养，共享创新创业类课程体系、导师队伍、实验基地等优质资源，谋求创新人才培养的共赢。

第三，拓展孵化平台，助力学生创新创业过程"最后一公里"。

构建"1＋N"校内校外孵化平台。利用校内众创空间支持学生创新创业实践和孵化，积极协同大学科技园等多方资源，建立"1＋N"模式的大学生创业训练孵化平台，为学生提供创业场地、政策咨询、创业培训、资金资助等全方位服务，形成以学校为中心、社会多方共同支持学生创业孵化的巨大合力。

打造"互联网＋"线上线下孵化平台。利用互联网大数据、信息集成等技术，打造"创新信息地图"，利用该平台可以快速搜索到各领域的创新项目、研究进展及相关人才信息，有效提高学生创业项目的信息推广度和孵化成功率，实现创业导师、学生"创客"、企业家等实时有效沟通，显著提升对创新创业成果孵化"最后一公里"的服务能力。

第四，强化制度保障，推进创新创业教育可持续发展。

制度倒逼，激发学生创新活力。制定并完善《创新创业教育改革实施方案》《创新创业大作业实施办法》等 10 余个相关文件，实行弹性学习年限，以兴趣引领、项目驱动，倒逼学生自主创新，资助学生自主实践，鼓励学生自主创业。

激励引导，增强学校创新活力。实施"本科教学教师激励计划"，建立以创新创业指导为主的"师生共同体"。完善教师教学绩效考评机制，在教师晋升晋级、年度考核中将教师在创新创业教育的投入与成效作为重点考核指标之一。每年保障1 000余万元经费资助学生开展创新项目、学科竞赛等活动，资助教师开展创新创业教学研究、培训等教研活动，持续增强学校创新活力。

（四）开展创新创业教育的六大举措

2015年5月，国务院办公厅印发《关于深化高等学校创新创业教育改革的实施意见》，提出了完善人才培养质量标准、创新人才培养机制、健全创新创业教育课程体系、改革教学方法和考核方式、强化创新创业实践等一整套任务措施。

近年来，教育部实施了一系列有力举措，建基地、办大赛、强实践，创新创业教育改革取得显著成效。在高校创新创业教育改革方面，大力推进人才培养重点领域和关键环节改革，推出了一系列改革举措，主要体现在以下六个方面：

（1）建基地树样板。教育部会同国家发展改革委建设了19个高校双创示范基地，建设了200所深化创新创业教育改革示范高校，中央财政共计支持8.8亿元打造创新创业教育改革的示范区，以改革标杆示范引领高校创新创业教育改革走向深入。

（2）定标准提质量。教育部专门发布了本科专业类教学质量国家标准，明确了各专业类创新创业教育目标要求及课程要求，高校创新创业教育改革工作有了工作指南。

（3）抓课程固根基。着力打造创新创业教育线上线下"金课"，目前全国累计开课2.8万余门，各示范校开设2 800余门线上线下课程，选课人数近630万人次。与此同时，依托国家级精品在线开放课程建设工作，推出了52门创新创业教育精品慕课，创新创业教育课程体系不断健全。

（4）强师资优结构。推动高校聘请各行业优秀人才担任创新创业教育专兼职教师，目前全国高校创新创业教育专职教师近2.8万人、兼职导师9.3万余人。组建了全国万名优秀创新创业导师人才库，首批入库4 492位导师。分年度举办创新创业教育师资培训班，整体提升教师创新创业教育水平。

（5）推政策释活力。全面实施弹性学制，支持学生创新创业。建立了创新创业学分积累与转化制度、在线开放课程学习认证和学分认定制度，大大激发了大学生创新创业的活力。

（6）强实践练能力。深入实施"国家级大学生创新创业训练计划"，倡导以学生为主体开展创新性实践。2019年118所部属高校、932所地方高校的3.84万个项目立项，参与学生人数共计16.1万，项目经费达5.9亿元，有效提升了大学生的创新创业实践能力①。

(五)深化创新创业教育改革

高校开展大学生创新创业教育不仅是高校教书育人、培养拔尖创新人才的重要举措，也是对国家"大众创业、万众创新"政策的响应，更是对国家创新驱动发展战略的重要支撑，是进一步激发市场活力和社会创造力、推动创新创业高质量发展的内在要求，是加快应用型、创新型人才培养，推进高等教育综合改革的突破口，是促进高校毕业生更高质量创业就业的重要举措。

敢闯的素质、会创的本领和家国的情怀，是高质量高品质创新创业教育的内核。深化创新创业教育改革，要探索形成新的高教发展观、新的人才质量观、新的教学质量观、新的培养质量观，把创新创业教育融入数以万计大学生的日常，转变人才培养模式和范式，培养有理想、有本领、有担当、源源不断的人才。

五、新时代人才培养的改革探索

党的十九大提出，中国特色社会主义进入新时代，当前社会的主要矛盾已经由改革开放初期"人民日益增长的物质文化需要同落后的社会生产之间的矛盾"转化为社会主义新时代"人民日益增长的美好生活需要和不平衡不充分的发展之间的矛盾。"新时代社会主要矛盾在教育领域的具体表现是：学生家长日益增长的对高质量教育的需要和教育质量不平衡不充分的发展之间的矛盾。在高等教育领域，随着中国特色伟大事业的不断发展，学生和家长"对高质量教育的追求"这一刚需将愈加强烈，是促进高等教育内涵式发展、深化人才培养的供给侧改革、高等教育综合改革的动力。

(一)坚持以本为本，推进四个回归

2018 年，为深入学习贯彻习近平新时代中国特色社会主义思想，加快建设高水平本科教育、全面提高人才培养能力，造就堪担民族复兴大任的时代新人，教育部组织召开新时代全国高等学校本科教育工作会议，专门研究部署高等学校本科教育工作，在深化人才培养改革方面提出要坚持以本为本，推进四个回归，建设中国特色、世界水平的一流本科教育。

---

① 教育部 6 大措施狠抓高校创新创业教育，这些数字亮眼．http://www.moe.gov.cn/fbh/live/2019/51300/mtbd/201910/t20191011_402742.html.

高教大计、本科为本，本科不牢、地动山摇。深化人才培养改革，坚持以本为本是一个基本点。人才培养是大学的本质职能，本科教育是大学的根和本，在高等教育中是具有战略地位的教育、是纲举目张的教育。树立"不抓本科教育的高校不是合格的高校""不重视本科教育的校长不是合格的校长""不参与本科教育的教授不是合格的教授"的理念，坚持"以本为本"，把本科教育放在人才培养的核心地位、教育教学的基础地位、新时代教育发展的前沿地位。高校领导注意力要首先在本科聚焦，教师精力要首先在本科集中，学校资源要首先在本科配置，教学条件要首先在本科使用，教学方法和激励机制要首先在本科创新，核心竞争力和教学质量要首先在本科显现，发展战略和办学理念要首先在本科实践，核心价值体系要首先在本科确立。

深化人才培养改革，推进四个回归是另一个基本点，即高等教育要回归常识、回归本分、回归初心、回归梦想，把人才培养的质量和效果作为检验一切工作的根本标准。一是回归常识。要围绕学生刻苦读书来办教育，引导学生求真学问、练真本领。对大学生要合理"增负"，提升大学生的学业挑战度，激发学生的学习动力和专业志趣，改变轻轻松松就能毕业的情况，真正把内涵建设、质量提升体现在每一个学生的学习成果上。二是回归本分。要引导教师热爱教学、倾心教学、研究教学，潜心教书育人。坚持以师德师风作为教师素质评价的第一标准，在教师专业技术职务晋升中实行本科教学工作考评一票否决制。三是回归初心。要坚持正确政治方向，促进专业知识教育与思想政治教育相结合，用知识体系教、价值体系育、创新体系做，倾心培养建设者和接班人。四是回归梦想。要推动办学理念创新、组织创新、管理创新和制度创新，倾力实现教育报国、教育强国梦。

（二）构建高水平的人才培养体系

1. 以制度规范提高人才培养能力

2018 年教育部制定了提升高等教育人才培养质量的纲领性文件，即《关于加快建设高水平本科教育　全面提高人才培养能力的意见》，简称"新时代高等教育 40 条"，为新时代构建高水平人才培养体系，培养德智体美劳全面发展的社会主义建设者和接班人，搭建了制度框架。文件要求，落实好培养德智体美劳全面发展的社会主义建设者和接班人的根本任务；坚持把立德树人的成效作为检验学校一切工作的根本标准；把本科教育放在人才培养的核心地位，在教育教学的基础地位，在新时代教育发展的前沿地位；强化专业的基本单元和基础平台作用；打造一支政治素质过硬、业务能力精湛、育人水平高超、方法技术娴熟的育人队伍；完善协同育人机制，加强实践平台建设，强化科教协同，深化国际交流合作；下好"先手棋"，持续推进现代信息技术与教育教学深度融合；培育一流人才培养的质量文化，使之成为大学精神的核心①。

2. 实施"六卓越一拔尖"计划 2.0②

2009 年开始实施基础学科拔尖学生培养试验计划，教育部先后联合 13 个中央部门实施了一系列卓越人才教育培养计划。我国高等教育已经从规模扩张全面转向内涵式发展，教育部计划在 2019—2021 年，分三年全面实施"六卓越一拔尖"计划 2.0，该计划是进一步提高高校人才培养质量和服务经济社会发展能力的一次战略行动，可以概括为一个总体部署、三项核心任务、一次质量革命。

第一，全面加强高校"四新"建设，推动形成高水平人才培养体系。新一轮科技革命与产业变革正在引发世界格局的深刻调整，把握战略机遇，适应新技术、新产业、新业态、新模式对新时代人才培养的新要求，教育部启动"新工科、新医科、新农科和新文科"建设，打造一流育人生态。一是加强新工科建设。加快培养适应和引领新一轮科技革命和产业变革的卓越工程科技人才，发展新兴工科专业、改造升级传统工科专业，前瞻布局未来战略必争领域人才培养，提升国家硬实力。二是加强医学教育创新发展。大力推进医学与理工文等学科交叉融合，为精准医学、转化医学、智能医学等新兴医学发展提供人才支撑，深入推进医教协同。三是加强农林教育创新发展。用现代生物技术、信息技术、工程技术等现代科学技术改造现有涉农专业，适应现代农业新产业新业态发展，加快布局涉农新专业，助力打造天蓝水净、食品安全、生活恬静的美丽中国。四是加强文科教育创新发展。不断深化马克思主义学习和研究，充分发挥马克思主义在文科教育中的领航和指导作用，加强文、史、哲、经济学创新人才培养，培养新时代的哲学社会科学家，形成哲学社会科学的中国学派。

第二，实施一流专业、课程"双万计划"，及建设基础学科拔尖学生培养一流基地，即建金专、建金课、建高地。一是实施一流本科专业建设"双万计划"，建设 10 000 个左右国家级一流本科专业点和 10 000 个左右省级一流本科专业点。面向全体高校、全部专业，鼓励分类发展、特色发展，在不同类型高校建设一流本科专业。中央地方分"赛道"建设，给地方高校留足发展空间。二是实施一流课程建设"双万计划"，建设 10 000 门左右国家级一流课程和 10 000 门左右省级一流课程，包括具有高阶性、创新性、挑战度的线上、线下、线上线下混合式、虚拟仿真和社会实践各类型课程。具体任务是建设 3 000 门左右线上"金

---

① 吴岩. 人才培养为本 本科教育是根. http：//ccnu. cuepa. cn/show＿more. php?doc＿id＝2547219.

② 教育部. 介绍"六卓越一拔尖"计划 2.0 有关情况. http：//www. moe. gov. cn/fbh/live/2019/50601/twwd/201904/t20190429＿380086. html.

课"、7 000 门左右线上线下混合式"金课"和线下"金课"、1 000 项左右虚拟仿真"金课"、1 000 门左右社会实践"金课"。三是建设 260 个左右基础学科拔尖学生培养一流基地，在数学、物理学、化学、生物科学、计算机科学、天文学、地理科学、大气科学、海洋科学、地球物理学、地质学、心理学、基础医学、哲学、经济学、中国语言文学、历史学等 17 个学科建设。具体任务是 2019—2021 年，建设 60 个左右文科基地、200 个左右理科和医学基地，分年度实施。

当前，各地各高校积极行动、深入推进改革，卓越拔尖人才培养正在全面落实。在省级政府层面，纷纷出台卓越拔尖人才培养方案；在各高校层面，基于"四新"建设新路径，掀起一场人才培养的"质量革命"。天津大学以新工科架起"卓越工程师教育培养计划"从 1.0 到 2.0 的跨越之桥。首倡"新工科建设路线图"，携手 61 所高校提出"天大行动"，实施全体系、全类型、全层次新工科教育。推动"老"生"新"，精准把握"新的工科专业和工科的新要求"，改造升级传统工科专业；实施"产"联"学"，与企业合作成立新工科实验班，企业全程参与人才培养方案修订、课程体系建设，形成校企深度协同育人的新模式、新机制；推进"跨"中"融"，打破专业壁垒，改变以单一学科办专业的模式，建设跨学科融合、多学院建设、多平台共享的新型专业建设模式，构建新工科教育人才培养共同体。中国农业大学以"新农科"建设为引领，紧紧围绕现代农业发展需求，提升现有涉农专业，对标农林三级认证标准强化专业内涵建设；改造涉农专业课程体系，强化科学素养、人文艺术等通识课程建设，加大数理化生等基础课程挑战度，增加信息技术、工程技术、社会科学类课程的比重，大力发展农科慕课；主动应对农业新产业新业态发展，加强学科专业交叉融合，前瞻布局数据科学与大数据技术等新兴专业，推进大部制改革，统筹专业设置和人才大类培养，为现代农业发展提供强大的人才保障。中国人民大学围绕新文科人才的思想思维层面、学科专业基础层面、跨学科复合和个性化发展层面的要求，全面重构培养体系和培养机制。依托法学院、新闻学院、公共管理学院等分别设立开展新型培养项目，为新工科新文科建设进行先行探索，在此基础上，逐步改造传统教学体系、教学内容、教学方式，使之成为学校新工科新文科融合发展的排头兵和推动力。上海中医药大学围绕中医人才"重继承、重实践、重人文、重创新"的特点，以"一流本科引领计划"为抓手，不断优化中医药人文教育内涵，努力培养学生多学科和国际化视野，实现通识教育与专业教育有机联动、全人教育与职业成长紧密结合、个性化教育与科创协同贯穿始终的成才理念，推出本硕博一体化人才培养模式改革[①]。

---

① 为了打赢全面振兴本科教育攻坚战：新时代全国高等学校本科教育工作会议一年来改革综述. http://edu.people.com.cn/big5/n1/2019/0628/c1006-31201899.html.

第三，深化"产教融合"、推进"协同育人"。产教融合是促进校企协同育人的基本手段，是实现产学研用结合的主要方法，是提高人才培养质量的重要途径。2017年国务院办公厅印发《关于深化产教融合的若干意见》，指出"深化产教融合，促进教育链、人才链与产业链、创新链有机衔接，是当前推进人力资源供给侧结构性改革的迫切要求"；2019年国务院办公厅印发《关于深化产教融合的若干意见》，进一步明确指出深化产教融合，促进教育链、人才链与产业链、创新链有机衔接，是推动教育优先发展、人才引领发展、产业创新发展、经济高质量发展相互贯通、相互协同、相互促进的战略性举措。《中共中央关于坚持和完善中国特色社会主义制度　推进国家治理体系和治理能力现代化若干重大问题的决定》关于完善科技创新体制机制中要求，"建立以企业为主体、市场为导向、产学研深度融合的技术创新体系，支持大中小企业和各类主体融通创新，创新促进科技成果转化机制，积极发展新动能，强化标准引领，提升产业基础能力和产业链现代化水平"。

深化产教融合的主要目标是：逐步提高行业企业参与办学程度，健全多元化办学体制，全面推行校企协同育人，用10年左右时间，教育和产业统筹融合、良性互动的发展格局总体形成，需求导向的人才培养模式健全完善，人才教育供给与产业需求重大结构性矛盾基本解决，职业教育、高等教育对经济发展和产业升级的贡献显著增强。

深化产教融合，需要坚持统筹协调、共同推进，服务需求、优化结构，校企协同、合作育人的原则。要将产教融合作为促进经济社会协调发展的重要举措，融入经济转型升级各环节，贯穿人才开发全过程，形成政府、企业、学校、行业、社会协同推进的工作格局。面向产业和区域发展需求，完善教育资源布局，加快人才培养结构调整，创新教育组织形态，促进教育和产业联动发展。充分调动企业参与产教融合的积极性和主动性，强化政策引导，鼓励先行先试，促进供需对接和流程再造，构建校企合作长效机制。

积极推进产教融合人才培养改革。健全高等教育学术人才和应用人才分类培养体系，提高应用型人才培养比重。大力支持应用型本科和行业特色类高校建设，推进专业学位研究生产学结合培养模式改革。加强产教融合师资队伍建设，鼓励有条件的地方探索产业教师（导师）特设岗位计划，探索符合职业教育和应用型高校特点的教师资格标准和专业技术职务（职称）评聘办法。完善考试招生配套改革，加快高等职业学校分类招考，完善"文化素质＋职业技能"评价方式，适度提高高等学校招收职业教育毕业生比例，建立复合型、创新型技术技能人才系统培养制度。

为提升本科人才培养质量，深化产教融合、校企合作，教育部组织有关企

业支持高校共同开展产学合作协同育人的项目。该项目自 2014 年启动实施以来，通过政府搭台、企业支持、高校对接，已支持 1 100 多所本科院校与近 800 家企业合作立项 3.7 万项，企业提供经费及软硬件支持约 112 亿元，实现了"量""质""影响力"的三大飞跃。该项目始终坚持以产业需求引领人才培养改革方向，2014 年，8 家企业发布项目 245 个，提供经费和软硬件支持 1 200 万元；2018 年，1 094 所本科高校与 498 家企业合作立项 17 608 项，企业提供经费及软硬件支持约 77.44 亿元，经费支持约 6.41 亿元，同比增加了 61.25 倍、70.87 倍和 644.33 倍，实现了项目数量、项目质量、项目影响力的巨大飞跃。目前，产学合作协同育人项目形成了良性循环的机制：政府搭台、企业支持、高校对接、共建共享，有效激发了各方积极性和创新活力，已经成为教育战线推进产教融合、开展校企合作的一块金字招牌。

下一步，教育部将进一步加强和规范项目管理，陆续出台多个政策文件，指导各级教育行政部门、高校、企业等机构参与项目，提升立项质量，实现高校人才培养与企业发展的合作共赢。

第三节　高等教育质量保障体系建设

一、高等教育外部质量保障体系建设

通常，高等教育质量保障体系可以分为"外部质量保障体系"和"内部质量保障体系"。近年来，我国高校外部质量保障体系建设，主要涉及高等教育"管"和"评"两方面的多项新制度、新举措、新变化，取得相应的成效，其中本科教学工作水平评估已经成为外部质量保障体系建设的有效手段。

（一）本科教学评估开展情况

2004 年，我国在《2003—2007 年教育振兴行动计划》中明确提出健全高等学校教学质量保障体系，建立高等学校教学质量评估和咨询机构，实行以五年为一周期的全国高等学校教学质量评估制度，包括每年一度的教学基本状态数据公布制度。2004 年 8 月，我国成立教育部高等教育教学评估中心，其主要任务是负责组织实施高等学校本专科教育的评估工作，标志着中国高等教育的教学评估工作开始走上制度化、专业化和科学化的发展道路。2004 年，我国还对 2002 年版的《普通高等学校本科教学工作水平评估方案》进行了修订，形成了本科教学工作水平的评估方案。本科教学工作水平评估具体的开展过程为：

1. 工作机构确立评估人员

教育部高等教育教学评估中心负责具体实施高等学校教学、办学机构教学和专业教学工作的评估，开展高等教育教学改革及评估工作的政策、法规和理论研究。评估工作具体组成人员由教育部高等教育教学评估中心选聘专家组进入各高校实施评估；专家组成员一般为9～13人，专家组设组长1名，副组长1～2人，秘书1～2人，专家组组长熟悉本科教学工作，对评估工作有较强的理论研究、较高的政策水平和较丰富的实践经验；专家组成员有一定的专业背景和高等教育教学管理经验，有一定的评估理论研究和实践经验；秘书熟悉本科教学评估工作，有一定的组织和协调能力。

2. 分三阶段进行具体评估的实施

本科教学工作水平评估工作分三个阶段进行：自评阶段、专家组进校考察阶段以及学校整改阶段。自评阶段是整个评估工作的基础，学校通过自评，推进教学改革与建设，为评估工作和学校持续发展打下坚实的基础；专家组进校考察阶段，主要对学校的自评工作及教学工作进行全面的检查和评估；学校整改阶段，学校根据专家组对学校评估时提出的问题和整改意见，制定整改工作计划，采取切实可行的措施进行整改。

3. 确立评估方法和手段

教学工作水平评估采用建立评估指标体系、明确评估内容和标准，并实施定性评估与定量评估相结合的评估方法。即由教育部制定评估指标体系和标准，被评估的学校根据评估指标对照学校工作进行自评，撰写出自评报告并提出整改措施，然后接受教育部派出的评估专家组进校考察。在评估指标方面，评估方案包括办学指导思想、师资队伍、教学条件与利用、专业建设与教学改革、教学管理、学风、教学效果7项一级指标、19项特色项目及二级指标，其中办学思路、师资队伍数量与结构、教学基本设施、教学经费、专业、课程、实践教学、质量控制、基本理论与基本技能、毕业论文或毕业设计、思想道德修养重要指标11项，以及一般指标8项。教育部专家组进校考察时，根据评估指标采用多种方法对学校教学工作的实际情况进行深入的调查和抽查，在此基础上提出考察结果和评估结论，评估结果经教育部审批后向社会公布。专家组进校考察评估时采用的是"听、看、查、议"四种方式。

4. 四个等级的评估结论

评估结论分为优秀、良好、合格、不合格四个等级，专家组同时向学校提交整改意见，被评高校根据专家组对学校评估时提出的问题和整改意见，制定整改工作计划，采取切实可行的措施进行整改。

（二）新一轮本科教学评估

2013 年，教育部启动第二轮高校本科教学评估，即"本科教学审核评估"。新一轮的本科教学评估，较上一轮发生了变化，其具体体现在如下几方面：

1. 评估制度方面，建立"五位一体"的本科教学评估制度体系，为各类高等教育评估制度改革完善提供了参照范本

教育部通过建立"五位一体"的本科教学评估制度体系，改革完善各类教育评估制度，逐步搭建起了一套全新的高等教育评估制度体系。

建立健全以学校自我评估为基础，以院校评估、专业认证及评估、国际评估和教学基本状态数据常态监测为主要内容，政府、学校、专门机构和社会多元评价相结合，与中国特色现代高等教育体系相适应的教学评估制度。

——《教育部关于普通高等学校本科教学评估工作的意见》

新时期"五位一体"的评估制度体系具体包括：

（1）加强教学基本状态数据常态监测，充分利用信息技术，采集反映高校教学状态的基本数据，建立高校本科教学基本状态数据库。2004 年，教育部就要求各高校报送在校学生数、教师数、就业率、教学经费、教授和副教授授课、双语课程、使用多媒体情况、教学成果奖数、国家人才培养基地或教学基地和国家教学名师等十个方面的数据。2011 年，教育部颁布《教育部关于普通高等学校本科教学评估工作的意见》，正式将采集报送教学状态的基本数据列入评估体系，并构建了教学基本状态数据库，利用信息和网络技术，实现对高等学校教学运行状态进行系统化、常态化监控。教育部在 2012 年完成了全国高等学校本科教学基本状态数据库数据，并在 246 所新建高校开展了数据采集工作，数据采集工作涉及专业课程、管理、教师、资源条件、学生、科研和学科等各个方面的情况[1]。

（2）建立高校本科教学自我评估制度，由学校根据自身人才培养目标，围绕教学条件、教学过程、教学效果进行评估。学校在自评阶段的主要工作的任务包括分析学校教学工作的历史与现状；制定自评期间建设计划，分解评建任务；针对问题，根据计划进行改进，进一步理清办学指导思想和教学工作的思路，找准学校的定位，抓好教学基本建设、教学改革和教学管理；撰写自评报告。自评报告的主要内容应该包括：学校概况、评建工作情况、学校教学工作的主要成绩与经验、学校教学工作的特色、学校教学工作存在的主要问题及对

---

[1] 董健康，韩雁，梁志星. 教育部关于普通高等学校本科教学评估工作的意见解读. 评价与管理，2014（1）：1-4.

策等。通过高校建立的自我评估机制，可以回顾学校的办学历程，通过历史的回顾、讨论、归纳、总结学校的办学指导思想和教学工作的总体思路，找准学校发展定位，形成办学特色，奠定人才培养优势，提高人才培养质量，而且通过这种讨论、归纳和总结，使全校绝大多数教职工形成共识，并成为共同的行动指南，不断改进教学基本建设、教学改革和教学管理。

（3）实行分类的院校评估，在目前阶段，暂时分为对新建本科院校的合格评估和对非新建院校的审核评估。院校评估包括合格评估和审核评估两种类型。合格评估主要针对2000年以来未参加过评估的新建本科院校，《教育部办公厅关于开展普通高等学校本科教学工作合格评估的通知》明确了普通高等学校本科教学工作合格评估实施办法以及评估指标体系。2009年至2014年，教育部已经在全国52所新建本科院校进行了合格评估试点工作。审核评估主要针对已经通过水平评估的本科学校以及合格评估结论为"通过"5年之后的学校，2013年教育部将在同济大学、南京大学、黑龙江大学和五邑大学四所院校开展本科教学审核评估试点工作，同年12月教育部正式发布《关于开展普通高等学校本科教学工作审核评估的通知》。

（4）开展专业认证及评估。主要是在工程、医学等领域积极推进与国际标准实质等效的专业认证，与行业共同制定认证标准，共同实施认证过程，体现行业需求，强化教学实践环节并取得业界认可。

（5）探索国际评估，鼓励有条件的学校聘请相应学科的国际高水平专家，开展对本校学科专业的国际性评估，探索与高水平国际教育评估机构合作，推进评估工作的国际交流。

2. 建立高等学校质量年度报告发布制度，高校质量信息公开透明，自觉接受社会监督

教育部按照分步推进、边总结边提高的思路，通过发布《高校本科教学质量年度报告》《高校学生就业质量年度报告》《研究生教育发展质量年度报告》等质量报告，自觉接受监督。以《高校本科教学质量年度报告》为例，按照教育部有关文件的要求，报告中公布的信息主要包含：本科生占全日制在校生总数的比例、教师数量及结构、生师比、实践教学学分占总学分的比例（可按学科门类）、主讲本科课程的教授占教授总数的比例（不含讲座）、教授讲授本科课程数占总课程数的比例、学生学习满意度（调查方法与结果）、用人单位对毕业生满意度（调查方法与结果）等25项核心数据。系列报告的发布，促使高校办学更加透明公开，回应了社会舆论和公众对我国高等教育问题的疑虑，加深了社会公众对高校本科教育教学质量的了解，同时有助于高校深刻反省自身在学校人才培养及教育教学环节等方面存在的问题。

3. 培育社会专业评价机构，鼓励社会第三方评估组织参与高等教育质量评价

在"管办评分离"和高等教育公共治理理念下，由政府主导评价转向社会专业评价，鼓励专门机构和第三方评估组织对高等学校学科、专业、课程等的水平和质量进行评估，是我国高校外部质量保障体系建设的一项重要内容。2011 年以来，一些没有专门评估机构的省、自治区、直辖市也加紧筹办专门评估机构。

二、高等教育内部质量保障体系建设

内部质量保障体系，是由高校为提高教育质量配合外部质量保障活动而建立的组织与程序系统，它主要负责高等学校内部的教育质量保障，与高校教育质量外部保障机构相互合作完成教育质量保障的任务。

（一）内部质量保障体系的建设

高校内部质量保障是一个多层次的系统，是高校自我建设、自我评估、自我调节、自我提升的重要手段。在我国，高校内部质量保障体系的构建，主要是以首轮大规模普通高校本科教学工作水平评估为起始点，并逐步尝试建立内部教育教学质量保障体系，在高校人才培养和教学工作中发挥了重要作用，取得了一定成效。

1. 加强教学质量基础性平台建设

加强教学质量基础性平台建设是保障教学质量的有力举措之一，通过教学质量基础性平台建设，可以有效地管理教学活动的全过程、各主要环节以及相关的资源，不仅在资源上丰富了课堂教学的内容，而且在保障教学质量的同时推动了研究性教学的开展。例如中山大学，通过机制和体制创新吸引优秀的生源和师资，从人、财、物三大基本元素着手，提升办学层次，促进教学资源的优化整合与配置，夯实教学质量保障的基础平台。其中包含拓宽优秀生源的选拔渠道，建立分层次的高水平发展机制，高标准实施教学条件建设[1]。再如扬州大学，为提高教育教学质量，构筑了网络教学平台推动教学质量工程建设。扬州大学从 2007 年开始启动课程教学资源网络化建设计划，并引进网络教学平台，开展教学网络资源建设与利用的培训，通过每年评选优秀网络课程等活动，

---

① 孙莱祥，胡秀荣，李进才，等．我国部分高校教学质量保障体系的调研报告．评价与管理，2012（3）：1-9．

鼓励教师提高网络资源建设的质量，在平台上提交与批改作业、在线测试培养了学生自主学习的能力，增加了教师在教书育人上的投入，在线讨论与答疑促进了师生互动与交流，推进了研究性教学的开展[①]。

2. 完善贯穿人才培养全过程的质量标准体系

高校都认识到质量目标和质量标准体系是构建质量保障体系的关键所在，在实施过程中，根据学生学习发展质量标准以及教学工作要求的变化，进一步完善和细化教学主要环节的质量标准，辅之以教学管理工作质量标准建设，使之成为全覆盖的教学质量标准体系。例如西南政法大学研发法学人才质量标准，成立"法学专业人才培养与评价协同研究中心"，与有关单位合作，制定法学专业人才培养质量标准，建立政法院校人才培养监测体系，定期发布法学专业培养质量报告。在各类用人单位分别设立观测点，追踪了解、分析研判法学专业毕业生就业率、就业分布、岗位适应情况等信息，建立大数据库，动态反映法学人才培养情况，形成国家、社会、个人需求三位一体的质量评价和监测体系。目前已研发质量标准体系 1.0 版本，包含 7 个一级指标、20 个二级指标[②]。再如重庆文理学院，作为新建本科院校，在办学定位、人才培养目标定位和教学工作要求与以前相比发生了重大变化，把建立完善质量标准体系作为当务之急，作为提高教学工作科学化、规范化和专业化水平的保证[③]。

3. 建立多渠道的教学质量监控体系

不同高校纷纷认识到及时收集、整理、反馈各类质量信息的重要性，建立了规范的教学质量信息统计、分析与反馈机制，具体包括生源质量及就业信息定期反馈机制、学生意见与建议反馈机制、专项评估与督导意见分析反馈等机制，以此来确保内部质量保障体系的有效运行。例如华南理工大学建立的教学质量监控体系，包括教学质量决策系统、教学质量标准系统、教学质量监控实施系统、教学质量信息收集与处理系统以及教学质量信息反馈调控系统等五个子系统，实现质量标准多样化、监控实施全程化、信息收集网络化、信息反馈双向化、结果处理规范化和质量决策科学化，为全面提高教学质量提供了机制化、制度化的保障。再如中国医科大学，强化行业组织、用人单位的信息反馈，通过问卷调查了解市场对高校人才培养质量的需求变化，通过对毕业生质量进

---

① 扬州大学网络教学平台推动教学质量工程建设 . http：//news. sciencenet. cn/sbhtmlnews/2010/9/236448. html.

② 教育部 . 西南政法大学扎实提高法治人才培养质量 . http：//www. moe. cn/jyb _ xwfb/s6192/s222/moe _ 1754/201608/t20160830 _ 277 043. html.

③ 孙莱祥，胡秀荣，李进才，等 . 我国部分高校教学质量保障体系的调研报告 . 评价与管理，2012（3）：1-9.

行跟踪调查与评价，为学校完善人才培养方案提供切实可行的依据①。

4. 全方位参与的教学质量保障体系

高校教学质量越来越受到政府、学校、个人、家庭及全社会的关注，各高校研究和探索符合人才成长规律的、符合社会发展需要的高质量高效率提升教育教学活动的管理模式，形成自身可持续发展的全方位参与的教学质量保障体系。例如华东师范大学推进教育教学参与体系，深入开展毕业生评教、学生网上评教和听课活动，完善教育教学公共参与体系建设。组织学生评选各专业"学生心目中最优秀教师"，开展学生网上评教，形成学校教育课程和任课教师的整体评价。参照评价指标，组织开展学校、院系领导干部和教学督导听课活动，重点听取通识课程、研究型课程、全英语课程、实验课程、院系新进教师开设课程、新开设课程以及评教结果异常课程的课堂授课情况，根据听课情况给授课教师和学生提出意见建议，提升教育教学公共参与实效②。再如河南理工大学建立了全过程闭环式教学质量监控体系，该校充分意识到教师和学生既是质量监控的客体又是质量监控的主体，通过各种规章制度、激励机制，要求每位师生员工都要以负责任的态度，及时关注教学质量建设，及时向教学质量监控部门反映各类信息，提供整改的建议，确保学校教学质量目标的实现③。

（二）国际专业认证及评估

我国的专业认证主要集中在国际通用型的工科、医科以及部分商科。以工程教育为例，我国本科工程教育专业布点数约 14 000 个，占全国专业布点总数1/3 以上。我国自 2006 年启动了工程教育专业认证工作，筹备成立了具有独立法人资格的中国工程教育专业认证协会，按照国际实质等效的认证标准和认证程序，已完成 15 个专业类 200 所高校的 600 个专业的认证工作。2013 年 6 月，在韩国首尔召开的国际工程联盟大会上，中国成为国际工程师互认体系的六个协议中最具权威性、国际化程度较高、体系较为完整的"协议"——《华盛顿协议》的第 21 个协议签约成员国；2016 年 6 月 2 日，在马来西亚吉隆坡举行的国际工程联盟大会上，经过《华盛顿协议》组织的闭门会议，全体正式成员集体表决，全票通过了中国的转正申请，我国成为《华盛顿协议》第 18 个正式成

---

① 华南理工大学建立监控体系全面提高教学质量 . http：//www. caigou. com. cn/news/20081105 37. shtml.

② 华东师范大学积极构建本科教育教学质量保障体系 . http：//www. ecnu. edu. cn/_ s64/e1/c7/ c1835 a57799/page. psp.

③ 孙莱祥，胡秀荣，李进才，等 . 我国部分高校教学质量保障体系的调研报告 . 评价与管理，2012（3）：1 - 9.

员国，这标志着工程教育质量认证体系实现了国际实质等效，工程专业质量标准达到国际认可，成为我国高等教育的一项重大突破。这也标志着截至 2017 年年底，全国 198 所高校的 846 个工科专业的质量实现了国际实质等效，进入了全球工程教育的第一方阵。

从众多商学院的实践来看，大学商学院的国际化已迈出坚实的步伐，越来越多的商学院与管理学院通过国际认证便是明显的体现。目前国际上有三大商学院联盟，这三大联盟根据自身发展情况，相继推出认证体系。目前全球最大的认证体系，是由国际精英商学院协会推出的 AACSB 认证体系，该体系是欧洲最严格的质量认证体系。其次是欧洲管理发展基金会（EFMD）推行的欧洲质量改进体系（EQUIS）。历史更悠久的是 MBA 协会推出的 AMBA 认证体系，旨在对硕士以上管理课程进行认证。

国际评估工作也有条不紊深入推进，近年来，一批高水平大学主动邀请国外高水平评价机构和专家，对本校有关学科、专业、课程等进行国际评估。表 2-5 和表 2-6 列出的数据，反映了国内高校参与或接受国际评估以及专业认证的部分情况。

表 2-5　部分高校学科参与国际评估的情况

序号	学校	国际评估学科或院系数量
1	清华大学	工业工程、环境工程、物理学、电子工程、生命医学、计算机科学与工程、核科学与技术、建筑学、电气工程、艺术设计、力学、材料科学与工程、新闻传播、机械工程、土木工程（15 个学科）
2	复旦大学	物理系、历史系、文博系、历史地理研究所、数学科学学院、化学系、高分子科学系、生命科学学院、管理学院、药学院、经济学院、信息科学与工程学院（12 个院系）
3	上海交通大学	数学系、物理系、药学院、化学化工学院、电子信息与电气工程学院、微电子学院、信息与安全学院、软件学院、农业与生物学院、人文学院历史系、基础医学院、上海高级金融学院（12 个院系）
4	北京大学	城市与环境学院、环境科学与工程学院、生命科学学院、工学院、国际量子材料科学中心（5 个院系）
5	浙江大学	物理系、光电系、材料系、化学系、基础医学系（5 个院系）
6	同济大学	土木工程学科（1 个学科）
7	中国科学技术大学	计算机科学与技术学院（1 个学院）
8	西北农林科技大学	植物保护学科（植物保护学院）
9	哈尔滨工业大学	交通学院（1 个学院）
10	江南大学	食品学科（1 个学科）

资料来源：各高校官方网站。

表 2-6　部分高校获得国际认证的学院/专业情况

序号	国际认证类别	数量	学院、专业名称
1	国际精英商学院协会（AACSB）	14	清华大学经管学院、中国科学技术大学管理学院、西安交通大学管理学院、浙江大学管理学院、中欧国际工商学院（CEIBS）、大连理工大学管理学院、复旦大学管理学院等
2	英国工商管理硕士协会（AMBA）	23	中央财经大学 MBA 教育中心、武汉大学经管学院、哈尔滨工业大学管理学院、华中科技大学管理学院、暨南大学管理学院、同济大学经管学院、电子科技大学管理学院、厦门大学管理学院、浙江大学管理学院、中南财经政法大学 MBA 学院、兰州大学管理学院等
3	欧洲质量改进体系（EQUIS）	13	上海交通大学、中山大学、中欧国际工商学院、复旦大学、北京大学、中国人民大学、清华大学、厦门大学、同济大学、北京理工大学、浙江大学、对外经济贸易大学、西南财经大学等
4	欧洲管理发展专业认证体系（EPAS）	1	汕头大学商学院
5	全球公共管理院校联盟（NASPAA）	1	清华大学公共管理学院
6	法国工程师职衔委员会（CTI）	1	北航中法工程师学院
7	英国化学工程师协会（IChemE）的"Master Level"专业认证	1	天津大学化学工程与工艺专业
8	美国工程与技术教育认证组织（ABET）	1	华东理工大学化学工程与工艺专业
9	德国工程科学、信息科学、自然科学和数学专业认证机构（ASIIN）	4	上海理工大学（中德电气工程专业、光电信息科学与工程专业、能源与动力工程专业、机械制造及其自动化专业）
10	欧洲工程教育认证体系（EUR-ACE）	4	上海理工大学（光电信息科学与工程专业、能源与动力工程专业、机械制造及其自动化专业）、北航中法工程师学院
11	英国皇家特许测量师学会（RICS）	3	东南大学工程管理专业、华中科技大学工程管理专业、同济大学工程管理专业

资料来源：各高校官方网站。

我国的医学教育认证也日益受到重视。2008 年，教育部成立了医学教育认证委员会和临床医学专业认证工作委员会，以加强对医学教育办学质量的宏观管理，促进医学专业教学改革，提高医学专业人才培养质量，建立我国医学教育认证制度，开展医学教育专业认证工作。截至 2018 年，已有哈尔滨医科大学等 8 所医学院校通过了国际医学教育认证的试点性评估，4 所医学院校通过了我国医学教育认证的试点性评估。

三、新时代提升人才培养质量体系建设

（一）健全专业建设标准

制定和发布《普通高等学校本科专业类教学质量国家标准》（简称《国标》）。《国标》涵盖 92 个本科专业类，包括目前 587 个本科专业，涉及 56 000 个专业点。各地、各相关行业部门根据《国标》研究制定人才评价标准；各高校根据《国标》修订人才培养方案，培养多样化、高质量人才。教育部制定出台了《关于加强和规范普通本科高校实习管理工作的意见》《高等学校课程思政建设指导纲要》等文件，使得质量建设"有法可依"。

（二）树立专业建设标杆

一流本科的"双万计划"、一流课程的"双万计划"、基础学科拔尖的高地建设有序展开。2019—2021 年，教育部将建设 1 万个左右国家级一流本科专业建设点和 1 万个左右省级一流本科专业建设点。2019 年计划遴选 4 000 个左右国家级一流本科专业建设点，共有 1 059 所高校申报了 9 483 个专业点，覆盖了 85% 的本科高校，实现了省域全覆盖、学科门类全覆盖、专业类全覆盖，直接参加一流专业建设的教师 20 多万人，达到了以申报促建设、以建设增投入、以投入提质量的目标。

（三）实施保合格、上水平、追卓越三级专业认证

专业认证与审核评估、合格评估是两类不同的高等教育质量保障方式。教育部推出保合格、上水平、追卓越三级专业认证体系，加强本科教育质量保障。一级认证重在"保合格"，保证专业的基本条件、基本管理、基本质量达到合格要求，服务于专业结构调整和优化；二级认证重在"上水平"，推动《普通高等学校本科专业类教学质量国家标准》贯彻实施，提升专业建设上水平；三级认证重在"追卓越"，保证专业达到国际实质等效质量要求和中国特色一流专业建

设要求，服务于一流本科建设和卓越人才培养。

选择 30 个左右质量文化建设示范校。选树优秀教学成果和质量文化建设典型，引导中央高校、地方高校，公办高校、民办高校，中外合作办学等各类高校以"四个回归"为基本遵循，贯彻落实"以本为本"和"三个不合格、八个首先"的要求，把人才培养水平和质量作为办学追求，将质量文化内化为全校师生的共同价值和自觉行动，形成以提高人才培养水平为核心的质量文化。

（四）实施人才培养质量综合改革

实施"1＋N"系列改革，"1"就是全面推行学分制，以学分积累作为学生毕业标准；学生在基本修业年限内未修满学分的可以实行缴费注册学习；完善学分标准体系，严格学分制质量要求；建议学业预警和淘汰机制，健全学分制落实途径。"N"就是在几个具体方面有具体的规定，具体包括强化思政教育、鼓励和引导学生刻苦学习、着力提高教育教学质量、严把考试和毕业关、深化高校专业供给侧改革、完善学士学位制度、全面推进质量文化建设。引导教师倾心育人，真正推动教育教学改革措施落实落细取得成效。

2016 年，教育部发布中国高等教育系列质量报告，总报告《中国高等教育质量报告》是全世界首次发布高等教育质量的"国家报告"。

教育部高等教育教学评估中心自 2012 年便着手中国高等教育质量报告研制探索工作。此次发布的由该中心会同厦门大学、北京航空航天大学、北京教科院、合肥学院等机构专家团队研究制定的系列质量报告，包括 1 本总报告和 3 本专题报告，紧紧呼应"十三五"时期提出的高等教育"提高、争创、优化、转型"四大主要任务，积极回应了"发展更高质量更加公平的教育"的战略部署、"全面提高质量"的战略主题，以及社会各界和公众对中国高等教育质量的热烈关切。

此次发布的 4 本报告统分结合、各有侧重。《中国高等教育质量报告》力图全面回答、全方位展现中国高等教育整体质量状况，《中国工程教育质量报告》全景展示中国工程教育质量现状、问题与出路，《全国新建本科院校教学质量监测报告》用"大数据"精准监测新建本科学校的"三基本"实现情况，《新型大学新成就——百所新建院校合格评估绩效报告》客观展现近 170 所经过合格评估的新建本科院校的教育质量。

系列报告突出用数据和事实说话。研制过程中参考了 4 000 多位评估认证专家的质量评估报告、700 多所高等学校质量报告、基于高等教育质量监测国家数据平台的 40 多万个数据，并对 20 多万份专门调查问卷、数百人次深度访谈进行了系统分析整理统计。

在国内评估和国际认证的成功实践基础上，系列质量报告推出全新的高等教育质量标准。无论是全口径高等教育质量的"五个度"，还是工程教育质量的"三个面向"，或者新建院校的"三基本、两突出"，都基于中国高等教育实际，借鉴国际教育质量评价先进经验，建立了一整套具有"中国特色、世界水平"的质量新标准新体系，作为中国质量标准领域的新探索，得到联合国教科文组织、经合组织、欧盟、国际高等教育质量保障联盟等国际组织与专家的高度评价。在工程教育质量评价方面，更是强调国际完全实质等效，突出了国际工程联盟组织提出的以学生为中心、成果导向、质量持续改进，得到了《华盛顿协议》组织来华考察专家的高度认可。中国高等教育质量评估的"中国标准"正受到国际认同和采纳。国际高等教育质量保障机构联席主席 Carol Bobby 直言，中国以数据库为基础开展质量常态检测和发布质量报告的做法在国际上都是先进的。

第四节　人才培养的国际化

一、出国留学生教育

1. 出国留学

（1）鼓励出国留学深造。国家确立了"支持留学、鼓励回国、来去自由"的出国留学总方针。从图 2 - 23 可见，2006—2018 年我国出国留学人数持续增加，由 13.4 万增加到 66.21 万，年均增长率高达 14.2%。

图 2 - 23　2006—2018 年全国出国留学人数

（2）公派出国留学规模不断扩大。2007 年国家建设高水平大学公派研究生项目正式设立，主要派遣博士生、联合培养博士生和博士后，该项目是新中国成立以来最大规模的公派研究生项目，根据该计划，从 2007 年至 2011 年，国家每年从 49 所重点高校中选派 5 000 名研究生，有计划、成规模地送往国外一流大学学习，掀开第二次出国留学高潮。根据教育部 2015 年国家公派出国留学选拔计划①，将选拔各类国家公派出国留学人员 25 000 人，比 2014 年增加 17%。自 1996 年以来共选拔 16 余万人出国留学，按期回国率保持在 98% 以上。

（3）选派层次提高。国家不断优化选派结构，逐年增加博士生或博士后研究人员的数量和规模，根据教育部 2015 年国家公派出国留学选拔计划②，国家建设高水平大学公派研究生项目比 2014 年增加 1 000 人，达到 8 000 人，其中攻读博士学位研究生 3 000 人，联合培养博士生 5 000 人；并确定了"三个一流"的政策导向，即选派国内一流的学生、选择国外一流的专业、选择国际一流的教授，将高层次留学人才培养与高层次科研项目结合起来。

2. 自费出国留学

从 1978 年到 2012 年年底，中国各类出国留学人员总数达 264.47 万人，其中超过 90% 是自费留学生。根据教育部对我国出国留学人员的情况统计，2018 年度我国出国留学人员总数为 66.21 万人，其中国家公派 3.02 万人，单位公派 3.56 万人，自费留学 59.63 万人③，自费留学人员约占全部出国留学人员总量的 90%。

二、来华留学生教育

改革开放以来，尤其是进入 21 世纪以来，来华留学生教育蓬勃发展，规模迅速扩大，层次得到提高，接受来华留学生的院校数量不断增加。

到 2020 年，使我国成为亚洲最大的留学目的地国家。建立与我国国际地位、教育规模和水平相适应的来华留学工作与服务体系；造就出一大批来华留学教育的高水平师资；形成来华留学教育特色鲜明的大学群和高水平学科群；培养一大批知华、友华的高素质来华留学毕业生。到 2020 年，全年在内地高校及中小学校就读的外国留学人员达到 50 万人次，其中接受高等学历教育的留学生达到 15 万人，根据国家战略和发展需要，逐步增加中国政府奖学金名额；来华留学人员生源国别和层次类别更加均衡合理。

——《教育部关于印发〈留学中国计划〉的通知》

---

①② 教育部 . 2015 年国家公派出国留学选拔计划确定 . http：//www.moe.edu.cn/publicfiles/business/htmlfiles/moe/s5987/201410/177703.html.

③ 教育部 . 2018 年度我国出国留学人员情况统计 . http：//www.moe.gov.cn/jyb _ xwfb/gzdt _ gzdt/s5987/201903/t20190327 _ 375704.html.

1. 来华学生总体数量

21 世纪以来，我国高等教育获得了快速发展，在高等教育规模和质量不断提升的同时，来华留学也迎来了发展黄金期。总体而言，我国来华留学生规模持续增加，在全国范围内求学的高等院校、科研院所和其他教学机构不断扩大。如图 2－24 所示，2005 年我国来华留学生总量为 141 087 人，到 2018 年已经增加到 492 185 人，增加了约 2.5 倍，年均增长率高达 10.09％。

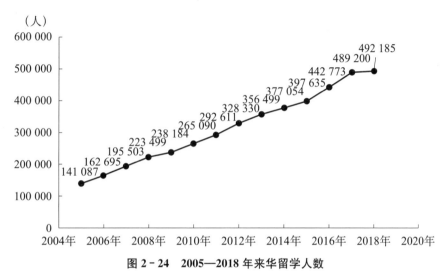

图 2－24　2005—2018 年来华留学人数

资料来源：历年教育部全国来华留学生数据统计。

留学生分布的高等院校、科研院所和其他教学机构不断增加。2015 年，全年在华学习的外国留学人员总数首次突破 39 万人，共有来自 202 个国家和地区的 397 635 名各类来华留学人员，分布在全国 31 个省、自治区、直辖市的 811 所高等院校、科研院所和其他教学机构中学习。2016 年共计有来自 205 个国家和地区的 442 773 名各类外国留学人员分布在全国 31 个省、自治区、直辖市的 829 所高等院校、科研院所和其他教学机构中学习。2017 年共计有来自 204 个国家和地区的 489 200 名各类外国留学人员分布在全国 31 个省、自治区、直辖市的 935 所高等学校、科研院所和其他教育教学机构中学习。2018 年，共有来自 196 个国家和地区的 492 185 名各类外国留学人员在 31 个省、自治区、直辖市的 1 004 所高等学校、科研院所和其他教学机构中学习，一直保持较高的年均增长率。

2. 来华留学生来源地区

世界不同地区来华留学生数量与该地区人口总数、经济水平、教育状况、地理位置、民族构成、风俗习惯、留学政策等因素密切相关。据 2016 年全国来华留学生数据统计，从表 2-7 可知，在各种因素综合作用下，在洲际范围内，亚洲生源在来华留学生中占据主体地位。从绝对数量上看，亚洲一直是来华留学生的主要生源地，2000 年以来，其生源占来华留学生总数的比例维持在 61.70%～81.9%。增长幅度最大的是非洲，其来华留学生规模增长了 43.5 倍（从 1999 年的 1 384 人增长到 2016 年的 61 594 人）。

表 2-7　各大洲来华留学生人数及变化

洲别	总人数	占总数百分比（%）	比上年增减人数	同比增减（%）
亚洲	264 976	59.84	24 822	10.34
欧洲	71 319	16.11	4 573	6.85
非洲	61 594	13.91	11 802	23.70
美洲	38 077	8.60	3 143	9.00
大洋洲	6 807	1.54	798	13.28

资料来源：根据教育部 2016 年全国来华留学生数据统计整理。

从表 2-8 可知，在来华留学生数量中，排名前 10 的国家中亚洲国家占据了 7 个。引人注意的是，来华留学生数量增长最为抢眼的是泰国、哈萨克斯坦和巴基斯坦。目前，泰国已成为第三大来华留学生生源国。巴基斯坦 90% 以上的来华留学生均为学历教育。泰国、越南、印度、印度尼西亚、哈萨克斯坦、巴基斯坦等国家来华留学生数量的急剧增长使英国、德国、加拿大三个欧美国家被挤出排行榜前十。

表 2-8　来华留学人数前 10 位国家

排名	国家	人数
1	韩国	70 540
2	美国	23 838
3	泰国	23 044
4	印度	18 717
5	巴基斯坦	18 626
6	俄罗斯	17 971
7	印度尼西亚	14 714
8	哈萨克斯坦	13 996
9	日本	13 595
10	越南	10 639

资料来源：根据教育部 2016 年全国来华留学生数据统计整理。

3. 来华留学生学历构成

来华留学生可分为学历来华留学生和非学历来华留学生，其中学历来华留学生又分为专科、本科和研究生层次（包括硕士研究生和博士研究生）；非学历来华留学生则可划分为普通进修生、高级进修生和短期留学生。2000 年以来，学历教育和非学历教育来华留学生都呈现逐年上涨趋势。在学历教育留学生中，本科生占比最大，研究生次之，专科生占比最小。近几年，研究生所占比例有一定增长，本科生占比则有所下降。专科层次学历留学生主要来自高等教育发展相对滞后的发展中国家，特别是东南亚地区。数据表明，一半以上的专科层次来华留学生来自东盟国家，比如 2011—2013 年专科层次的来华留学生数分别为 1 249 人、1 644 人和 2 004 人，而来自东盟十国的分别为 787 人、1 009 人和 1 337 人。非学历教育以普通进修生和短期留学生为主，高级进修生的人数虽然有所上涨，但始终占据非常小的比例。

4. 来华留学生学习专业

来华留学生所学专业可以划分为汉语言、文学、中医、西医、经济、工科、管理、法学、艺术、历史、体育、哲学、理科、农科、教育等 15 个门类。长期以来，汉语言专业一直是来华留学教育的优势专业。相关学者的数据显示，汉语言专业留学生占据了来华留学生总数的"半壁江山"，2011—2013 年其所占比例分别达 55.30%、54.50%、49.50%。西医专业留学生占比次之，2011—2013 年所占比例分别为 9.20%、9.30%、9.80%。此外，近几年留学生规模比较大的专业还包括文学、经济、工科、管理，占来华留学生的比例分别都达到了 7% 左右。中医作为我国的优势专业，来华留学生数量也比较大。教育学作为"后起之秀"，近几年其留学生数量增长比较显著。1999—2013 年来华留学生选学专业的人数统计见表 2-9。

表 2-9 1999—2013 年来华留学生选学专业的人数统计

年份	汉语	文学	中医	西医	经济	工科	管理	法学	艺术	历史	体育	哲学	理科	农科	教育
1999 学历生（人）占比（%）	—	36 401 / 18.1	3 571 / 53.5	1 402 / 80.2	—	1 724 / 65.2	—	—	656 / 45.6	—	229 / 28.4	—	425 / 53.6	303 / 48.5	—
2000	35 422 / 12.3	2 851 / 20.5	3 700 / 59.2	1 399 / 87.5	1 582 / 72.8	1 740 / 72.9	631 / 74.3	1 626 / 74.5	706 / 45.3	728 / 45.6	599 / 12.5	432 / 27.3	403 / 56.6	219 / 53.0	112 / 55.4
2001	44 149 / 12.6	3 550 / 51.2	3 886 / 53.1	1 626 / 88.7	1 726 / 75.6	1 888 / 75.7	860 / 72.9	1 392 / 75.4	524 / 55.3	630 / 54.0	498 / 17.7	211 / 73.0	494 / 57.5	225 / 52.4	210 / 40.0
2002	63 328 / 11.7	4 336 / 43.6	4 070 / 61.3	2 643 / 77.9	2 723 / 76.0	2 442 / 70.0	1 036 / 84.6	1 287 / 76.7	744 / 64.4	1 375 / 24.1	834 / 12.1	207 / 65.7	393 / 74.3	267 / 51.7	114 / 68.4
2003	53 126 / 15.1	5 015 / 29.8	4 183 / 77.7	3 001 / 83.3	3 091 / 85.6	2 693 / 82.4	1 547 / 57.3	2 053 / 85.5	918 / 65.4	482 / 66.6	467 / 27.2	175 / 76.0	465 / 72.9	241 / 73.0	258 / 54.3

续前表

学历生(人) 占比(%) 年份 / 专业	汉语	文学	中医	西医	经济	工科	管理	法学	艺术	历史	体育	哲学	理科	农科	教育
2004	75 270	6 705	6 283	4 688	4 525	3 519	2 838	2 438	1 291	742	708	700	555	298	284
	12.1	44.0	59.6	86.8	82.3	69.2	60.1	71.5	59.3	48.8	23.2	23.1	71.2	57.4	48.6
2005	86 679	11 600	8 427	9 605	6 665	4 455	3 555	2 906	1 537	755	547	546	741	380	2 689
	11.4	45.0	65.6	90.2	78.3	69.9	59.0	69.0	64.9	49.9	29.3	27.3	74.9	73.4	23.6
2006	98 701	14 027	7 130	13 225	7 308	5 803	5 954	3 667	2 118	904	1 132	681	1 007	440	398
	11.9	39.7	63.1	93.4	87.4	70.9	64.7	73.0	72.3	48.1	24.5	18.5	72.1	75.5	52.3
2007	119 147	13 822	8 671	16 902	8 804	6 785	8 587	4 700	2 508	853	1 361	680	1 411	755	517
	11.6	45.8	69.7	94.1	89.3	76.3	59.8	78.3	68.0	51.0	22.4	19.6	68.6	55.2	50.3
2008	124 574	15 935	9 418	19 233	11 335	9 128	10 728	4 688	2 835	968	1 375	585	9 978	699	2 020
	12.5	45.0	72.0	94.1	84.7	75.9	66.7	77.1	69.9	48.3	34.3	30.1	10.4	75.0	21.3
2009	136 576	16 635	11 022	21 123	14 367	11 606	12 260	4 966	2 732	1 470	1 318	628	1 417	1 018	1 470
	13.3	58.7	70.2	93.5	82.8	74.4	65.1	78.7	63.3	51.4	56.0	33.1	74.9	58.9	51.4
2010	146 149	19 612	10 926	25 203	16 863	15 130	14 920	6 147	—	1 301		732	2 535	1 063	4 473
	12.3	66.0	72.0	93.6	82.7	75.8	68.9	77.0	—	42.2		33.3	66.1	70.1	32.3
2011	161 964	17 837	11 822	26 928	18 436	18 949	18 472	6 684	—	1 437		775	2 360	1 490	5 457
	12.3	75.0	69.6	94.8	81.8	75.9	65.4	76.7	—	39.7		38.3	73.8	58.6	29.2
2012	175 676	24 931	13 042	30 474	20 819	22 596	21 873	7 296	—	1 380		674	2 670	1 538	5 361
	11.9	58.4	66.9	95.3	81.9	78.0	65.6	75.8	—	46.2		45.8	72.9	66.6	32.9
2013	176 447	26 654	13 804	34 899	23 615	27 369	26 201	8 183	5 096	1 364		565	3 175	1 860	7 267
	11.8	47.6	65.5	95.3	79.1	78.3	61.5	71.6	52.8	47.9		65.5	76.2	64.2	35.5

注：1999 年的汉语言专业留学生并入文学专业留学生进行统计，2010 年以后体育专业留学生并入教育专业留学生进行统计；其他统计值缺省项则表明该年无对应专业类别留学生。

5. 坚持提质增效，提升新时代高等教育国际交流与合作水平

新时代，高等教育国际交流与合作一如既往地坚持对外开放，坚持提质增效，全面提升来华留学发展水平、扩大教育对外开放、推动构建人类命运共同体。教育部等部委先后发布《学校招收和培养国际学生管理办法》和《来华留学生高等教育质量规范（试行）》，不再盲目追求国际化指标和来华留学生规模。不断完善规章制度及管理办法，进一步严格招生审核、过程管理和评审制度，建立规范的管理体系和工作流程。优化教学资源配给和师资管理队伍建设，积极打造来华留学重点项目和精品工程。在教育内容方面，不断加强对来华留学生中国法律法规、国情校情和文化风俗等方面的教育，增进中外学生的交流和友谊，增强来华留学生对中国发展的理解和认同，讲好中国故事，传播好中国声音。推动教育对外开放更好服务党和国家外交工作大局，更好服务加快推进教育现代化、建设教育强国，更好服务人民群众的美好生活需要。

习近平给北京科技大学全体巴基斯坦留学生回信

北京科技大学全体巴基斯坦留学生：

你们好！来信收悉。得知你们到中国留学以来，既学到了丰富知识，也结识了不少中国朋友，我为你们取得的成绩感到高兴。

正如你们所感受到的，新冠肺炎疫情发生后，中国政府和学校始终关心在华外国留学生生命安全和身体健康，为大家提供了全方位的帮助。生命至上，不管是中国人还是在华外国人员，中国政府和中国人民都一视同仁予以关心和爱护。

我了解到，在抗击疫情期间，很多留学生通过各种方式为中国人民加油鼓劲。患难见真情。中国将继续为所有在华外国留学生提供各种帮助。中国欢迎各国优秀青年来华学习深造，也希望大家多了解中国、多向世界讲讲你们所看到的中国，多同中国青年交流，同世界各国青年一道，携手为促进民心相通、推动构建人类命运共同体贡献力量。

中华人民共和国主席　习近平

2020 年 5 月 17 日

三、中外合作办学

1. 明确办学原则

1995 年《中外合作办学暂行规定》确定了以我为主、积极慎重、加强管理、依法办学的原则。加入世贸组织后，2003 年我国颁布了《中华人民共和国中外合作办学条例》，这是第一部关于中外合作办学的行政性政策法规。

2. 重在引进教育资源

在高等学历教育中，外方一般无资金投入，中方主要是引进国外的理念、课程、教材以及师资。专业以工商管理类居多，其次是外国语言文学类，还有电气信息类、经济学类、艺术类和教育学类。以同济大学中德工程学院为例：

同济大学中德工程学院是中德两国政府为了加大文化科学交流，在上海同济大学成立的新型跨文化交流平台。同济大学中德工程学院依托同济大学土木工程这一王牌专业，开办了机械电子工程、汽车服务工程、建筑设施智能技术三个专业。在借鉴德国应用科技大学应用型工程教育成功经验的基础上，中德双方专家按共同制定的教学计划联合培养学生，部分课程由德国教授以及企业资深工程师讲授。中德工程学院特别突出德国应用科技大学的办学特色，强调理论与实践相结合。中德工程学院的专业学习前三年在国内进行，符合相关条件的学生可以赴德国完成第四年的学习、实习、撰写毕业论文等相关学业，同时获得同济大学颁发的毕业和学士学位证书及德国大学的学士学位证书（双学位）。由于个人原因不赴德国留学者，按照同样的培养内容，在同济大学中德工程学院完成最后一年的专业学习、外资企业实习和毕业论文，获得同济大学的毕业和学位证书。

3. 规模不断扩大，毕业生质量较高

截至 2017 年，经审批或复核通过的中外合作办学机构和项目共计 2 469 个，其中包括宁波诺丁汉大学、西交利物浦大学、上海纽约大学等 7 所正式设立的中外合作大学。本科以上层次二级机构和项目 1 212 个，涉及理工农医人文社科等十二大学科门类 200 多个专业；从办学规模来看，各级各类中外合作办学在校生总数约 55 万人；从合作对象上看，涉及 36 个国家和地区、830 所外方高校、720 所中方高校，外方高校包括美国杜克大学、英国爱丁堡大学、新加坡国立大学、美国纽约大学、澳大利亚墨尔本大学等近 10 所全球 TOP50 的高校，中方高校包括近百所"双一流"建设高校。

高水平、示范性的中外合作办学不断出现，尤其是宁波诺丁汉大学、西交利物浦大学等 7 所中外合作大学已成为中国高等教育改革创新的独特样本。从 2016 年全国普通高考录取情况来看，7 所中外合作大学文理科录取平均分数线比一本平均分数线分别高出 30 分和 50 分。中外合作大学先进、独特的办学理念、良好的办学条件和喜人的办学成果得到社会的高度肯定。以宁波诺丁汉大学为例：

宁波诺丁汉大学将国外先进的教学方式引入国内，是中国第一所普及小班化全英文课堂和导师制度的大学，也是中国第一所千人规模以上却能够保证教学大纲内所有课程采用全英文教学的大学。宁波诺丁汉大学不仅采用全英文教学，还沿用英国诺丁汉大学教学质量保障体系，共享英国诺丁汉大学网络和教学资源，颁发英国诺丁汉大学学位证书。这里的教材都是从英国诺丁汉大学引进的，图书馆藏书是来自世界各地出版社的原版书籍，师资全部由英国诺丁汉大学全球选聘（外籍教师逾八成）。最值得一提的是宁波诺丁汉大学办学接受国际第三方评审机构监督，是唯一获得英国高等教育质量保障署认可的中国高校。2013 年，英国高等教育质量保障署经过实地质量评审后，正式在其网站发布了评审报告，报告中写道："宁波诺丁汉大学是一个令人瞩目的成果，其在短短不到八年的时间内已经实现了办学宗旨，让中国学生不出国门就能接受世界优质的高等教育。从课程、教学方法、体系、语言和资源配置来看，宁波诺丁汉大学采用英国诺丁汉大学的办学模式和标准，其学术水平以及学生的学习质量与英国诺丁汉大学一致。学生所接受的教育是在中国可实现的最具英国特色的教育。"评审报告还特意指出，宁波诺丁汉大学不是单纯地照搬英国诺丁汉大学的做法，而是积极探索符合本地实际情况的实践。

4. 办学模式多样化

中外合作办学根据合作程度可分为融合型、嫁接型、松散型等，根据合作方性质分为产学合办、学学合作、学资或官资合办等模式，根据文凭分为多专

业双文凭、单一专业文凭和单一语言或热门专业模式，根据资金投入分为合资合作办学、独资合作办学、合作办学项目等模式；但也出现一些独特的模式，如英国高等教育文凭项目的"9＋5＋5模式"：

教育部留学服务中心引进英国高等教育文凭项目，进入教育部留学服务中心英国高等教育文凭项目学习的学生，3年在国内学习，两年在英国留学，共5年获得硕士学位，开设商科、计算机、旅游酒店管理、物流、工程等五大类30多个专业。教育部留学服务中心英国高等教育文凭项目采用"9＋5＋5模式"，即统一模式、统一策划、统一形象、统一推广、统一教材、统一师资、统一质量、统一招生、统一服务等"9个统一"；教育部留学服务中心、英国苏格兰学历管理委员会（又称苏格兰资格监管局，简称SQA）、中国大学、英国大学和用人单位等"5个结合"；第一年预科，第二、三年专业课程，在符合英国大学入学要求并具备留学条件的情况下，第四年续本、第五年硕士"5年学业"。

华南理工大学广州学院一直把教育国际化作为学校的发展战略，注重国际教育交流和合作，先后与美国、英国、法国等十多个国家和地区建立合作关系，与23所高校签署了校际合作办校协议。2013年华南理工大学广州学院喜获与美国佐治亚州托马斯大学中外合作办学资格。与该校合办"宝石及材料工艺学——珠宝鉴定与营销"专业本科教育项目，并且于2013年开始进行对外招生，纳入国家普通高等学校招生计划。该项目学制4年，实行学年学分制管理。主要教学活动均在华南理工大学广州学院完成，即"4＋0"模式。合作双方教学专家共同制定培养方案和教学计划，撰写教学大纲。学生在四年学习中必须完成45门课程，共计139学分，中方负责安排30门课程（共计94学分），外方主要负责15门专业课程（共计45学分），由托马斯大学派遣外籍老师到华南理工大学广州学院进行全英文授课。达到毕业要求的学生可同时获得中国普通高等教育本科毕业证书、工学学士学位证书及美国托马斯大学工商管理专业管理学学士学位证书。而美国托马斯大学是美国教育部认可、六大学位认证、联盟SACS认证及美国教育部高等教育委员会认证的正规大学，是中国教育部认可的国外大学。

四、党的十八大以来高等教育国际合作与交流新发展、新趋势、新举措

教育对外开放是国家对外开放事业的重要组成部分，尤其是高等教育，肩负着培养优秀人才、促进人文交流、服务现代化建设的重要使命。党的十八大以来，我国高等教育坚持主动服务国家开放战略，在国家开放大局中谋划新定

位，展现新作为，开创新格局。

（一）高等教育国际合作与交流总体情况

（1）加强顶层制度设计。出台《关于做好新时期教育对外开放工作的若干意见》《推进共建"一带一路"教育行动》两个重要的指导性文件，明确了高等教育国际合作与交流未来的发展目标和使命，在加快留学事业发展、完善体制机制、引进培养高层次创新人才等方面部署了重点工作，强化了各项保障措施，为高等教育国际合作交流指明了方向。

（2）夯实中外人文交流成果。自2000年起，中国先后与俄罗斯、美国、英国、欧盟、法国和印度尼西亚建立了六大高级别人文交流机制。人文交流已经和政治互信、经贸合作一起成为中国与世界各国关系稳定发展的三大支柱。2016年6—10月，先后举行中美第七次、中法第三次、中俄第十七次、中印尼第二次高级别人文交流机制会议。2016年10月在北京举办了中国-欧盟国家教育部长会议、第四届中国-中东欧国家教育政策对话，12月在上海举行中英高级别人文交流机制第四次会议。

（3）加快培养五类国家急需人才，推进国别区域研究全覆盖。加大非通用语种人才、国际组织人才、国别和区域研究人才、拔尖创新人才和来华杰出人才的培养力度，为国际合作与交流提供人才保障。2015年，非通用语种人才共录取996人，涉及33个国家、38个非通用语种；在国际组织人才方面，向联合国教科文组织选派首批23位研习人员；在国别和区域人才方面，面向10个国家和地区研究方向，资助16人开展国别区域研究；在拔尖创新人才培养方面，委托国家留学基金委设立"未来科学家项目"，有针对性地培养一批顶尖创新人才、领军人才和大师级人才；在培养来华杰出人才方面，积极落实"来华留学高端硕士学位奖学金项目"，2015—2016学年共有来自30个周边国家和部分重点非洲国家的140名学员来华学习。为配合中国国际教育交流与合作，推动建立42家国别和区域研究基地，共覆盖国别超过90个，重点推进"一带一路"沿线国家研究的全覆盖。

（4）双向留学趋势加强。近年来，中国出国留学、留学回国、来华留学人数均大幅增加。中国是世界上最大的留学输出国，截至2015年底，中国各类出国留学人员总数为52.37万，留学生遍布180多个国家。各类留学回国人员总数为40.91万。从1978年到2015年底，222万人已完成学业回国发展，占已完成学业留学生的80%。来华留学生规模不断扩大，中国已成为亚洲重要的留学目的国。2015年，共有39.76万人次各类外国留学人员在华学习，分别来自202个国家和地区。从1950年到2015年，来华留学规模累计已达372万人次，毕业生中涌现出了埃塞俄比亚总统穆拉图、哈萨克斯坦总理马西莫夫、越南副总理阮善仁、泰国公主诗琳通等国家领袖。

中外合作办学招收优秀国际学生成为新亮点。宁波诺丁汉大学等 7 家中外合作大学生源遍布全球 70 多个国家和地区，80％以上攻读学位。中外合作大学的国际招生与国外合作大学使用相同的招生标准。以上海纽约大学为例，有国际学生为了就读上海纽约大学而拒绝了剑桥大学、哈佛大学、麻省理工学院等世界名校的入学邀请。

（5）稳步推进中外合作办学。近年来，中国积极稳步推进中外合作办学，中外合作大学先进独特的办学理念、良好的办学条件和喜人的办学成果得到社会的高度肯定。

（二）高等教育国际合作与交流新趋势

习近平总书记提出"教育对外开放，关键是提高质量，而不是盲目地扩大规模""办好中国的世界一流大学，要认真吸收世界上先进的办学治学经验，更要遵循教育规律，扎根中国大地办大学"的要求，教育国际合作与交流要服务和服从于国内改革发展的需要。着眼当前，教育国际合作与交流有如下新趋势：

（1）适应我国高等教育整体发展水平，更加注重质量。我国已建成世界上规模最大的高等教育体系，2019 年高等教育在学总规模 4 002 万人，高等教育毛入学率51.6％，进入普及化阶段。召开了新时代全国高等学校本科教育工作会议，大力发展新工科、新医科、新农科、新文科，发布《普通高等学校本科专业类教学质量国家标准》，推进信息技术与教育教学深度融合，研究制定"六卓越一拔尖"计划 2.0，高等教育的发展进入质量提升新阶段，质量将是新时期高等教育改革的核心任务，要把更多的时间、精力和资源更多地用在内涵建设上，实现中国教育更高质量、更高效率的发展。

（2）积极贯彻落实对外开放相关文件。高等教育国际合作与交流紧紧围绕《关于做好新时期教育对外开放工作的若干意见》《推进共建"一带一路"教育行动》等重要文件，以"提质增效"为重心，重点做好提高留学质量、提升涉外办学水平、丰富中外人文交流、开展教育互联互通、人才培养培训、共建丝路合作机制等重点工作。

（3）积极参与并服务高校"双一流"建设。2015 年 11 月，我国启动实施"双一流"建设方案，将推进世界一流大学和一流学科建设确定为中国重大举措。"双一流"建设方案中提出诸如：加快培养和引进一批一流的科学家、学科领军人物和创新团队；着力培养拔尖创新人才，全面提升学生的综合素质、国际视野、科学精神和创业意识；重点建设一批国际一流的优势学科等任务。高等教育国际合作与交流要积极参与并服务"双一流"建设。

（三）高等教育国际交流新举措

（1）搭建合作平台，促进中外人文交流。首先，建机制。通过搭建合作平台、完善制度保障、打造品牌项目、开展理解教育，充实丰富中外人文交流机制。机制建设要"立体"，推进方式要多样，要实现多方参与。其次，通语言。语言是各国之间开展有效沟通的钥匙。通过扩大与各国政府间语言学习交换项目、联合开发语言互通共享课程等，把汉语推广和非通用语种人才培养等涉及我国战略利益的举措纳入沿线各国利益框架，实现共赢。如2015年，在习近平总书记访美的联合记者会上，奥巴马宣布启动"百万强"计划，到2020年实现100万名美国学生学习中文。通过这个计划，让更多美国学生了解汉语和中国文化。最后，传理念。利用国际化的视野和方式，通过各类群体传播中国理念，讲好中国故事。

（2）强化实质性合作，参与高校"双一流"建设。高等教育国际合作与交流，尤其是中外合作办学一定要参与到高校"双一流"建设的过程当中，在其中占有一席之地并发挥作用。充分利用中外合作办学引进世界一流大学、一流学科的天然优势，发挥示范引领作用，通过中外合作办学这块试验田来寻找我国高校建设世界一流大学和一流学科的先进理念与先进方法。

（3）提质增效，提升高等教育国际合作与交流品质。目前，我国高等教育对外开放已经进入以提质增效为特征的新的历史时期。提质增效是我国高等教育国际合作与交流当前的头等任务。要将显著提升留学质量、明显提升我国涉外办学效益、有效拓展多边教育合作的广度和深度作为提升高等教育国际交流合作与品质的主要举措。

（4）推动学历学位互认。推动学历学位互认是高等教育对外交流与合作的核心问题。我国自1988年与斯里兰卡签订互认协议开始，逐步与俄罗斯、英国、法国等发达国家签署了互认协议，2016年分别与波兰、印度尼西亚和捷克签订了互认协议，截至2017年，已与46个国家签署了学历学位互认协议。全面推动学历学分互认，做到"一带一路"国家全覆盖将是高等教育合作交流的主要着力点。

（5）形成高等教育"中国标准"。在已与47个国家和地区签署学历学位互认协议的基础上，进一步加快推进学历学位互认工作，让更多的国家和地区认可中国高等教育质量标准；加强与国际教育质量组织的合作，积极参与国际教育质量标准研究制定，让标准的进步为双方的合作提供新保障。

（6）提升中外合作办学效益。首先，要不忘初心。中外合作办学在未来要助力引领我国高等教育改革发展方向，为我国高等教育改革寻找创新路径。要将国际一流的办学经验和管理理念进行中国化的实践，而非仅局限于资源的引进。其次，要改革创新。作为教育改革的"试验田"，中外合作办学承担着改革创新的使命和责任，要借鉴世界一流学校先进的办学理念、治理模式、人才培养方式以及教学方法，充分吸收、改造、内化，形成中国化的做法，发挥示范引领作用，进而推动我国高等教育改革创新。要进行管理方式的改革创新，简政放权、优化服务，修订《中外合作办学条例实施办法》，解决中外合作办学发展中出现的新问题、新情况，推动中外合作办学的发展。最后，要加强监管。更加严格地执行《中外合作办学条例》及其实施办法的相关要求，严格审批，依托教育涉外监管网和第三方机构，加强评估、强化退出，把好入口关和出口关[1]。

---

① 许涛. 中国教育国际合作与交流新趋势. 中国高等教育，2017（8）.

第三章
科研创新

第一节 高校成为我国科研创新人才的主要
聚集地和后备力量的培养摇篮

科学研究是高等教育的重要职能之一。21 世纪以来，我国高校以其资源丰富、环境优渥、氛围良好等优势，日渐成为我国科研创新人才汇聚的高地。在国家各项人才项目的支持下，高校中各学科专业领域纷纷集聚了大批学科根基扎实、具有较强学术敏感性与创造性的学科带头人和致力于基础理论研究、应用技术等各具特色的科研团队。同时，高校还以其先天优势，将科研和人才培养有机融合，不断提升研究生的科研水平和能力，已然成为未来科研人员培养的摇篮。

一、高校成为我国科研创新人才的主要聚集地

在数量上，我国高校科研创新人才队伍规模宏大并保持稳定增长。首先，就全国高校"研究与发展人员"数量来看，如表 3-1 所示，2005 年我国高校研究与发展人员数约 38.7 万人，2018 年增长到 98.4 万人，14 年内增长了约 154.3%。其次，从"研究与发展全时人员[①]"数据来看，如图 3-1 所示，2005 年高校研究与发展全时人员为 22.7 万人/年，2018 年为 36.0 万人/年，比 2005 年增长了约 58.6%。从发展趋势来看，无论是"高校研究与发展人员总数量"还是"高校研究与发展全时人员数量"基本都实现了每年稳步增长。

表 3-1 2005—2018 年全国高校研究与发展人员数量　　　　单位：万人

2005 年	2006 年	2007 年	2008 年	2009 年
38.7	42.1	44.8	47.8	50.9
2010 年	2011 年	2012 年	2013 年	2014 年
59.4	63.2	67.8	71.5	76.3
2015 年	2016 年	2017 年	2018 年	
83.9	85.2	91.4	98.4	

资料来源：《中国科技统计年鉴 2018》。

在质量上，高校吸引与汇聚了大批高素质科研创新人才，他们以敏锐的学

---

① 全时人员：实际从事研究开发活动的时间占制度工作时间 90% 及以上的人员。

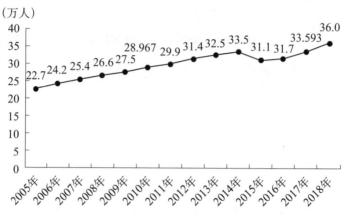

图 3 - 1   2005—2018 年高校研究与发展全时人员

资料来源：《中国科技统计年鉴 2018》。

术敏感性与较强的科研创新能力，在高校中积极开展科学研究与科技创新，在各自的专业领域发挥引领与带头作用。

在科研创新团队建设上，高校凭借自身人才集聚与资源优势，组建了一批由学科带头人牵头、中青年教师协同、研究生积极参与的优质高水平科研创新团队，这些团队不断发展，无论是在自身团队建设方面，还是在取得的科研业绩方面，都成效显著。如自 2012 年国家科技进步奖首次试点开展创新团队的奖励以来，每年都有来自高校的科研创新团队赫然在列，表 3 - 2 是关于国家科技进步奖创新团队奖名单的统计，在每年评选三项的情况下，2012 来自高校的团队获两项，2013 年获一项、2014 年获一项，2015 年和 2018 年，国家科技进步奖的三项创新团队奖均由高校包揽，2019 年大连理工大学高性能精密制造创新团队成为唯一获得该奖项的团队。8 年来，高校创新团队获奖比例占 59.09％。

表 3 - 2   2012—2019 年国家科技进步奖创新团队奖名单统计

年份	团队	单位属性
2012	国防科学技术大学高性能计算创新团队	高校
	第二军医大学肝癌临床与基础集成化研究创新团队	高校
	中国航天科工飞航技术研究院巡航导弹先进突防技术创新团队	科研院所
2013	中国科学院合肥物质科学研究院超导托卡马克创新团队	科研院所
	清华大学辐射成像创新团队	高校
	军事医学科学院蛋白质组学创新团队	科研院所
2014	解放军总医院器官损伤和综合救治创新团队	医院
	武汉大学对地观测与导航技术创新团队	高校
	中国航天科技集团公司第五研究院深空探测航天器系统创新团队	科研院所

续前表

年份	团队	单位属性
2015	浙江大学医学院附属第一医院终末期肝病综合诊治创新团队	高校
	海军工程大学电力集成创新团队	高校
	解放军信息工程大学网络通信与交换技术创新团队	高校
2016	第四军医大学消化系肿瘤研究创新团队	高校
	浙江大学能源清洁利用创新团队	高校
	中国农业科学院作物科学研究所小麦种质资源与遗传改良创新团队	科研院所
2017	中国科学院寒区旱区环境与工程研究所冻土与寒区工程研究创新团队	科研院所
	袁隆平杂交水稻创新团队	科研院所
	西安交通大学热质传递的数值预测控制及其工程应用创新团队	高校
2018	清华大学工程结构创新团队	高校
	中南大学轨道交通空气动力与碰撞安全技术创新团队	高校
	湖南大学电能变换与控制创新团队	高校
2019	大连理工大学高性能精密制造创新团队	高校

资料来源：根据 2012—2019 年各年度国家科技进步奖获奖项目相关资料汇总而成。

　　同时，这些来自高校的优质科研创新团队还不断地加强自身的建设，其本身也自然地成为科研创新人才培养的一片沃土。如 2014 年获得国家科技进步奖的"武汉大学对地观测与导航技术创新团队"就是一例，该团队成立于 1989 年，在国际上首创了测量误差处理与可区分性理论，解决了测量学中的百年难题。

武汉大学对地观测与导航技术创新团队

当然，除了加强自身建设之外，高校科研创新团队的不断成长也得益于政府的大力支持。如，自2004年起，教育部每年会甄选一批高校优秀创新团队进行为期3年的滚动支持，2015年、2016年与2017年分别对全国64个、72个和113个优秀创新团队提供150万～300万元不等的资助[1][2][3]。相信在未来，高校更能积极借助其学科门类齐全和人才汇聚的优势，大力推动跨学科科研队伍的建设，瞄准社会重大需求及社会前沿问题，积极寻求理论与实践上的突破与创新。

二、高校成为我国未来科研储备力量的培养摇篮

高等学校通过系统的专业知识传授、丰富的科研实践、严谨与规范的科学训练，开展硕、博士研究生教育的工作，加强对硕、博士科研创新能力的培养，努力将硕、博士培养成我国未来科学研究事业的重要储备力量。从近年研究生教育开展的现状来看，无论从科研活动中研究生的参与度的变化来看，还是从研究生对国内外高水平学术论文发表的贡献来看，高校俨然已经成为未来我国科研储备人才培养的摇篮。

1. 科研活动中研究生的参与度

在所有科研活动的研究生参与方面，研究生的参与度呈现不断增长的趋势。自改革开放以来，高等学校为国家培养的硕士研究生、博士研究生，占全国研究生总数的90％以上，一直是我国研究生培养的主体，因而，分析参与科研项目的研究生人数变化情况就能在一定程度上反映出我国高校研究生参与科研活动的程度。在此方面，以理工农医类高校为例，如表3-3所示，在2001年，研究生参与科研项目的人数为8.24万，到2014年时为57.73万，增长率为600.60％。

表3-3　2001—2014年理工农医类高校参与科研的研究生人数　　单位：万人

年份	2001	2002	2003	2004	2005	2006	2007
参与科研的研究生人数	8.24	9.83	13.17	17.33	21.55	22.98	26.68

---

① 教育部. 教育部办公厅关于公布2015年教育部"创新团队发展计划"滚动支持名单的通知. http://www.moe.gov.cn/srcsite/A16/s3336/201511/t20151102_217096.html.

② 教育部. 教育部办公厅关于公布2016年教育部"创新团队发展计划"滚动支持名单的通知. http://www.moe.gov.cn/srcsite/A16/s3340/201611/t20161103_287512.html.

③ 教育部. 教育部办公厅关于公布2017年教育部"创新团队发展计划"滚动支持名单的通知. http://www.moe.gov.cn/srcsite/A16/s3340/201706/t20170622_307727.html.

续前表

年份	2008	2009	2010	2011	2012	2013	2014
参与科研的研究生人数	30.13	38.65	43.94	46.22	51.26	55.04	57.73

资料来源：2001—2014 年全国教育事业发展统计公报。

在高水平科研活动的研究生参与方面，我国研究生的参与也依然占据着重要比例，并呈现不断增长的态势。如国家自然科学基金资助项目作为我国高水平科研项目的典型代表之一，其每年就吸引着一大批优秀研究生参与其中。

以研究生参与国家自然科学基金面上项目、重点项目为例。首先，如图 3-2 所示，从总体上看，研究生无论是参与国家自然科学基金面上项目，还是参与重点项目，都呈增长趋势。具体而言，在面上项目方面，2003 年时研究生参与占比为 40%，到 2015 年时为 53.42%，提高了 13.42 个百分点。在重点项目方面，2003 年时研究生参与占比为 44.70%，2015 年为 53.81%，提高了 9.11 个百分点。两类项目的参与度虽然在 2007 年至 2009 年出现了略微下降的趋势，但是总体依然保持增长。

图 3-2　参与国家自然科学基金面上项目、重点项目研究生的比例变化情况

资料来源：根据国家自然科学基金委员会 2003—2015 年度报告中的数据整理而得。

其次，分学历层次来看，无论是博士研究生还是硕士研究生，在国家自然科学基金的面上项目和重点项目的参与上，自 2003 年到 2015 年，其参与人数与参与比例，都保持持续增长（见表 3-4）。具体来看，硕士生在面上项目的参与上，2003 年时，人次为 9 981，比例为 21.10%，到 2015 年时，人次为 41 767，比例为 30.28%，分别提高了 31 786 人次和 9.18 个百分点；在重点项目的参与上，2003 年参与的人次及比例分别为 680 和 18.00%，2015 年参与的人次及比例分别为 2 169 和 23.48%，分别提高了 1 489 人次和 5.48%。博士生在面上项目的参与上，2003 年时，人次为 8 885，比例为 18.90%，到 2015 年时，人次为 31 914，比例为 23.14％，分别提高了 23 029 人次和 4.24 个百分点；在重点项目的参与上，2003 年参与的人次及比例分别为 1 008 和 26.70％，2015 年参与的人次及比例分别为 2 802 和 30.33％，分别提高了1 794 人次和3.63％。

表 3-4　参与国家自然科学基金面上项目、重点项目硕士生与博士生的人次及比例

年份	面上项目				重点项目			
	硕士生		博士生		硕士生		博士生	
	人次	比例	人次	比例	人次	比例	人次	比例
2003	9 981	21.10％	8 885	18.90％	680	18.00％	1 008	26.70％
2004	12 252	21.30％	11 897	20.69％	619	17.46％	955	26.94％
2005	15 001	21.91％	15 521	21.91％	941	18.71％	1 377	27.37％
2006	18 048	23.29％	17 622	22.74％	811	18.40％	1 307	29.65％
2007	14 526	24.23％	14 274	23.81％	1 253	20.85％	1 757	29.23％
2008	17 258	25.20％	15 973	23.32％	1 240	19.44％	1 901	29.80％
2009	20 762	26.56％	18 283	23.39％	1 251	21.07％	1 678	28.26％
2010	28 054	27.49％	22 415	21.96％	1 493	22.59％	1 846	27.94％
2011	35 246	27.89％	28 406	22.54％	1 572	20.44％	2 216	28.82％
2012	40 012	28.33％	31 800	22.52％	1 846	22.27％	2 386	28.78％
2013	38 490	28.34％	30 947	22.79％	1 698	21.08％	2 349	29.17％
2014	35 558	28.35％	29 219	23.29％	1 927	22.30％	2 547	29.48％
2015	41 767	30.28％	31 914	23.14％	2 169	23.48％	2 802	30.33％

资料来源：根据国家自然科学基金委员会 2003—2015 年度报告中的数据整理而得。

2. 研究生对国内外高水平学术论文发表的贡献

从国内高水平学术论文的发表贡献来看，主要可表现为两个方面，一是在校研究生已经成为第一作者群中一股非常重要的力量。如表 3-5 所示，就 2014年的数据来看，在国内高水平论文第一作者中，研究生占比约为 36.74％。二是研究生对国内高水平论文发表的贡献率较高。如表 3-6 所示，从 2014 年的数据来看，在 2014 年我国在校研究生对国内高水平学术论文发表的贡献率为29.73％，这意味着在每发表的一篇国内高水平论文中，有近 30％的贡献可以归功于在校的研究生[①]。

---

① 中国学位与研究生教育发展年度报告课题组，全国学位与研究生教育数据中心．中国学位与研究生教育发展年度报告（2015）．北京：高等教育出版社，2015．

表 3-5　2014 年度高水平论文中第一作者身份信息概况

第一作者身份	篇数（篇）	占比（%）	第一作者身份	篇数（篇）	占比（%）
硕士生	616	14.56	初级/无职称	114	2.70
博士生	671	15.86	中级职称	559	13.22
无法确定	153	3.62	正高职称	1 253	29.62

资料来源：《中国学位与研究生教育发展年度报告（2015）》。

表 3-6　2014 年度国内高水平论文研究生篇均贡献率分布情况

贡献率	0%～25%	25%～50%	50%～75%	75%～100%	均值
篇数（篇）	2 101	911	654	352	
频率（%）	52.29	22.67	16.28	8.76	29.73%
累计频率（%）	52.29	74.96	91.24	100.00	

资料来源：《中国学位与研究生教育发展年度报告（2015）》。

从国际高水平学术论文的发表贡献来看，也主要表现为两个方面。一是我国在校研究生在国际高水平论文发表中表现活跃。如表 3-7 所示，2014 年关于我国研究生参与国际高水平论文的情况，在以中国机构为第一署名单位的 219 篇论文中，有研究生参与的论文为 155 篇，占 70.78%，其中研究生作为第一作者的论文有 117 篇，占 53.42%。从总共的 306 篇论文来看，160 篇有研究生参与，参与率为 52.29%，这就足见我国在校研究生在国际高水平论文发表中的活跃程度。二是我国在校研究生在国际高水平论文的发表中扮演了重要角色。这主要体现于我国研究生在国际高水平论文发表过程中的学术贡献率。如表 3-8 所示，2014 年，我国在校研究生在国际高水平论文中的平均学术贡献率为 34.15%，这就意味着，在 2014 年，由我国主导的国际高水平论文中，平均有 34.15% 归功于在校研究生的科研工作。

表 3-7　2014 年度我国研究生参与国际高水平论文情况　　　　单位：篇

		第一作者单位是否为中国		合计
		是	否	
研究生是否参与	是	155	5	160
	否	64	82	146
合计		219	87	306
研究生是否为第一作者	是	117	1	118
	否	102	86	188
合计		219	87	306

资料来源：《中国学位与研究生教育发展年度报告（2015）》。

表3-8　2014年度国际高水平论文研究生篇均贡献率分布情况

贡献率	0%～25%	25%～50%	50%～75%	75%～100%	均值
篇数	83	70	53	13	
频率（%）	37.90	31.96	24.20	5.94	34.15%
累计频率（%）	37.90	69.86	94.06	100.00	

资料来源：《中国学位与研究生教育发展年度报告（2015）》。

从发展变化来看，与2013年相比，2014年研究生对国际高水平论文发表总参与率有所上升，由2013年的48.40%上升为2014年的52.29%；在以中国机构为第一作者单位的论文中，研究生参与率从2013年的68%上升为2014年的70.78%。在贡献率方面，2013年研究生对国际高水平论文发表的篇均贡献率为34.40%，2014年为34.15%，基本保持同一水平①。

第二节　高校科研经费得到稳步提升

科研经费是科研工作有序开展的物质基础，是科研条件、设施得以改善和优化的重要保障，其在一定程度上直接影响着科研产出效率和效果。进入21世纪以来，我国高校科研经费总投入呈现不断增长的趋势。同时，无论是从投入的类型上看，即政府投入、企事业单位委托投入，还是从投入的层次上看，即基础研究投入与应用型研究投入或自然科学投入与社科科学投入，都呈现出稳步增长的态势。

一、科研总经费不断增长

伴随着我国国民经济发展水平的整体提高，以及国家创新驱动发展战略的深入实施，我国科研经费总投入呈现出持续增长的趋势。图3-3是2001—2018年全国高校研究与试验发展经费内部支出变化情况。在2001年时，全国高校研究与试验发展经费内部支出为102.4亿元，到2018年时就增长到了1 457.88亿元，相比于2001年，增长了约1 323.71%，如此可见其发展增长形势之迅猛。从18年间的整体发展趋势来看，经费支出呈逐年稳步增长的态势。

---

① 中国学位与研究生教育发展年度报告课题组，全国学位与研究生教育数据中心.中国学位与研究生教育发展年度报告（2015）.北京：高等教育出版社，2015.

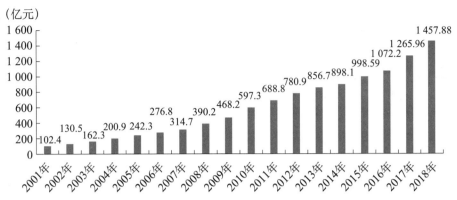

图 3-3 2001—2018 年全国高校研究与试验发展经费内部支出变化

资料来源：《中国科技统计年鉴 2018》。

二、政府资金与企业资金稳步提升

政府和企业的资金支持是我国科研经费的两大主要来源。其中，来自政府的资金投入即纵向项目经费，一直在我国科研经费总量中占据很大的比重，是我国科研事业发展的主要力量。此外，来自企业的资金投入即横向项目经费，是我国科研经费的又一重要方面。

从具体的数据来看，近十年来，无论是来自政府的资金投入还是来自企业的资金投入，高校在科研经费的获取方面，均呈现大幅度增长，尤其是政府资金增长迅速。如图 3-4 所示，在政府资金投入方面，2005 年政府共投入资金 133.1 亿元，2018 年增长到 972.3 亿元，比 2005 年增长了约 6.31 倍，其中

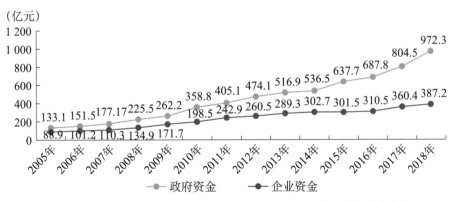

图 3-4 2005—2018 年全国高校研究与试验发展经费内部支出政府资金
与企业资金变化

资料来源：《中国科技统计年鉴 2018》。

2010 年增势最猛，比上一年增长了 36.8%。在企业资金投入方面，2005 年企业投入资金 88.9 亿元，随后每年均有所增长，至 2018 年投入资金 387.2 亿元，比 2005 年增长了约 3.36 倍。

三、基础研究与应用研究投入节节攀升

基础研究与应用研究是我国高校科研的两大组成部分。从高校在这两方面的内部经费支出情况来看，不难发现，近年来，高校无论是在对基础研究的资金支持方面，还是在对应用研究的资金支持上，均得到了稳步提升。如图 3 - 5 所示：在基础研究方面，2001 年内部支出资金为 61.45 亿元，2018 年为 711.5 亿元，为 2001 年的 11.6 倍，其间一直保持逐年增长的趋势，尤其 2017 年有较大幅度的增长，比上一年增加约 94.66 亿元。在应用研究方面，2001 年内部支出资金 15.45 亿元，此后每年均以较为稳定的速度增长，到 2018 年达 589.86 亿元，与 2001 年相比增长了约 37 倍。

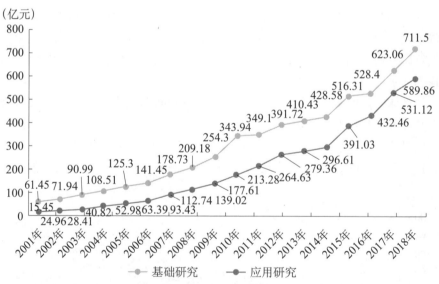

图 3 - 5　2001—2018 年全国高校研究与试验发展经费内部支出基础研究资金、应用研究资金变化

资料来源：《中国科技统计年鉴 2018》。

四、自然科学与人文社科研究资金与日俱增

从高校在自然科学和人文社会学科科研经费的投入变化上来看，可以发现，

近十年来，高校在这两方面的科研经费投入均有较大幅度的提升。如表 3-9 所示：在自然科学方面，2005 年投入经费 178.5 亿元，到 2014 年增长至 630.8 亿元，为 2005 年的 3.53 倍，在此期间，除 2007 年有所降低外，其余各年间的投入量均有所提升。在人文社科方面，2005 年投入经费 14.9 亿元，至 2014 年为 70.7 亿元，与 2005 年相比增长了 3.74 倍，且在此期间一直保持着逐年增长的良好态势。

表 3-9　2005—2014 年自然科学与人文社科学科
科研经费投入变化情况　　　　　　单位：亿元

	2005 年	2006 年	2007 年	2008 年	2009 年
自然科学	178.5	268.1	235.9	295.5	328.0
人文社科	14.9	18.9	22.3	27.7	35.6
	2010 年	2011 年	2012 年	2013 年	2014 年
自然科学	423.8	479.3	543.3	594.0	630.8
人文社科	43.1	55.0	63.7	68.4	70.7

资料来源：2006—2015 年《中国科技统计年鉴》。

第三节　高校日渐成为承担科研项目的主体

承担科研项目是科研活动开展的具体形式和主要途径，其情况在一定程度上既能反映出科研机构在科学研究事业中的活跃程度，更是其科研水平和能力的体现；科研平台是我国科研创新体系的重要组成部分，是科研机构得以参与和开展高水平研究、汇聚和培养优秀科研人才、开展学术研讨和交流的重要基地，在科学研究事业的发展上扮演着重要的角色。对此，自 21 世纪以来，无论是从科研项目承担的数量上看，还是从科研平台的建设情况来看，我国高校都日渐成为承担科研任务的主体，平台体系建设进展也颇为突出。

一、高校日渐成为科研项目承担的主体

高校对于各类科研项目承担数量的多寡，在一定程度上能反映出高校在科研活动的实力与竞争力。就近年的数据，无论是从高校在全国科研项目中所承担的总数，还是从高校所承担高水平科研项目的数量，如"973 计划""863 计划"等方面，抑或是从高校承担哲学社会科学领域的课题项目来看，都足以显

示高校开展科学研究的实力，而这也可反映出高校已日渐成为科研项目承担的主体。

1. 承担科研项目的数量与竞争力稳步提升

从高校所承担的"研究与试验发展项目"（R&D 项目）总数来看，其数量可观，且近年的数据显示，项目数呈现出每年稳步增长的趋势。如图 3-6 所示，2001 年高校承担 R&D 项目数为 141 992 项，而到 2018 年时，已经增长到了 1 076 903 项，约为 2001 年的 7.58 倍，且逐年保持稳定增长。

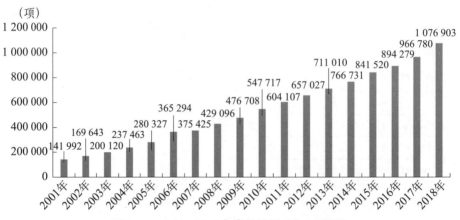

图 3-6　2001—2018 年高校承担 R&D 项目数

资料来源：《中国科技统计年鉴 2018》。

此外，从近几年高校所承担的 R&D 项目数在全国的占比来看，数量同样可观。如表 3-10 所示，在 2015 年，我国高校所承担的科研项目在全国的占比为 64.51%，2016 年为 63.27%，2017 年为 60.56%，2018 年为 61.71%。也就是说，从近几年的情况来看，我国高校承担研究与试验发展项目数均在全国总量的 60% 以上。高校承担科研项目的竞争力凸显。

表 3-10　2015—2018 年高校承担 R&D 项目数占比情况

	2015 年	2016 年	2017 年	2018 年
全国总项目数	1 304 534	1 413 445	1 596 334	1 745 228
高校承担项目数	841 520	894 279	966 780	1 076 903
高校占比	64.51%	63.27%	60.56%	61.71%

资料来源：2015—2018 年《中国科技统计年鉴》。

2. 承担国家高水平重点科研项目实力突出

(1) 承担"973 计划"项目（含重大科学研究计划）。

"973 计划"，即国家重点基础研究发展研究计划（含重大科学研究计划），主要是围绕国家重大需求，在国家重大科学研究领域、重大科学前沿领域中开展，是提升我国基础研究创新能力的重要计划。从近几年的统计数据来看，高校在这些国家重点基础研究发展项目中，显示出其强大的竞争力。

如表 3-11 所示，从 2011 年到 2013 年，高校在承接国家重大科学研究项目上，整体表现突出。无论是"973 计划"还是"国家重大科学研究计划"，超过半数的项目都由高校承担。具体来看，在"973 计划"在研项目的承担方面，2011 年高校承担率为 58.2%，2012 年为 57.6%，2013 年为 61.7%，总体呈增长趋势；在"国家重大科学研究计划"方面，2011 年高校承担率为 51.4%，2012 年为 52.5%，2013 年为 54.9%，每年都呈现出不断增长的趋势。此外，从当年启动项目的数据来看，相关数据显示，2013 年由高校牵头承担的"973 计划"项目数占全国启动数的 68%，由高校牵头承担的"国家重大科学研究计划"项目数占全国启动数的 67%[①]。

表 3-11　国家重点基础研究发展在研项目高校承担情况

	"973 计划"			"国家重大科学研究计划"		
	2011 年	2012 年	2013 年	2011 年	2012 年	2013 年
全国总项目数	478	406	546	278	238	315
高校项目数	278	234	337	143	125	173
高校占比	58.2%	57.6%	61.7%	51.4%	52.5%	54.9%

资料来源：由 2011—2013 年国家科技计划年度报告中的数据整理而得。

（2）承担"863 计划"项目。

"863 计划"，即国家高技术研究发展计划，以解决事关国家长远发展和国家安全的战略性、前沿性和前瞻性高技术问题为核心，重点落实《国家中长期科学和技术发展规划纲要（2006—2020 年）》而提出的前沿技术研究任务和部分重点领域中的重大研究任务。高校在"863 计划"在研课题的承担情况上，如表 3-12 所示，从 2012 年和 2013 年的情况来看，2012 年高校"863 计划"在研课题数量占全国的 34.6%，2013 年则为 35%，这均占据了全国各类机构承担总量的 1/3 以上，略次于企业的承担率。

表 3-12　"863 计划"在研课题按依托单位性质分布情况

	2012 年	2013 年
企业	38.6%	39.4%
科研院所	24.2%	23.7%

① 教育部. 基础研究贡献突出　创新效率持续提高. http://www.moe.gov.cn/jyb_xwfb/gzdt_gzdt/s5987/201410/t20141028_177366.html.

续前表

	2012 年	2013 年
高校	34.6%	35.0%
其他	2.6%	1.9%

资料来源：由 2012—2013 年国家科技计划年度报告中的数据整理而得。

（3）承担"国家科技支撑计划"项目。

"国家科技支撑计划"是面向国民经济和社会发展的重大科技需求，落实《国家中长期科学和技术发展规划纲要（2006—2020 年）》重点领域及优先主题的任务部署。从高校在"国家科技支撑计划"立项课题中承担数量的表现来看（见表 3-13），2011 年高校承担课题数为 348 项，2012 年为 465 项，2013 年为1 048 项，呈现出每年均有所增长的趋势。从高校承担课题数在全国的占比来看，从 2011 年至 2013 年，也基本上占据了全国所有机构承担"国家科技支撑计划"科研项目的近 1/3，其中，2011 年为 30.1%，2012 年为 27.3%，2013年为 28.2%。由此来看，高校在完成"国家科技支撑计划"的战略实现方面，也做出了巨大贡献。

表 3-13 "国家科技支撑计划"新立课题承担情况

	2011 年	2012 年	2013 年
全国总课题数	1 155	1 702	3 710
高校承担课题数	348	465	1 048
高校占比	30.1%	27.3%	28.2%

资料来源：由 2011—2013 年国家科技计划年度报告中的数据整理而得。

2015 年，根据《国家中长期科学和技术发展规划纲要（2006—2020 年）》和《"十三五"国家科技创新规划》，在优化整合科技部管理的"973 计划""863 计划""国家科技支撑计划"，国际科技合作与交流专项，发改委、工信部管理的产业技术研究与开发资金，有关部门管理的公益性行业科研专项等基础上，正式设立国家重点研发计划。计划实施以来，大专院校的作用不可小觑。2016 年，在新立项 1 167 个项目的牵头单位中共有 457 家大专院校，占比约39%，与科研院所占比（40%）基本持平；2017 年，在最终立项 1 310 个项目中，大专院校承担 481 个，占比 36.7%，远高于事业型研究单位（31.7%）[①]。

3. 承担哲学社会科学领域课题主体性凸显

2018 年国家社科基金立项相关数据显示（见图 3-7），2018 年，高校国家社科基金年度项目立项数达 3 154 项，占全国比例的 89.99%，其中高校承担重

---

① 资料来源：《2016 年国家重点研发计划年度报告》和《2017 年国家重点研发计划年度报告》。

点项目 322 项，占全国比例的 89.94％；高校国家社科基金青年项目立项数为 901 项，占全国比例的 90.01％；高校国家社科基金西部项目立项数为 433 项，占全国比例的 88.4％。这足以说明高校在承担哲学社会科学领域的科研课题方面，是最主要的力量[①]。

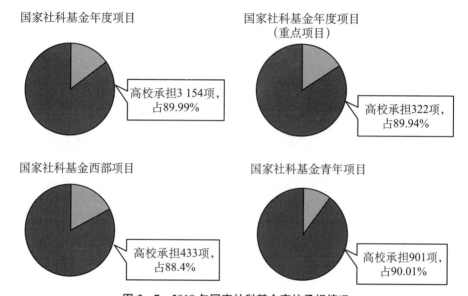

国家社科基金年度项目

高校承担3 154项，占89.99%

国家社科基金年度项目
（重点项目）

高校承担322项，占89.94%

国家社科基金西部项目

高校承担433项，占88.4%

国家社科基金青年项目

高校承担901项，占90.01%

图 3-7　2018 年国家社科基金高校承担情况

资料来源：根据全国哲学社会科学规划办公室公布的立项名单整理。

二、高校科研平台建设进展突出

国家实验室、教育部人文社科重点研究基地、协同创新中心是我国高校科学研究开展的重要平台，也是科研创新体系的重要组成部分，为高校高水平科学研究的开展、优秀科研人才汇聚、重要学术议题的研讨等提供了极大的物理空间和保障支持。从近年的情况来看，随着我国高等教育实力的整体增强和高校办学物质保障的不断优化，高校内各类科研平台建设也进展突出，取得了可喜的成绩，为科学研究事业的持续推进保驾护航。

1. 高校国家实验室建设约占全国"半壁江山"

国家实验室的试点与筹建始于 2000 年。面对愈演愈烈的国际科技竞争，各个国家纷纷超前部署和重点支持以国家实验室（或国家研究实验机构）为代表

① http://www.nopss.gov.cn/GB/219469/431027/index2.html.

的学科交叉、综合集成的科研基地。我国为抢占科研竞争的制高点，在之前已经实施的国家重点实验室并取得成功实践经验的基础上，开始了国家实验室建设。国家实验室建设是我国面对日趋激烈的国际科技竞争而做出的重大战略选择①。

国家实验室的定位是针对我国经济社会发展所涉及的核心技术问题和重大科学前沿问题开展的原创性科学研究。国家实验室的建设依托于一级法人单位，即具有相对独立的人事权、财务权的科研实体。其中，高校凭借自身人才资源丰富、学科门类齐全、科研与教学相结合等优势，且由于能够实现国家实验室有效整合科技资源、集中科技创新精华力量的建设等目标，因而成为国家实验室建设的主要依托地之一。

从数量上看，截至 2016 年 12 月底，在正在运行的 254 个国家重点实验室中有 158 个实验室完全或部分依托于高校建设，占比 62.60%。其中，工程领域 43 个实验室中，有 42 个依托于高校建设，占该领域实验室总数比例高达 97.67%。此外，在 7 个试点国家实验室中，有 4 个实验室完全或部分依托于高校筹建，涉及高校为中国科学技术大学、清华大学、华中科技大学、中国海洋大学等。通过以上数据，足见我国高校在承担高水平科学研究中的地位和在吸引高水平学术科研平台方面的优势。

从质量保障上看，为保障国家实验室高水平科研成果的产出，各依托高校也纷纷加强国家实验室的内部建设，实行理事会领导下的实验室主任负责制和国际评估制②，并在内部管理上进行积极的探索与创新：在科研管理上，鼓励不同学科之间的跨界联合，以及国内外开放的学术交流与合作；在人事管理上，采取动态流动、竞争聘任的方式，并提倡人才培养与引进的并重③，以此促使国家实验室成为优秀的国内外高端人才汇聚、实验研究仪器设备先进与完善、学术环境与气氛良好的科学研究与人才培养基地。

从取得的成就看，高校依托国家实验室的建设跻身科学研究的世界前沿领域，力争引领我国科学技术的发展，为我国经济、社会的进步以及国际地位的提升做出重要贡献。如中国科学技术大学在同步辐射国家实验室、合肥微尺度物质科学国家实验室以及众多国家重点实验室的建设中，科研成果累累，享誉

---

① 周岱，刘红玉，赵加强，等. 国家实验室的管理体制和运行机制分析与建构. 科研管理，2008 (2)：156 - 167.

② 易高峰，赵文华. 关于国家实验室管理体制与运行机制若干问题的思考. 高等工程教育研究，2009 (2)：107 - 110.

③ 韩彦丽. 国家实验室的建设和未来发展的思考：依托北京分子科学国家实验室的启示. 科研管理，2016 (4)：676 - 680.

全球。其中，合肥微尺度物质科学国家实验室潘建伟、陆朝阳等曾完成的"多自由度量子隐形传态"打破了国际学术界从 1997 年以来只能传输基本粒子单一自由度的局限，为发展可扩展的量子计算和量子网络技术奠定了坚实的基础，当选欧洲物理学会新闻网站"物理世界"2015 年度国际物理学领域的十项重大突破，位居榜首[①]。

2. 教育部人文社科重点研究基地争创"一流"

教育部人文社科重点研究基地建设计划自 1999 年起实施，其目的是依托高校已有的国家级重点学科，培养和建设一批具有明显科研优势和特色，参与重大决策能力处于国内领先地位的人文社会科学"国家队"，使其在国家创新体系中发挥更大的作用[②]。

根据 2014 年统计，我国已在全国 66 所高校相继设立了 151 个人文社科类重点研究基地，如表 3-14 所示。且经过二十余年的发展，已取得了丰富的成果。在科研成果上，截至 2019 年 9 月基地累计产出著作 2.3 万余部、论文约 16 万篇。近千项成果获教育部高等学校科学研究优秀成果奖（人文社会科学），其中一等奖 126 项；承担重大科研任务能力持续提升，共承担政府基金项目 2.3 万余项。以占高校社科力量 1% 的人力承担了 59% 的教育部重大课题攻关项目，以占全国社科力量 0.9% 的人力承担了 35% 的国家社科基金重大项目[③]。可以说，人文社科重点研究基地已在引领我国人文社会科学相关学科的发展以及为国家重大问题献计献策上发挥了重要的作用。

表 3-14 部分教育部人文社科重点研究基地

所在高校	重点研究基地名称	所在高校	重点研究基地名称
北京大学	东方文学研究中心等 13 个	上海财经大学	会计与财务研究院
中国人民大学	应用统计科学研究中心等 13 个	上海师范大学	都市文化研究中心
复旦大学	中国古代文学研究中心等 8 个	上海外国语大学	中东研究院
北京师范大学	民俗典籍文字研究中心等 7 个	苏州大学	中国农村城镇化研究中心

① 2015 国际物理学十大突破公布：中国科研成果居首 . http：//news. 163. com/15/1212/15/BAL55LVK0001124J. html?baike.

② 姚莉，汪锋 . 向新型智库转型，履行人文社科基地社会责任 . 中国高等教育，2014（21）：44-46.

③ 中国教育报 . 教育部人文社会科学重点研究基地历经 20 年建设重整行装再出发：打造一流的社科研究"国家队". http：//www. moe. gov. cn/jyb_xwfb/s5147/201909/t20190923_400290. html.

续前表

所在高校	重点研究基地名称	所在高校	重点研究基地名称
武汉大学	环境法研究所等7个	天津师范大学	心理与行为研究院
吉林大学	中国国有经济研究中心等6个	西北大学	中国西部经济发展研究中心
南开大学	中国社会史研究中心等6个	西北师范大学	西北少数民族教育发展研究中心
中山大学	港澳珠江三角洲研究中心等6个	西南财经大学	中国金融研究中心
华东师范大学	中国现代思想文化研究所等6个	西南大学	西南大学少数民族教育与心理研究中心
厦门大学	会计发展研究中心等5个	安徽大学	徽学研究中心
南京大学	中国现代文学研究中心等4个	云南大学	西南边疆少数民族研究中心
山东大学	当代社会主义研究所等4个	中国传媒大学	广播电视研究中心
四川大学	南亚研究所等4个	中国海洋大学	海洋发展研究院
清华大学	现代管理研究中心等3个	中南财经政法大学	知识产权研究中心
浙江大学	农业现代化与农村发展研究中心等3个	中央财经大学	中国精算研究院
华中师范大学	中国近代史研究所等3个	中央民族大学	中国少数民族研究中心
兰州大学	西北少数民族研究中心等2个	中央音乐学院	音乐学研究所
中国政法大学	诉讼法研究中心等2个	安徽师范大学	中国诗学研究中心
东北师范大学	世界文明史研究中心等2个	福建师范大学	闽台区域文化研究中心
北京外国语大学	中国外语教育研究中心	河北大学	宋史研究中心
北京语言大学	对外汉语研究中心	华南师范大学	心理应用研究中心
东北财经大学	产业组织与企业组织研究中心	辽宁师范大学	海洋经济研究中心
对外经济贸易大学	世界贸易组织研究院	南昌大学	中国中部经济发展研究中心

续前表

所在高校	重点研究基地名称	所在高校	重点研究基地名称
广东外语外贸大学	外国语言学及应用语言学研究中心	宁夏大学	西夏学研究中心
河南大学	黄河文明与可持续发展研究中心	山东师范大学	齐鲁文化研究中心
黑龙江大学	俄语语言文学研究中心	深圳大学	中国经济特区研究中心
湖南师范大学	道德文化研究中心	首都师范大学	中国诗歌研究中心
暨南大学	华侨华人研究所	四川师范大学	巴蜀文化研究中心
辽宁大学	比较经济体制研究中心	湘潭大学	毛泽东思想研究中心
内蒙古大学	蒙古学研究中心	延边大学	中朝韩日文化比较研究中心
南京师范大学	道德教育研究所	浙江工商大学	现代商贸研究中心
山西大学	科学技术哲学研究中心	郑州大学	中国公民教育研究中心
陕西师范大学	西北历史环境与经济社会发展研究中心	重庆工商大学	长江上游经济研究中心

资料来源：教育部人文社会科学重点研究基地一览表. http://www.guoxue.com/jybrwskzdy jjd. htm.

以上种种成果的取得得益于人文社科重点研究基地建设中一系列有益的做法：

其一，明确的目标定位及建设标准。重点研究基地按照"一流"和"唯一"的目标及标准建设。其中，"一流"就是要求建立的重点研究基地在确定的研究领域内是全国一流的；"唯一"是指在同一领域、同一研究方向上只设一个重点研究基地。这确定了人文社科重点研究基地在学科领域的领先与中心地位，推动其向"学术高峰、人才高地"的方向发展。

其二，积极的管理制度创新。重点研究基地勇于突破我国传统的科研管理体制，积极寻求创新。实行"机构开放、人员流动、内外联合、竞争创新"和"带（给）课题进基地，完成课题后出基地"的运行机制，除了1～2名少量的科研秘书和行政人员固定外，研究人员驻所研究、合同管理，按照课题完成的时间进行聘用，研究人员的聘用权交给基地主任。同时，以10％左右的淘汰替补为手段进行达标评估，实行动态性管理，保证了重点研究基地整体的先进性[1]。

---

① 王日春. 学术高峰 人才洼地 政企智库：教育部人文社会科学重点研究基地十年回顾与展望. https://www.sinoss.net/2010/0114/18126.html.

其三，密切的国际学术交流。重点研究基地通过大力开展国际学术会议及国际合作等方式加强国际学术交流，以促进基地自身学术实力及国际地位的提升。如在国际学术会议的举办上，基地大都保持每两年至少举办一次国际学术会议的频率，其中有重大影响的国际学术会议累计达上千场，许多学科领域的国际一流学者、诺贝尔奖获得者作为学术委员会成员或兼职研究人员频频亮相。在国际学术合作上，基地与国外众多高校建立了良好的合作关系，积极通过互派访问学者、共同开展课题研究等方式，展开高水平实质性的合作①。

其四，优质的基础建设与人才培养。科研条件与环境在重点研究基地的建设中得到了高度的重视。基地建立了本领域最为齐全、最为权威的图书资料库、专题数据库和方便快捷的学术信息网站，90%以上的基地开通了外文网站，这既为重点研究基地驻所研究提供了条件保障，又为进一步的内涵提升奠定了坚实基础。同时，基地还积极借助自身条件，以课题研究为平台，大力推进课程开发、研究生培养及中青年教师的锻炼，发挥人才培养培训的功效②。

在以上重重保障下，人文社科重点研究基地积极承担各类应用研究课题，以及经济社会发展重大理论与现实问题及热点难点问题的研究。同时，还通过派遣学术骨干教师的方式，为有关部门做全方位、多层次、高水平的咨询服务和政策建议③，直接为国家和地方的经济建设、社会发展提供智力支持。

3. 高校协同创新中心建设如火如荼（该计划目前已经取消）

为解决长期以来我国创新动力不足、效率不高、产学研等创新主体相对分离的问题，充分发挥高等学校在创新体系中的重要作用，2011 年，教育部启动了"高等学校创新能力提升计划"，即"2011 计划"。该计划旨在培育一批能够"应对国家重大需求，面向世界科技前沿"的高水平协同创新中心，并以"国家急需，世界一流"为出发点，依托协同单位的研究实力和合作基础，实现资源共享、优势互补和协同创新④。协同创新中心以提升人才、学科、科研三位一体的创新能力为核心目标与任务，有面向科学前沿、面向文化传承创新、面向行业产业和面向区域发展四种类型，并向具有国际重大影响的学术高地、文化传承创新的主力阵营、行业产业共性技术的研发基地、区域创新发展的引领阵

---

①② 王日春．学术高峰　人才洼地　政企智库：教育部人文社会科学重点研究基地十年回顾与展望．https：//www.sinoss.net/2010/0114/18126.html.

③ 李化树，黄媛媛．论高校人文社科重点研究基地的建设与发展：以四川省教育发展中心为例．西南交通大学学报（社会科学版），2011（4）.

④ 李晨，吴伟，韩旭．以体制机制改革激发创新活力：国家首批 14 家协同创新中心案例综述．高等工程教育研究，2015（2）：39-43.

地的方向发展[①]。

表 3 - 15、表 3 - 16 所列名单为 2012 年度首批认定的 14 所协同创新中心以及 2014 年度第二批认定的 24 所协同创新中心。这些协同创新中心的建设对提升高校科研创新能力、促进高校科研方向与行业产业需求的对接、提升我国科研总水平意义深远。如由北京航空航天大学等建设的先进航空发动机协同创新中心，基于我国航空发动机行业的现状及未来发展，以两机专项任务为牵引，选择聚焦突破、支撑变革、学科创新三类任务为依托打造了一批高水平、学科齐全的产学研一体的科研创新团队，承担了大型民用客机 C919 发动机 CJ1000 的适航取证、军用战机发动机（WS＊＊）设计定型、现役重点型号发动机性能提升、我国未来先进军用航空发动机核心关键技术、新型发动机研制等重大任务，促进了行业基础研究和共性关键技术的发展，同时在培养拔尖创新人才、提升航空动力学科水平和支撑行业发展的能力方面也发挥着重要的作用[②]。

表 3 - 15 2012 年度"2011 协同创新中心"认定名单

量子物质科学协同创新中心
中国南海研究协同创新中心
宇航科学与技术协同创新中心
先进航空发动机协同创新中心
生物治疗协同创新中心
河南粮食作物协同创新中心
轨道交通安全协同创新中心
天津化学化工协同创新中心
司法文明协同创新中心
有色金属先进结构材料与制造协同创新中心
长三角绿色制药协同创新中心
苏州纳米科技协同创新中心
江苏先进生物与化学制造协同创新中心
量子信息与量子科技前沿协同创新中心

资料来源：教育部 . 关于 2012 年度"2011 协同创新中心"认定结果的公示 . http：//www. moe. gov. cn/s78/A16/s8213/A16 ＿ gggs/201304/t20130411 ＿ 169077. html.

---

① 教育部 . 高校协同创新能力提升计划（2011 计划）. http：//www. moe. gov. cn/s78/A16/A16 ＿ ztzl/ztzl ＿ kjs2011/.

② 南京理工大学 . 先进航空发动机协同创新中心建设发展介绍 . http：//fzgh. njust. edu. cn/10/60/c1112a4192/page. htm.

表 3 - 16　2014 年度 "2011 协同创新中心" 认定名单

人工微结构科学与技术协同创新中心
信息感知技术协同创新中心
辽宁重大装备制造协同创新中心
能源材料化学协同创新中心
地球空间信息技术协同创新中心
高性能计算协同创新中心
无线通信技术协同创新中心
先进核能技术协同创新中心
南方稻田作物多熟制现代化生产协同创新中心
钢铁共性技术协同创新中心
IFSA 协同创新中心
北京电动车辆协同创新中心
煤炭分级转化清洁发电协同创新中心
高端制造装备协同创新中心
感染性疾病诊治协同创新中心
高新船舶与深海开发装备协同创新中心
智能型新能源汽车协同创新中心
未来媒体网络协同创新中心
重庆自主品牌汽车协同创新中心
国家领土主权与海洋权益协同创新中心
中国基础教育质量监测协同创新中心
中国特色社会主义经济建设协同创新中心
出土文献与中国古代文明研究协同创新中心
两岸关系和平发展协同创新中心

资料来源：教育部 . 关于 2014 年度 "2011 计划" 专家综合咨询结果的公示 . http：//www. moe. gov. cn/publicfiles/business/htmlfiles/moe/s5747/201408/172674. html.

先进航空发动机协同创新中心

第四节　高校涌现出一批有影响的标志性科研成果

科研成果，特别是标志性科研成果的产出是科研机构科研水平与能力的最直接反映。21 世纪以来，我国高校依靠规模宏大而富有创造力的"老、中、青"结合的科研队伍以及一大批朝气蓬勃、勇于进取的青年学子，通过深入的自由探索、文理交融和多学科的交叉集成，在科研论文发表、专利申请和授予、科研成果奖项的获得等方面都取得了很大的成就。

一、高校科研论文和学术著作成果丰富

在科研论文的产出方面，数量持续增长且规模较大、占比高、成果质量优是我国高校在科研论文产出方面的主要特点。

首先，从数量上看，在科研论文发表的总量方面，如图 3-8 所示，自 2001 年到 2011 年，我国高校的国内论文和国际论文数都呈现出总体增长的趋势，且数量规模较大。如到 2010 年时，国内论文的发表数接近 350 000 篇；而国际论文到 2010 年时已超过 100 000 篇。

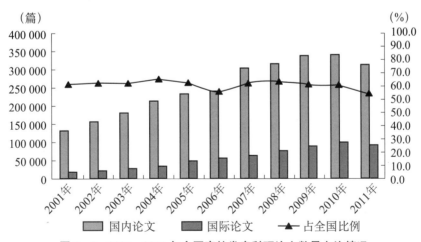

图 3-8　2001—2011 年全国高校发表科研论文数量占比情况

其次，从占比上看，关于我国高校发表科研论文在全国的占比，如图 3-8 所示，我国高校的国际、国内论文发表的数量占比较高，且在 2001 年到 2011 年间，始终稳定保持在 60% 左右。

全国科技论文发表的具体数据也能清晰地显示出我国高校论文产出的规模

之大以及其不断增长的趋势。图 3-9、图 3-10 为我国高校在国内、国际科技论文发表方面表现。在国内科技论文发表的数量方面，如图 3-9 所示，2005 年国内科技论文发表数量为 728 082 篇，到 2018 年增长到 1 389 912 篇，比 2005 年增长了 90.9%。在国际科技论文发表的数量方面，如图 3-10 所示，2005 年至 2018 年，国际论文发表数量有着更高的增长率，2005 年发表国际论文 69 857 篇，2018 年发表 459 492 篇，是 2005 年的 6.58 倍，增长约 557.8%。

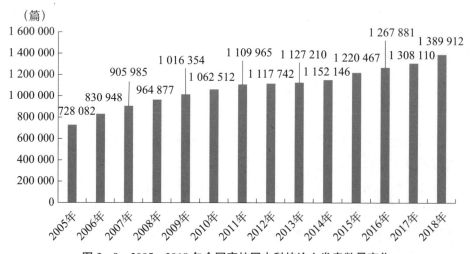

图 3-9　2005—2018 年全国高校国内科技论文发表数量变化

资料来源：《中国科技统计年鉴 2018》。

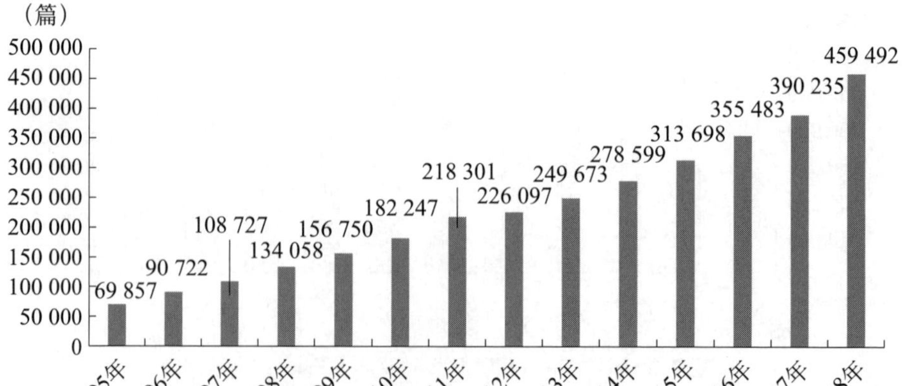

图 3-10　2005—2018 年全国高校国际科技论文发表数量变化

资料来源：《中国科技统计年鉴 2018》。

最后，从科研论文的质量看，科研论文的引用率高低往往成为评判论文质量高低的重要指标之一。从 2018 年 11 月 ESI 公布的数据来看，通过对 2008 年

1 月 1 日—2018 年 8 月 31 日的 ESI 论文统计，共收录高被引论文（highly cited papers）148 798 篇，被引频次达 28 455 791，其中，按第一作者统计，中国内地 445 所高校共收录 16 468 篇高被引论文，共被引 1 810 430 次，篇均被引 109.94 次；若按所有作者统计，中国内地 637 所高校的 33 544 篇高被引论文，共被引 4 320 588 次，篇均被引 128.80 次[①]。这充分体现出我国高校科研论文产出的高质量与高水平。

在高校学术著作的出版方面，也取得了丰富成果。以全国高校出版的科技著作为例，分析 2005 年至 2018 年的数据，如图 3-11 所示，全国高校科技著作的出版量一直处于高位水平。如高校出版量 2005 年为 33 064 种，2006 年为 34 633 种，2007 年为 35 733 种，2008 年为 37 541 种，2009 年为 40 919 种，2010 年为 38 101 种，2011 年为 37 472 种，2012 年为 38 760 种，2013 年为 37 866 种，2014 年为 39 326 种，2015 年为 43 136 种，2016 年为 44 518 种，2017 年为 45 591 种，2018 年为 44 794 种。虽然增长至个别年份时出现了波动，但 14 年间总体呈现增长趋势。

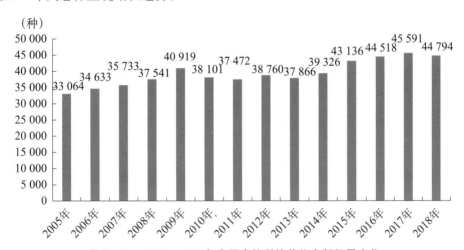

图 3-11　2005—2018 年全国高校科技著作出版数量变化

资料来源：《中国科技统计年鉴 2019》。

二、专利申请和授予量不断增长

专利是国家授予专利申请人在一定时间内对其发明创造的独占实施权，可

---

① 2019 中国大学 ESI 高被引论文排名出炉，浙江大学前三．https：//www.sohu.com/a/28398 6465_356902.

作为衡量高校科研产出的重要考量指标之一。近年来，随着我国高校科研整体实力的提升，以科研创造和科研成果为基础的专利数量也呈现出不断增长的趋势。这种增长，不单单表现在高校关于专利申请和授予量的绝对数的增长点上，还表现在申请和授予专利量占全国的比例上。此外，我国高校专利竞争优势也有不俗表现，在全国专利获奖领域也有一席之地。

首先，在高校发明专利的申请量和授予量的绝对数方面，如图 3 - 12 所示，关于高校发明专利的申请量变化，在 2005 年时，高校申请专利数量为 20 094件，而到 2018 年时就达到了 320 790 件，增长了约 1 496.45%；而关于高校发明专利授予量的变化，在 2005 年高校发明专利授予数量为 8 843 件，2018 年则达到 193 027 件，比 2005 年增长了 20 余倍。从变化趋势上看，无论是申请量的绝对数还是授予量的绝对数，每年都保持持续增长，这也足以证明高校所取得的丰硕科研成果。

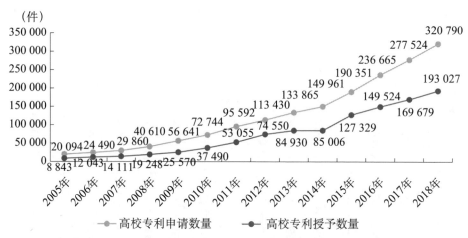

图 3 - 12　2005—2018 年高校专利申请数量和专利授予数量变化

资料来源：《中国科技统计年鉴 2018》。

其次，在高校发明专利申请和授予量占全国的比例上，如图 3 - 13 所示，无论是高校发明专利申请量的全国占比还是高校发明专利授予量的全国占比总体上都呈现出增长的趋势。以高校发明专利申请量占全国的比例来看，在 2000年时，占比还不到 4.0%，到 2014 年时已经达到 12.0% 的水平，2014 年约是2000 年的 3 倍。从近几年高校发明专利受理量和申请授权量在国内的占比来看，两者整体都呈现出增长趋势。2012 年，高校发明专利申请量在国内占比为10.3%（2013 年为 10.8%、2014 年为 11.7%、2015 年为 12.4%），到 2016 年时已经接近 13%，在国内发明专利受理总量增长了近 90% 的情况下，高校占比仍提高了近 3 个百分点；在授权量方面，2012 年高校发明专利申请授权量占比为

9.7%（2013 年为 9.7%、2014 年为 10.3%、2015 年为 11.6%、2016 年为 12.1%），到 2017 年，已经达到 12.5%，虽然 2018 年出现了下滑（10.1%），但在总量增长了 140% 的情况下，仍保持了占比增长的趋势，已经可以说明高校科研的整体实力[①]。这充分说明高校科研成果相对于其他机构科研成果来说，更具有取得专利的意义和价值，也进一步彰显了高校科研的整体实力。高校通过积极的专利申请，对于保护高校科研人员知识产权，进一步促进科研成果转化、应用等发挥着积极的作用，这也为高校营造更好的科研氛围打下了坚实的制度基础。

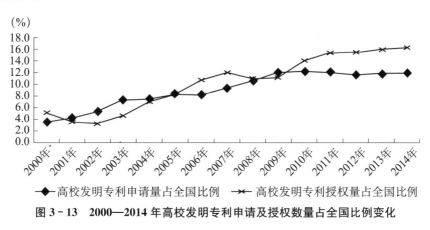

图 3 - 13　2000—2014 年高校发明专利申请及授权数量占全国比例变化

三、科研成果获奖数稳步提升

科研成果的获奖情况既是彰显机构科研实力和科研水平的重要途径之一，也是体现科研成果本身所具价值和影响力的重要方面。对于我国高校来说，无论就高校科研成果的整体获奖情况而言，还是从我国高校在获得高水平科研奖励方面来看，据近些年的情况统计，我国高校都有优异表现。

在科研成果的整体获奖情况方面，如图 3 - 14 所示，通过对包括国家最高科学技术奖、国家自然科学奖、国家技术发明奖、国家科技进步奖、国务院各部门科技进步奖以及省、自治区、直辖市科技进步奖等高校科技成果获奖情况进行统计，在 2001 年至 2018 年间，我国高校科研成果的整体获奖总体呈现出增长的趋势，如在 2001 年时，我国高校科研成果获奖为 3 233 项，而到 2018 年时则上升为 4 774 项，增长了约 47.66%，实现了科研成果获奖数量的大幅度提

[①]　数据来源：国家知识产权局专利统计年报（2012—2018 年）。

升。自 2007 年起，年均获奖数基本稳定在 5 000 项左右。

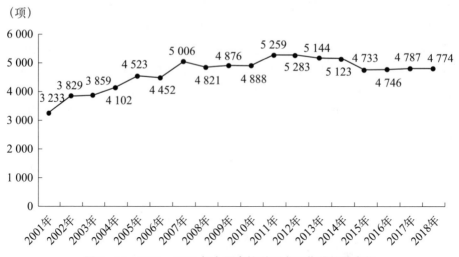

图 3 - 14　2001—2018 年全国高校科研成果获奖数量变化

资料来源：根据教育部科学技术司各年度高等学校科技统计资料汇编。

在高水平科研奖励方面，我国高校在国家自然科学奖、国家技术发明奖、国家科技进步奖这三大代表着国家最高科技水平的奖项方面，都表现优异，且相比于其他机构，甚至成为上述三大奖项的获奖主体。国家自然科学奖授予在数学、物理学、化学、天文学、地球科学、生命科学等基础研究和信息、材料、工程技术等领域的应用基础研究中，阐明自然现象、特征和规律，做出重大科学发现的中国公民。国家技术发明奖授予运用科学技术知识做出产品、工艺、材料及其系统等重大技术发明的中国公民。国家科技进步奖授予在技术研究、技术开发、技术创新、推广应用先进科学技术成果、促进高新技术产业化，以及完成重大科学技术工程、计划等过程中做出创造性贡献的中国公民和组织。根据教育部相关统计数据（见图 3 - 15），在 2011 年至 2015 年间，高校获国家自然科学奖的比例为 65.8%，获国家科技进步奖的比例为 72.6%，获国家技术

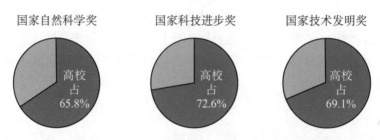

图 3 - 15　2011—2015 年国家科技三大奖高校获奖比例情况

资料来源：根据教育部网站公布的"图说高等教育改革发展成就"整理而得。

发明奖的比例为 69.1%。也就是说，我国高校在国家三大高水平科技奖励中都几乎实现了获奖比例的 2/3 强的水平，这足以充分说明我国高校在全国科研创造中的显赫地位，以及其科研成果的深远影响。

四、哲学社会科学领域的高质量研究成果不断涌现

在哲学社会科学领域，无论是在理论研究还是应用研究方面，高校同样取得了相当的成就，持续不断地涌现出一大批无愧于时代、具有标志意义的研究成果。

在理论研究方面，一直以来，我国高校在哲学社会科学研究领域中就有着突出地位。如早在 1978 年，南京大学胡福明教授撰写的《实践是检验真理的唯一标准》一文在全国范围内就引起了一场轰轰烈烈、影响深远的关于真理标准问题的大讨论，在党和国家的历史进程中产生了重要而深远的影响，对深入推进马克思主义理论研究和马克思主义中国化做出了巨大贡献。而近些年来，我国高校持续继承和发扬这一优秀传统，不断为哲学社会科学的理论研究贡献力量。如高校主持或主要参与的"清史工程""夏商周断代工程""儒藏工程"等国家大型文化工程建设，所产出的《中华文明之光》《四库全书存目丛书》《中国佛教哲学要义》《中国历史地图集》等一批有重要价值的传世文献和学术精品，堪称代表。特别值得一提的是，《台湾文献汇刊》百卷本在海内外引起较大反响，被时任国家主席胡锦涛同志访美时作为代表性图书赠送给耶鲁大学。

高校不只在哲学社会科学的理论研究方面取得了丰硕成果，还着眼于对重大实际问题的理论思考，着眼于新的实践和新的发展，积极开展应用研究。例如，北京大学厉以宁教授在对中国以及其他许多国家经济运行的实践进行比较研究的基础上，发展了非均衡经济理论，并运用这一理论解释了中国的经济运行，提出了中国经济改革的首要任务是所有制改革，发展了股份制理论，提出了这一理论的相关政策建议，为社会主义市场经济建设做出了重要贡献。与此同时，《财政理论与财政改革》（厦门大学邓子基著）、《中国市场经济发展报告》（北京师范大学李晓西主持）、《行行重行行》（北京大学费孝通著）、《中华人民共和国刑事诉讼法修改建议稿与论证》（中国政法大学陈光中等主编）、《我国民法典重大疑难之问题研究》（中国人民大学王利明著）等一批其他的优秀成果也为国家政治、经济、文化和法治建设提供了重要智力支持。

《台湾文献汇刊》是国家"十五"出版重点规划项目、中央对台宣传重点项目。汇刊由厦门大学和福建师范大学的一批专家学者历时 10 年搜集整理完成，

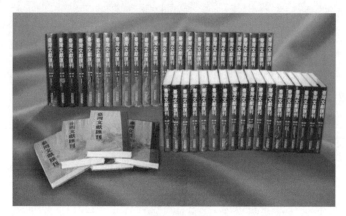

《台湾文献汇刊》

由九州出版社、厦门大学出版社联合出版，分郑氏家族与清初南明相关史料、康熙统一台湾史料、闽台民间关系族谱、台湾舆地资料、台湾相关诗文、台湾事件史料、林尔嘉家族及民间文书资料等 7 辑。其出版，不仅是文献史料领域的一项重要成果，更是以无可辩驳的史实史料，证明台湾与祖国大陆密不可分的历史文化联系。今天，在遏止"台独"分裂活动、推进祖国和平统一的进程中，中华文化必将发挥巨大的作用，是促进两岸人民交流交往、两岸关系向前发展的重要精神力量。

第五节　高校科研参与国际竞争的整体实力不断增强

在全球化的时代背景下，科学研究水平的国际竞争力被摆在越来越重要的位置，已经成为衡量一个国家或地区综合实力的一项重要指标，更是判断其创新能力和可持续发展能力的特别指南。综合近年来我国高校所取得的科研成果，无论是高水平科研论文的发表、国际科研实力排名，还是具备国际前沿水平的科研成果，都能表明我国高校科研在参与国际竞争的整体实力不断增强。

一、高校 ESI 论文数量均居世界前列

基本科学指标数据库 ESI，是目前国际上衡量科学研究绩效、跟踪科学发展趋势的基本分析评价工具，共分 22 个学科领域，通过高被引论文、热点论文、高影响论文等指标反映论文的学术影响力，是当前较为公认的衡量高校科研水平与实力的重要指标。其中，高被引论文（Highly Cited Paper）是根据被

引频次排在相应学科领域前 1% 的论文，即在同年度同学科领域中被引频次排名位于前 1% 的论文；热点论文（hot paper）是指某学科领域最近两年的论文在最近两个月内被引次数排在前 0.1% 以内的论文，可将其视为各学科领域学术研究的领跑者；而高影响论文（top paper，简称 top 论文）则包括高被引论文和热点论文。在这三方面，我国高校均有着较为良好的表现，也在一定程度上彰显了我国高校科研参与国际竞争的整体实力。

首先，我国高校高被引论文数量名列前茅。根据艾瑞深中国校友会对 ESI 论文的分析，2004 年至 2014 年 8 月，按第一作者统计，我国高被引论文有 9 724 篇，居世界第二位（数据不含港澳台地区）。而其中 70% 以上的贡献来自高校，此时间段内，共 324 所高校被收录 6 950 篇高被引论文，我国高校高被引论文在国际上的地位可见一斑。此外，我国高校的高被引论文数及被引频次还呈现出增长的趋势，如表 3-17 所示，2005 年至 2015 年 8 月，高校高被引论文数为 8 393 篇，比 2004 年至 2014 年 8 月的论文数高出 1 443 篇，而总被引频次从 574 017 次增长到 763 730 次，篇均被引频次从 82.59 次增长到 91.00 次。至 2018 年 8 月，高校高被引次论文数为 148 798 篇，总被引频次数增长至 28 455 791，篇均被引频次已经增长至 191.2 次。

表 3-17 我国高校高被引论文情况

	篇数	总被引频次	篇均被引频次
2004—2014.8	6 950	574 017	82.59
2005—2015.8	8 393	763 730	91.00
2008—2018.8	148 798	28 455 791	191.24

资料来源：根据艾瑞深中国校友会 2014、2015、2018 年中国大学 ESI 高被引论文排行榜中的数据整理而得。

其次，我国高校热点论文表现突出。2005—2015 年，我国被 ESI 收录的热点论文数量为 252 篇，仅次于美国，位居世界第二。按第一作者计算，超过 80% 的贡献来自高校，此时间段内所收录的 79 所高校的热点论文数为 204 篇，数量可观。特别需要提及的是，我国部分重点高校在热点论文被引频次上有着突出的表现，如中国科学技术大学被引频次高达 576 次，华中科技大学、复旦大学的被引频次也在 400 次以上，分别为 440 次与 407 次[1]。这深刻地体现了我国高校在 ESI 热点论文中的突出表现。

最后，我国高校高影响论文占比较高。2005 年至 2015 年 8 月，ESI 共收录

① 2015 中国大学 ESI 高被引论文排行榜揭晓，清华大学雄居第一. http://www.cuaa.net/cur/2015/26.

包括高被引论文与热点论文在内的高影响论文共计 129 276 篇，我国高校论文在其中占据一定的比例。按第一作者统计，共有 339 所高校入选 8 414 篇高影响论文，占高影响论文总数的 6.5%，被引达 763 940 次，篇均被引频次为 90.79；而按第二及以后作者统计，共有 503 所中国高校入选 16 604 篇，占高影响论文总数的 12.8%，共被引 1 614 372 次，篇均被引频次为 97.23[①]。无论从占比还是从被引频次来看，我国高校科研在参与国际竞争中都占有一席之地。

二、高校国际高水平期刊论文发表数量可观

国际高水平期刊论文发表情况是衡量高校科研水平与实力的另一大重要指标，体现着科研质量的国际认可程度。《细胞》（Cell）、《自然》（Nature）、《科学》（Science）（以下简称 CNS）是国际公认的三种享有最高学术声誉的期刊，它们对指导世界各国高校和科研机构提高自主创新能力和学术水平有着重要的应用价值。

从论文数量及其增长趋势上看，1998—2014 年全国共有 85 所大学以第一作者单位在 CNS 上发表 418 篇论文，总体发表数量颇为可观。而在趋势上，我国高校以第一作者发表于 CNS 上的论文数基本呈现出震荡上升的趋势，近 10 年论文发表数量的年均增长率达 25.7%[②]，2015 年比 2014 年增加了 17 所院校、75 篇论文。至 2018 年，在 1997 年 1 月 1 日—2018 年 10 月 31 日期间，以第一署名单位或通讯作者单位在 CNS 上发表论文的大学数量下滑至 71 所，但总体发表数量基本保持稳定，为 445 篇[③]，由此可以侧面体现我国高校的基础研究能力与学术创造力基本保持整体向好的趋势。

从论文被引频次上看，我国高校也同样表现良好。如在 2000 年 1 月 1 日—2017 年 12 月 31 日期间，全国共有清华大学、北京大学、中国科学技术大学、复旦大学、中国农业大学、浙江大学、厦门大学、上海交通大学 8 所高校的发表于 CNS 上的论文被引总频次达到 1 000 次以上。其中，清华大学 CNS 论文发表数量达到 96 篇，为国内高校最多，总被引频次达到 11 015 次[④]。

---

① 2016 中国大学 ESI 高影响论文排行榜，清华大学雄居榜首 . http：//www. cuaa. net/cur/2016/18. shtml.

② 2016 中国大学 CNS 论文排行榜，清华大学蝉联榜首 . http：//www. cuaa. net/cur/2016/16. shtml.

③ 2019 中国大学 CNS 论文排名，复旦第三，上交第八 . https：//www. sohu. com/a/283986973_356902.

④ 2018 年中国大学 CNS 论文排名出炉，清华大学第一 . https：//www. sohu. com/a/164516809_356902.

三、高校在国际科研排名中占有一席之地

在当前较具权威性的国际高校排行榜中，以世界大学学术排名及全球大学科技竞争力排名侧重考查高校的科研能力及学术水平，这两个排行榜是对高校科研国际竞争力的综合体现，而我国高校则在其中占据一席之地。此外，自然出版集团发布的自然指数排名，以国际高水平期刊论文发表数量为参考，也是对高校科研水平的反映。

1. 世界大学学术排名

"世界大学学术排名"（Academic Ranking of World Universities，ARWU）是上海交通大学世界一流大学研究中心以衡量高校研究实力为重点的全球性大学排名，以国际可比的科研成果和学术表现为主要指标。该排名 2003 年首次发布，根据研究结果，每年公布一次，列出世界大学 500 强。在指标上，选择获诺贝尔奖和菲尔兹奖的校友的折合数、获诺贝尔奖和菲尔兹奖的教师的折合数、各学科领域被引用率最高的教师数、在《自然》和《科学》杂志上发表的论文折合数、被科学引文索引和社会科学引文索引收录的论文数上述五项指标得分的师均数量等指标对世界大学的学术表现进行排名。该排名是对高校科研实力的综合体现。

从总体排名情况看，虽然我国高校与世界一流大学之间还存在一定的差距，但在 500 强榜单中占据了一定的位置，并有进一步提升的趋势。在我国高校上榜数量方面，如图 3-16 所示，近几年来，我国高校世界大学学术排名 500 强上榜数量呈现出稳步增长的趋势，2011 年上榜数量为 23 所，2012 年及 2013 年均为 28 所，2014 年及 2015 年均为 32 所，随后均保持增长趋势（2017 年为 45 所，2018 年为 51 所，至 2019 年已经增加至 58 所），体现出在国际范围内，我国高校的科研水平与学术能力获得了显著的提升。

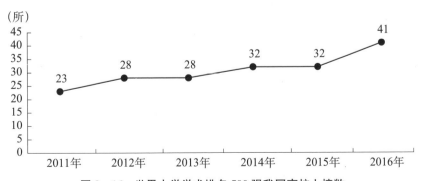

图 3-16　世界大学学术排名 500 强我国高校上榜数

资料来源：根据 2011—2016 年世界大学学术排名名单整理而得。

在进榜高校在世界大学的具体排名方面，每年也有着较为显著的进步。2016 年，清华大学和北京大学率先取得历史性突破，挺进世界百强，分别排在 58 名和 71 名。2019 年，上海交通大学首次挺进世界百强，挺进世界百强的国内高校增加至四所，分别为清华大学（43 名）、北京大学（53 名）、浙江大学（70 名）、上海交通大学（82 名）。此外，复旦大学、华中科技大学、中山大学、中国科学技术大学等四所高校位列前 150，中南大学、苏州大学、东南大学、电子科技大学和武汉大学等五所高校进步显著，首次进入世界前 200，南开大学、山东大学、同济大学等三所大学成绩也值得关注，首次进入世界前 300①。

2. 全球大学科技竞争力排名

"全球大学科技竞争力排名"（Scientific and Technological Competitiveness Ranking of Global University，STCRGU）是四川大学全球大学科技竞争力研究所专门针对全球高校科技竞争力进行科学评价的排名体系，是对目前世界大学学术排名系统的一个有益补充。STCRGU 更强调大学的最新科技研究成果产出，采用四项量化指标进行科技竞争力的分析和排名，这些指标涵盖科技产出总数、高质量科技成果数量和国际专利数量，为世界高等教育机构科技竞争力的评价提供了新的思路和工具。

我国高校在 STCRGU 中占有一席之地，在 STCRGU（2015）列出的 2014 年 10 月至 2015 年 9 月全球大学科技竞争力排名前 200 的大学中，中国大陆地区共有 18 所大学上榜，其中位列世界前 100 的大学包括清华大学、北京大学、浙江大学、上海交通大学、中国科学院大学、复旦大学、南京大学、中山大学、四川大学。其中，北京大学和清华大学拥有较高的高质量科技成果数量得分和国际专利数量得分，上海交通大学和浙江大学拥有较高的科技产出总数得分②。

3. 自然指数排名

自然指数排名（Nature Index），于 2014 年 11 月由自然出版集团（英国）首次发布，采用"加权分值计数法"（weighted fractional count，WFC）创立了新的评价指标。自然指数是依托于全球 68 本顶级期刊，统计各高校、科研院所（国家）在国际上最具影响力的研究型学术期刊上发表论文数量的数据库。它可以从科研论文发表情况的角度，彰显高校科研能力与水平。

从排名情况看，在 2019 年度自然指数排名中，中国高校表现不俗。共有

---

① 2019 软科世界大学学术排名正式发布 内地 8 所大学首次跻身世界 500 强. https：//www. eol. cn/news/yaowen/201908/t20190815_1678595. shtml.

② 全球大学科技竞争力研究所推出全球大学科技竞争力排名 . http：//news. scu. edu. cn/news2012/cdzx/webinfo/2016/01/1443489043 489 179. htm.

13 所高校跻身前 50 名，分别为中国科学技术大学（8 名）、北京大学（10 名）、清华大学（12 名）、南京大学（13 名）、中国科学院大学（15 名）、浙江大学（23 名）、复旦大学（32 名）、中山大学（35 名）、上海交通大学（38 名）、南开大学（39 名）、苏州大学（44 名）、四川大学（47 名）和武汉大学（49 名）。

从自然指数变化情况看，与 2014 年相比，除了少部分高校外，2015 年我国多数高校自然指数都有较大幅度的增长。以进入前 50 名的 7 所高校为例，如表 3 - 18 所示，除浙江大学 2015 年加权文章数比 2014 年有所下降外，其余 6 所高校均有不同程度的增长，南开大学增长率最高，达 53.6％，其次为南京大学（18.6％）。

表 3 - 18　2016 自然指数大学排名情况（部分）

大学名称	2015 年文章数（篇）	2015 年加权文章数（篇）	2014 年加权文章数（篇）	增长率
北京大学	1 113	300.39	296.21	1.4％
南京大学	666	253.62	213.92	18.6％
清华大学	785	231.33	210.64	9.8％
中国科学技术大学	661	229.13	214.64	6.6％
浙江大学	386	183.62	191.48	−4.1％
复旦大学	374	177.65	166.75	6.5％
南开大学	334	150.88	98.21	53.6％

资料来源：根据《2016 中国大学评价研究报告》中的数据整理而得。

四、高校诸多科研成果处于国际前沿水平

在高校所取得的具体科研成果方面，我国依然不居人后，诸多学科领域走在了国际前列，推动了学科发展，填补了研究空白，为推动国内、国际科研水平的提升及学科的发展做出了重要贡献。

在数理学领域，如中国科学技术大学杜江峰教授领衔的研究团队在纳米尺度量子精密测量领域取得的重大进展，被国际学术期刊《科学》选为研究亮点发表并配发专文报道，称其"实现了一个崇高的目标""是通往活体细胞中单蛋白分子实时成像的重要里程碑"。又如，清华大学薛其坤院士团队首次在实验上观测到量子反常霍尔效应，即在美国物理学家霍尔 1881 年发现反常霍尔效应 132 年后终于实现了反常霍尔效应的量子化，是我国对世界物理学发展所做出的一项重要贡献。

在资源环境领域，如北京大学系统地研究了白天和晚上温度上升对北半球

植被生产力和生态系统碳源汇功能影响及其机制，结论得到了国内外同行的高度评价，《自然》杂志在同一期专门发表了一篇来自全球生态学专家 Dr. Still 的评述，探讨了这项工作的重要性及其意义。兰州大学陈发虎教授领衔的中外研究团队，过去十年对青藏高原和周边地区的史前遗址开展了系统调查和研究，首次提出了史前人类向青藏高原扩散的三步走模式，引起了广泛关注，《纽约时报》等数十家国际著名媒体竞相报道。

在化学化工领域，如厦门大学夏海平课题组，首次合成并分离出全新芳香性物质金属杂戊搭炔，其颠覆了传统概念，诺贝尔化学奖得主霍夫曼（Roald Hoffmann）对该成果也给予了高度评价，并得到了《自然-化学》杂志的专评和美国、俄罗斯等的科学网站的专评或报道。中国石油大学（北京）徐春明教授和刘植昌教授所带领的研究团队致力于环境友好的碳四烷基化技术的开发，建成世界首套"10万吨/年复合离子液体碳四烷基化工业装置"，总体技术处于国际领先水平。

在生命科学领域，如北京大学乔杰与汤富酬团队在世界上首次绘制了人类原始生殖细胞转录组及 DNA 甲基化组景观图，得到该领域专家的极大关注，对研究胚胎发育基因重编程、疾病的遗传或隔代遗传等具有重要意义[1]。同时，其团队还致力于对原始生殖细胞（PGC）的研究，克服重重技术难关，最终揭开了人类 PGC 神秘面纱的一角，引起国内外专家的广泛关注，并撰文发表述评。

在电子信息领域，如北京大学梅宏院士和南京大学吕建院士领衔的团队提出一种互联网软件新范型——网构软件（Internet ware），并建立了一套网构软件技术体系，取得一系列重要突破。作为中国学者自主提出的学术理念，网构软件研究整体处于国际先进水平，在软件构件、软件体系结构、软件自适应等技术上处于国际领先行列。在软件领域顶级国际会议和期刊发表近百篇学术论文，十多次入选最佳/优秀/亮点论文，数十次在国际会议上做主题/特邀报告，并形成多项国际标准。

在工程技术领域，如燕山大学田永君教授领衔的中外研究团队，采用洋葱碳为前驱体成功地合成具有极高硬度和热稳定性的纳米孪晶金刚石，实现了人类合成比天然金刚石更硬材料的梦想，这将在机械加工、地质勘探、石油和天然气采掘等行业中发挥重要作用。该成果引起了学术界的广泛关注和高度评价，《今日纳米》（*Nano Today*）、《今日材料》（*Materials Today*）等学术期刊以及《赫芬顿邮报》《芝加哥论坛报》《洛杉矶时报》等国际媒体纷纷报道。

---

[1] 我国高被引论文数排名世界第四位 十九个学科论文被引用次数进入世界前十 . http：//edu. people. com. cn/n1/2016/0223/c1053 - 28141178. html.

第四章
社会服务

社会服务成为高等教育的职能，是伴随着高等教育发展和经济社会发展而出现的，产生于20世纪初。1904年，美国威斯康星大学校长查尔斯·范海斯（Charles R. Van Hise）提出"威斯康星思想"（Wisconsin Idea），他主张高等学校应该为区域经济与社会发展服务，积极推动威斯康星大学在教学与科研的基础上，通过培养人才和输送知识的方式，发挥大学为社会服务的职能，促进全州的社会和经济发展。由此，高等教育的职能从科学研究、人才培养扩展到社会服务，社会服务职能成为全世界公认的高等教育的第三大职能。

在中国，高等教育经历了社会及经济的高速发展而迅速扩张，逐步进入发展的稳步期。《国家中长期教育改革和发展规划纲要（2010—2020年）》（简称《教育规划纲要》）明确提出高等教育要增强社会服务能力。高校要牢固树立主动为社会服务的意识，全方位开展服务。推进产学研用结合，加快科技成果转化；开展科学普及工作，提高公众科学素质和人文素质；积极推进文化传播，弘扬优秀传统文化，发展先进文化；积极参与决策咨询，充分发挥智囊团、思想库作用；鼓励师生开展志愿服务。《国家中长期科学和技术发展规划纲要（2006—2020年）》指出"鼓励、推动大学与企业和科研院所进行全面合作，加大为国家、区域和行业发展服务的力度"，"建立科研院所与高等院校积极围绕企业技术创新需求服务、产学研多种形式结合的新机制"，"发挥高等院校、科研院所和国家高新技术产业开发区在区域创新体系中的重要作用，增强科技创新对区域经济社会发展的支撑力度"。这两部规划纲要都明确要求高等院校在社会服务中应该发挥的作用及方式，为高校的价值体现进一步指明方向。

2011年至2015年是中国实行第十二个五年规划时期，高等教育全面落实了国家中长期科技、教育及人才规划纲要，大力提高科技创新能力，加快教育改革发展，发挥人才资源优势，推进创新型国家建设。在《中华人民共和国国民经济和社会发展第十二个五年规划纲要》中就提出"推动建立企业、科研院所和高校共同参与的创新战略联盟"，以及"加快发展继续教育，建设全民学习、终身学习的学习型社会"的重要目标。"十二五"规划以来，高校大力加强为国家和地方社会经济发展服务，为国家安全服务，提供了强大的人才、技术和理论支持。高校在原有人才培养的基础上，扩大教育覆盖面，通过继续教育特别是成人高等教育的模式，打破校园壁垒，让更多人接受高等教育、享受教育资源，为构建终身教育体系而服务。同时，高校积极配合国家可持续发展战略的实施，面向国民经济建设主战场，大力开发核心技术、申请专利，推动科技成果转化，部分高校密切配合地方经济发展，加强与地方政府及行业的合作，广泛开展产学研用一体化，加强服务体系的建设创新。在决策咨询方面，高校发挥了重要的智库作用，为国家及社会的发展建言献策并屡被采纳，在十八届中央政治局第四十三次集体学习讲座中，就有 28 位高校教授参与主讲，无不体现高校作为智囊团与思想库的重要价值。综上，本章将从构建终身教育体系、科技成果转化以及高端智库建设三个方面介绍"十二五"规划期间我国高等教育服务社会的重要举措与范例。

第一节　构建终身教育体系　促学习型社会建设

1965 年，时任联合国教科文组织成人教育局局长保罗·朗格朗（Raul Lengrand）在成人教育促进国际委员会会议上递交了关于终身教育的重要提案，正式提出"终身教育"一词，这一概念随后在联合国教科文组织和其他国际机构的大力倡导下迅速在全世界范围内传播，并受到世界各国的积极响应。终身学习是社会每个成员为适应社会发展和实现个体发展的需要提出的重要需求，知识的更新、技术的进步、就业模式的改变要求个体在其一生中不断地学习以增强适应社会的能力，是贯穿于人的一生、持续的学习过程。

1993 年，国务院印发的《中国教育改革和发展纲要》指出成人教育是传统学校教育向终身教育发展的一种新型教育制度，对不断提高全民族素质、促进经济和社会发展具有重要作用。终身教育首次写入国家政策文本，标志着该理念开始从一种思想转变为一种国家政策，逐步受到政府乃至全社会的重视。《教育规划纲要》明确指出要"构建体系完备的终身教育……现代国民教育体系更加完善，终身教育体系基本形成，促进全体人民学有所教、学有所成、学有所用"。同时指出："终身教育体制机制建设试点。建立区域内普通教育、职业教育、继续教育之间的沟通机制；建立终身学习网络和服务平台；统筹开发社会教育资源，积极发展社区教育；建立学习成果认证体系，建立'学分银行'制度等。"在中共中央、国务院印发的有关教育发展的纲领性文件——《中国教育现代化 2035》中，提出 2035 年主要发展目标是"建成服务全民终身学习的现代教育体系、普及有质量的学前教育、实现优质均衡的义务教育、全面普及高中阶段教育、职业教育服务能力显著提升、高等教育竞争力明显提升、残疾儿童少年享有适合的教育、形成全社会共同参与的教育治理新格局"。

可见，终身教育将贯穿普通教育、职业教育与继续教育之间，通过技术手段和多样化教育载体面向全体人民。随着国家指导政策的正式出台，一些地方政府也紧跟其后，出台地方性终身教育制度文件，推动了各地终身教育的发展，如 2005 年福建省制定出国内第一部终身教育的地方条例《福建省终身教育促进条例》，2011 年上海市制定了《上海市终身教育促进条例》，2012 年山西省通过了《太原市终身教育促进条例》等，"十二五"规划期间终身教育受到我国各级政府的大力推动与支持，得到了快速长足的发展。

作为知识的聚集地，高等学校所肩负的科学研究、人才培养、社会服务及文化传承创新的重要职能，是知识的源头，是知识生产的前沿阵地，也是学习型社会中典型的学习型组织，在构建终身教育体系和形成学习型社会的过程中占据重要地位，应发挥先导性优势，以此来促进全社会发展进步。

一、继续教育是终身教育体系的主体

继续教育是面向学校教育之后所有社会成员的教育活动，是终身教育体系的重要组成部分，可以延伸到人的一生。我国继续教育涉及全社会的事业，人数多、范围广、内容丰富、形式多样。《教育规划纲要》明确指出要"大力发展非学历继续教育，稳步发展学历继续教育……加快各类学习型组织建设，基本形成全民学习、终身学习的学习型社会"，同时要使"继续教育参与率大幅提升，从业人员继续教育年参与率达到50％"。继续教育不仅是一种教育理念、一种制度的实现或教学活动的操作，它正在同建设学习型社会、完善终身教育体系的社会实践紧密结合起来。

中国继续教育具体分为学历教育和非学历教育，学历教育包括小学、中学、中专、专科和本科等不同层次和规格。非学历教育包括农村实用技术培训、在职人员岗位培训、职业资格证书教育、专业证书教育、课程证书教育等职业导向的非学历继续教育，积极面向基层、面向社区的社会文化生活教育等[1]。继续教育从学习者的年龄来看，是以成人为主要对象的；从学习者的学习时间来看，可以是全日制的，也可以是非全日制；从学习内容来看，可以是职业的，也可以是非职业的；从教学模式来看，可以是远程的，也可以是面授的[2]。

《教育规划纲要》明确强调高校为社会成员提供继续教育服务，高校在继续教育领域应该起到重要的核心地位，是教育资源输出和人才培养的主阵地。高等学校承担的成人学历教育即成人高等教育，将在下一部分做详细介绍。同时，高等学校还承担大量的非学历教育，根据现代化产业体系建设、行业企业发展需要和学习者需求，开展各类进修、培训以及研究生班、普通预科、自考助学等类型的非学历教育，内容涉及各类学科的进行和岗位证书、资格证书培训以

---

[1]　赖立.中国继续教育发展报告.北京：教育科学出版社，2012.
[2]　张伟远.继续教育应是一种全民化教育：论继续教育与成人教育、职业教育、远程教育的关系.中国远程教育，2007（1）.

及能力和素质提升的其他培训。

2010 年至 2017 年，高等学校非学历教育持续升温，结业生规模稳步增长，从 2010 年的 712.56 万人增长到 2017 年的 980.84 万人，增长幅度高达 37.65％。注册生数增长幅度更为迅速，从 2010 年的 332.89 万人增至 2017 年的 927.37 万人，增幅达 178.58％（见图 4-1）。可见，高层次非学历继续教育潜力巨大，最具有直接有效服务经济社会的明显优势，是教育体系中最富活力、最具服务力、最能体现社会效益的元素，高校结合自身的优势和特色，在办学理念、所属类型、服务区域、人才培养层次等方面进行战略转型，加强与行业、企业、社区的合作，开展大学后继续教育、中高层次岗位培训、职业资格证书教育，开拓教育培训新领域。2010 年全国高校开展进行及培训注册生规模在 3 万人以上的高校有浙江大学（61 227 人）、清华大学（37 719 人）及北京大学（36 616 人），如清华大学积极转型发展，在全国率先停办成人高等学历教育，把重点放在大力发展高层次非学历继续教育，2010 年举办各类培训班 2 557 个，培训学员 31.72 万人次，其中面授培训学员 10.13 万人次，远程教育扶贫 21.59 万人次；北京大学积极服务市场高端培训需求，不断扩大办学规模，全校非学历培训开班人数从 2006 年的 313 发展到 2010 年的 508，培训结业人数从 2006 年的 14 508 发展到 2010 年的 30 085，实现了快速的增长[1]。

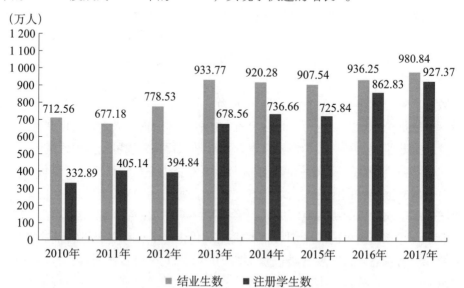

图 4-1　2010 年至 2017 年非学历高等教育学生情况

资料来源：教育部教育统计数据。

---

① 赖立. 高校学历继续教育发展空间探析. 当代继续教育，2013（1）：17-20.

二、成人高等教育是继续教育的重要支柱

成人高等教育是我国教育事业的重要组成部分，是继续教育的重要支柱，经过数十年的发展，中国成人高等教育已经形成覆盖面广、规模庞大、门类齐全的办学体系，由普通高校成人（继续）教育学院、各类独立设置的成人高校、成人高考、高等教育自学考试、现代远程教育组成[①]，在一定程度上缓解了社会发展和专业人才紧张的矛盾，满足了社会成员多样化的高等教育需求，推进了高等教育大众化。

（一）成人高等教育规模不断扩大

十年来，中国普通高校成人学历教育招生规模不断扩大，成人本、专科招生总体持续增长。2019 年，普通高校成人本、专科共招生 302.21 万人，其中，成人本科招生 150.55 万人，占总体招生人数的 49.82％；成人专科招生 151.66 万人，占总体招生人数的 50.18％。对比历史数据来看，2010 年成人本科招生 85.33 万人，到 2019 年增长了 65.22 万人，增幅达 76.43％；而成人专科招生人数增加 28.57 万人，增幅达 23.21％。虽然从整体趋势上看，成人本、专科教育招生人数都在增长，但是存在结构性变化，本科教育的规模增长更为显著，从 2010 年的 40.94％提升至 2019 年的 49.82％，本科教育在成人高等教育中的相对占比逐渐提升（见图 4-2）。

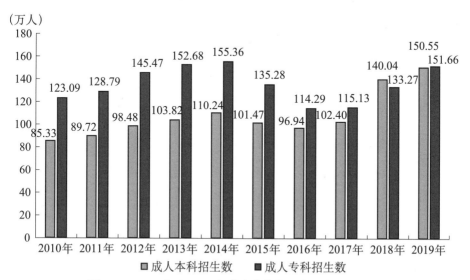

图 4-2　2010 年至 2019 年成人高等教育本、专科招生数

资料来源：教育部教育统计数据。

---

① 余小波．中国成人高等教育转型研究．长沙：湖南大学出版社，2010.

但是从专门的成人高等学校机构数来看，数量正逐年下降，从 2010 年的 365 所降至 268 所（见图 4 - 3），降幅达到了 26.58%。实际上，当前我国规模巨大的成人高等教育主要由普通高等学校所承担，特别是普通高等学校成人本科教育招生人数占比一直稳定保持在 97% 以上，而普通高等学校成人专科教育招生人数占比近年来有所下降，在 2016 年达到峰值 90.00% 后，回落至 2019 年的 81.52%（见图 4 - 4）。

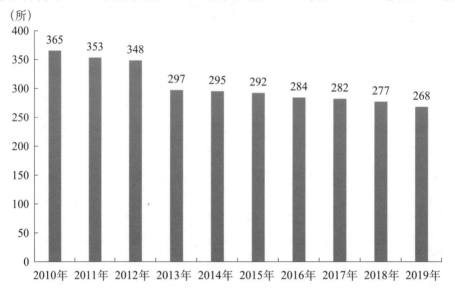

图 4 - 3　2010 年至 2019 年成人高等学校机构数

资料来源：教育部教育统计数据。

　　　　　━●━ 普通高等学校成人本科教育招生数占总体成人本科教育招生数的比例

　　　　　━●━ 普通高等学校成人专科教育招生数占总体成人专科教育招生数的比例

图 4 - 4　2010 年至 2019 年普通高等学校成人本、专科教育招生数占总体的比例

资料来源：教育部教育统计数据。

（二）多条渠道通向成人高等教育

除上文介绍的普通高校成人（继续）教育学院及各类独立设置的成人高校外，成人高等教育还有以下三类形式：

（1）成人高考。成人高等学校招生全国统一考试（简称"成人高考"）是我国成人高等学校选拔合格的毕业生以进入更高层次学历教育的入学考试，属于国民教育系列。成人高考分为专科起点升本科、高中起点升专科和高中起点升本科三个层次，录取入学后的学习形式包括函授、业余和脱产三种学习形式，以前两种形式为主。

（2）高等教育自学考试。高等教育自学考试1981年经国务院批准创立，是对自学者进行的以学历考试为主的高等教育国家考试，是个人自学、社会助学和国家考试相结合的高等教育形式。《中华人民共和国高等教育法》明确规定"国家实行高等教育自学考试制度，经考试合格的，发给相应的学历证书或者其他学业证书"。截至2014年底，参加自学考试学历教育累计6 689万人（不重复计算），培养本、专科毕业生1 249.9万人，2014年全国684所自学考试主考学校共开考专业841个[①]。到2019年，全国高等教育自学考试学历教育报考596.37万人次，48.98万人取得毕业证书。自学考试从最初单一的学历考试发展成为多层次、多规格、多功能的教育考试制度，为行业部门培养了大批职业型、应用型人才。

（3）远程网络教育。远程网络教育是一种新兴的教育模式，使用电视及互联网等传播媒体的教学模式，学生以业余进修者为主，不限制年龄与先前学历，突破了时空的限制，为广大已步入社会的群众提供了学历提升的机会。截至2013年，教育部批准北京大学、中国人民大学等68所普通高等学校开展现代远程教育试点工作[②]，开设专业396个，专业点2 292个，覆盖11个学科门类，

---

① 中国高等教育学会. 高等教育改革发展专题观察报告2015. 北京：北京理工大学出版社，2016.
② 68所承担远程教育试点的高校是：北京大学、中国人民大学、清华大学、北京交通大学、北京航空航天大学、北京理工大学、北京科技大学、北京邮电大学、中国农业大学、北京中医药大学、北京师范大学、北京外国语大学、北京语言大学、中国传媒大学、对外经济贸易大学、中国科学技术大学、中央音乐学院、南开大学、天津大学、大连理工大学、东北大学、中国医科大学、东北财经大学、吉林大学、东北师范大学、哈尔滨工业大学、东北农业大学、复旦大学、上海交通大学（含医学院）、华东理工大学、东华大学、华东师范大学、上海外国语大学、南京大学、东南大学、江南大学、浙江大学、厦门大学、福建师范大学、山东大学、中国石油大学（华东）、郑州大学、武汉大学、华中科技大学、中国地质大学（武汉）、武汉理工大学、华中师范大学、湖南大学、中南大学、中山大学、华南理工大学、华南师范大学、四川大学、重庆大学、西南交通大学、电子科技大学、西南科技大学、四川农业大学、西南大学、西南财经大学、西安交通大学、西北工业大学、西安电子科技大学、陕西师范大学、兰州大学、中国石油大学（北京）、中国地质大学（北京）、中央广播电视大学。

建设校外学习中心和教学点 9 000 多个，累计注册学生 1 000 多万人。从教育部公开招生数据来看，网络本专科招生人数由 2010 年的 166.37 万，至 2018 年达到峰值 320.91 万，增长幅度达 92.89%（见图 4-5）。

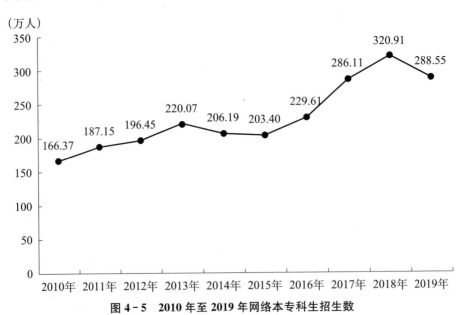

图 4-5　2010 年至 2019 年网络本专科生招生数

资料来源：教育部教育统计数据。

三、开放大学把教育资源"送"出校园

20 世纪 50 年代末 60 年代初我国在世界上首创了城市广播电视大学，比英国开放大学早 10 年，以中央广播电视大学为首的中国电大系统则是 20 世纪 70 年代末改革开放的产物①。中央广播电视大学自成立以来，逐步建成了一个以中央广播电视大学为主覆盖全国城乡的远程开放教育办学系统，形成了社会广泛参与的开放办学体制，为社会培养了大批应用型专门人才，很好地发挥了缩小教育差距、促进教育公平的作用。

2010 年，《教育规划纲要》提出"要办好开放大学"。《教育规划纲要》颁布不久，教育部就做出了以广播电视大学为基础建设开放大学，实现转型升级的落实性工作安排。政府高度重视举办开放大学，各地纷纷把办好开放大学列

---

① 丁兴富. 从超级巨型大学到一流开放大学：中央广播电视大学 30 年发展历程回顾与未来展望. 开放教育研究，2009（5）：11-14.

为"十二五"规划期间高等教育改革与发展规划的内容，广播电视大学系统活跃起来，快速投入到建设开放大学的研究与实践中，2012 年，国家开放大学、北京开放大学、上海开放大学分别成立。开放大学是满足人民群众多样化学习需求、促进教育公平、克服应试教育弊端和落实素质教育的重要途径，是构建终身教育体系、建设学习型社会的重要支撑，是教育服务国家发展、提高全民族素质的重要措施①。

（一）广播电视大学积极转型

中国的广播电视大学主要面向在职成人开展高等学历教育和非学历教育培训以及公共服务，电大的学历是国家承认的国民教育学历，毕业证书由中央广播电视大学统一发放，由教育部统一电子注册；不仅在国内享有国民高等教育学历的待遇，而且在欧美等国家都得到认可，被誉为"国际学历绿卡"。改革开放以来，广播电视大学经历了四个发展阶段：一是 1979 年前后的创办阶段；二是 1980—1999 年的起步阶段，办学业务重点在开展学历补偿性的专科高等教育；三是 2000—2006 年，开放教育成为主要教育形式；四是 2006 年至今，广播电视大学系统继续以开放教育为主体，办学领域和项目进一步拓宽，并按国家的要求积极筹建开放大学。

40 多年来，广播电视大学构建起了为终身教育服务的办学体系和基本功能：包括"三网合一"四级办学的办学系统，高中低搭配的教育资源，学历教育经验和学习支持服务能力，强大的社会学习动员能力。广播电视大学高等学历教育累计输送毕业生超千万人，还开展了大量的各种非学历培训。广播电视大学与开放大学既有相同点又有所区别，两者皆为远程继续教育高等学校、面向大众提供教育服务，都具有学历教育与社会服务功能、采用现代高科技技术手段、强调通过个别化自主学习的方式培养高素质应用型人才，但广播电视大学主要从事学历继续教育，面向从业人员开展专、本科层次教育特别是应试教育，社会服务功能并不明显②。实际上，大部分广播电视大学正慢慢过渡到开放大学的办学模式中，逐步增强资源开放性及社会服务的功能。

（二）国家开放大学体系蓬勃发展

国家开放大学在中央广播电视大学和地方广播电视大学的基础上组建成立，是一所以现代信息技术为支撑、办学网络立体覆盖全国城乡、学历与非学历教

---

① 坚持面向人人　创新体制机制　努力办好中国特色开放大学. 人民日报，2012 - 08 - 01.
② 张海波. 蜕变：广播电视大学向开放大学转型升级. 北京：人民出版社，2016.

育并重、面向全体社会成员、没有围墙的新型大学。国家开放大学成立之初，在籍学生 359 万人，其中本科学生 105 万人，专科学生 254 万人，包括近 20 万农民学生、10 万士官学生、6 000 多残疾学生。

国家开放大学

目前，国家开放大学的办学体系由总部、分部、地方学院、学习中心和行业、企业学院共同组成，是国家开放大学充分发挥系统优势和现代信息技术优势、实现办学网络立体覆盖全国城乡、为我国社会成员提供多样化继续教育服务和学习机会的重要保障。其办学组织体系建设模式主要有两种：共建与自建。主体是共建模式，即国家开放大学与相关教育机构、行业协会、企业组织等，根据"自愿、平等、合作、共赢"原则及相应标准，设立相关分部、学院和学习中心。这也是办学模式改革的实践探索，力求通过共建模式，实现"把大学办在社会中"的办学理想①。

作为国家级开放大学，为实现国家开放大学的历史使命和社会价值，促进学习型社会建设，充分利用社会优质资源，国家开放大学成立四大支持联盟。与若干行业协会、大型企业、中心城市合作，成立行业支持联盟、企业支持联盟和城市支持联盟，利用各自资源和优势，大力开展各类职业技能培训、社区教育、公民素质教育，推进学习型行业、学习型企业和学习型城市建设（见图 4-6、表 4-1）。

---

① 杨志坚．国家开放大学建设：改革与创新．中国远程教育，2013（4）：5-10.

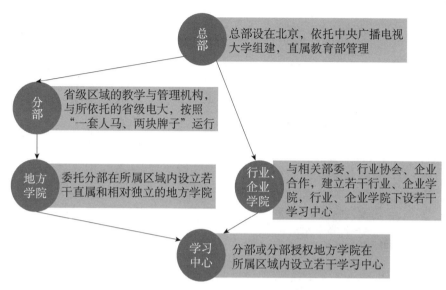

图 4-6 国家开放大学办学组织体系图

表 4-1 国家开放大学各地方、中心、行业、企业学院一览表

序号	各地区学院名称	序号	各地区学院名称
1	北京开放大学/ 国家开放大学（北京）	10	长春广播电视大学/ 国家开放大学（长春）
2	天津广播电视大学/ 国家开放大学（天津）	11	黑龙江广播电视大学/ 国家开放大学（黑龙江）
3	河北广播电视大学/ 国家开放大学（河北）	12	哈尔滨广播电视大学/ 国家开放大学（哈尔滨）
4	山西广播电视大学/ 国家开放大学（山西）	13	上海开放大学/ 国家开放大学（上海）
5	内蒙古广播电视大学/ 国家开放大学（内蒙古）	14	江苏开放大学/ 国家开放大学（江苏）
6	辽宁广播电视大学/ 国家开放大学（辽宁）	15	南京广播电视大学/ 国家开放大学（南京）
7	沈阳广播电视大学/ 国家开放大学（沈阳）	16	浙江广播电视大学/ 国家开放大学（浙江）
8	大连广播电视大学/ 国家开放大学（大连）	17	宁波广播电视大学/ 国家开放大学（宁波）
9	吉林广播电视大学/ 国家开放大学（吉林）	18	安徽广播电视大学/ 国家开放大学（安徽）

续前表

序号	各地区学院名称	序号	各地区学院名称
19	福建广播电视大学/ 国家开放大学（福建）	38	陕西广播电视大学/ 国家开放大学（陕西）
20	厦门市广播电视大学/ 国家开放大学（厦门）	39	西安广播电视大学/ 国家开放大学（西安）
21	江西广播电视大学/ 国家开放大学（江西）	40	甘肃广播电视大学/ 国家开放大学（甘肃）
22	山东广播电视大学/ 国家开放大学（山东）	41	青海广播电视大学/ 国家开放大学（青海）
23	青岛广播电视大学/ 国家开放大学（青岛）	42	宁夏广播电视大学/ 国家开放大学（宁夏）
24	河南广播电视大学/ 国家开放大学（河南）	43	新疆广播电视大学/ 国家开放大学（新疆）
25	湖北广播电视大学/ 国家开放大学（湖北）	44	新疆兵团广播电视大学/ 国家开放大学（兵团）
26	武汉市广播电视大学/ 国家开放大学（武汉）	45	国家开放大学八一学院
27	湖南广播电视大学/ 国家开放大学（湖南）	46	国家开放大学总参学院
28	广东开放大学/ 国家开放大学（广东）	47	国家开放大学空军学院
29	广州市广播电视大学/ 国家开放大学（广州）	48	国家开放大学西藏学院
30	深圳广播电视大学/ 国家开放大学（深圳）	49	国家开放大学残疾人教育学院
31	广西广播电视大学/ 国家开放大学（广西）	50	国家开放大学北京实验学院
32	海南广播电视大学/ 国家开放大学（海南）	51	国家开放大学南海实验学院
33	四川广播电视大学/ 国家开放大学（四川）	52	国家开放大学太原实验学院
34	成都广播电视大学/ 国家开放大学（成都）	53	国家开放大学天府新区实验学院
35	重庆广播电视大学/ 国家开放大学（重庆）	54	国家开放大学学习中心（统计）
36	贵州广播电视大学/ 国家开放大学（贵州）	55	国家开放大学学习中心 （东北财经大学）
37	云南开放大学/ 国家开放大学（云南）	56	国家开放大学学习中心（TCL集团）

（1）大学支持联盟：国家开放大学与国内若干所大学合作，成立大学支持联盟，充分发挥高校在教师、学科、专业等方面的资源优势，支持国家开放大学的建设和发展，提高国家开放大学办学能力和服务水平。同时，国家开放大学利用其立体覆盖全国城乡的办学和管理系统，把普通高校优质教学资源送到最需要的地方，使普通高校优质资源在更大范围内实现共享。已有 27 所知名高校加入国家开放大学大学支持联盟[1]。

（2）行业支持联盟：国家开放大学与若干部委、行业协会合作，成立行业支持联盟，利用行业协会的各种资源，引入行业资格证书，加强在职成人教育培训工作，促进学习型行业建设。已有 15 个部委（行业）加入国家开放大学行业支持联盟[2]。

（3）企业支持联盟：国家开放大学成立企业支持联盟，利用企业技术、专家资源，加强"双师型"教师队伍建设，开发特色专业、课程，加强企业职工培训，推进学习型企业建设，为企业在职人员提供多样化的教育及培训服务，共同开展面向企业人群的学历教育与非学历继续教育[3]。

（4）城市支持联盟：国家开放大学选择与若干国家教育综合改革中心城市合作，利用各自的资源和优势，大力促进各类培训、社区教育、市民素质教育等工作，促进学习型城市建设，构建盟员间的信息交流教学资源互通机制，加快城市联盟教育信息化进程，已有 16 个城市加入城市支持联盟[4]。

四、学分银行搭建终身教育的"立交桥"

构建终身教育体系的关键在于建立一种有效制度把学校内外的教育资源有机整合，20 世纪末至 21 世纪初，一些先进国家尝试用学分银行的手段与机制

---

[1] 国家开放大学大学支持联盟高校：北京大学、中国人民大学、清华大学、北京交通大学、中国农业大学、北京外国语大学、北京语言大学、对外经济贸易大学、北京工商大学、首都医科大学、中国传媒大学、南开大学、天津大学、东北财经大学、吉林大学、东北师范大学、哈尔滨工程大学、复旦大学、同济大学、南京大学、南京师范大学、浙江大学、华北水利水电学院、武汉大学、中山大学、西藏大学、石河子大学等 27 所。

[2] 国家开放大学行业支持联盟单位：人力资源和社会保障部、国家人口和计划生育委员会、中国人民银行、国家统计局、中国残疾人联合会、中国纺织工程学会、中国化工教育协会、中国煤炭工业协会、中国汽车工程学会、中国软件行业协会、中国商业联合会、中国社会工作协会、中国物流与采购联合会、中国心理卫生协会、中国铸造协会等。

[3] 国家开放大学企业支持联盟单位：中粮集团、中国电信集团、国美电器集团、中航工业集团、用友集团等。

[4] 国家开放大学城市支持联盟城市：重庆、沈阳、大连、长春、哈尔滨、南京、杭州、宁波、厦门、济南、青岛、武汉、广州、深圳、成都、西安等。

来架构各种教育之间的"立交桥"。《教育规划纲要》提出，构建灵活开放的终身教育体系，促进各级各类教育纵向衔接、横向沟通，建立继续教育学分积累与转换制度，实现不同类型学习成果的互认和衔接，把"学分银行"作为终身教育体制机制建设试点的重大项目。

所谓"学分银行"是参照商业银行货币储蓄、兑换原理而产生的一个形象性概念，它是一种学习成果认证、积累、转换制度，即学习者的学习成果通过相关认证取得学分并存入"银行"，当存满一定数量的学分，满足特定条件，可以将学分兑换成相关证书的一种制度。学分银行是以学分制为基础逐渐发展起来的，高等教育大众化和普及化要求学分制的实现形式不断创新，学分（credits）逐渐成为学习者获得各种证书、学位的依据，也成为学生换专业、转学校通用的"货币"。学分银行以学习成果认证、积累与转换为核心业务，构建起学分与国家认可的学历或资格证书转换的桥梁。学分银行就如一条纽带，把大学与大学、大学与政府、大学与行业企业，紧紧地连在一起，对于促进全民终身学习、实现"把大学办在社会中"的理想，都具有重大意义。

我国许多地区对此进行了大量的有益探索与实践，如上海开放大学（上海广播电视大学）率先进行了建立以学习成果认证、积累和转换为核心内容的学分银行机制的探索，已经取得了可贵的经验和有形的成果，充分吸引了政府、学校、行业、企业、社区和民众的积极参与。

主题案例：上海市终身教育学分银行建设①

2012 年 7 月 24 日，全国各省区市中第一家投入运行的学分银行——"上海市终身教育学分银行"正式运行。上海市终身教育学分银行受上海市学习型社会建设与终身教育促进委员会指导，由上海市教育委员会主办和管理，并委托上海开放大学具体运作。上海市终身教育学分银行除了可以认定市民休闲、培训类的学习成果之外，还可以认证高等教育学历的学分，累计的学分既可以兑换学历与资格证书，也可以用作对市民的学习奖励。首批开通 6 个专业，确定 166 门课程可以学分互认，其互认范围扩大至上海交大、华东师大、统计大学等上海市内 25 所高校②，仅 2 个月时间就已经有 5 200 多名学员在学分银行开户。截至 2014 年，上海市终身教育学分银行开户数达 416 240（其中学历教育开户数 202 337，文化休闲教育开户数 213 903）；存入成绩数 980 900，其中学历教育课程成绩数 799 636，申请证书数 7 802，文化休闲教育课程的成绩数 1 173 462；

---

① 案例及图片整理自上海市终身教育学分银行官网：http://www.shcb.org.cn/.

② 上海"学分银行""开业" 市民学分可转为本科 . http://news.sina.com.cn/c/2012-08-08/063924927883.shtml.

并有 29 901 人进行了学分转换，转换为学历教育学分共计 242 953 分①。

上海市终身教育学分银行

　　上海市终身教育学分银行已有超过 662 项学历教育专业课程、430 项职业培训证书、5 613 项文化休闲教育学习项目经学分银行认定后可存入学分银行，与 64 所高等教育机构、14 所独立设置成人高校建立了合作关系，出台了各个学校的学分转换规定，实施通过学分银行进行学分转换。

第二节　转化科技成果　助力社会发展

　　《国家中长期科学和技术发展规划纲要（2006—2020 年）》提出了到 2020 年我国科学技术发展的总体目标：自主创新能力显著增强，科技促进经济社会发展和保障国家安全的能力显著增强，为全面建设小康社会提供强有力的支撑；基础科学和前沿技术研究综合实力显著增强，取得一批在世界具有重大影响的科学技术成果，进入创新型国家行列，为在本世纪中叶成为世界科技强国奠定基础。高等学校要面向社会，大力促进高校科学技术与哲学社会科学研究成果的转化，将学术研究与服务党和政府决策、促进经济社会发展紧密结合起来，将学术研究与提高教育质量、促进学生全面发展紧密结合起来，将学术研究与增强我国文化竞争能力、扩大国际影响紧密结合起来，逐步形成高校科学技术与哲学社会科学的社会服务体系；坚持走产学研合作的道路，建立多种模式的产学研联盟，实现优势互补、资源共享、共同发展，加大为经济社会发展和国家安全服务的力度；加快建设以企业为核心、产学研结合的技术创新体系，以

①　数据来源：上海市终身教育学分银行管理办公室。

市场需求为导向形成结构合理、具有国际竞争力的产品和产业。

一、科技成果转化推动经济发展

科技成果转化通常指各类科技成果从创造形成到转化为现实生产力的完整过程，科技成果必须转化为现实生产力和竞争力，才能有效推动社会经济的发展。2010 年至 2018 年，高等学校科学研究与试验发展项目（课题）数及经费支出呈现出较大幅度的增长，特别是 2010 年以来经费支出增长了 521.8 亿元，增幅达 111.73%，项目数增长 529 186 项，增幅达 96.62%（见图 4-7）。

图 4-7　2010 年至 2018 年高等学校研究与试验发展项目（课题）数量与经费支出

资料来源：中国国家统计局数据。

从研究成果来看，科技论文是最主要的成果形式，科技论文从 2010 年的 1 062 512 篇增长到 2018 年的 1 389 912 篇，增加了 327 400 篇，增幅达 30.81%，其中增长的主要原因是国外论文发表数量的显著提升，2010 年以来增加了 277 245 篇，增幅达 152.13%，占科技论文发表总数的比例也在持续增加，从 2010 年的 17.15% 增加到了 2018 年的 33.06%（见图 4-8）。此外，高等学校出版科技著作、专利及发明专利申请授权数也有不同程度的增长，特别是高等学校专利申请授权数自 2010 年以来增加了 155 537 项，2018 年的授权数量是 2010 年的 5.15 倍，其中发明专利申请授权数也大幅度增长，2018 年授权数 79 773 件，是 2010 年的 4.42 倍（见图 4-9）。从显性成果上看，高等教育的科技成果有了突飞猛进的变化。

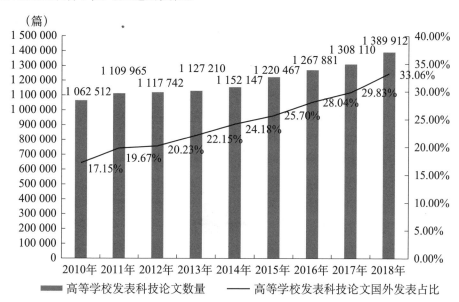

图 4 - 8　2010 年至 2018 年高等学校发表科技论文数量及国外发表占比

资料来源：中国国家统计局数据。

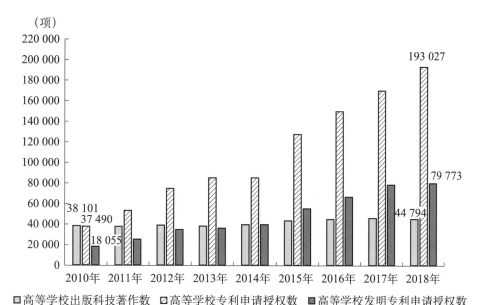

图 4 - 9　高等学校出版科技著作数、专利申请授权数及发明专利申请授权数

资料来源：中国国家统计局数据。

从高等学校专利出售情况来看，"十二五"规划期间专利出售数量不断增加，总金额及当年实际收入也增长较快，特别是 2015 年出售专利 2 695 项，涉及金额 277 473.9 万元，当年实际收入 66 933.9 万元，是 2011 年的约 1.43 倍（见表 4-2）。

表 4-2　高等学校专利出售情况一览表

年份	专利出售数（项）	总金额（万元）	当年实际收入（万元）
2011	2 143	82 290.1	46 854.0
2012	2 357	82 109.6	43 489.8
2013	2 310	75 158.5	43 547.3
2014	2 257	75 003.6	54 028.0
2015	2 695	277 473.9	66 933.9

资料来源：中华人民共和国教育部科学技术司 2012—2016 年高等学校科技统计资料汇编。

国务院 2016 年 2 月印发《实施〈中华人民共和国促进科技成果转化法〉若干规定》，提出要打通科技与经济结合的通道，鼓励高等院校通过转让、许可或者作价投资等方式，向企业或者其他组织转移科技成果。科技成果转化主要分为直接转化及间接转化两类。其中，科技成果间接转化主要是通过各类中介机构、专门机构、高校设立的科技成果转化机构或科技咨询公司开展科技成果转化活动。而科技成果直接转化主要有以下三种模式[1]：

（1）自己转化——自行投产模式：自行投产模式是高等院校自身研制的科技成果，在本院校内部进行科技成果转化模式，其特点是科技成果的成果源与吸收融为一体，将市场教育内部化，省去中间环节，降低交易成本。

2015 年实行的《黑龙江省科学技术进步条例》鼓励高校、科研机构的科技人员到企业兼职、挂职，开展科技成果转化。鼓励高校、科研机构选聘企业技术人员兼职教授或者研究员。此外，高校和科研机构的科技人员创办企业或者在企业实施科技成果转化，原单位的人事关系经批准可以保留三年。这些政策极大地激励了黑龙江省高等学校及科研机构科技人员创办企业的热情，近几年，累计注册成立科技型企业 5 236 家，形成一定规模科技型企业 1 076 家；2016 年注册成立科技型企业 3 120 家，新增主营业务收入超过 500 万元的科技型企业 637 家；引导哈尔滨工业大学成立利剑集团、卫星技术、大数据产业、环境集团等科技企业；引导哈尔滨工程大学成立哈船特装、北米科技、航士科技等 8 家由教师创建的科技型企业和几口科技、生材新材料等 5 家由学生创建的科技型企业，仅这两家高校两年时间就累计成立科技企业 158 家。

---

[1]　常立农，周哲. 试论我国科技成果转化的主要模式. 技术经济与管理研究，2001（4）：29-30.

（2）他人转化——技术转让模式：技术转让模式是高等院校通过有偿方式将自身的科技成果转让或许可给企业使用，由企业来实现科技活动与经济活动的有机结合，从而实现科技成果转化。2011年至2015年，我国高等学校技术转让处于活跃状态，平均合同数达10 000余件，2015年合同金额高达540 272.9万元，是2011年的1.44倍，当年实际收入稳定在230 000万元以上，五年平均年收入达256 666.14万元（见表4-3）。

表4-3　高等学校技术转让情况一览表

年份	合同数（个）	合同金额（万元）	当年实际收入（万元）
2011	10 550	375 699.5	240 979.8
2012	10 275	387 616.8	275 611.7
2013	10 534	398 202.0	272 257.6
2014	10 517	401 257.0	260 290.6
2015	8 617	540 272.9	234 191.0

资料来源：中华人民共和国教育部科学技术司2012—2016年高等学校科技统计资料汇编。

（3）通过自身与其他组织共同转化——产学研用结合模式（参见下节）。

二、产学研用结合引领社会创新

产学研用是将生产、学习、科学研究和实践运用的紧密结合，是多方进行的合作，"产学研"实质上是企业、高等学校、科研院所为了市场需求和共同利益，以各自拥有的资源进行科学研究、技术研发、产品生产、市场开拓等一系列开发、经营活动；"用"主要指"用户"和"应用"，强调以市场为导向，以企业为主体，进一步强化用户和应用。高等学校、科研机构、企业是产学研用结合中不可或缺的三类主体，这三类主体的角色各不相同：科研机构和高等学校是创新知识的源泉和人才的主要输出者，是科学技术转化为生产力的创造者；企业是科技的主要输入者、技术创新的主体、科学技术转化为生产力的实现者[1]。根据我国科技政策的不同实施阶段，可将产学研用分为三个阶段，第一阶段是产学研联合阶段，即国家科技体制改革时期；第二阶段是产学研结合阶段，即国家开始实施科教兴国战略时期；第三阶段是产学研用结合阶段，始于我国中长期科技发展规划纲要[2]。现阶段中国特色产学研用合作体系的主要内

---

[1]　张永安，张盟. 产学研结合的创新模式探析. 科技与管理，2007（2）：96-99.

[2]　江诗松，李燕萍，龚丽敏. 中国产学研联结的发展历程、模式演化和经验教训. 自然辩证法研究，2014（4）：48-55.

涵和特征是以企业为主体，以市场为导向，产学研用紧密结合，政府起引导作用（见表4-4）①。

表4-4　中国产学研用结合的发展阶段

阶段		第一阶段	第二阶段	第三阶段
时间		1985—1998年	1999—2005年	2006年至今
聚焦		技术转移：促进科研院所向产业的技术转移	技术创新：建设以企业为主体的技术创新体系	自主创新：突破产业前瞻性技术和核心技术
产学研用结合情景	主要政策背景	1985年：《中共中央关于科学技术体制改革的决定》	1999年：《中共中央国务院关于加强技术创新发展高科技实现产业化的决定》	2006年：《国家中长期科学和技术发展规划纲要（2006—2020年）》
	基础设施发展	技术市场高新技术产业开发区	科技企业孵化器生产力促进中心	产业技术创新联盟协同创新中心
企业吸收能力		较低（研发强度0.5～0.55%）	中等（研发强度0.71%～0.83%）	较高（研发强度0.77%～0.96%）
大学特点		研究开发能力中等	独立知识产权研究开放能力较强	科学研究和技术创新的生力军
公共研究机构特点		研究开发能力较强	大规模企业化转制	骨干和引领作用
主要产学研用结合模式		技术转让合作研究学科性公司	衍生企业技术转让合作研究	创新战略联盟合作开发知识产权联盟技术转让共建研发平台专利许可

中国特色的产学研用结合体系是一个系统，有不同的参与者，包括政府、企业、大学、研究机构等，但政、产、学、研、用各组织因其属性、目标等差异，在产学研用结合过程中具有不同的功能与定位。总结起来有以下几个特点：（1）政府是产学研用结合的协调者，通过政策法规制定、资金支持、组织协调、建立公共服务平台等形式在产学研用合作中发挥引导作用；（2）企业是产学研用结合的主体，是创新资源优化配置、成果转化的重要平台，在培育创新种子和实现成果产业化方面发挥主体作用；（3）高等院校与公共研究机构是产学研用结合的重要参与者，发挥科技引领与支撑发展作用，具有知识、技术、专利、人才及实验场所等创新资源，是基础研究和高技术领域原始创新的主力军之一。

---

① 李健.中国特色产学研合作体系的形成与发展.光明日报，2009-12-18.

第三节　建设高端智库　为国出谋划策

智库主要是指以公共政策为研究对象，以影响政府决策为研究目标，以公共利益为研究导向，以社会责任为研究准则的专业研究机构[①]。一般来说，智库可以分为政府的直属研究机构、各个大学的研究机构和民间智库三类。

一、高校成为智库建设的主力军

高校智库是中国智库体系的重要组成部分，因其在人才储备的充足性、学科专业的齐全性、学术前沿的关注度、社会与校友资源的丰富性等方面的优势，具有较为独特的地位。2015 年，中共中央办公厅、国务院办公厅发布了《关于加强中国特色新型智库建设的意见》，提出"重点建设一批具有较大影响力和国际知名度的高端智库"。

同年，国家高端智库建设试点工作正式启动，在 25 家机构入选首批国家高端智库建设试点单位中，高校智库入选 6 家。此外，在《2014 中国智库影响力报告》、《2015 中国智库报告：影响力排名与政策建议》以及宾夕法尼亚大学《全球智库报告 2015》中所给出的中国智库综合影响力排行以及专业影响力、政府影响力、社会影响力、国际影响力等各类排行中，高校智库均占有一席之地，体现出了我国高校智库在国家建设中的服务力以及所发挥出的重要作用。

高校智库在国家智库建设过程中承担着关键角色，是新型智库建设的主力军，在人才、学科、基础研究等方面有着独特优势，国家也对高校智库建设提出了更多的指导意见。从政策要求中，不仅可以看出我国智库发展已经被提到了国家战略高度，发展需求迫切、空间很大，也可以看出我国决策机制越来越民主化、科学化、制度化（见表 4 - 5 至表 4 - 8）[②]。

表 4 - 5　高校高端智库名单

北京大学国家发展研究院
清华大学国情研究院
中国人民大学国家发展与战略研究院

---

① 李凌. 中国智库影响力的实证研究与政策建议. 社会科学，2014 (4)：4 - 21.
② 胡鞍钢. 建设中国特色新型智库：实践与总结. 上海行政学院学报，2014 (2)：4 - 11.

复旦大学中国研究院
武汉大学国际法研究所
中山大学粤港澳发展研究院

资料来源：中南海为何钦点这 25 家高端智库 . http：//business. sohu. com/20151210/n430729366. shtml.

表 4-6　2014 中国智库综合影响力排行前 20 名中的高校智库

北京大学国家发展研究院
中国人民大学重阳金融研究院
清华大学国情研究院
复旦大学美国研究中心
清华大学当代国际关系研究院
中国国防大学

资料来源：中国最新十大智库排行 . http：//www. 360doc. com/content/15/0119/22/14552979 _ 442160386. shtml.

表 4-7　2015 中国智库综合影响力排行前 15 名中的高校智库

北京大学
清华大学
复旦大学
中国人民大学
中国工程院
南京大学

资料来源：《2015 中国智库报告》公布智库影响力排名 . http：//news. eastday. com/eastday/13news/auto/news/china/20160128/u7ai5235454. html.

表 4-8　全球智库报告 2015——中国顶级智库排名中的高校智库

清华大学卡耐基中国中心
清华大学布鲁金斯中心
北京大学国际战略研究院
中国人民大学重阳金融研究院
清华大学中国研究中心
复旦大学中国发展模式研究中心
中国国防大学战略研究所
武汉大学国际法研究所

资料来源：2015 年中国顶级智库排行榜名单 . http：//www. askci. com/news/data/2016/01/28/9410ifto. shtml.

二、高校智库发挥独特影响力

高校智库充分利用大学丰富的学术资源与智力资源，加强在学术、政策、社会、国际方面的影响，发挥大学智库在学校、社会、政府间的作用[①]。

（1）学术影响力。大学智库依托于高校而建，在大学沉淀了几十年甚至上百年的人文社会科学的知识资源，为大学智库进行高水平研究提供了重要的基础。如2009—2010年度，全国软科学研究机构共发表论文15.5万篇，出版研究著作1.1万部，完成获奖课题4 800余项，获得省部级以上奖励近2 800项，研究成果被核心期刊引用9.5万次，学术成果丰厚[②]。

（2）政策影响力。大学智库的最主要目标就是发挥政策影响，影响政府决策，在关键问题上提供关键信息和决策建议，聚焦重大问题，服务国家战略，帮助政府实现决策的科学化、民主化，减少政府决策失误。如2015年，上海首批18家经市教委认定的高校智库，总计公开发布或发表637篇（部）研究报告、专著和媒体文章，有106篇决策咨询专报被录用或获得批示，承担了164个决策咨询类课题，与126个国内外机构进行交流与合作，其中上海大学基层治理创新研究中心就参与过上海市委"1号课题"的前期调研，为课题提供了数据支撑[③]；北京师范大学经济与资源管理研究院、西南财经大学发展研究院、国家统计局中国经济景气监测中心撰写的《2015中国绿色发展指数报告：区域比较》，全面分析了我国30个省（区、市）和100个城市的绿色发展水平；由中国人民大学国家发展与战略研究院杨光斌教授完成的《解释政党政治需要突破既有话语体系》，产生了重要的政策影响和社会影响。

（3）社会影响力。一些知名的大学智库非常重视研究成果转化，与国内外媒体进行良好合作，通过媒体及时将研究成果发布出去，一方面可以引导社会舆论，对社会上较大的问题进行评论，争取话语主导权；另一方面可以扩大智库的知名度。《2013年中国智库报告》评选出的中国智库综合影响力排名前10中，高校占据3个席位，依次是北京大学、清华大学和复旦大学；综合影响力顶级智库排名前30位的智库，高校占据5个席位，分别是北京大学、清华大学、复旦大学、中国人民大学和南京大学，这反映出高校智库广泛的社会影

---

① 胡光宇. 大学智库. 北京：清华大学出版社，2015.
② 数据来源：中国科技部2009—2010年度全国软科学研究机构统计调查.
③ 樊丽萍，姜澎. 高校智库：从数量增长转向质量提升. 文汇报，2016-04-04.

响力[①]。

(4) 国际影响力。中国政府高度重视智库发挥国际影响力，提出要积极参与全球热点问题的研究和国际合作，深化国际交流，提升中国的话语权和软实力。美国宾夕法尼亚大学智库研究项目（TTCSP）研究编写的全球最具影响力的智库报告《全球智库报告 2016》给出的全球智库综合排名榜单 175 强中，有9 家中国智库入选，其中有 2 家高校智库，分别是北京大学国际战略研究院（第 79 名）及中国人民大学重阳金融研究院（第 149 名）。此外，高校智库通过召开国际学术会议、参与国际项目等方式发挥国际影响力，如 2016 年复旦大学发展研究院与来自"一带一路"沿线 50 多个国家的 100 多家智库的负责人进行研讨，为这些国家的学者开放访问学者席位，通过上海论坛、上海-加州创新论坛，筹办"丝路对话暨'一带一路'国际智库合作联盟 2016 年年会"等，与美国彼得森国际经济研究所、丹麦哥本哈根北欧亚洲研究中心在内的 11 个国家的16 家著名国际智库形成深度合作[②]。

高校无疑是重要的社会服务机构，也应该做好服务社会的工作。社会的发展与进步依赖于科技和人才，最终还是依赖高等教育。我国高等教育的职能包括科学研究、人才培养、社会服务和文化传承创新，这四项职能相辅相成、密不可分，科学研究与人才培养是社会服务的前提，社会服务是前两项成果的转化与应用，同时又是链接文化传承创新的纽带，是促进社会发展进步的重要途径。

置身于新科技革命、经济全球化、政治多极化和文化多样化发展的新时代，高校应积极思考、研究与解答人类社会急剧变革所引发的道德思想观念以及政治、经济、教育、文化、科学技术和日常生活中的种种新现象、新问题和新矛盾。高校可以提供高等教育，促进知识的传播与普及，更高效地提高人的素质，实现教化民众、构建学习型社会的目标；可以使国际经济实现持续发展和企业、公司等经济实体增进效率，将科研成果转化为实在的价值与效用；可以为各国的社会管理和政府决策提供指导，促进世界文化和文明的交流与发展，有效地帮助解决社会生活中的各种争端与困惑。

当今社会，高校的人才培养工作与科学研究工作都愈来愈直接面向国家和地方社会经济发展的需要，力图解决重大社会现实问题。在宏观层面，许多国家在科技政策中确立了优先资助某些研究领域的战略，并将大学纳入这一体系

① 上海社会科学院智库研究中心.2013 年中国智库报告：影响力排名与政策建议.上海：上海社会科学院出版社，2014.

② 樊丽萍，姜澎.高校智库：从数量增长转向质量提升.文汇报，2016－04－04.

之中，同时越来越多的高校直接领导或参与涉及国家和社会重大利益的研究课题。在微观层面，企业开始压缩研发机构，注重集成创新，把高校研究工作与企业内部研究工作有机结合起来。这种变化为高校加强与企业的合作关系提供了新的机遇，使得高校与产业界的联系更加紧密，高校科技的经济功能得到加强。同时，在教育层面突出高等教育的重要地位，构建终身教育体系，使高等教育成为创造学习型社会的中坚力量。

为此，高校必须树立服务意识，结合社会发展的特点，不断调整自身战略与发展方式，以满足日益增长的社会需求。高校应该以主动的姿态引领社会的进步与潮流，成为社会发展的火车头、创新创造的发动机、加快经济发展转型和推动社会进步的重要力量。

第五章
高水平大学建设与学科建设

我国重点大学建设最早可以追溯到 1959 年的《中共中央关于在高等学校中指定一批重点学校的决定》，该决定将北京大学、清华大学等 20 所高校确定为全国重点大学。1960 年，《中共中央关于增加全国重点高等学校的决定》将全国重点大学增加至 64 所。改革开放后，国务院颁布《关于恢复和办好全国重点高等学校的报告》，最终确定 88 所大学为全国重点大学。20 世纪 90 年代，我国重点大学建设步伐开始加快，先后实施了"211 工程"和"985 工程"，重点支持一批有雄厚基础与实力的高校建成世界一流大学或知名高水平研究性大学。

21 世纪以来，在"211 工程""985 工程"基础上，我国继续加大对重点大学与学科建设的支持力度，陆续实施了"985 工程优势学科创新平台""111 计划""卓越计划"等项目，以重点支持项目高校或其部分学科的建设。2012 年，国家正式启动"2011 计划"，旨在加强协同创新，深化体制机制改革，转变创新方式，打造冲击世界一流大学的新优势。2015 年，国务院印发《统筹推进世界一流大学和一流学科建设总体方案》，开启新一轮重点大学与学科建设。该方案提出"三步走"战略，明确提出到本世纪中叶，使我国一流大学和一流学科的数量和实力进入世界前列，建成高等教育强国。

第一节　重点建设工程

一、"211 工程"

"211 工程"，即面向 21 世纪重点建设 100 所左右的高等学校和一批重点学科的工程。该工程于 1995 年 11 月经国务院批准后正式启动，是新中国成立以来由国家立项在高等教育领域进行的规模最大、层次最高的重点建设工作，是中国政府实施"科教兴国"战略的重大举措，开辟了我国重点大学建设的新局面。

1. 实施背景

在全球化背景下，以经济和科技实力为基础的综合国力竞争愈发激烈，为应对这一挑战，党中央从我国国情和社会主义现代化建设的实际出发提出"科教兴国"战略，在党的十四大报告中提出了"振兴经济首先要振兴科技"、"必须把教育摆在优先发展的战略地位"。另外，改革开放后，虽然我国经济建设取得了举世瞩目的成就，但与经济迅速发展不相匹配的是我国高等教育水平仍然较低，无论在数量规模还是在层次质量上都与发达国家有较大的差距，经济发展后劲乏力。

"211 工程"自 1990 年开始酝酿。1990 年 6 月，国家教委在制定全国教育事业十年规划和"八五"计划时，即研究了在"八五"计划期间集中力量办好一批重点高校的问题。当时提出在二到三个五年计划内，有计划地重点投资建成 30 所左右的重点大学，后考虑到要形成一批行业带头学校，经过多次研究，确定了到 2000 年前后，重点建设 100 所左右的高等学校和一批重点学科、专业，在教育质量、科学研究、管理水平及办学效益等方面有较大的突破与提高，在教育改革方面有明显进展，力争到 21 世纪初有部分高等学校和学科、专业接近或达到国际一流大学的水平。

1995 年 11 月，经国务院批准，国家计委、国家教委、财政部联合发布《关于印发〈"211 工程"总体建设规划〉的通知》，标志着"211 工程"正式启动。该通知对"211 工程"的总体建设目标及任务、工程建设的主要内容、"九五"计划期间的建设规划任务、具体建设方式、工程建设资金以及建设程序与组织管理等方面做出了明确的规定。

2. 总体情况

"211 工程"建设的主要目标与内容包括三个部分：一是 100 所左右的高等学校整体基础提升，二是一批重点学科点建设，三是高等教育公共服务体系与能力提升。"211 工程"建设共分为三个阶段：(1) 1995 年国务院批准《"211 工程"总体建设规划》，标志着"211 工程"一期建设启动，其主要时间段在"九五"计划期间，是国家"九五"计划期间高等教育发展的重点工程。"211 工程"一期建设资金为 196.08 亿元，其中中央安排专项资金 27.55 亿元、部门和地方配套 95.95 亿元、学校自筹 72.58 亿元。用于重点学科建设 67.54 亿元、学校和全国的公共服务体系建设 36.35 亿元、基础设施建设等 92.19 亿元。一期建设主要是改善了一批高等学校的基础教学和科研条件，并开始布局重点学科建设。(2) 2002 年国家计委、教育部、财政部印发《关于"十五"期间加强"211 工程"项目建设的若干意见》，标志着二期建设开始实施。在"十五"计划期间，建设资金为 187.5 亿元，其中中央安排专项资金 60 亿元、部门和地方配套 59.7 亿元、学校自筹 67.8 亿元。用于重点学科建设 97.9 亿元、公共服务体系建设 37.1 亿元、师资队伍建设 22.2 亿元、基础设施建设等 30.3 亿元。经过第一阶段的探索，"211 工程"二期建设目标更加明确，以"上质量、上水平"为原则，继续以重点学科建设为核心，并进一步提升公共服务体系建设和学校整体条件建设。(3) 2008 年国家发展改革委、教育部、财政部发布《高等教育"211 工程"三期建设总体方案》，标志着三期建设正式开展，"211 工程"

三期建设资金共计 197.5 亿元，其中重点学科建设总投资约 127.2 亿元，创新人才培养和队伍建设 62.3 亿元，公共服务能力提升共计 8 亿元（包括中国教育和科研计算机网建设 3.6 亿元、高等教育文献保障体系 3.6 亿元、高等学校仪器设备和优质资源共享系统 0.8 亿元）。

"211 工程"是加快我国高等教育发展的"基础工程"，不仅解决了部分重点院校基础设施薄弱、科研设备落伍等问题，还进一步创新了人才培养模式，确立了以学科建设为核心的指导思想，推进了体制机制改革，提升了社会服务能力与水平，提高了我国高等教育的国际影响力，成为中国高等教育的优质品牌（具体名单见表 5 - 1）。

表 5 - 1　"211 工程"学校名单（共计 112 所）

所在地	学校	所在地	学校	所在地	学校
北京 （26 所）	北京大学	天津 （4 所）	南开大学	江苏 （11 所）	南京大学
	中国人民大学		天津大学		东南大学
	清华大学		天津医科大学		南京航空航天大学
	北京理工大学		河北工业大学		南京理工大学
	北京航空航天大学	山西 （1 所）	太原理工大学		河海大学
	中国农业大学	内蒙古 （1 所）	内蒙古大学		南京农业大学
	北京师范大学	辽宁 （4 所）	东北大学		中国药科大学
	中央民族大学		辽宁大学		南京师范大学
	北京交通大学		大连理工大学		江南大学
	北京工业大学		大连海事大学		中国矿业大学
	北京科技大学	吉林 （3 所）	吉林大学		苏州大学
	北京化工大学		东北师范大学	浙江 （1 所）	浙江大学
	北京邮电大学		延边大学	安徽 （3 所）	中国科学技术大学
	北京林业大学	黑龙江 （4 所）	哈尔滨工业大学		安徽大学
	北京中医药大学		东北林业大学		合肥工业大学
	北京外国语大学		哈尔滨工程大学	湖北 （7 所）	武汉大学
	中国传媒大学		东北农业大学		华中科技大学

续前表

所在地	学校	所在地	学校	所在地	学校
北京 （26所）	中国矿业大学（北京）	上海 （10所）	复旦大学	湖北 （7所）	武汉理工大学
	对外经济贸易大学		同济大学		中国地质大学（武汉）
	中央音乐学院		上海交通大学		中南财经政法大学
	中国地质大学（北京）		第二军医大学		华中师范大学
	中国政法大学		上海大学		华中农业大学
	中国石油大学（北京）		东华大学	广东 （4所）	华南师范大学
	华北电力大学		华东师范大学		华南理工大学
	中央财经大学		上海外国语大学		暨南大学
	北京体育大学		上海财经大学		中山大学
湖南 （4所）	湖南大学		华东理工大学	陕西 （8所）	西北工业大学
	中南大学	四川 （5所）	四川大学		西安交通大学
	国防科学技术大学		电子科技大学		第四军医大学
	湖南师范大学		西南交通大学		西北大学
重庆市 （2所）	重庆大学		西南财经大学		西安电子科技大学
	西南大学		四川农业大学		长安大学
新疆 （2所）	新疆大学	宁夏 （1所）	宁夏大学		陕西师范大学
	石河子大学				西北农林科技大学
青海 （1所）	青海大学	甘肃 （1所）	兰州大学	广西 （1所）	广西大学
西藏 （1所）	西藏大学	贵州 （1所）	贵州大学	福建 （2所）	厦门大学
					福州大学
云南 （1所）	云南大学	海南 （1所）	海口大学		
河南 （1所）	郑州大学	江西 （1所）	南昌大学		

资料来源：教育部网站。

二、"985 工程"

1998年5月4日，时任国家主席江泽民在庆祝北京大学建校100周年大会上宣布："为了实现现代化，我国要有若干所具有世界先进水平的一流大学。"

根据这次讲话的内容与精神，教育部在《面向 21 世纪教育振兴行动计划》中，把支持部分高等学校创建具有世界先进水平的一流大学和一流学科列为优先战略目标，上述决定被称为"985 工程"。

1. 实施背景

20 世纪 90 年代，随着知识经济的发展、经济全球化和高等教育国际化的到来，越来越多的国家重视高等教育对国家发展的作用，几乎所有发达国家都有世界一流大学，这些大学对本国的经济、科技、社会、军事等各个领域的发展都有着重大影响。我国高等教育起步较晚且在相当长的时间内发展较慢，随着"211 工程"的实施，国内部分重点大学的办学条件得到了显著改善，学校的整体实力也逐渐增强，特别是少数大学或学科已达到或接近国际先进水平，为创建世界一流大学创造了条件。我国经济长时间稳定的增长和财力的增强为发展高等教育、支持世界一流大学建设提供了有力的物质保障。

1998 年 12 月 24 日，教育部发布《面向 21 世纪教育振兴行动计划》，决定重点支持部分高等学校创建具有世界先进水平的一流大学和一流学科。该计划指出："建设世界一流大学，具有重大的战略意义"；"经过长期的建设和积累，我国少数大学在少数学科和高新技术领域已达到和接近国际先进水平，拥有一批高水平的教授，尤其是本科生培养质量较高，为创建世界一流大学创造了条件"；"一流大学建设要有政府的支持、资金的投入"；"要相对集中国家有限财力，调动多方面积极性，从重点学科建设入手，加大投入力度，对于若干所高等学校和已经接近并有条件达到国际先进水平的学科进行重点建设。今后 10～20 年，争取若干所大学和一批重点学科进入世界一流水平"。1999 年 1 月 13 日，国务院批转了该项计划，"985 工程"正式实施。

2. 总体情况

"985 工程"建设的主要目标是经过若干年的努力，建成若干所世界一流大学和一批国际知名的高水平研究型大学。通过管理体制创新，运行机制创新，积极探索世界一流大学建设的新机制；造就和引进一批具有世界一流水平的学术带头人和学术团队；重点建设一批科技创新平台和哲学社会科学创新基地，促进一批世界一流学科的形成。

"985 工程"建设共实施了三期：（1）"985 工程"一期从 1999 年开始，2001 年结束，主要从重点学科建设开始入手，加大投入力度，进一步加强高校基础设施等硬件建设，同时对内部的管理体制、人事分配制度、教学科研的管理等进行了一系列重大改革，使学校在运行机制上进一步适应国际国内竞争和发展的需要，一期中央专项资金约为 145 亿元，地方政府配套资金约为 110 亿元，主管部门配套资金约为 16 亿元。（2）2004 年 3 月 3 日，国务院批转教育部

《2003—2007年教育振兴行动计划》，决定继续实施"985工程"，二期建设正式启动。"985工程"二期主要用于平台基地与师资队伍建设，并强调将学校整体建设与重点学科建设相结合，重点建设一批"985工程"科技创新平台和哲学社会科学创新基地，促进一批世界一流学科的形成，二期中央专项资金为189亿元。(3) 2010年6月，教育部、财政部发布了《教育部、财政部关于加快推进世界一流大学和高水平大学建设的意见》，结合《国家中长期教育改革和发展规划纲要（2010—2020年)》的制定与实施，正式启动第三期建设。三期资金主要用于重点学科和高层次人才引进工作，培养造就一批活跃在国际学术最前沿和国家重大战略需求领域的一流科学家、学科领军人才和创新团队，加快引进海外一流人才、紧缺人才和优秀群体。

通过"985工程"的实施，高层次人才的培养规模和质量不断提高，"985工程"高校承担了众多前沿科学研究和重大技术创新研究任务，产出了一批代表国家最高水平的重大科研成果，进一步提升了服务国家经济社会发展的能力，加快了我国建设世界一流大学的步伐（具体名单见表5-2）。

表5-2　"985工程"学校名单（共计39所）

北京大学	中国人民大学	清华大学
北京航空航天大学	北京理工大学	中国农业大学
北京师范大学	中央民族大学	南开大学
天津大学	大连理工大学	东北大学
吉林大学	哈尔滨工业大学	复旦大学
同济大学	上海交通大学	华东师范大学
南京大学	东南大学	浙江大学
中国科学技术大学	厦门大学	山东大学
中国海洋大学	武汉大学	华中科技大学
湖南大学	中南大学	国防科学技术大学
中山大学	华南理工大学	四川大学
电子科技大学	重庆大学	西安交通大学
西北工业大学	西北农林科技大学	兰州大学

资料来源：教育部网站。

三、"2011计划"

"2011计划"是继"211工程""985工程"之后，我国高等教育领域又一项体现国家意志的重大战略举措。该计划按照"国家急需、世界一流"的要求，结合国家中长期教育、科技发展规划纲要和"十二五"相关行业领域以及地方重点发展规划，发挥高校多学科、多功能的优势，积极联合国内外创新力量，有效聚集创新要素和资源，构建协同创新的新模式，形成协同创新的新优势。

1. 实施背景

21世纪以来，我国高等教育已进入更加注重内涵提升的新的发展阶段，在高校综合实力不断增强的同时，要求高校面向科学前沿和国家发展需求，在质量、特色和结构上下功夫。当前，高校科研经费快速增长，为提高科技水平奠定了坚实的基础，但传统的思想观念和体制机制成为制约科技创新的最主要因素。打破分散封闭、加强协同创新、促进科教融合和产学研用融合等发展理念，必将对加快国家创新体系建设和人力资源强国建设产生深远的影响。

2011年4月24日，时任国家主席胡锦涛在清华大学百年校庆上发表讲话时提出了"推动协同创新"的理念和要求。为落实讲话精神，2012年5月7日，教育部、财政部联合召开工作会议，正式启动实施"2011计划"。

2. 总体情况

按照"2011计划"的部署，2013年至2017年，教育部、财政部在国际科学前沿和国家经济社会发展中最为迫切的领域，择优、择重认定不超过80个协同创新中心。在经费支持方面，首批认定的前沿类协同创新中心支持5 000万元经费，其他三类支持3 000万元经费。同时教育部每年都拿出一定的博士研究生招生指标，按照不同协同创新中心的类型和依托研究生培养质量，专门用于支持认定中心的人才培养（协同创新中心具体名单见表5-3）。

表5-3　协同创新中心认定名单

2012年度协同创新中心认定名单			
序号	中心名称	主要协同单位	类别
1	量子物质科学协同创新中心	北京大学、清华大学、中科院物理所等	前沿
2	生物治疗协同创新中心	四川大学、清华大学、中国医学科学院、南开大学等	前沿
3	天津化学化工协同创新中心	天津大学、南开大学等	前沿

续前表

序号	中心名称	主要协同单位	类别
4	量子信息与量子科技前沿协同创新中心	中国科学技术大学、南京大学、中科院上海技物所、中科院半导体所、国防科技大学等	前沿
5	中国南海研究协同创新中心	南京大学、中国南海研究院、海军指挥学院、中国人民大学、四川大学、中国社科院边疆史地中心、中科院地理资源所等	文化
6	司法文明协同创新中心	中国政法大学、吉林大学、武汉大学等	文化
7	宇航科学与技术协同创新中心	哈尔滨工业大学、中航科技集团等	行业
8	先进航空发动机协同创新中心	北京航空航天大学、中航工业集团等	行业
9	有色金属先进结构材料与制造协同创新中心	中南大学、北京航空航天大学、中国铝业公司、中国商飞公司等	行业
10	轨道交通安全协同创新中心	北京交通大学、西南交通大学、中南大学等	行业
11	河南粮食作物协同创新中心	河南农业大学、河南工业大学、河南省农科院等	区域
12	长三角绿色制药协同创新中心	浙江工业大学、浙江大学、上海医药工业研究院、浙江食品药品检验研究院、浙江医学科学院、药物制剂国家工程研究中心等	区域
13	苏州纳米科技协同创新中心	苏州大学、苏州工业园区等	区域
14	江苏先进生物与化学制造协同创新中心	南京工业大学、清华大学、浙江大学、南京邮电大学、中科院过程工程研究所等	区域
2014 年度协同创新中心认定名单			
1	人工微结构科学与技术协同创新中心	南京大学、复旦大学、浙江大学、上海交通大学等	科学前沿
2	信息感知技术协同创新中心	西安电子科技大学、中国电子科技集团公司等	行业产业
3	辽宁重大装备制造协同创新中心	大连理工大学、东北大学、沈阳工业大学、大连交通大学、沈阳鼓风机集团股份有限公司等	区域发展

续前表

序号	中心名称	主要协同单位	类别
4	能源材料化学协同创新中心	厦门大学、复旦大学、中国科学技术大学、中国科学院大连化学物理研究所等	科学前沿
5	地球空间信息技术协同创新中心	武汉大学、中国航天科技集团、清华大学、北京航空航天大学等	行业产业
6	高性能计算协同创新中心	国防科学技术大学、中山大学、中国电子信息产业集团有限公司等	行业产业
7	无线通信技术协同创新中心	东南大学、清华大学、电子科技大学、北京邮电大学等	行业产业
8	先进核能技术协同创新中心	清华大学、中国核工业建设集团、中国华能集团、中国广东核电集团有限公司、上海电气（集团）总公司、国家核电技术公司、中国电力投资集团公司等	行业产业
9	南方稻田作物多熟制现代化生产协同创新中心	湖南农业大学、湖南杂交水稻研究中心、江西农业大学等	区域发展
10	钢铁共性技术协同创新中心	北京科技大学、东北大学等	行业产业
11	IFSA 协同创新中心	上海交通大学、中国工程物理研究院等	科学前沿
12	北京电动车辆协同创新中心	北京理工大学、北京汽车集团有限公司、清华大学、北京交通大学、国网北京市电力公司等	区域发展
13	煤炭分级转化清洁发电协同创新中心	浙江大学、清华大学、华东理工大学、中国华能集团公司、中国国电集团公司、神华集团有限责任公司、中国东方电气集团有限公司等	行业产业
14	高端制造装备协同创新中心	西安交通大学、浙江大学、沈阳机床（集团）有限责任公司、陕西秦川机床工具集团有限公司等	行业产业
15	感染性疾病诊治协同创新中心	浙江大学、清华大学、香港大学、中国疾病预防控制中心等	科学前沿
16	高新船舶与深海开发装备协同创新中心	上海交通大学、中国船舶工业集团公司、中国海洋石油总公司等	行业产业

续前表

序号	中心名称	主要协同单位	类别
17	智能型新能源汽车协同创新中心	同济大学、上海汽车集团股份有限公司、清华大学、湖南大学、天津大学、国家信息中心、潍柴动力股份有限公司、中国电力科技集团公司52所、中科院电动汽车研发中心等	行业产业
18	未来媒体网络协同创新中心	上海交通大学、北京大学等	行业产业
19	重庆自主品牌汽车协同创新中心	重庆大学、重庆长安汽车股份有限公司、中国汽车工程研究院股份有限公司等	区域发展
20	国家领土主权与海洋权益协同创新中心	武汉大学、复旦大学、中国政法大学、外交学院、郑州大学、中国社科院中国边疆史地研究中心、水利部国际经济技术合作交流中心等	文化传承创新
21	中国基础教育质量监测协同创新中心	北京师范大学、华东师范大学、东北师范大学、华中师范大学、陕西师范大学、西南大学、中国教育科学研究院、教育部考试中心、安徽科大讯飞信息科技股份有限公司等	文化传承创新
22	中国特色社会主义经济建设协同创新中心	南开大学、南京大学、中国人民大学、中国社会科学院经济学部、国家统计局统计科学研究所等	文化传承创新
23	出土文献与中国古代文明研究协同创新中心	清华大学、复旦大学、安徽大学、北京大学、湖南大学、吉林大学、首都师范大学、中国人民大学、中国社会科学院历史研究所、中国文化遗产研究院、中山大学等	文化传承创新
24	两岸关系和平发展协同创新中心	厦门大学、复旦大学、福建师范大学、中国社会科学院台湾研究所等	文化传承创新

资料来源：教育部网站。

　　"2011计划"是"211工程""985工程"的发展和延续，三者依据我国高等教育不同发展阶段的不同要求，各有侧重，相互依托。"211工程""985工程"重在学科、人才、平台等创新要素的发展，重在高校内部的建设。"2011计划"重在高校的机制体制改革，重在推动高校内部以及与外部创新力量之间创新要素的融合发展。推进高校建立协同创新模式，也将带动与推进"211工程"和"985 工程"的实施，激发高水平大学建设的整体合力①。

四、"双一流"计划

2015 年 10 月，国务院印发《统筹推进世界一流大学和一流学科建设总体方案》，要求按照"四个全面"战略布局和党中央、国务院决策部署，坚持以中国特色、世界一流为核心，以立德树人为根本，以支撑创新驱动发展战略、服务经济社会发展为导向，坚持"以一流为目标、以学科为基础、以绩效为杠杆、以改革为动力"的基本原则，加快建成一批世界一流大学和一流学科，简称"双一流"计划。

1. 实施背景

自 20 世纪 90 年代以来，中国高等教育的综合实力显著提升，特别是一些高水平大学的综合实力和国际影响力显著提高，在一定程度上带动提升了我国高等教育的整体水平，有力支撑了经济社会的持续快速发展。经验证明，"集中资源、率先突破、带动整体"的重点建设道路，充分发挥了社会主义制度集中力量办大事的优越性，迅速缩小了我国与高等教育强国之间的差距，为进一步建设世界一流大学和一流学科打下了很好的基础②。

"十二五"规划期间，尤其是党的十八大以来，教育改革全面深入，发展水平进入世界中上等行列。我国经济发展步入新常态，党中央提出了"四个全面"战略布局，十八届五中全会深刻指出，必须把创新摆在国家发展全局的核心位置，深入实施创新驱动发展战略。新形势和新任务对高等教育实施内涵式发展、提高国际竞争力提出了更高的要求。2014 年 5 月，习近平总书记在北京大学师生座谈会上明确指出，要坚定不移地建设世界一流大学。李克强总理多次要求，要通过改革，优化教育资源配置，激发办学活力，为持续发展经济、保障和改善民生做出更大贡献。国家教育体制改革领导小组认真总结以往建设经验，深入分析世界上高水平大学建设规律和趋势，提出了推进世界一流大学建设的新方案。经多次研究讨论，在全面深化改革领导小组第十五次会议上，审议通过了《统筹推进世界一流大学和一流学科建设总体方案》（简称《总体方案》）。《总体方案》由国务院在 2015 年 10 月正式印发。2017 年 1 月，教育部、财政部、国家发展改革委联合印发《统筹推进世界一流大学和一流学科建设实施办

①　袁贵仁，郭新立. 中国高水平大学建设之路：从 211 工程到 2011 计划. 北京：高等教育出版社，2012.

②　人民日报政文谈"双一流"目标与"985""211"的关系. http://www.edu.cn/jiao_shi_pin_dao/re_dian_ping_shuo/201606/t20160623_1419841.shtml.

法（暂行）》（简称《实施办法》），正式启动"双一流"计划建设。

2. 总体情况

"双一流"政策同时聚焦一流大学和一流学科建设，希望通过分层和分类的建设思路，鼓励高校的"差别化发展"。主要包括三种建设思路：一是拥有多个国内领先、国际前沿高水平学科的大学，要在多领域建设一流学科，形成一批相互支撑、协同发展的一流学科，全面提升综合实力和国际竞争力，进入世界一流大学行列或前列；二是拥有若干处于国内前列、在国际同类院校中居于优势地位的高水平学科的大学，要围绕主干学科，强化办学特色，建设若干一流学科，扩大国际影响力，带动学校进入世界同类高校前列；三是拥有某一高水平学科的大学，要突出学科优势，提升学科水平，进入该学科领域世界一流行列或前列。

根据《总体方案》，到2020年，中国若干所大学和一批学科进入世界一流行列，若干学科进入世界一流学科前列；到2030年，更多的大学和学科进入世界一流行列，若干所大学进入世界一流大学前列，一批学科进入世界一流学科前列，高等教育整体实力显著提升；到本世纪中叶，一流大学和一流学科的数量和实力进入世界前列，基本建成高等教育强国。在《实施办法》里提出了"双一流"建设高校实行动态管理，每五年一个建设周期，建设高校实行总量控制、开放竞争、动态调整。

在国家层面"双一流"政策的驱动与影响下，各省级地方政府也结合自身经济社会发展需求和基础条件，进一步加大统筹推动本区域内有特色高水平大学和优势学科建设，积极探索有地方特色的高校一流建设之路。广东省于2015年正式启动"高水平大学"建设计划，总投资约150亿元，力争用5～10年时间，建成若干所具有较高水平和影响力的大学，培育一批在全国乃至全世界占有一席之地的特色重点学科；北京市实施"高精尖"创新中心计划，集中力量建设20个左右的"高精尖"创新中心，每个中心支持5 000万元，力争在重点领域、核心技术等方面取得重大突破，切实解决区域面临的重大问题，培养一批杰出人才。在广东、北京之后，上海、江苏、湖北、陕西、山东、浙江等高教大省与强省也全面启动了类似的区域高水平大学打造计划，竞争程度日趋激烈。

"双一流"计划的启动是党中央、国务院在新的历史时期，为提升我国教育发展水平、增强国家核心竞争力、奠定长远发展基础做出的重大战略决策，坚持不懈地推进世界一流大学和一流学科建设，也是我国未来一个时期的重大战略部署。该计划的正式启动标志着国家新一轮高等教育重点建设拉开序幕，对中国高校来说是全新的机遇，也将对中国特色世界一流大学行列产生深远的影响。

3. "双一流"高校名单

（1）一流大学建设高校42所。

1）A类36所。

北京大学、中国人民大学、清华大学、北京航空航天大学、北京理工大学、中国农业大学、北京师范大学、中央民族大学、南开大学、天津大学、大连理工大学、吉林大学、哈尔滨工业大学、复旦大学、同济大学、上海交通大学、华东师范大学、南京大学、东南大学、浙江大学、中国科学技术大学、厦门大学、山东大学、中国海洋大学、武汉大学、华中科技大学、中南大学、中山大学、华南理工大学、四川大学、电子科技大学、重庆大学、西安交通大学、西北工业大学、兰州大学、国防科技大学。

2）B类6所。

东北大学、郑州大学、湖南大学、云南大学、西北农林科技大学、新疆大学。

（2）一流学科建设高校95所。

北京交通大学、北京工业大学、北京科技大学、北京化工大学、北京邮电大学、北京林业大学、北京协和医学院、北京中医药大学、首都师范大学、北京外国语大学、中国传媒大学、中央财经大学、对外经济贸易大学、外交学院、中国人民公安大学、北京体育大学、中央音乐学院、中国音乐学院、中央美术学院、中央戏剧学院、中国政法大学、天津工业大学、天津医科大学、天津中医药大学、华北电力大学、河北工业大学、太原理工大学、内蒙古大学、辽宁大学、大连海事大学、延边大学、东北师范大学、哈尔滨工程大学、东北农业大学、东北林业大学、华东理工大学、东华大学、上海海洋大学、上海中医药大学、上海外国语大学、上海财经大学、上海体育学院、上海音乐学院、上海大学、苏州大学、南京航空航天大学、南京理工大学、中国矿业大学、南京邮电大学、河海大学、江南大学、南京林业大学、南京信息工程大学、南京农业大学、南京中医药大学、中国药科大学、南京师范大学、中国美术学院、安徽大学、合肥工业大学、福州大学、南昌大学、河南大学、中国地质大学、武汉理工大学、华中农业大学、华中师范大学、中南财经政法大学、湖南师范大学、暨南大学、广州中医药大学、华南师范大学、海南大学、广西大学、西南交通大学、西南石油大学、成都理工大学、四川农业大学、成都中医药大学、西南大学、西南财经大学、贵州大学、西藏大学、西北大学、西安电子科技大学、长安大学、陕西师范大学、青海大学、宁夏大学、石河子大学、中国石油大学、宁波大学、中国科学院大学、第二军医大学、第四军医大学。

第二节　重点建设取得的成效

一、国际影响力的提升

一系列重点建设计划的开展，特别是"211 工程"、"985 工程"和"双一流"计划的实施，不仅打造了我国高水平大学的品牌，也使我国高水平大学国际竞争力与国际影响力显著提升，最直接表现在三大世界大学排行榜排名的提升、高被引论文与 ESI 入围院校的增多等方面。

1. 三大世界大学排行榜表现渐佳

（1）世界大学学术排名。世界大学学术排行榜（academic ranking of world university，ARWU）是由上海交通大学高等教育研究院世界一流大学研发中心的研究人员独立完成，于 2003 年在网站上首次公布，旨在对世界一流大学建设的进展进行客观评估的综合大学排名。该排名以其客观透明的排名方法、翔实可靠的数据来源，在国际上得到了广泛认可。世界大学学术排行榜注重大学的科研水平，认为世界一流大学应该是世界一流的研究型大学，拥有顶尖的创新性科研成果，拥有一批顶尖的科研创新人才。

在 2003 年世界大学学术排行榜中总排名及单项指标的排名中，我国共有 9 所大学进入榜单（不含港澳台地区），均是"985 工程"大学。综合来看，我国大学整体排名落后，没有一所大学进入前 200，排名最靠前的是清华大学（201～250），排名前 300 的共有 2 所，另一所是北京大学（251～300），其余 7 所大学全部位于 300 名之后（见表 5 - 4）。

表 5 - 4　2003 年 ARWU 中国高校排名

国内排名	学校	世界排名	国内排名	学校	世界排名
1	清华大学	201～250	6	浙江大学	351～400
2	北京大学	251～300	7	上海交通大学	401～450
3	复旦大学	301～350	8	吉林大学	451～500
4	南京大学	301～350	9	山东大学	451～500
5	中国科学技术大学	301～350			

2019 年，我国大学在世界大学学术排行榜中总排名及单项指标均有较大的突破，特别是在学校整体排名上，清华大学、北京大学、浙江大学、上海交通

大学入围百强，200 强之内的高校达到 17 所（见表 5-5）。

表 5-5 2019 年 ARWU 中国高校排名
（世界前 400 名）

国内排名	学校	世界排名	国内排名	学校	世界排名
1	清华大学	43	18~27	吉林大学	201~300
2	北京大学	53	18~27	南开大学	201~300
3	浙江大学	70	18~27	山东大学	201~300
4	上海交通大学	82	18~27	华南理工大学	201~300
5~8	复旦大学	101~150	18~27	天津大学	201~300
5~8	华中科技大学	101~150	18~27	同济大学	201~300
5~8	中山大学	101~150	18~27	厦门大学	201~300
5~8	中国科学技术大学	101~150	28~39	北京理工大学	301~400
9~17	中南大学	151~200	28~39	首都医科大学	301~400
9~17	哈尔滨工业大学	151~200	28~39	中国农业大学	301~400
9~17	南京大学	151~200	28~39	重庆大学	301~400
9~17	四川大学	151~200	28~39	华东理工大学	301~400
9~17	苏州大学	151~200	28~39	湖南大学	301~400
9~17	东南大学	151~200	28~39	兰州大学	301~400
9~17	电子科技大学	151~200	28~39	南京理工大学	301~400
9~17	武汉大学	151~200	28~39	西北工业大学	301~400
9~17	西安交通大学	151~200	28~39	深圳大学	301~400
18~27	北京航空航天大学	201~300	28~39	北京科技大学	301~400
18~27	北京师范大学	201~300	28~39	武汉理工大学	301~400
18~27	大连理工大学	201~300			

（2）QS 世界大学排名。QS 是由教育组织 Quacquarelli Symonds 所发布的年度世界大学排名。2009 年 10 月前，QS 与《泰晤士高等教育》合作，发布世界大学排名于《泰晤士高等教育增刊》，称其为 "THE-QS 世界大学排名"；2010 年起，QS 以原有的方式继续公布自己的排行榜。QS 世界大学排名涵盖世界大学综合排名、学科分类排名、三个持不同准则的地区性大学排名（亚洲、拉丁美洲、金砖五国）、全球顶尖年轻大学排名、全球最佳求学城市排名等。

在 2010 年 QS 世界大学排名中，我国共有 6 所大学入围，也都是 "985 工程" 大学。北京大学、清华大学 2 所高校排在 100 名之内，其余均在 100 名之外（见表 5-6）。

表 5-6　2010 年我国大学在 QS 排行榜上的表现

国内排名	QS 世界排名	学校
1	47	北京大学
2	54	清华大学
3	105	复旦大学
4	151	上海交通大学
5	154	中国科学技术大学
6	177	南京大学

2021 年，我国大学在 QS 排行榜中的排名有了较大的突破，特别是进入前 100 名的高校增加了复旦大学、上海交通大学两所，清华大学与北京大学的排名也大幅上升，分别是第 15 位和第 23 位。国内有 26 所大学进入世界前 500 强（见表 5-7）。

表 5-7　2021 年我国大学在 QS 排行榜上的表现

国内排名	QS 世界排名	学校	国内排名	QS 世界排名	学校
1	15	清华大学	14	323	南方科技大学
2	23	北京大学	15	377	南开大学
3	34	复旦大学	16	387	上海大学
4	47	上海交通大学	17	387	天津大学
5	53	浙江大学	18	392	北京理工大学
6	93	中国科学技术大学	19	396	华中科技大学
7	124	南京大学	20	432	厦门大学
8	246	武汉大学	21	446	北京科技大学
9	256	同济大学	22	449	北京航空航天大学
10	260	哈尔滨工业大学	23	462	华南理工大学
11	263	中山大学	24	485	山东大学
12	279	北京师范大学	25	493	吉林大学
13	303	西安交通大学	26	493	东南大学

（3）《泰晤士高等教育》（THE）大学排名。THE 是英国出版的一份高等教育报刊。自 2004 年 11 月起，THE 与 QS 合作每年推出一次世界大学排名，即 THE-QS 世界大学排名。2010 年起，THE 与 QS 中止合作，独立推出世界

大学排行榜，即 THE 世界大学排行榜。THE 世界大学排行榜主要反映大学的科研质量、教育质量和国际化水平。它强调根据大学的当前实力做出评估，或至少根据大学最近发表的统计数据进行排名。

2004 年，我国高校整体排名比较落后，仅有 4 所大学上榜，排名最靠前的是北京大学，其次是清华大学，两所大学均在前 100 名之列，中国科学技术大学与复旦大学分别排在 154 名、196 名。

2020 年，我国共有 10 所大学入围 THE 世界大学排行榜，除 2004 年的 4 所大学外，南京大学、上海交通大学、浙江大学、华中科技大学等的排名与往年相比也有所提升（见表 5 - 8）。

表 5 - 8　2020 年我国大学在 THE 排行榜上的表现

世界排名	学校	世界排名	学校
23	清华大学	301～350	华中科技大学
24	北京大学	301～350	南方科技大学
80	中国科学技术大学	351～400	南开大学
107	浙江大学	351～400	武汉大学
109	复旦大学	401～500	中南大学
144	南京大学	401～500	哈尔滨工业大学
157	上海交通大学	401～500	湖南大学
251～300	中山大学	401～500	同济大学
301～350	北京师范大学		

2. 高被引论文与 ESI 入围院校的增多

1995 年，我国"211 工程"学校合计发表 SCI 和 SSCI 论文 8 430 篇，相当于美国哈佛大学一所学校发表的论文数，平均每校只有 75 篇，不到澳大利亚八校联盟校均发表论文数的 1/15，不到英国罗素大学集团校均发表论文数的 1/20，不到美国大学协会校均发表论文数的 1/30。2010 年，我国 SCI 和 SSCI 论文发表数量升至世界第二位，"211 工程"学校校均发表论文数已达到近 900 篇，是 1995 年的 12 倍，相当于美、英、澳研究型大学群体校均发表论文数的 1/4～1/3。2016 年论文发表数量与被引用篇数均大幅度提升，特别是部分"985 工程"顶尖高校的领军作用凸显，上海交通大学以 9 371 篇高居榜首，中国科学院大学以 9 257 篇紧随其后，浙江大学、清华大学、北京大学的发文数量均突破 8 000 篇。

学校发表的国际论文在数量快速增长的同时，质量也快速提升，最主要表现在入围基本科学指标（essential science indicators, ESI）数据库的高校学科数量的增加。基本科学指标数据库是由世界著名的学术信息出版机构美国科技信息所于 2001 年推出的衡量科学研究绩效、跟踪科学发展趋势的基本分析评价工具，是基于汤森路透"Web of Science"所收录的全球 11 000 多种学术期刊的 1 000 多万条文献记录而建立的计量分析数据库。

2005 年，"211 工程"学校中仅有 26 所大学的 75 个学科进入 ESI 前 1%。到 2011 年，进入 ESI 前 1%的学科数量就翻了两番多，已经有 77 所大学的 383个学科入围，占中国所有 443 个入选学科的近 90%。到 2020 年，最新世界学科排名公布，我国进入 ESI 前 1%学科数大大增加，有 296 所大学学科排名跻身 ESI 前 1%。其中有 9 所院校进入世界前 200 名，分别是中国科学院大学（71名）、清华大学（78 名）、北京大学（80 名）、上海交通大学（92 名）、浙江大学（93 名）、复旦大学（132 名）、中山大学（162 名）、中国科学技术大学（170 名）、南京大学（174 名），内地高校占比超过 10%的学科有 5 个：化学、计算机科学、工程学、材料科学、数学。在此基础上，有多所高校的部分学科进入 ESI 排名前 1‰，浙江大学 9 个，北京大学和中国科学院大学均为 8 个，上海交通大学 7 个，清华大学 6 个，华中科技大学和山东大学均为 5 个，中国科学技术大学、哈尔滨工业大学、中山大学、华东理工大学、大连理工大学、复旦大学和四川大学均为 4 个，天津大学、武汉大学和中南大学均为 3 个，南京大学、吉林大学、中国农业大学、北京航空航天大学、北京协和医学院、华中农业大学、湖南大学、东南大学、南京农业大学、苏州大学、西安交通大学、西安电子科技大学、西北工业大学、西北农林科技大学、电子科技大学、南开大学均为 2 个，北京理工大学、北京师范大学、厦门大学、兰州大学、同济大学、重庆大学等 26 所高校各 1 个（见表 5 - 9）。

表 5 - 9　2020 年 ESI 排名中国高校 10 强

学校	总被引次数	入围学科数	世界排名
中国科学院大学	1 417 212	18	71
清华大学	1 317 946	20	78
北京大学	1 296 214	21	80
上海交通大学	1 193 858	19	92
浙江大学	1 186 517	19	93
复旦大学	955 545	19	132
中山大学	837 797	20	162
中国科学技术大学	813 808	14	170

续前表

学校	总被引次数	入围学科数	世界排名
南京大学	806 950	17	174
华中科技大学	709 278	16	204

资料来源：Web of Science-ESI 官网数据。

二、学科建设成效明显

一流的大学需要一流的学科，一流的学科是建设一流大学的重要基础与保证，学科建设也是大学发展的核心问题和永恒主题。重点建设以来，中国高水平大学通过并校和自主发展等方式，学科布局迅速拓宽，学科综合化程度明显提高。在重点建设进程中，无论是"211 工程"还是"985 工程"，再到后来的"双一流"建设，均将学科建设作为提升学校建设水平的主线。这些成绩的取得不仅得自于国家、教育部的重点政策和资金的扶持，而且也源于学校自身根据实际情况做出了相应的学科发展战略与计划，并围绕这一计划配套了丰富的资源。以下为教育部卓有成效的学科建设支持政策。

（1）支持学科建设的举措。国家、教育部对学科建设特别是重点学科建设的支持最早可以追溯到 1985 年颁布的《中共中央关于教育体制改革的决定》，该决定提出，"根据同行评议、择优扶植的原则，有计划地建设一批重点学科"。"211 工程"启动实施后，进一步加大了对重点学科的支持力度，其中二期投入重点学科建设资金 97.9 亿元；"985 工程"实施之初就从重点学科建设开始入手，二期将近 70%的中央专项资金用于重点学科平台与基地建设。2006 年，为进一步发挥高等学校学科的综合优势，尤其是行业特色型大学在所属行业领域全国顶尖的学科优势，国务院决定启动"985 工程优势学科创新平台"项目，在"211 工程"建设中不属于"985 工程"建设的中央部属高校中遴选 33 所高校，覆盖地质、医药、农林、水利、化工等学科领域，建设方式和周期与"985工程"相同，每期获得的中央财政资金额度与"985 工程"高校接近。同年，教育部下发《关于加强国家重点学科建设的意见》，结合建设创新型国家的战略部署，对学科结构布局等方面进行调整，促进学科交叉、融合和新兴学科的生长，同时调动地方政府与高校建设重点学科的积极性，建立多元的投入机制，构建重点学科国家、地方（部门）和所在单位三级建设与管理体系，改革评选方式，发挥国家重点学科的骨干与示范效应。为进一步构建完善的高等教育重点建设体系，提高特色重点学科为国家和区域经济社会发展以及行业服务的能力，建设有特色、高水平大学，2010 年，教育部、财政部开始实施"特色重点学科项目"。以重点学科建设为基础，启动全国 74 所国家特色重点学科项目建设高校工程。中央财政专项资金年度控制额度为人文社科管理类 170 万元/个，理农医类 350 万元/个，工类 450 万元/个，三年为一个周期，地方政府还将给予项目配套经费。2017 年，在《实施办法》中，也对建设一流学科做出了具体的要求，提出要按照"一流大学"和"一流学科"两类布局建设高校，明确支持建设 100 个左右学科，着力打造学科领域高峰。支持一批接近或达到世界先进水平的学科，强化学科建设绩效考核，引领高校提高办学水平和综合实力。

（2）一级学科评估。教育部学位与研究生教育发展中心（简称学位中心）于 2002 年起按照教育部和国务院学位委员会颁布的《学位授予和人才培养学科目录》，在全国范围内开展对具有研究生培养和学位授予资格的一级学科进行整体水平评估（简称学科评估），并根据评估结果进行聚类排位。该项工作致力于及时对学科建设成效和质量的评价，贯彻落实国家教育规划纲要提出的"鼓励专门机构和社会中介机构对高等学校学科、专业、课程等水平和质量进行评估"的精神，帮助学校了解学科现状、优势与不足，促进学科内涵建设，建立对学科建设的检查、监督和激励机制。学科评估基本覆盖了"985 工程""211 工程"全部高校与学科。截至 2019 年，学位中心共开展了 4 次学科评估，第一轮评估于 2002—2004 年分 3 次进行（每次评估部分学科），共有 229 个单位的 1 366 个学科申请参评。第二轮评估于 2006—2008 年分 2 次进行，共有 331 个单位的 2 369 个学科申请参评。第三轮评估于 2011—2012 年进行，在 95 个一级学科中进行（不含军事学门类），共有 391 个单位的 4 235 个学科申请参评，比第二轮增长 79%。第四轮评估于 2016—2017 年进行，共有 513 个单位的 7 449 个学科参评，比第三轮增长 76%。学科评估采用"客观评价与主观评价相结合、以客观评价为主"的指标体系，包括"师资队伍与资源"、"科学研究水平"、"人才培养质量"和"学科声誉"四个一级指标，指标权重全部由参与学科声誉调查的专家确定，每个学科参与调查的人数一般为 50～100。学科评估过程中除邀请本学科专家外，还特邀了部分来自教育部、科技部、文化部、国家自然科学基金委等 30 多个部委及大型企业的近 500 名行业、企业界人士参与，确保学科评估的客观、真实与全面。通过开展学科评估，淡化规模，强调以质量、内涵为评价机制的正确导向，强化分类指导与学科的社会服务能力，营造了良好的学科发展氛围。

三、引领高等教育改革方向

通过重点建设，相关高校不仅自身水平得到提升，其人才培养、科学研究、师资队伍建设、社会服务等诸多方面的创新探索也引领着高等教育的改革方向。

（1）创新人才培养模式，提升人才培养质量。进入新世纪，我国高等教育发展迅速，逐渐从精英教育过渡为大众化教育，学校的规模不断扩大，学生的数量急剧增加，但也存在着人才培养质量不高、类型单一等问题。为应对这些问题，培养高素质拔尖创新人才，以"985工程""211工程"为代表的高校，在创新本科教育理念和人才培养模式上进行了大胆探索，培养工作成效显著。近年来，北京大学、中国人民大学、复旦大学、南京大学、浙江大学等"985工程"学校着力推进以通识教育为中心的本科教育改革，努力培养造就视野开阔、有社会责任感、全面发展的高素质人才。在研究生教育方面，教育部2006年推出了以完善科学研究主导的导师负责制和资助制为核心，以建立研究生教育质量长效保障机制和内在激励机制为主要内容的研究生培养机制改革试点。在哈尔滨工业大学、华中科技大学、西安交通大学、北京大学、清华大学等高水平大学试点经验基础上，目前改革试点范围扩大到了所有中央部（委）所属培养研究生的高等学校，各省、自治区、直辖市所属高等学校也自愿加入了改革试点。

（2）改革人事管理制度，造就高水平师资队伍。通过开展重点建设，各高校结合自身实际需求，通过提高招聘门槛，学校的师资队伍整体质量与学科领军人物水平均获大幅提升，师资结构不断优化，并造就了一批在国际上享有盛誉的专家学者。浙江大学实施教师岗位分类管理，把教师岗位分为"教学科研并重岗""研究为主岗""教学为主岗""社会服务与技术推广岗""团队科研/教学岗"，分类设定岗位职责与考核评价方式，提升教师队伍管理效率。复旦大学坚持"人才强校"战略，加大优秀人才引进力度，形成以"卓越计划"为核心的优秀人才体系，探索实施了"代表性成果"职称评聘评价机制，深化人事分配制度改革，建立新进教师"六年非升即走"预聘遴选机制，师资力量居全国高校前列。这些改革创新不仅提高了自身学校的师资队伍整体水平，也给国内高校在师资队伍建设上提供了借鉴与参考。

（3）全面增强科研与社会服务能力。重点建设高校在承担国家重大科研项目、服务国家重大急需上全面发挥了自身的作用，同时，具有时代价值的哲学社会科学著作不断涌出。如国防科技大学于2013年正式公布其团队研制的超级计算机系统"天河二号"，该超级计算机以峰值计算速度每秒5.49亿亿次、持续计算速度每秒3.39亿亿次双精度浮点运算的优异性能位居榜首，成为全球最快超级计算机。由北京大学汤一介教授主持编纂的《儒藏》于2007年开始出版，包括计划收入近500部儒家典籍的《儒藏（精华编）》（约1.5亿字）和计划收入约5 000余部儒家典籍的《儒藏》全书（约10亿字）以及著录万余部儒家典籍的《儒藏总目》，子项目包括十卷本《中国儒学史》和"儒家思想和儒家经典丛书"百种。这一工程为世界贡献了一部最齐备和完整的儒家思想文化著述的总汇。

（4）着力改善办学条件。很长一段时间以来，我国高校的办学条件比较艰难，每年获得的经费投入仅能维持学校的基本运转。重点建设以来，国家共安排了数百亿元资金用于改善相关学校的基础设施和教学科研条件建设，使中国高水平大学长期存在的教学科研用房紧缺的局面得到有效缓解，实验教学仪器设备和文献资料陈旧落后的状况得到明显改善。

（5）以高等教育整体发展为目标，坚持资源共享。对教育快速发展的需求和优质教育资源的相对不足，始终是一对尖锐的矛盾。一方面是优质教育资源的严重不足，另一方面是有限资源的使用存在着浪费现象。为此，提高资源的使用效率迫在眉睫，系列重点建设工程积极推动公共资源共享平台建设，先后建成的"中国教育和科研计算机网""中国高等教育文献保障体系""高等学校仪器设备和优质资源共享系统"等高等教育公共服务体系，成为推动中国高等教育整体水平提升的重要支撑。

第六章
教师队伍建设

教师队伍是高校保障人才培养质量、加强学科建设、提升学术水平的先决条件，是高校核心竞争力的根本所在，对我国高等教育发展具有决定性影响。教师队伍的建设和发展是一项长期复杂、整体协调、持续不断发展的系统工程。2010 年 7 月，《国家中长期教育改革和发展规划纲要（2010—2020 年）》明确提出要加强高校教师队伍建设，为提高高等教育质量提供有力支撑。

第一节　高校教师队伍发展状况

为更好地推动我国高等教育事业与高等教育改革的深入发展，达到提升高等教育质量的目的，近年来政府与各高校都采取了积极的政策与措施，使高校的教师队伍无论在数量上还是水平上都有了长足的进步。

一、教师规模总量增加

（一）专任教师

专任教师是普通高校师资队伍中的重要和关键的组成部分。为了保证教育教学质量，近年来各高校普遍加强了教师招聘的工作力度，专任教师数量保持了持续的增长。表 6-1 显示了 2009—2018 年普通高校专任教师总人数情况。可以看出，随着在校学生人数的不断增加，专任教师数量也呈现出持续增长的态势，2018 年专任教师总数达 167.28 万人，比 2009 年增加了 37.76 万人，增长了 29.2%。

（二）生师比

生师比是反映一所大学办学质量的重要指标。从表 6-1 可以看出，2009—2018 年的普通高校全日制在校本专科学生数量增长快速，2018 年达 2 831.03 万人，比 2009 年增加 686.37 万人。因此，虽然近年来普通高校的专任教师队伍有了较快的发展，但全国平均的生师比一直维持在 17.5∶1 左右。2018 年，普通高校生师比为 17.56∶1。若将普通高校的在校硕（博）士研究生人数一并计算，普通高校的生师比还要高。高校师资队伍短缺的问题依然存在，教师的负荷仍然很大。因此，在提高教师队伍水平的同时，保证教师数量的一定增长仍然是政府与高校必须面对的课题。

表 6-1　2009—2018 年普通高校教师、学生数量（万人）及生师比

年份	在校学生数	教师数	专任教师数	生师比
2009	2 144.66	211.15	129.52	17.27∶1
2010	2 231.79	215.66	134.31	17.33∶1
2011	2 308.51	220.48	139.27	17.42∶1
2012	2 391.32	225.44	144.03	17.52∶1
2013	2 468.07	229.63	149.69	17.53∶1
2014	2 547.70	233.57	153.45	17.68∶1
2015	2 625.30	236.93	157.26	17.73∶1
2016	2 695.84	240.48	160.20	17.07∶1
2017	2 753.59	244.30	163.32	17.52∶1
2018	2 831.03	248.75	167.28	17.56∶1

资料来源：相应年份的《中国教育统计年鉴》。

二、教师队伍结构不断优化

根据《中国教育统计年鉴》所提供的数据，对 2009—2018 年我国普通高校专任教师队伍的年龄、学历、职称等结构及变化特征进行分析，可以发现专任教师队伍呈现年龄结构更趋合理，硕士、博士比例和高级职称比例逐年提高，教师队伍结构不断改善和优化。

（一）教师年龄结构更趋合理

从教师职业生涯的初期（≤40 岁）、中期（41～55 岁）、后期（≥56 岁）三个层次来区分，普通高校专任师资年龄结构总体保持年轻化，虽然 40 岁以下中青年教师比例逐年下降，但依旧稳定在教师总数的 50％以上，占据教师队伍的半壁江山（见表 6-2）。年龄结构变化的主要原因在于对高校教师学历要求明显提升、国内外高层次人才引进力度增大和企业界技术技能型专家引入等，这反映出高校教师来源渠道增多，专任教师年龄结构在继续保持年轻化的同时更趋合理。

（二）教师学历层次逐年提高

教师学历结构不断改善，高学历层次专任教师所占比例呈现稳步上升的趋势。从表 6-2 可以看出，具有博士学位的专任教师的比例从 2009 年的 13.58％

表 6-2　2009—2018 年普通高校教师队伍结构相关统计

年份	年龄小于 40 岁的教师比例	具有博士学位的教师比例	具有硕士学位的教师比例	具有正高职称的教师比例	具有副高职称的教师比例
2009	63.47％	13.58％	33.52％	10.67％	27.85％
2010	62.78％	14.92％	34.50％	11.06％	28.09％
2011	61.09％	16.33％	35.07％	11.47％	28.34％
2012	60.88％	17.66％	35.67％	11.76％	28.65％
2013	57.91％	19.06％	35.79％	12.13％	28.88％
2014	56.86％	20.05％	35.74％	12.17％	29.27％
2015	55.87％	21.52％	36.20％	12.47％	27.52％
2016	54.98％	22.86％	36.30％	12.61％	29.57％
2017	53.63％	24.36％	36.51％	12.79％	30.01％
2018	52.10％	25.93％	36.60％	13.02％	30.17％

资料来源：相应年份的《中国教育统计年鉴》。

增长到 2018 年的 25.93％，具有硕士学位的专任教师的比例从 2009 年的 33.52％增长到 2018 年的 36.60％。普通高校高学历层次专任教师的稳步增长，无论是从社会发展的需求还是从教育发展的需求来看，都非偶然现象。随着国内研究生培养规模快速扩张，师资来源渠道拓宽，普通高校的选择走向多样化，这势必会对教师准入门槛的提升产生一定的影响。另外，原本具有本科或硕士学位的专任教师通过继续学习、深造提高，获得了更高一级的学历，这也是导致学历结构变化的重要原因。

（三）高级职称教师比例稳中有升

2009—2018 年我国普通高校专任教师高级职称人数变化情况如表6-2所示，从表中数据可以看出，普通高校专任教师中，副高级以上职称比例增长比较平缓。正高职称教师的比例从 2009 年的 10.67％增长到 2018 年的 13.02％，副高职称教师的比例呈起伏状态，基本维持在 27.5％～30.2％。因为高校高级职称的比例是有限制的，所以从比例来看增长不明显，但高校专任教师人数逐年增长，所以高级职称教师从数量上来说也是稳步增长的。

三、高层次人才培养取得实效

政府和高校高度重视高层次人才引进和培养工作，积极推动高校实施人才强校战略。2004 年 6 月，教育部在对原有十余个人才计划项目进行统筹规划、集成整合、继承创新的基础上，启动实施了"高层次创造性人才计划"。实施十多年来，一批中青年教师脱颖而出，成为学术骨干和学术带头人，在高校改革和发展中发挥着重要的生力军作用。

（一）"长江学者奖励计划"

"长江学者奖励计划"是高等学校高层次人才队伍建设的引领性工程，是吸引集聚德才兼备、矢志爱国奉献、具有国际影响力的学科领军人才和青年学术英才的重要举措，是国家高层次人才培养支持体系的重要组成部分，与其他国家重大人才工程协同推进，统筹实施。我国启动实施"长江学者奖励计划"以来，有关高校以优势特色学科、创新平台、重点科研基地为依托，围绕重大科研与建设项目以及国际学术交流与合作项目，吸引和汇聚了一批具有国际先进水平的学术大师和学科带头人，培养和造就了一大批具有创新能力和发展潜力的中青年学术带头人和学术骨干。截至 2017 年 3 月，教育部先后公布了第一批至第八批、2007 年度至 2016 年度（其中 2010 年未评选，2013 年度和 2014 年度合并评选）的长江学者特聘教授、讲座教授名单，共有特聘教授 2 051 人、讲座教授 897 人、青年学者 440 人。一批长江学者作为首席科学家承担了国家自然科学基金重大项目、"973"项目、"863"项目、国家科技攻关计划项目、社科基金项目和重大工程项目等；一批长江学者担任了国家重点实验室、985 科技平台或创新团队负责人、国家工程（技术）研究中心主任；一批长江学者在国际学术组织担任重要职务，或在国际重要学术期刊担任编委。十几年来，共有 400 多项由长江学者主持或作为主要完成人参加的科研成果获得国家三大科技奖励，长江学者在国际顶尖学术期刊发表论文数百篇，荣获多项国际学术大奖，在基础前沿和战略高技术领域取得了一批世界级的标志性成果，部分科研领域已达到或接近国际先进水平，显著增强了高校承担国家重大科研任务和深入研究社会重大问题的能力，已经成为国家基础研究和高技术领域原始创新的一支主力军[①]。

（二）"创新团队发展计划"和"新世纪优秀人才支持计划"

"创新团队发展计划"和"新世纪优秀人才支持计划"（分别简称"团队计划"和"人才计划"）是"高层次创造性人才计划"的重要组成部分。"团队计

---

① 吴晶. 教育部实施"长江学者奖励计划"取得显著成效. http://www.jyb.cn/high/gdjyxw/201406/t20140605_584501.html.

划"着眼于吸引、遴选和造就一批具有国际领先水平的学科带头人，形成一批优秀创新团队。"人才计划"着眼于培养、支持一大批学术基础扎实、具有突出创新能力和发展潜力的优秀青年学术带头人。两个计划定位明确、各有侧重，构成层次清晰、衔接紧密的高校创新人才培养和支持体系。"团队计划"每年资助 100 个左右项目，包括生命科学、能源环境、先进制造、信息等国家政策优先支持领域项目。"人才计划"每年支持 1 000 名左右具有较高水平和发展空间的青年教师，支持包括生命科学、能源环境、先进制造、信息等 27 个领域的青年教师。两个计划自实施以来，累计遴选资助超过 890 个创新团队、9 800 余名新世纪优秀人才，涵盖全国 31 个省份 400 余所高校[①]。十年来，"团队计划"和"人才计划"取得了丰硕的成果，对加速高校高层次科技创新人才的培育和汇聚，提升高校科技创新能力和高层次人才培养能力具有重要推动作用，对地方和高校的人才队伍建设以及政策导向产生了积极影响和示范效应。各地、各校相继制定实施了本地本校的人才发展计划，这些人才计划与教育部人才计划相互配合，形成了定位准确、层次分明、衔接有序的高校创新人才培养体系。

（三）"青年骨干教师培养计划"

"青年骨干教师培养计划"主要着眼于培养数以万计的青年骨干教师，带动教师队伍整体素质的提升，这一计划主要靠高等学校实施。为推动高等学校实施"青年骨干教师培养计划"，教育部实施了"高等学校青年骨干教师在职学位提升项目""高等学校全国优秀博士学位论文作者资助项目""留学回国人员科研启动基金项目""高等学校青年骨干教师出国研修项目""高等学校青年骨干教师国内访问学者项目""高等学校青年骨干教师高级研修班"六个项目，每年重点支持培养 10 000 名以上的青年骨干教师。

教育部在重视高层次人才培养的同时，始终坚持正确导向，着眼综合施策，采取多种举措，规范人才合理有序流动，为高校高层次人才队伍建设营造良好的发展环境。一是印发《关于坚持正确导向促进高校高层次人才合理有序流动的通知》《关于高等学校加快"双一流"建设的指导意见》《"长江学者奖励计划"管理办法》等文件，对高校高层次人才合理有序流动提出明确要求，坚决杜绝抢挖人才等短期行为。二是引导高校领会把握"双一流"建设精神实质，树立正确人才观和人才政绩观，杜绝违规引进人才，通过签署《高校人才工作联盟公约》等举措，推进建设高校自律约束机制。

---

① 宗河. 教育部："团队计划"和"人才计划"实施 10 年回顾. http：//www.jyb.cn/high/gd-jyxw/201403/t20140303＿572272.html.

四、教师国际化水平快速提升

近年来，政府从实施科教兴国战略和人才强国战略高度出发，把高校师资队伍国际化建设放在了更为重要的位置。高校师资队伍国际化建设工作成为我国人才资源建设工作的重要组成部分，是建设高层次、国际化一流人才队伍，实施人才强校战略的重要途径与举措。在国家的高度重视下，高校师资队伍国际化建设工作取得了显著成效，大批具有国际化背景的教师在高等教育国际化建设中起到了很大作用。

（一）具有国际化背景的人才成为中坚力量

据 2012 年有关数据统计，72％的国家重点项目学科带头人、81％的中科院院士、54％的中国工程院院士、78％的教育部直属高校校长、78％的国家重点实验室和教育研究基地主任、94％的长江学者、72％的国家"863 计划"、"973 计划"首席科学家均具有国际化背景。人力资源和社会保障部实施的海外高层次留学人才引进项目、中科院"百人计划"、教育部"长江学者奖励计划"以及外国专家局启动的高端外国专家项目等一批人才工程，不断推动我国高校师资队伍国际化建设进程。

（二）具有国际化背景的人才比重大幅上升

随着我国综合国力的增强、国际影响力的提高和高等教育的快速发展，越来越多具有国际化背景的人才在我国高水平大学从事教学、科研和管理工作。据不完全统计，国家留学基金管理委员会每年选派高级研究学者、访问学者、博士后 2 500 人左右赴海外研修，选派 6 000 名左右研究生赴海外学习，选派 2 000 名左右本科生参与国际交流，通过特殊合作项目和专门人才培养项目选派 7 000 人左右赴海外研修合作；根据教育部的统计数据，公派出国留学年度选派人数从 2006 年的 7 500 人增至 2012 年的 16 000 人，增长 113％[①]。这些人才掌握国外先进的科学技术，具有多重文化背景、国际化的人脉、全球化的视野，成为提升高等学校竞争力的生力军。具有国际化背景人才的加盟直接推进了高校师资队伍国际化建设的进程，优化了师资队伍结构，提升了师资队伍的国际化水平。

---

① 褚洪生，邵佳妮. 浅议我国高校国际化教师队伍建设的措施与效果. 国际商务：对外经济贸易大学学报，2013（2）：113−117.

（三）青年教师国际化程度急速增强

为全面推进高层次人才队伍建设，国家留学基金管理委员会设立青年骨干教师出国研修项目，每年选派 2 500 名左右的青年教师赴海外研修，这一项目极大推进了高等学校青年教师队伍的国际化进程。另有大量高校的青年教师通过利用国家留学基金管理委员会的项目、地方政府的留学资助项目和各种校际合作项目到世界一流大学进行长期或短期的交流与学习。同时，作为师资队伍建设的另一重要渠道，海外优秀博士引进工作开展得如火如荼，近年来，大批海外优秀青年博士选择回国工作，其首选目标便是高等学校。

第二节　高校教师队伍发展的政策举措

自 1999 年高等教育扩招以来，我国高等教育发展步入快车道，连续的大幅度扩招使我国的高等教育快速进入大众化阶段。在这一进程中，各级政府为保障高等教育的顺利推进，制定了加强教师队伍建设的若干政策。

一、中央政府的政策举措

（一）完善高校教师资格标准

近年来，教育部为全面贯彻落实《教师法》《高等教育法》，制定与完善了配套法规，大力推进高校教师资格标准认定和制度建设。颁布了《高等学校教师职务试行条例》、《〈教师资格条例〉实施办法》以及《高等学校教师聘任办法》等法规与规章。在教师资格认定、遴选任用、职务聘任、培养培训、流动调配、考核奖惩、工资待遇、申诉与仲裁等主要环节上实现政府依法治教、学校依法管理、教师依法执教。

（二）深化高校教师管理制度改革

2000 年 6 月，教育部印发了《关于深化高等学校人事制度改革的实施意见》，明确了深化高校人事制度改革的目标。在高校教师队伍管理制度方面，"逐步建立符合高等学校特点的学校自主用人、人员自主择业、政府依法监督、配套措施完善的人事管理新体制；进一步健全高等学校内部的竞争机制和激励机制，转换人事管理的运行机制，搞活用人制度和分配制度"。2007 年，教育部推动了新一轮岗位管理工作方案和相关政策的完善制定实施，高校教师管理制度改革逐步得到深化。

（三）加强师德建设

教师素质，师德为魂。把师德建设摆在教师队伍建设首位，是教师队伍建设的战略举措。教育部联合有关部门从2005—2018年相继颁布了《关于进一步加强和改进师德建设的意见》《高等学校教师职业道德规范》《关于建立健全高校师德建设长效机制的意见》《新时代高校教师职业行为十项准则》等，通过建立长效机制，加强教师职业道德规范和制度建设，加强教师职业理想、职业道德、学术规范教育，形成良好的学术道德和学术风气，克服学术浮躁，严肃查处学术不端行为。各地各校都将师德教育作为教师培养、职后培训的重要内容，不断完善师德考核、监督、奖惩等制度，将师德表现和教学工作实绩作为教师考核、聘用（聘任）的首要内容，把教学特别是教书育人效果作为教师考核的核心指标，激励教师为人师表、潜心治学、教书育人。

（四）提升教师教学能力

2012年，教育部启动了国家教师教学发展示范中心建设工作，遴选出了北京大学教师发展中心等30个国家级教师教学发展示范中心，中央财政资助每个国家级教师教学发展示范中心500万元建设经费，在"十二五"规划期间分期拨付。这一举措对全面提升高等教育质量、全面促进高校教师教学发展有着极其重要的意义，不仅从组织上提供了有力保障，而且抓住了高等教育改革的关键点，切中了高等教育质量提升的要害，是加快促进高校教师教学发展、提升高等教育质量的重要举措[①]。

（五）推动高水平大学教师队伍建设

1999年，教育部在《关于新时期加强高等学校教师队伍建设的意见》中明确提出，高校教师队伍建设的重点是要实施高层次创造性人才工程，并提出了构建高层次创造性人才工程的若干政策体系。"高层次创造性人才计划"是一个系统工程，包括三层促进优秀人才可持续发展的培养和支持体系。第一层次是"长江学者奖励计划"和"创新团队发展计划"，主要着眼于吸引、遴选和造就一批具有国际领先水平的学科带头人。第二层次是"新世纪优秀人才支持计划"，主要着眼于培养、支持一大批学术基础扎实、具有突出的创新能力和发展

---

① 庄丽君. 我国大学教师教学发展中心的特点与思考：基于30个国家级教师教学发展示范中心的分析. 重庆高教研究，2015，3（4）：24-28.

潜力的优秀学术带头人。第三层次是"青年骨干教师培养计划",主要着眼于培养数以万计的青年骨干教师,带动教师队伍整体素质的提升,这一计划主要靠高等学校实施。为了保证"高层次创造性人才计划"的有效实施,教育部还提出了设立人才工作专项资金、创新人才组织模式、改革人才遴选评价机制、完善人才激励与约束机制、创新留学工作机制、大力吸引优秀留学人才回国工作或为国服务等配套措施[①]。

(六) 汇聚国际优秀教师

高水平大学要逐步实现在全世界范围内选聘优秀教师。教育部于 2013 年颁布《进一步加强和规范高校人才引进工作的若干意见》,加大海外高层次人才引进工作力度,积极参与完善"春晖计划"、"高等学校学科创新引智计划"、"留学回国人员科研启动基金"、"海外名师项目"和"学校特色项目"计划实施办法,有计划地引进一批具有国际学术影响力的学科领军人物、高端人才、学术团队和具有国际先进水平的优秀教师。

"百人计划"是我国最早启动的高目标、高标准和高强度支持的人才引进与培养计划。自 1994 年实施至今已历时 20 余年,为国家引进和培养了一大批高水平科技领军人才和拔尖人才,也探索出了一条适应我国国情的人才引进和培养新途径。截至 2013 年底,"百人计划"共引进培养优秀人才 2 145 人,90%以上具有在欧美等科技发达国家学习或工作的经历,近 1/3 来自 100 所世界顶尖大学和 59 所世界著名科研机构。20 多年间,"百人计划"入选者里走出了 28 位中科院或中国工程院院士、524 位"国家杰出青年科学基金"获得者,培养了一大批担任"973 计划"、"863 计划"等国家重大科技任务的首席科学家或负责人。

(七) 大力提高中青年教师业务水平

国家通过实施"国家杰出青年科学基金""青年英才开发计划""青年骨干教师培养计划"等,加大对中青年教师的培养支持力度。不断提升中青年教师学历层次,大力提高具有博士学位的教师比例;健全中青年教师定期培训制度,通过国内外进修、岗前与在岗培训、挂职锻炼、驻厂研修、社会实践、网络培训等方式,加大教师培训力度;强调"老中青"相结合,不断提高中青年教师的教学水平、科研创新和社会服务能力;构筑中青年人才国际交流和竞争平台,提高国际化水平。

---

① 李玲. 教育部启动"高层次创造性人才计划". 中国高教研究,2004 (13):34 - 36.

（八）统筹推进管理人才、辅导员和教辅人员队伍建设

加强高等学校管理人才队伍建设，推进高等学校管理人员职员制。有组织、有计划地开展高等学校管理人才和中青年后备干部培训，重视加强高等教育行政管理人才队伍建设。推进高等学校辅导员队伍建设，严格按照《普通高等学校辅导员队伍建设规定》，配备、选聘辅导员。加强高等学校辅导员骨干海内外研修培训。完善普通高等学校辅导员评聘教师职务办法，解决好从事大学生思想政治教育人员的教师职务聘任问题。注重高等学校教辅人员队伍建设。建立健全有利于教辅人员发展的岗位、职称（职务）聘任、考核评价和薪酬分配办法，增强对优秀人才的吸引力。加强教辅人员职业道德教育和专业技能培训。支持高水平大学培养一批高级工程实验技术人才。

高校教师队伍建设一直以来都是高等教育改革和发展的核心环节。2018 年 1 月 20 日，中共中央、国务院《关于全面深化新时代教师队伍建设改革的意见》正式印发，这是新中国成立以来第一次以党中央名义专门印发的加强教师队伍建设的文件，是党中央立足新时代做出的重大战略决策，推出了系列改革举措，为全面加强教师队伍建设提供了政策指南和有力平台。《意见》强调教师是教育发展的第一资源，提出全面提高高等学校教师质量，建设一支高素质创新型教师队伍的目标，并对新时期高校教师队伍建设的改革方向和内容提出诸多富有建设性的意见。

二、地方政府的政策举措

各地方政府在国家政策的引导下也纷纷出台多种政策措施，加强教师队伍建设，调动高校教师教学的积极性，引导教师把精力集中到人才培养上，切实提高教师教学能力。

（一）健全激励制度，鼓励和引导教师投入教学

为了调动教师教学的积极性，吉林、黑龙江、湖南、陕西等地积极推进教师考核评价激励制度改革。黑龙江、陕西等地创新教师绩效考核机制，进一步完善教师评价制度，把教学作为教师考核的主要内容，引导教师加大"教学性投入"；把为本科生授课作为教授、副教授的基本要求，不承担本科教学任务者不能被聘为教授、副教授；被聘为教授、副教授后，如连续两年不为本科生授课，不得再聘任为教授、副教授。湖南专门面向长期默默耕耘在课堂教学一线、无行政职务、无科研成果的普通教师设立"教学奉献奖"，努力营造教师以教为

本、以教为荣的育人氛围。

（二）加大引进和培养力度，打造高水平教师队伍

山东通过"教师队伍建设工程"引进和培养一批创新型高端人才，推动重点和新兴学科发展；采取"大师团队"的人才聚集模式，建立结构合理、富有创新活力的优秀团队；推进实施青年骨干教师国内访问学者项目；实施优秀中青年骨干教师国际合作培养计划。从 2013 年至 2017 年，广西高校高水平学术团队及"卓越学者"计划、优秀中青年骨干教师培养工程、优秀青年骨干教师国内访问学者计划等高校教师队伍建设计划在广西全面"上马"，为高校人才发展创设平台，推动各高校自觉强化对中青年教师的培养培训，形成完善的高校教师及人才队伍建设体系。宁夏制定高层次人才引进计划，为宁夏大学、宁夏医科大学等引进一批大师级、国家级学科带头人。

（三）提高教师教学能力，完善教师培养培训体系

河北实施高校教师业务能力培训计划，每年选送 1 000 名高校教师，到国内外重点大学攻读学位、进修或做访问学者。江苏、湖北等地高校建立教师（教学）发展中心，帮助教师进行教学职业生涯设计与规划，提供提升教学必需的技能与手段，搭建充分交流、相互合作与资源共享平台。江西制定的"教师发展计划"包括"中青年教师岗位培训计划""中青年教师国内访学计划""中青年教师国外研修计划"三个子项目，"十二五"规划期间，投入经费 1.5 亿元，培训高校教师 1 万名，其中"中青年教师岗位培训计划"7 500 名，"中青年教师国内访学计划"2 000 名、"中青年教师国外研修计划"500 名。广西从 2010 年 8 月起，面向广大一线高校教师举办教学改革业务培训班。

（四）发挥教学名师和教学团队示范作用，提高教师整体水平

贵州建立了首批 9 个老中青搭配合理、教学效果明显、在师资队伍建设方面起到示范作用的省级教学团队，资助其开展教学研究、编辑出版教材和教研成果、培养青年教师等工作。通过建立团队合作的机制，改革教学内容和方法，开发教学资源，促进教学研讨和教学经验交流，推进教学工作的传、帮、带，提高教学水平和质量。云南启动"名师工作室"建设，首批资助建立 51 个高校"名师工作室"，力争让每一位名师都带出一个学科、一个专业、一支队伍、一批成果；在此基础上启动省内访问学者计划，在全省高校遴选省内访问学者到

高校"名师工作室"访学①。

（五）改革职称评审制度，完善内部治理结构

为支持高校适应创新发展需要，推进治理结构改革，切实履行监管职责，创新监管方式和手段，四川省积极作为，出台《四川省教育厅等五部门关于四川省深化高等教育领域简政放权放管结合优化服务改革的实施意见》《四川省教育厅 四川省人力资源和社会保障厅关于改进职称管理服务方式推进高等学校职称评审制度改革的意见》，深化高校教师职称评审制度改革，建立备案管理等"四项制度"，放管服结合，加强对高校职称自主评审工作的指导和监督，基本实现高校自主评审有序、政府宏观管理有效②。

第三节　高校人事制度改革

高校人事制度改革是建立现代大学制度的重要内容，是深化高等教育领域综合改革的重要突破口。随着高等教育进入内涵式发展阶段，长期困扰高校发展的体制机制性障碍，特别是用人机制的瓶颈性因素进一步凸显。建立现代大学制度，完善大学内部治理结构，迫切要求加快高校人事分配制度改革步伐，深入推进新一轮高校人事制度改革不可避免地提上教育综合改革的日程。

一、改革背景

（一）深化高校人事制度改革的重要意义

在高等教育注重内涵式发展、大力提高教育质量的背景下，进一步深化高校人事制度改革势在必行。

1. 深化高校人事制度改革是实现高等教育内涵式发展的迫切需要

我国高等教育经历了 20 世纪末以来的跨越式发展之后，进入了大众化阶段。2018 年高等教育毛入学率达到 48.1％，高校在校生规模跃居世界第一。全

---

① 高等教育改革发展综述之三：加强高校教师队伍建设 提高教师教学能力. 中国大学教学，2011(5).

② 高等教育领域"放管服"改革实践操作指南（第十一期）. http:// www. moe. gov. cn/s78/A02/A02 _ ztzl/ztzl _ gdjylyfgfgg/201911/t20191119 _ 408896. html.

面提高教育质量、培养造就拔尖创新人才成为高等教育的核心任务。回顾高校体制调整、合并、共建，"211工程""985工程"等建设的背后，始终伴随着高校人事制度改革的互动和支撑。面对新的形势和任务，要巩固前期改革成果，推动高等教育科学发展，必须破除体制性障碍。高等教育内涵式发展，归根结底要靠人才、靠广大教职员工。要提高高校人才培养质量、提升科学研究水平、增强社会服务能力，必须有政策汇集人才，有制度优化人才资源配置，有措施激励教职员工发挥积极性和创造性，还要有办法促进人才资源长远发展，实现事业和人的共同进步。

2. 深化高校人事制度改革是建立现代大学制度的题中应有之义

建立现代大学制度是教育综合改革的紧迫任务。当前面临深刻变革之时，大学组织必须做出相应的变革。建立现代大学制度，就要进一步破除陈旧观念，打破利益格局形成的藩篱。只有正确认识高校人事制度改革进程的趋势与特点，重新审视和设计高等学校人事管理的权责体系，并且形成更加合理的教学科研组织方式和内部治理结构，才能有效突破困扰发展的障碍与藩篱，科学把握推进改革的重点与方向，全面深入推进高等教育事业科学发展。

3. 深化高校人事制度改革是推进协同创新的首要前提

全面提高高等教育质量，必须推进协同创新。国家"2011计划"不仅是一项支持计划，更是一项改革举措。实施"2011计划"的主旨是推进协同创新，促进学科交叉融合和产学研结合，关键在于组织动员和有效配置人才资源。发挥人才的最大效益，用人机制至关重要，先进的人事制度会强化人力资源的作用，产生"1＋1＞2"的效果。实施"2011计划"，就是通过鼓励校校合作、校所合作、校企合作，促进跨学科合作，创建协同创新中心，形成高水平教学和科研创新团队，努力创新人事管理和薪酬分配方式，引导教师潜心教学科研，鼓励中青年优秀教师脱颖而出，这都对现行用人机制提出了新的挑战。

4. 加快高校人事制度改革步伐是分类推进事业单位改革的重要内容

事业单位改革是继国企改革、政府机构改革之后的又一项重大改革，目标是建立功能明确、治理完善、运行高效、监管有力的中国特色公益服务体系。2016—2020年，包括高校在内的公益事业单位在完善治理结构、人事管理、收入分配、社会保障制度改革等方面取得了重要突破。深化事业单位人事改革，既对高校人事分配改革提出了新的要求，也提供了良好背景和新的动力。高校人事制度改革必须顺应改革大潮继续推进，不可能游离于事业单位整体改革之外。同时，社保、医改、房改和就业环境也有望为高校改革提供有利的社会条件①。

---

① 管培俊. 关于新时期高校人事制度改革的思考. 教育研究，2014（12）：72-80.

（二）高校人事制度改革发展进程

伴随着国家改革开放的进程，从 20 世纪 80 年代中期开始，渐进式的高校人事制度改革走过了 30 多年风雨历程。梳理改革的脉络和发展进程，大体可分为三个阶段①。

第一阶段：20 世纪 80 年代中期到 90 年代前期。这一阶段改革的重点是政府简政放权，高校自主管理，健全学校内部管理制度，打破"铁交椅、铁饭碗、铁工资"，体现按劳分配原则。改革的策略和路径是自下而上，发展到政府部门与高校共同推进；由点到面，从少数学校、个别领域的探索发展到全方位改革，形成了高校人事制度改革第一次高潮。这一阶段具有标志性意义的是，国家相继出台相关法律法规和推进高校内部管理改革的指导性文件；教育部陆续向学校下放多项人事管理权限，从具体事务的过程管理转向目标管理；直属高校内部积极探索校院系权责清晰、运转有效的管理模式，实行灵活多样的用人方式，扩大校内薪酬分配自主权；上海交通大学、南京大学等部属高校和北京市所属高校率先推进以人事分配改革为重点的高校内部管理改革。这一阶段改革的主要成效是开始落实高校人事分配自主权，推动从政府直接管理、高度集中的计划管理向政府间接管理、学校自主管理的转变。

第二阶段：20 世纪 90 年代中期及之后 10 年左右时间。这一阶段改革的重点是高校用人机制改革，全面推进人力资源配置方式改革，逐步实现从身份管理向岗位管理的深刻转变。这个阶段国家层面具有标志性意义的举措，一是 1998 年实行"长江学者奖励计划"的改革举措，引领北京大学、清华大学创新性地实施岗位津贴制度，产生了高校人事分配制度改革方面的多米诺骨牌效应。二是教育部及时召开全国高校人事制度改革座谈会，并会同有关部门先后发布两个关于深化高校人事制度改革的指导性文件，有力地促进改革在更大的广度深度上展开。之后，随着"985 工程"、教育振兴行动计划的实施，高校大力推进编制管理、岗位管理、人员聘用、薪酬分配改革，教育部在武汉大学、厦门大学等五所高校部署职员改革试点。高校改革以前所未有的广度和深度，引起社会强烈关注。

第三阶段：2006 年至今。这一阶段高校人事制度改革强调完善机制制度，强调高校岗位管理与聘用制改革结合，与转换用人机制结合，与高校收入分配制度改革结合。高校进一步实行岗位分类管理，全面推行公开招聘和聘用制，

---

① 唐景莉，赵丹龄，殷长春. 新一轮高校人事制度改革迫在眉睫：访教育部人事司司长管培俊. http://www.jyb.cn/high/gdjyxw/201405/t20140512_581383.html.

加强合同管理，探索多种分配激励方式，调动教职工的积极性。改革校内管理体制，推进教学科研基层组织建设。这个阶段的标志性事件，一是浙江大学等高校率先探索教师分类管理，根据不同岗位特点采取相应的管理办法；二是高层次人才计划进一步发挥示范引领作用，面向全球延揽人才，带动了高校创新团队建设、年薪制探索、协议用工和合同管理等一系列用人机制改革举措。高校普遍根据自身发展状况和办学特色，构建定位明确、层次清晰、可持续发展的人才支持与培养体系。高校人事管理站在更高平台上，具有更加广阔的视野，开始实现从封闭的人事管理到开放的人力资源国际化配置的深刻转变。2017 年教育部印发《关于坚持正确导向促进高校高层次人才合理有序流动的通知》，要求高校不得简单以"学术头衔""人才头衔"确定薪酬待遇、配置学术资源。2018 年印发《教育部办公厅关于开展清理"唯论文、唯帽子、唯职称、唯学历、唯奖项"专项行动的通知》，要求直属高校清理在人才引进中的"五唯"问题。

在事业单位整体改革相对滞后的情况下，高校人事制度改革总是由于内在的发展驱动而率先发起和推进。30 多年来，改革掀起三次高潮，磕磕绊绊、艰难曲折，但总体上由小到大、由点到面、由表及里、循序渐进。高校人事制度改革顺应改革开放历史潮流，也反映了高校改革发展的规律，产生了广泛而深远的影响。尽管如此，由于内在动力和外部约束，高校人事制度改革还只是一个有限目标，远没有达到充分和完善的程度。特别是深层次的体制机制性障碍还没有从根本上突破，在局部领域有停滞不前甚至不进则退的可能。深化高校人事制度改革任重道远。

（三）高校人事制度改革面临的困境

高校用人机制改革虽已取得积极进展，但还远未适应高等教育事业发展的需要。关键是高校外部体制机制方面的"瓶颈"问题，亟待国家政策层面的综合改革予以解决，以期为高校"松绑"，为高等教育事业发展注入更大的生机与活力。

1. 编制管理制度改革亟待推进

高校编制管理制度改革关键在于建立能够体现政府监管和高校自主决策的人员规模确定机制。高校现有编制大多是 20 世纪 80 年代后期或 90 年代初期核定的，一直没有调整。20 世纪 90 年代末以来，高等教育事业发展迅速，高校人才培养、科学研究等任务量成倍增长，事业发展与编制紧缺的矛盾愈演愈烈。1998 年以来，全国普通高校本专科、研究生人数增加了约 6 倍，而教职工人数仅增加一倍多。编制捉襟见肘已成为制约高校发展的重要因素。为缓解这一矛盾，高校不断在用人机制上进行创新，把宝贵的编制资源用于事业发展最需要的地方。但高校及其教职工对编制的需求仍非常强烈。主要原因，一是由于编制紧张，一些高校人才队伍建设尤其是高层次岗位没有空间。二是编制管理仍附带多种身份属性及福利属性，如北京市政策规定，提供给事业单位的北京户口指标，只能用于编制内人员；上海市养老保险有关政策规定，超出编制限额的人员不能按照事业单位职工退休。诸如此类的政策规定为编制附加了更大价值，束缚了高校发展的手脚。一份面向全国200多所高校的问卷调查报告显示，部属高校对编制的作用和管理有矛盾心理，希望改革编制管理方式甚至取消编制管理，而地方高校认为"编制管理过死、编制偏紧"是最突出的问题。2011年，《国务院办公厅关于印发分类推进事业单位改革配套文件的通知》明确提出，对公益二类事业单位"在制定和完善相关编制标准的前提下，逐步实行机构编制备案制"。应尽快实施高校编制备案管理，高校自主确定人员规模并实施动态调整，政府加强监管，避免对高校"鞭打快牛"，为高校科学发展创造良好环境。

2. 人员流动退出机制尚未建立

人员流动退出机制的建立关键在于改革完善社会保障制度。建立多层次的社会保障体系是我国用人制度改革的先决条件。只有在一个社会保障体系完善的社会里，"单位人"向"社会人"的转变才有可能真正实现。当前，流动机制不健全仍是高校人事制度改革面临的难题，主要表现在三个方面：一是在人员出口上，没有有效解决"只能进不能出""出不去流不动"的问题，对于解聘、辞退等人员，由于外部政策不完善，实际上很难退出学校，也极易引发人事劳动争议，增加人事工作的难度和管理成本；二是在校内人员管理上，没有很好解决岗位职务"能上不能下"的问题；三是养老保障社会化程度不高，仍由学校负责养老待遇保障和生活服务，学校管理服务压力较大。近些年，高校为探索建立人员流动机制，引入人事代理、"非升即走"、"非升即转"等管理方式，根据合同约定加强聘期考核，取得一定成效，但没有从根本上扭转流动退出机制缺失的局面。其中，既有固有的观念问题，也有社会保障政策的制约。全国问卷调查显示，大家普遍认为高校应当推行社会养老保险改革，但对改革后的待遇变化以及新老过渡的稳定性存在疑虑，高校教职工更多地认为自己是"单位人"，而非"社会人"。从社会保障政策上看，高校与企业采取不同的养老保障模式、在部分地区采取不同的医疗保障模式，从高校向企业或社会的流动事实上会造成福利损失。因此，构建统一的社会化社会保障制度，是建立高校人员流动机制的制度保障，是深化高校人事制度改革的重要因素。

3. 用人自主权存在较大不足

当前，高校仍需要进一步落实和扩大用人自主权，这是激发高校办学活力、全面提高质量的重要基础。从管理体制上看，事业单位采取行政管理体制、行政手段调控，企业劳动力市场适用法制管理、价格手段调控，事业单位与企业之间没有建立统一的劳动力市场，与企业相比，事业单位用人自主权受到更多约束；从地方高校来看，用人机制不够灵活是地方高校面临的普遍问题，多数地方高校用人自主权亟待落实和扩大，很多高校在编制内人员招聘、高级职称评定等方面，仍需要主管部门层层审批，程序烦琐、费时费力，这极大地影响了高校人才队伍建设；从中央部门所属高校来看，2000 年高校管理体制调整以来，随着高校人事制度改革的深化，其用人自主权得到较为全面的落实和扩大，但在编制管理、岗位设置、工资总额等方面仍然实行原有的审批制度，不同程度地束缚着高校的发展。不少高校认为人事制度的首要问题是"用人机制不够灵活完善""主管部门管得太死"。在中央大力实施政府职能转变、简政放权的大背景下，高校用人自主权有望得到进一步扩大。这一方面需要有关高校的有效自律、社会的理性关注，另一方面更需要人事、编制、教育等主管部门的自我革命、大力推动[①]。

二、深化高校人事制度改革的主要内容

深化新一轮高校人事制度改革总的目标，是建立适应现代大学制度的高校人事管理体系。要完善适应中国特色现代大学制度的内部治理结构，形成发挥大学使命、增强核心竞争力的教学科研组织方式，建立适应协同创新需要的新型用人机制和竞争激励机制。

（一）推动教学科研组织方式变革

为适应人才培养、科学研究及推进协同创新的需要，一是要改革完善学校内部治理结构，建立更加有效的宏观决策、管理和监督机制，形成服务教学科研中心工作的有效运行机制；建立党政配合议事决策机制，明确决策、执行、监督、服务等相关方职责，合理划分学校与院（系）权限，发挥学术组织、教职工代表大会等积极作用。二是要改革大学教学科研组织方式，赋予基层教学科研组织更大程度的用人自主权，学校层面主要解决规划、制度等战略问题，实施监管，规范基层用人行为，避免用人风险，探索矩阵式、团队式、共享式、平台式等多元化的基层教学科研组织方式，建立与之相适应的人力资源评价和

---

① 范贤睿，戴长亮，安家琦 . 中国教育报：深化高校用人机制改革瓶颈何在 . http：//news. scien-cenet. cn/htmlnews/2014/4/293067. shtm.

配置机制，推动高校创新学术组织模式，促进跨学科合作，鼓励校校合作、校所合作、校企合作。

（二）改革高校机构编制管理

创新教学科研组织方式需要相应地改革机构编制管理模式。长期以来指令性的高校编制管理理念和方法已经难以为继，必须调整。现阶段高校编制管理规定和标准在宏观管理中是必要的，但它具有过渡性和双重属性：对于政府部门而言它是指令性的，以便确保对学校人力资源的供给；对于学校而言它是指导性的，编制怎么使用属于《高等教育法》赋予高校的用人自主权的范畴。高校编制管理改革的方向应该是实行人员编制备案管理，也就是学校可以在法定原则和编制标准确定的合理区间内，自主确定用人规模或编制数额，报政府部门备案。学校内部要对院系实行科学有效的人员规模核定和编制配置调控办法，如采取经费预算约束和进人指标约束相结合等办法，综合采取经济手段、行政手段科学配置学校人力资源，充分重视并努力降低生师比，生师比既是效益指标，又是质量指标。

（三）实施精细化分类管理

精细化分类管理是高校人力资源管理改革的趋势。用人制度改革的核心，是在教师分类基础上推进聘用制度，探索实施新的岗位管理办法，实行真正意义上的教职员岗位聘用制。要区别教学为主型、科研为主型、教学科研型等不同岗位，实行分类管理。在精细化分类管理基础上，对高校人力资源实行更加理性化的管理。以岗位职责任务为核心实行目标管理，以岗位标准为核心遴选评价人才，以任务完成情况为核心实施收入分配，形成符合高等教育特点的人力资源管理机制。近年来，为了促进高校人才在人才市场上合理流动，形成人才能进能出的用人机制，也为了突破编制不足的困境，很多高校将目光投向人事代理这种灵活的用人制度。但从长远看，人事代理制度、劳务派遣方式是否适合高校这样的学术重地，还需要慎重研究。

（四）完善教师考核评价机制

聘任制是改革的突破口。改革分配制度是关键，考核是难点。要探索以分类管理为基础、业绩贡献和能力水平为导向的教师评价机制，针对学校不同类型层次、不同学科特点、不同岗位职责要求，分别制定教学、科研和社会服务的考核评价指标体系，体现不同评价内容和考核重点。对教学为主型岗位教师，着重考察其完成教学任务工作量、实际教学效果和教学研究水平；对科研为主型岗位教师，重点考察其承担和完成重要科研任务的情况；对教学科研型岗位教师，首先要注重考察其教学工作水平和效果，同时对从事基础研究的教师应着重考察其在科学研究上的贡献；对从事应用和工程技术研究的教师着重考察其解决关键技术问题的能力；对从事哲学社会科学研究的教师重点考察其学术影响、在解决经济社会发展中重要理论与实践问题等方面的实际贡献。完善教师考核评价机制，要充分考虑教师劳动连续性、复杂性、创造性及个体自主性特点，按照公开、公平、公正的原则，积极探索多元、开放的评价途径，注重考核评价导向的针对性、评价标准的科学性和评价过程的规范性。克服单纯数量评价倾向，更加重视质量评价，防止急功近利行为，引导教师积极投身教学和科研创新，出高质量、高水平的学术成果。

（五）创设引才聚才的长效激励机制

高校人事制度改革的重点之一是构建吸引高层次优秀拔尖人才的有效机制。要加大对人才工作的支持力度，调整教育经费投入结构，增加人才资源投入的比例；创设形成富有活力的人才体制和机制；以汇聚和培养高层次人才为引领和抓手，构建优秀拔尖人才培养支持体系，吸引和培养造就具有国际影响的学科领军人才。进一步加大支持力度，强化政策导向，向人文社科领域倾斜，向高层次人才匮乏的中西部地区高校倾斜；进一步配合和引领协同创新，将组建并引领创新团队发展作为特聘教授的岗位职责，发挥"长江学者"作为学科领军人才和创新团队突击队长的作用；进一步带动高校用人和分配制度改革，激发高校人才队伍活力，为创业者提供舞台；发挥优秀拔尖人才在创新团队建设、人才培养、协同创新等方面的辐射带动作用。

（六）建设高素质专业化职员队伍

深化职员制度改革，是建设高素质教职员队伍的题中应有之义。相对于教师职务聘任制度，教育职员制度明显滞后。2000年教育部启动高校职员制度试点，实现重要突破，取得良好成效。一些高校也纷纷将职员制度纳入人事改革，初步建立符合自身特点的职员制度。但由于国家相关政策不配套，高校职员制改革目前仍处在试点阶段，尚未推开。当前，从外部关系看，高校职员制度与事业单位管理人员行政化管理存在异体排斥现象，职员队伍与教师等专业技术系列的关系还没有完全理顺。从内部关系看，职员职业发展通道和空间不够畅通，任职和考核评价标准不够规范，相关政策还不配套。深化职员制度改革，要进一步研究职员成长规律，科学设计高校管理人员职业化、专业化道路，规划职员队伍职业发展路径，实行职务职级相统一、弱化职员职级与行政级别的

——对应关系，区分决策辅助、行政执行、一般事务等不同职责，实行分类管理。在优化管理流程的基础上核编定岗，确定岗位任务和任职条件，完善职员岗位设置、任职标准和考核办法，拓宽不同类型职员的职业发展通道。完善职员激励保障机制，理顺与各类专业技术系列的关系，深化职员制度改革，要充分考虑管理人员和专业技术人员分类管理，弱化利益冲突，稳定职员队伍，确保教师作为大学的主体力量专心致志地从事教学研究工作。

（七）创新高校薪酬分配方式

高校人事制度改革的关键在于分配体制的改革。要积极探索实行与教育教学、学术研究规律相符合的年薪制，避免急功近利的业绩追求。在体现公平、竞争、激励和系统的原则下，优化薪酬结构，建立重实绩、重贡献、向高层次人才和重点岗位倾斜的分配激励制度，实施以岗定薪、按劳取酬、优劳优酬的薪资分配办法，建立灵活多样的收入分配形式，使分配向高层次人才和创新团队倾斜，实现一流人才、一流业绩和一流报酬的结合，强化竞争和激励机制。同时要统筹兼顾，正确认识并妥善处理效率与公平的关系，贯彻按劳分配原则，利用利益机制的杠杆作用，效率优先、兼顾公平、抓住关键、突出重点、强化激励，充分调动教职工的积极性。要完善岗位绩效工资制度，将工作人员收入与其岗位职责、工作业绩和实际贡献相联系，将高校收入分配总体水平与学校完成社会公益目标任务相联系，做到一流业绩、一流贡献、一流分配。要研究确立高校主要领导绩效工资水平的决定机制，该机制要能够反映大学主要领导的岗位职责和付出的辛劳，引导他们将主要精力放到学校管理工作上来，弱化学术背景与行政背景的利益冲突。

三、高校人事制度改革的探索

近年来，一些高校围绕建立中国特色现代大学人事制度的目标和要求，积极探索、大胆创新，在分类管理、择优聘任、教师活动、考核评价等方面大胆探索，力求突破现行体制机制的束缚，理顺用人关系，搞活用人机制，提高用人效益，不断推进符合自身目标定位和特点的用人机制改革[①]。

（一）分类管理：科学设岗、人尽其才

科学设岗是建立健全高等学校聘任制的重要前提，是系统推进人才引进、

---

① 教育部深化高校人事制度改革．http://www.moe.edu.cn/jyb_xwfb/s5989/s6635/s8537/zl_shgxrs/2015-02-16.

培养培训、考核评价、收入分配制度改革的先决条件。近年来，一些高校积极探索教师岗位分类管理，引导教师根据自身特长、特点和潜能选择职业通道，取得明显成效。

1. 岗位科学分类，促进教师职业多元化发展

浙江大学按照任务需要设置五类教师岗位，根据岗位特点实施相应考核评价体系和分配制度，健全教师职业发展通道。其中，教学科研并重岗要求同时承担高水平科学研究和高质量本科或研究生课程教学工作；研究为主岗要求承担高水平科学研究工作；教学为主岗要求主要承担高质量本科或研究生课程教学工作，同时承担一定的科学研究工作；社会服务与技术推广岗要求主要承担农业与工业技术推广、公共政策与其他科技咨询、医疗服务及教育培训等社会服务工作；团队科研/教学岗要求在科研或教学团队中承担团队项目科学研究、项目研究助理、项目技术管理或协助承担一部分通识课程与大类课程基础教学工作。

北京科技大学探索完善分类分层的岗位管理体系。一是科学分类，把教师岗位分为教学为主型、教学科研型和科研为主型三类，教学为主型岗位承担高质量的本科或研究生课程教学工作，教学科研型岗位同时承担高水平科学研究和必需的本科或研究生课程教学工作，科研为主型岗位承担以国家基础研究和重大项目、国际合作项目为主的高水平研究工作。二是根据学科发展需要动态调整教师岗位高、中、初级的结构比例，根据各学科发展层次、水平及规划，适当调整高级职务岗位比例和正高级职务岗位职数，向高水平重点学科、重要研究基地和教学任务重的学科倾斜。通过岗位设置，引导和鼓励学院有重点地发展优势学科、新兴学科和交叉学科。

南京大学设置专职科研系列岗位。设首席研究员、研究员、副研究员、助理研究员和研究助理等五类岗位，聘任对象的主要职责是承担基础研究和工程应用研究的申请、研究和开发工作，由有关单位根据科研工作需要提出岗位设置计划报学校人力资源处，经学校审定后设立。其中首席研究员和研究员可设立非全时岗位，副研究员、助理研究员和研究助理岗位为全时岗位。首席研究员、研究员、副研究员和助理研究员岗位实行短期聘任制，每个聘期原则上为三年，一般不超过两个聘期。研究助理岗位采取人才派遣方式聘用。所有岗位均面向校内外公开招聘。

2. 建立校内"特设"岗位，拓宽优秀人才发展空间

上海交通大学探索校内特别研究员、副研究员聘任机制。针对部分进校时不完全符合正高级职务聘任条件，但背景良好、发展潜力巨大的40岁以下年轻教师，设置"特别研究员"岗位，聘期三年，聘期内受聘人对外可以"研究员"

名义进行学术活动，并酌情配套岗位津贴、住房津贴、科研经费等。在几年探索实践的基础上，推出"特别副研究员"岗位，重点支持35岁以下、世界一流大学的博士毕业生，激励他们尽早发展成为学校各个领域的领军人才。近年来，一批优秀的青年教师已经在"特设"岗位上取得了优异成绩，为学校多个学科方向的发展注入了新的活力。

四川大学设立"特聘研究员""特聘副研究员"岗位系列。为更加客观地考察海归人员的素质和潜力，激发其创造力，学校针对拟引进的海外名校博士专门设立"特聘研究员""特聘副研究员"岗位，采取四年聘期考察制，聘期内圆满完成合同约定的工作任务并通过学校专业技术职务聘任委员会考察的，可转入学校体系内轨道续聘，否则不再续聘。

（二）择优聘任：不拘一格揽贤才

如何打破僵化的用人机制、建立更加灵活的用人模式，是高校人事制度改革普遍面临的一个问题。近年来，一些高校积极探索建立更加开放、更加规范的招聘机制，采取更加多元、更加社会化的人才使用方式，优化了结构，激发了活力，提升了人才队伍的整体水平。

1. 切实把好"入口关"

中国农业大学实行公开招聘和校、院两级评审制度。一是实行100％公开招聘制度，所有招聘岗位、条件及进程均上网公布，提高了招聘工作的公开性和透明度；同时，提前确定面试时间，便于国内外应聘人员统筹安排。二是实行院、校两级评审制度，成立校级高层次人才引进评审委员会和教师招聘评审委员会；高层次人才引进由学院推荐人选、学校评委会审定，其他教师招聘须经学院评委会按3∶1的比例向学校评委会推荐候选人并进行差额面试。由于严把"入口关"，学院推荐的岗位候选人每年约20％未通过校级评审。

华北电力大学建立"三横三纵"的人才招聘工作体系。"三横"指人才的计划、执行与评价三位一体：人事处会同用人单位共同制定招聘计划，人才办负责具体实施，校内外高层次专家组成独立学术评议组对引进人才的学术水平进行评价。"三纵"指建立由学院、人才办、校长办公会组成的人才工作体系：学院根据学科建设需要对拟引进人才进行综合评价与推荐，人才办组织专家组进行独立的校级评价，校长办公会投票表决确定最终引进人选。实践证明，"三横三纵"的人才招聘工作体系提高了学校人才引进工作的透明度，较好地保证了引进人才的质量。

2. 坚持"不求所有、但求所用"的用人观

中国传媒大学广泛聘请国内外一流学者、行业精英担任兼职教师。近年来，

学校打破传统用人观念，通过设立名誉教授、客座教授、兼职教授等岗位，突破地域、户籍、工作关系等限制，吸引国内外学术大师、优秀学科带头人、行业翘楚来校从事非定期教学科研工作，不拘一格引进人才。多元化用人机制的形成，有效激发了人才队伍的活力。

兰州大学建立多种形式并存的用人机制。学校实行全员聘任，新进人员全部实行合同管理，与全职、非全职以及智力引进的人员以契约的方式建立聘用关系，明确双方的权利义务，促进聘用关系从终身制向契约制的转变。对硕士及中级职称以下人员实行人事代理制度，与编制外用工人员签订劳动合同并为其办理养老保险手续，以科研助理方式聘用毕业生参与学校重大科研项目。这些多种用工形式为学校教学、科研及后勤保障起到了有益的补充作用。

东北大学实行人才"柔性引进"模式。采取流动岗位模式、优秀人才共享和专兼职结合的智力引进机制，通过聘请名誉教授、兼职教授等方式，邀请国内外知名学者来校进行交流。名誉教授、兼职教授一方面带动了学校教师队伍整体素质和科技创新能力的提高，加强了学科建设；另一方面拓宽了与国内外学术机构间合作交流的渠道。此外，名誉教授、兼职教授还扮演了"高层次人才储备库"的角色，部分已入选"长江学者奖励计划"。

（三）教师流动：实现"能进能出"的良性循环

受制于内外环境及各种历史和现实因素的影响，从整体上看我国高校教师队伍的流动渠道还不通畅，尚未真正形成"能进能出、能上能下"的良性循环。近年来，一些高校积极探索，通过严格聘期考核、改革晋升制度、打通岗位隔阂、加强服务指导等举措，初步形成了"非升即走、非升即转"的人员流转机制，为实现教师队伍整体有序流动奠定了良好基础。

1. 加强考核晋升制度设计，实现"非升即走（转）"

中国人民大学实行教师专业技术职务有限次数申报制度。一是实行有限次数申报和隔年申报制度，规定每位教师申请应聘高一级职务的次数不得超过三次。凡应聘高一级教师职务未被审定通过且一年来未做出较为突出教学科研业绩的，第二年原则上不得提出受聘申请。二是建立"非升即走""非升即转"制度，对于在本级职务任职满一定年限而又未能达到高一级职务任职条件者，原则上不再续聘原岗位，可按规定程序申请受聘非教师岗位或在规定时间内调离学校。三是严格执行合同考核制度，根据岗位特点和教师专长，与之签订个性化合同。对于个别未能完成合同规定任务的，适当延长一定期限，但延长期内必须完成合同规定的任务，否则不予续聘。

2. 提高"门槛"与拓宽"出口"有机结合

中山大学严格执行合同管理，积极拓宽教师退出渠道。一是严格执行聘期考核。对签订教师职务聘任合同的教师，每三年为一个考核期，根据合同规定的条款对每位教师进行聘期考核。合同分为固定期限和无固定期限两种，对有固定期限聘任职务者，聘期届满未能晋升更高职务的按合同约定退出机制处理。二是畅通出口、做好服务。对于满三个聘期且未能受聘高一级职位的讲师，本着既维护学校聘任制实施的严肃性，又考虑历史原因，并兼顾学科特点和教学任务差异的原则，设计了一系列的发展路径，包括应聘专任教学岗、党政管理岗、实验工程岗、图书资料岗、后勤或产业集团岗位、所在院系过渡性管理或教辅岗位、校外岗位或自主择业等。三是聘请法律专家指导工作。安排专人提供问题咨询、接受教师投诉等，引导教师以积极的心态面对新的职业选择，平稳完成这批教师流转的后续工作。

中国政法大学搭建岗位互通"立交桥"。一方面，鼓励教师根据自身特点和能力自主选择调整岗位，不能胜任教学科研岗位工作的教师落聘后可以获得择岗竞聘的机会；另一方面，出台校内人员转聘教学科研岗位办法，有志于从事教学科研工作的其他岗位教职工符合相应条件可申请转岗到教学科研岗位。通过搭建互通桥梁，在保持各类队伍稳定的同时，实现各岗位人员间的校内流转，促进人尽其才、人尽其用。

华东师范大学推行校内流动的机制，以拓宽优秀青年教师成长发展的空间。学校规定，对刚参加工作同时又具有很强科研能力的青年拔尖人才，可直接进入学科研究平台，从事专职研究，三年后可以根据发展情况实行流动。对学术造诣深的退休教师，设立返聘岗位，研究院也为他们提供经费和条件支撑。根据产学研发展需要，目前该校还在积极探索由企业出资命名，设立教席，以特殊待遇和机制吸引优秀人才。

3. 探索"常聘教师"岗位管理基础上的教师流动模式

上海财经大学实施"常聘教师"管理模式。从 2012 年开始，对新进中级以下职务教师试行"常聘教师"管理模式。新聘教师受聘中级职务者首个聘期为六年，聘期届满，达到学校规定的副高职务申请条件者方可申请续聘；受聘初级职务者首个聘期为三年，达到学校规定的中级职务晋升条件者，可申请续聘六年，续聘期满，达到文件规定的副高职务申请条件的，方可再申请续聘。基于对终止合同教师的人文关怀，同时考虑到国际惯例，学校一般会给予其半年到一年不等的找工作缓冲期。通过创新"常聘教师"管理制度，在新聘人员中试行"非升即走"的管理模式，有效推动了教师由固定用人向合同用人转变、由身份管理向岗位管理转变。

（四）考核评价：正确发挥"指挥棒"作用

考核评价制度改革是高校人事制度改革的难点。科学合理的考核评价，不仅为教师的入职、晋升、聘任、培训和奖惩提供了基本依据，还有助于调动教师的积极性和创造性，引导教师把精力更多投入教书育人的本职工作，整体提升教师队伍的素质和水平。针对长期以来高校考核评价存在的"重科研、轻教学""重数量、轻质量"等突出问题，一些高校做了有益探索，给出了自己的解决方案，初步建立了更加符合教学科研规律的考核评价制度。

1. 扭转"重科研、轻教学"的不良导向

北京师范大学突出教师评聘的育才导向。在教师专业技术职务评审和岗位聘用有关办法中，将"承担主要的教学科研和人才培养等任务，为学校的发展做出重大贡献"纳入教授二级、三级岗位聘用基本条件，并对获得教学类突出奖励和承担教育教学类项目的申请人给予缩短申请年限的鼓励。具体包括：国家级教学名师、国家级教学成果奖一等奖及以上奖项、全国普通高等教育精品教材一等奖及以上奖项、国家级精品课程负责人等。通过设立具体而明确的目标激发广大教师聚精会神育英才的热情。

山东大学教师晋升须先通过"教学答辩"。为将岗位晋升改革与教师分类改革相结合，切实提升对教学工作的重视，学校特在岗位晋升工作中增加答辩环节。答辩分为教学答辩和学术答辩两部分，教学为主型教师和教学科研型教师申请职务晋升首先要通过 15 分钟的教学答辩。同时，对教学为主型教师开辟专门通道，逐步提高教学为主型教师高级职务比例，在单独设立评议组的基础上，对教学为主型教师单独分配名额。

中南大学强化教授、副教授上讲台制度。强化对本科教学环节的要求，明确教授和副教授必须承担本科课堂教学，并将至少讲授一门本科生课程作为申报教授职称和教授岗位分级的必要条件，不达标者实行一票否决；完成基本教学工作任务和科研工作量的教师，其岗位津贴分配系数提高为 1.2；对教授或副教授未按规定讲授本科生课程者，将扣发单位岗位津贴总额的 0.5%～1%。

2. 破除"重数量、轻质量"的积弊

复旦大学建立完善"代表性成果"评价机制。为解决少数不符合刚性学术标准但学术能力突出的教师职称晋升问题，学校建立了代表作评价机制。一是完善校外专家库建设。要求各院系按学科分类向学校推荐足够数量的、分布合理的、具有较高学术声望的校外专家。同时，注重邀请相同或相近学科方向的同行专家对申请人的代表性成果进行评审。二是健全回避制度。在对送审专家名单进行严格保密的同时，实行主动回避与被动回避两项制度，即申请人如认为某位评审专家与自己的观点不同或其他原因，允许其事先提出主动回避；学校在评审专家查核时严格避免申请人的直系亲属、导师等担任评审专家的现象。三是建立反馈机制。学校结合每次外审的工作情况，建立起对评审专家公信度的考察反馈程序，适时调整、维护、更新评审专家库。四是完善评价指标体系。在总结以往校外评议工作经验的基础上，进一步完善同行评议的评价指标体系，下设学术贡献、学术活力以及学术影响力等二级指标，并要求校外同行专家根据新指标对申请人的代表性成果进行综合客观评价，确保学术评价的科学合理。代表性成果评价机制的推广，有效克服了以往学术评价中唯数量化、形式化、行政化等弊端，赢得了广大教师的支持。

东南大学建立国内外同行评价制度。修订《专业技术职务评聘条件》《突出成果奖励条例》《教师系列正高级专业技术职务评聘校外同行专家学术评议工作暂行办法》等，建立教师职称晋升和重要考核奖励的国内外同行评议制度，教师在申请职称晋升、申报学校的重要奖励时，相关成果要先通过国内外同行的评议。

3. 建立"终身教授制度"

20 世纪 90 年代以来，我国高校科研的短视现象日益严重，表现在科研成果很多，但具有传世价值、里程碑意义的成果却很少。造成这种急功近利的科研作风的原因之一是，高校在教师履职考核上的短期行为，使高层次人才无法沉下心来开展中长期的重大项目研究。为了有效解决这一问题，华东师范大学于 2002 年在全国率先实施"终身教授制度"。终身教授除享受国家有关工资福利外，每年还享受终身教授特殊津贴。退休时，根据他们的实际聘任期限，一次性增发补充养老金。终身教授一经聘任，中间不再考核。学校还把"终身教授制度"与高层次人才队伍建设紧密结合起来，规定在校的"两院院士"、"长江学者"和"紫江学者"特聘教授工作满一年后就可以直接聘任终身教授。"终身教授制度"的实施，有效地稳定了华东师范大学的骨干教师队伍，也为教师开展前沿性、原创性的学术创新，解除了后顾之忧。

四、高校人事制度改革的发展趋势

当前高等教育进入发展的关键期、改革的深水区、矛盾的凸显期。准确把握当前高校人事制度改革的发展趋势，有助于我们正确地制定改革的方向和策略[①]。

---

① 管培俊. 新一轮高校人事制度改革的走向与推进策略. 中国高等教育，2014（10）：18 - 22.

（一）高校人事制度改革要更加强调自主性和公共性的平衡

我国传统意义上的事业单位存在政事不分、人浮于事、权利义务不对等、激励约束机制不健全、效率低下现象。但在放权搞活的同时又容易走向另一端：公益性模糊了、公共服务质量不高。不断增强公立高校的自主性和公共性，既要激发大学的活力，又不能损害大学的公益性，这是新时期高校人事制度改革的总趋势。公立高校的属性特点影响到公立高校人事制度改革的方向和路径选择。高等学校准公共产品的属性决定了政府不能将其完全推向市场；高校人才市场也不应该是完全充分竞争的市场机制，教师队伍具有有限竞争、适度开放、有序流动和相对稳定的特点。这就是在竞争、严格考核评价和有期限聘任的同时，要有终身教职制度的原因。

（二）高校人事制度改革要更加强调理性和精细

随着我国经济增长方式的转变，高等教育也正在从规模扩张逐步转向内涵式发展。同时，教师由学术群体逐步成为职业群体，教师群体由单一同质化趋向异质化，传统意义上的大学人事管理转向学校人力资源管理与开发。高校人事制度改革的大方向已经明确，也积累了许多成熟经验。总体而言，下一步改革的一个显著特点是越来越趋于理性，主要是通过制度创新，促进制度建设和精细化管理，优化配置方式，提高管理质量和效益。当前和今后一个相当长的时期，高校人事制度改革不是追求大变革、大转折、大破大立、重起炉灶，而是先立后破、坚持不懈、稳扎稳打，不断巩固扩大改革成果，促进学校内涵式发展。

（三）高校人事制度改革要更加强调多元和开放

当前，经济发展和资源配置日趋全球化，国际化人才竞争激烈，高端人才的稀缺性、人才市场的全球性、人才需求的多样性，对传统高校人事制度造成强烈冲击。同时，随着我国市场经济深化发展，社会分工更加精细，国内劳动力市场基本形成，劳动力流动性增强。高校人事制度不再仅仅是面对专业技术人员、管理人员、工勤人员这样笼统划分的人群，而且要面对细分不同岗位、不同特点、不同需求的各类人员；不仅面对以高端人才为主的学术劳动力市场，也要面对一般劳动力市场；不仅面向当地，还要面向全国乃至全球市场。高校各类岗位与劳动力市场都有内在联系，人事管理不再局限于一个单位的内部事务。随着岗位进一步细分和劳动力流动性进一步增强，需要探索更加灵活多样的用人机制，实施更为开放、更与市场接轨的人事管理制度。

（四）高校人事制度改革要更加强调民主性和科学化

随着高校人事改革的深入，由增量改革逐步转向存量改革。经过前两轮改革，高校整体收入水平明显提高，但教职工对下一步改革的目的作用，特别是自身利益诉求，认识反而不容易统一了。当今社会，利益格局发生较大变化，文化多元化日趋明显，市场契约意识广为普及，教职工的自我意识和民主法制意识越来越强；基于利益博弈的社会治理、民主决策机制已经进入实际生活，学术民主和学校教职工代表大会等制度也逐步成型。深化高校人事制度改革涉及的利益分配格局调整、资源配置方式变革都势必更加深刻，遇到的困难和阻力也会更大。在高校这样一个高度民主的学术机构，深化人事分配制度改革无论在顶层设计上还是在操作上都要更加注重民主性和科学化。

第七章
治理体系改革

党的十八届三中全会通过的《中共中央关于全面深化改革若干重大问题的决定》提出："全面深化改革的总目标是完善和发展中国特色社会主义制度，推进国家治理体系和治理能力现代化。"这个总目标既是国家的治理学说，也是我国下一步改革的工作目标。长期以来，我们的话语体系中出现的大多是"管理"，《中共中央关于全面深化改革若干重大问题的决定》则突出了"治理"，而且还强调治理体系、治理能力要实现现代化，这标志着党在执政理念与治国方略上实现了新的重大思想解放，成为《中共中央关于全面深化改革若干重大问题的决定》的最大亮点[①]。党的十九届四中全会通过了《中共中央关于坚持和完善中国特色社会主义制度 推进国家治理体系和治理能力现代化若干重大问题的决定》，进一步强调了推进国家治理体系和治理能力现代化的重要性与紧迫性，充分反映了新时代党和国家事业发展的新要求和人民群众的新期待。国家的治理是一个系统工程，各方面制度相互协调，才能构建一个科学合理的国家治理体系，全面提高国家的治理能力和治理绩效。高等教育作为最为重要的社会事务之一，日益受到国家的关注和重视，是国家治理的重要领域。现代高等教育治理体系是国家治理体系的组成部分，是以建立中国特色现代大学制度为基础的。完善高等教育治理体系、推进高等教育治理能力现代化，既是推进国家治理体系现代化的根本要求，也是深化高等教育综合改革、推动高等教育现代化的迫切需要。

第一节　高校治理体系的内涵

高校治理是近年来引起人们广泛关注的一个重要课题，不仅学术界有众多的研究与讨论，政府的文件、高校的章程也都提出要构建现代高等教育治理体系，提高高校治理能力。例如，《中共中央关于全面深化改革若干重大问题的决定》指出："深入推进管办评分离，扩大省级政府教育统筹权和学校办学自主权，完善学校内部治理结构。"构建与完善高校治理体系，首先应该厘清高校治理体系的具体内涵。

一、高校治理体系

治理理论起源于现代，直到 20 世纪 90 年代才为理论界和实践界所重视。

---

① 瞿振元. 建设中国特色高等教育治理体系　推进治理能力现代化. 中国高教研究，2014（1）：1-4.

《英汉大词典》对治理的解释是：统治，管理，控制，支配；统治方式，管理方法；统治权；管理权；被统治地位①。全球治理委员会将治理界定为"各种公共的或私人的个人和机构管理其共同事务的诸多方式的总和"，并概括了它的四个特征："治理不是一套规则，也不是一种活动，而是一个过程；治理过程的基础不是控制，而是协调；治理涉及公共部门，或包括私人部门；治理不是一种正式的制度，而是持续的互动。"② 博得斯顿笔下的"治理"一般是指在一个大型实体内的各单位之间进行权力与职能划分、各单位之间的沟通与控制方式及其与外部环境之间的关系处理③。G. 哈曼指出，治理概念在广义上被用来指称高等教育系统和高校的组织方式、权力是如何分配和使用的，以及高等教育系统和高校与政府之间的关系④。这些解释虽然表达方式不同，但其实质基本相同。

高校治理体系由治理结构和治理机制两部分组成，其中治理结构是现代高等教育制度的核心。任何一个国家的高校都不是孤立存在的。在外部，高校与政府部门、中介组织、公司企业等有着千丝万缕的联系；在内部，管理人员、行政人员、教授、学生等形成了具有不同利益诉求和职责使命的权力主体⑤。高校治理研究的就是高校各个利益相关群体之间的决策权配置问题，他们之间的决策权配置模式就是高校的治理结构。了解一所高校的治理结构，一方面需要了解谁是相关的权力主体，另一方面需要了解它们在高校事务上有没有或者有多大的决策权。治理机制指的是用于治理各权力主体之间关系的具体方式方法和制度安排，包括用人机制、监督机制、激励机制等。一个国家的高校治理体系在一定历史时期通常具有相对的稳定性，但也在各种因素的影响下不断地发展、演变。高校学术管理的复杂性意味着必须通过设计合理的治理结构对各治理主体的决策权进行合理配置，才能确保有效地进行日常决策，确保高校的法人地位及其权能得以实现。

高校治理体系包括两个层面：一是外部治理体系，二是内部治理体系。外部治理体系是指由政府主导建立的、能够对高校行为产生影响的其他主体，在理性化思维的指导下，作用于高校组织时的权力结构安排及权力实施方式安排。对高校办学行为产生重要影响的外部主体主要有政府、市场及社会组织等，高

① 陆谷孙. 英汉大词典. 上海：上海译文出版社，2004.

② 俞可平."治理与善治：一种新的政治分析框架". 南京社会科学，2001（9）.

③ 博得斯顿. 管理今日高校：为了活力、变革与卓越之战略. 桂林：广西师范大学出版社，2006.

④ CLARK B R，NEAVE G. The encyclopedia of higher education. Oxford：Pergamon Press，1992.

⑤ 王绽蕊. 高等学校治理、管理与行政概念辨析. 科技创新导报，2009（31）：149 – 150.

校外部治理体系建设就是处理好政府、市场、社会组织与高校的关系，让政府、市场、社会组织形成一个有机的系统。"政府宏观管理、市场规范调节、社会广泛参与、学校自主办学"是理想的高校外部治理结构，"良性互动、有机协调、有效制衡"是理想的高校外部运行机制①。高校内部治理体系是指在一所高校内部的横向和纵向两个方面，在理性化思维的指导下，由高校领导者、管理者、教职工及学生作用于高校办学及管理活动时的权力结构安排及权力实施方式安排。横向体系构建主要解决权力的分散以及权力之间的制衡问题。在权力分散方面，我国现代高校内部治理体系应是"党委领导、校长负责、教授治学和民主监督"。在权力制衡方面，高校内部应建立决策系统、执行系统、监督系统，由此形成各自独立、权责明确、相互制约的关系。纵向体系构建包括学校-院系体系构建和组织-个体体系构建。在学校-院系体系构建方面，应构建以院系为主体的治理结构。在组织-个体体系构建方面，应构建尊重个性特点并有助于维护个人自由的治理结构。

二、高校治理能力现代化

治理能力是各个治理主体共同作用于治理对象时表现出的行为素质，蕴含在治理主体自身及治理体系之中。治理活动是治理主体实施的活动，活动效果的好坏、效率的高低，直接受治理主体实施治理活动的意愿、技能等因素的影响。但是，治理活动不是单个主体实施的活动，是多个主体联合实施的活动。因此，联合各主体的规则对治理活动的效率和效果同样会产生重要影响，甚至产生决定性的影响，因为联合各主体的规则直接影响各主体实施治理活动的意愿，影响治理主体素质的发挥。

治理能力现代化是指治理主体作用于治理对象时，展现出的具有标准化、制度化、科学化和民主性等现代性特征的行为素质。现代治理能力与传统管理能力在目标、理念、过程、手段等方面存在差别：在目标方面，现代治理能力强调治理对象的发展，目的在于通过治理主体帮助治理对象实现发展；传统管理能力强调对管理对象的管理，目的在于制止管理对象的不当行为。在理念方面，现代治理能力强调服务，传统管理能力强调控制。在过程方面，现代治理能力特别强调结果管理和准入管理，传统管理能力过于倚重过程管理。在手段方面，现代治理能力重视运用咨询、指导、评价、引导等手段，传统管理能力

---

① 甘晖. 基于大学治理能力现代化的大学治理体系构建. 高等教育研究，2015（7）：36-41.

重视运用行政、权威、命令等手段①。

治理体系规定了行为主体的构成、行为主体的权力关系和行为主体的行为方式，是治理活动的一种结构化安排。高校治理体系与高校治理能力的关系，本质上是结构与功能的关系。

第二节　外部治理体系改革

完整的高校治理体系由内部治理与外部治理两个部分构成。内部治理的主体是大学内的相关机构与人员（如董事会、校长、学术组织等），外部治理的主体则是与大学发展相关的社会（权威）机构。在现代高等教育治理体系中，外部治理的主体毫无疑问主要是政府。

一、外部治理结构

（一）公办高校的法人地位

高校的法人地位是高校外部治理结构的重要组成部分。我国高校直到 20 世纪 90 年代因为一系列重要法律文件的出台，才获得了法律上的法人地位。1992年国家教委印发的《关于国家教委直属高校内部管理体制改革的若干意见》首次提出，"国家教委直属高校是由国家教委直接管理的教育实体，具有法人地位"。1993 年印发的《中国教育改革和发展纲要》正式提出要使高校真正成为面向社会自主办学的法人实体。1995 年通过的《中华人民共和国教育法》首次以法律的形式明确了我国各类学校的法律地位，规定"学校及其他教育机构具备法人条件的，自批准设立或者登记注册之日起取得法人资格"。1998 年通过的《高等教育法》重申了这一规定，允许高校自批准设立之日起取得法人资格。但这种法人地位即便从法律条文本身的角度去分析也不是十分清楚，因为在上述重要的法律文件中都没有明确我国高校的法人性质，也没有明确公办高校和民办高校的法人性质有何不同。在我国，公办高校一般被视为事业法人，即从事社会各项事业、拥有独立经费或财产的各种社会组织②。学界的看法并不一致，而且关于公办高校法人地位的争论并没有因为《高等教育法》的颁布而归于平静。因此，现实当中在处理这些关系时人们更多地依赖于主观判断，而非

① 甘晖．基于大学治理能力现代化的大学治理体系构建．高等教育研究，2015（7）：36-41.

② 江平．法人制度论．北京：中国政法大学出版社，1994.

法律。

公办高等院校是否具有法人地位和具有何种类型的法人地位，可以表明公办高等院校与政府之间关系的性质，以及高等院校具有多大程度的办学自主权。反过来讲，法理上的法人地位通常只能笼统地表明高等院校与政府之间的关系以及这种关系的性质，尤其是高校相对于政府部门的独立性；但具有明确的法人地位并不能确保高校获得应有的办学自主权，因此，具体的治理结构安排就显得尤为重要①。

（二）立法和司法机关

我国国家一级的立法机关是全国人民代表大会及其常务委员会，由全国人民代表大会及其常务委员会通过的法律对全国各个省区市都有普遍的约束力。地方立法机关制定的涉及地方高校的法律法规为数不多，其作为外部治理主体的角色尚未得到充分体现。司法机关如法院、检察院在理论上也是高校重要的外部治理主体，但由于针对高校的诉讼事件很少，这些司法机关的治理权威尚未得到充分体现。

（三）政府部门

1998 年出台的《高等教育法》第十三条规定："国务院统一领导和管理全国高等教育事业。省、自治区、直辖市人民政府统筹协调本行政区域内的高等教育事业，管理主要为地方培养人才和国务院授权管理的高等学校。"第十四条规定："国务院教育行政部门主管全国高等教育工作，管理由国务院确定的主要为全国培养人才的高等学校。国务院其他有关部门在国务院规定的职责范围内，负责有关的高等教育工作。"也就是说，在中央和地方两级管理的基础上，部属高校只有一个上级行政主管部门，就是国务院下属部门，通常是教育部直接管理。地方高校主要由地方政府管理。例如，北京市教育委员会是北京市属高校的教育行政主管部门。除此之外，政府其他部门，如北京市外事办公室、财政局、人力资源和社会保障局等在自己的职责范围内对高校人、财、物的决策和管理有着重大的影响，其作为外部治理主体的作用不可忽视。北京市委也是北京市属高校的一个重要的外部治理主体。我国实行"党管干部、党管人才"的原则，市委组织部和教育工委在市属高校的党委书记、校长、副校长以及后备干部等人选的选拔任用中发挥着重大的决定性作用。在任何国家，高校领导选拔任用权都是最为重要的决策权。从这个角度来说，北京市委是北京市属高校

---

① 王绽蕊. 高校治理比较与改进. 北京：光明日报出版社，2013.

最为重要的外部治理主体①。

（四）市场力量

伯顿·克拉克（Burton R. Clark）在对各国高等教育治理模式进行比较研究时，提出了一个著名的"三角协调图"，即国家、市场和学术权威在不同国家的高校治理中有不同的配置模式，其中苏联属于国家权力主导型模式，意大利属于学术权威主导型模式，美国属于市场主导型模式，而瑞典、法国处于国家权力主导型与学术权威主导型的中间地带，英国、日本、加拿大属于学术权威主导型和市场主导型的中间地带②。高校治理的好坏，不能忽视市场的参与和反馈。作为市场的主要"代言人"，行业、企业是高校人才培养质量的最好检验机构，它们在用人过程中更了解毕业生的综合素质和创新创业能力，应该建立可操作的行业企业评价机制，邀请它们参与人才培养的方案制定和办学质量的评估，发挥其在治理体系中的作用。但目前而言，市场评价、监督力量缺失是我国公办高校外部治理结构的普遍特征。

（五）社会组织

《国家中长期教育改革和发展规划纲要（2010—2020年）》提出："完善教育中介组织的准入、资助、监管和行业自律制度。"在国外，社会参与高校治理的一个重要方式是设立中间或缓冲机构，这些机构介于政府与高校之间，不仅可以为政府或高校提供广泛的服务，还可以代替政府来行使认证、评估、拨款、监督等相关职能，如英国高等教育基金委员会、美国高等教育协会等。社会中介组织在我国还很不发达。各种学会如中国高等教育学会等虽然也有比较大的影响，但这些影响多体现为专业影响，如组织学术研讨会和学术成果评比等，对高校的组织、管理和决策没有显著影响力。我国应该加快培育独立于政府之外的、非官方的或者半官方的专业教育服务机构，发挥它们的监测、诊断、指导功能，为改善大学治理体系提供信息反馈。

二、外部治理存在的问题

在我国社会主义市场经济体制不断推进的过程中，高校的管理体制从早期的单纯计划体制转向了以政府宏观管理为主、市场有限介入为辅的管理体制，

---

① 王绽蕊. 高校治理比较与改进. 北京：光明日报出版社，2013.

② 克拉克. 高等教育系统：学术组织的跨国研究. 杭州：杭州大学出版社，1994.

并开始注重发挥高校自主办学的积极性。但是，以政府、立法机关和市场为核心要素的高校外部治理机制并不完善，影响了高校的治理能力。

（一）高校与政府的关系不顺畅，办学自主权未充分落实

高校自治是遵循高校内在逻辑、保障高校自主管理和自我约束的基本要求，是现代大学制度的特色体现。在我国，高校是具有事业单位法人性质的独立主体，其独立法人性质在立法中有明确规定。同时，《高等教育法》规定了高校在管理教育教学活动、制定招生方案、开展科学研究、提供技术服务、开展技术合作与文化交流、管理和使用高校财产等方面享有办学自主权。充分落实办学自主权是高校独立法人地位的具体体现，是实现高校自治、保障学术自由、满足高校自主发展诉求的重要途径。然而，尽管《教育法》《高等教育法》等法律明确规定了高校的法人地位，赋予了高校的办学自主权，但我国高校与政府之间长期存在的微妙关系使得在实践中高校的办学自主权大打折扣，高校的独立法人地位没有得到充分体现[①]。我国公办高校的举办者是国家及地方政府，具体由教育行政部门进行管理，长期以来存在一种表面平等放权、实则不对等控权的特殊关系。政府对公办高校从校领导的选拔任命、学科专业设置、招生到学费标准、教育教学成果评价、经费使用办法等诸多事务都享有重大的决策和干预权，高校难以充分享有办学自主权，其办学积极性和主动性受到较大限制。政府对高校进行管理和干预的手段也比较单一，除财政资助之外，主要依靠行政手段和行政命令管理高校，或者对高校开展名目繁多的检查、评估活动。高校的办学行为受政府管理者意志的影响非常明显，具有典型的外部行政化特性。

（二）党政单边治理的现象比较突出，其他治理主体参与度过低

公办高校在纳税人的资助和支持下得以成立和发展，其办学目标也是为国家和本地区培养人才，并通过多种服务形式增进纳税人的福祉。政党和政府组织是纳税人的代理人，有权代表纳税人对公办高校进行管理，这是合理的。但外部治理主体过于集中于政府部门且缺乏强有力的制衡机制，不利于防范重大决策的失误风险。一是立法和司法机关参与高校治理严重不足。立法机关作为代表性的机关，也是纳税人的代理人，理应在公办高校治理中发挥更大的作用，尤其是在对高校的财政资助和重大人事决策方面，理应拥有发言权、监督权、审批权、否决权。但现实中，立法和司法机关对公办高校治理作用比较微弱，

---

① 方芳. 大学章程制定中的困惑与突破路径：基于六所高校章程文本的分析. 复旦教育论坛，2014，12（1）：61-66.

治理权威还没有得到充分体现。二是市场作用于高校的机制不完善。市场力量参与高校治理是现代高校制度的应有之义，这既是学校科学决策和科学管理的需要，也是促使高校及时反映社会和市场需求，以更好地履行其服务社会的职能的需要。然而，市场作用于高校的内容、程度、方式受其他因素的影响，市场配置资源的作用并不能充分地发挥。公办高校是公益性机构，不得以营利为目的进行办学，这就决定了政府要对高校进行干预，高校要承担公共职能，高校要回应社会公众需求，其结果导致高校不断在政府干预、公共需求和市场利益之间摇摆。高校应如何适应市场、市场力量应如何参与高等教育治理还处在摸索之中。三是社会公众对高校的需求碎片化、多样化、个性化，目前还没有形成较为完善、权威、系统化的组织向高校表达公众需求，高校对社会公众的需求往往处于被动回应的状态，回应行为具有碎片化、被动性、短暂性等特征。

三、完善外部治理体系

（一）落实办学自主权，建立政府与高校良性互动的新型关系

1. 落实依法治校

法治是现代教育治理的一个基本特征，依法治校是提高高校治理法治化、科学化水平的客观需要，也是建立现代大学制度的内在要求。通过依法治校，形成政府依法管理学校，学校依法办学、自主管理，教师依法执教，社会依法支持和参与学校管理的格局。首先，推进依法治校要解决好有法可依的问题。这既需要修订现行的教育法律法规，也需要顺应新形势、新问题，制定新的教育法律法规。出台新的法律法规要针对大学治理中出现的问题，尤其要补充关于保护高校办学自主权、约束限制政府行政权力、保障教职工和学生合法权益方面的法律。其次，依法治校要充分结合中国国情，更好地协调党政主管部门与立法和司法机关之间的关系，在公办高校重大事项上应更多地采用法律手段进行决策，强化立法和司法机关的教育立法与教育治理功能，创造保障高校依法治学的法制环境。

2. 转变政府职能

尊重高校的独立法人地位，落实高校办学自主权，并不是要完全摒弃政府的管理，而是要求政府转变治理观念，改变管理模式，按照国家立法规定给予高校办学自主权。政府对高校的管理要在法律的框架范围内，除了通过计划和命令的方式外，更重要的是要运用立法、拨款、规划、信息服务、政策指导及其他行政措施依法行政。创新政府对高校的管理方式，不仅可以减少不必要的

行政干预，尊重高校的办学自主权，调动高校的办学积极性，也可以让高校承担起相应的责任，发挥好高校在建设创新型国家中的基础作用，从而创建高校与政府的新型关系。政府需要本着简政放权的原则，做到该简的简、该放的放，明晰政府对高校的权责边界。落实简政放权，需要政府改变以往的行政化审批制度，部分行政审批事项可以取消或下放给省市地方政府，高校能自主决定的事项下放给高校，让高校在招生、人事、财务、教学、学术、对外合作等方面有更大的自主决定权。政府还要尽量减少各种检查、评比活动，整合各种常规性和临时性检查，给高校创造一个宽松的办学环境，真正落实高校的办学主体地位。

（二）扩大社会参与，健全社会参与高校治理的合作机制

1. 正确处理大学与社会的关系

重视发挥企业、行业组织和社会团体在大学治理中的作用，构建更加开放的治理结构，实现有效的共同治理，推动大学更好地适应经济社会发展的需要。扩大社会参与，建立企业、行业组织等社会力量参与大学管理、支持大学发展的新机制，使大学既能充分利用各种社会资源促进自身发展，又能更好地承担公共责任、接受社会监督，维护外部利益相关者的权益。推进专业评价，扶持教育评估机构等社会中介机构发展，鼓励和支持它们对大学学科专业水平、人才培养质量等进行评估，使高等教育质量评价从政府评价为主转向社会评价和市场评价为主，逐步做到管、办、评分离。引入竞争机制，改变政府过度保护大学的现状，改变大学长期难以对社会和市场需求变化做出快速反应和有效应对的现状，实行奖优罚劣、优胜劣汰，使大学真正面向社会和市场办学，为大学发展注入新的动力和活力。

2. 建立高校理事会（董事会）

高校建立理事会（董事会）是社会参与高校治理的有效模式。《国家中长期教育改革和发展规划纲要（2010—2020 年)》明确提出，探索建立高等学校理事会或董事会，健全社会支持和监督学校发展的长效机制。从 2014 年 9 月 1 日起实施的《普通高等学校理事会规程（试行)》进一步推进了这一参与机制。理事会（董事会）应由相关方面代表参加，包括学校举办者、主管部门、共建单位、教师代表、学生代表、企业事业单位和其他社会组织的代表、杰出校友、社会知名人士等。多主体的参与有利于保障高校改革发展相关的重大事项，在决策前能够听取多方面的意见，推动高校开展社会合作、校企合作、协同创新，便利社会对高校办学与管理活动的监督、评价。

第三节　内部治理体系改革

高校内部治理的核心是协调好以行政权力与学术权力为主的各种权力之间的关系，形成完善的治理结构，确保权力的有序运行，有效保障大学教学、科研、社会服务等职能的落实。

一、内部治理结构

我国高校的内部治理结构中，党委领导权、校长行政权、教授学术权，以及教师与学生的民主参与权和监督权等各类权力之间易于产生矛盾和冲突。如何平衡各种权力关系，实现多元权力的有效、有序运行，是内部治理结构面临的主要问题。

（一）党委领导权与校长行政权

自新中国成立以来，我国高校领导体制基本上经历了校长负责制，党委领导下的校务委员会负责制，革委会、党委领导下的校长分工负责制，校长负责制，党委领导下的校长负责制等几个阶段[①]。从这一变迁中可以看出，高校领导体制长期以来所要调整的是党委系统和行政系统的关系、个人负责和集体决策的关系。直到1998年，《高等教育法》以法律的形式确认我国高校领导体制是党委领导下的校长负责制。党委是学校的领导核心，其领导权主要体现在宏观的战略决策、思想政治工作，以及对学校改革和发展中重大事件的决策上；校长是学校的法定代表人，主要负责学校的教学、科学研究和其他具体行政管理工作。看似明确的分工，在实践中却往往容易出现政治组织框架内的"一把手"与高校法律框架下的"一把手"双峰对峙的现象。当校长与书记的意见不一致时，这种政治框架与法律框架的不协调，就会成为学校内耗的根源，妨碍学校的发展。所以，如何在内部治理结构中处理好这两种权力的关系就成为实际问题。如果处理不当，不仅不符合法律规定，还有可能在实践中导致双方互相放弃权力、推诿责任，或者产生权力冲突甚至权力斗争。

---

① 王绽蕊. 高校治理比较与改进. 北京：光明日报出版社，2013.

（二）行政权与学术权

行政权是以校长为代表的高校各级行政组织和行政管理人员依靠特定手段，为有效执行学校决策而拥有的权力。学术权指的是从事学术研究的人员和学术组织对学术事务所拥有和掌控的权力①。学术权是现代高校中特有的一种权力。尊重学术权力、崇尚学术自由历来是高校所崇尚的理念和追求的目标。学术权主要通过学术组织的机制运行来行使。现行《高等教育法》第四十二条对高校学术组织做了规定："高等学校设立学术委员会，履行下列职责：（一）审议学科建设、专业设置，教学、科学研究计划方案；（二）评定教学、科学研究成果；（三）调查、处理学术纠纷；（四）调查、认定学术不端行为；（五）按照章程审议、决定有关学术发展、学术评价、学术规范的其他事项。"但该条规定过于简单，属于原则性的规定，缺乏可操作性，以致学术组织的规范和建设工作在我国高校并没有引起足够的重视，其导致的后果是行政权的日益泛化和学术权的弱化。行政权力在高校治理中的非合理配置以及在实践中的泛化与滥用导致了高校权力结构失衡。目前，我国高校一般都设有学术委员会、学位评定委员会、职称评审委员会、教授委员会等学术组织，但对学术组织成员的确定、议事规则、监督方式等方面的规定并不明晰和完善。而且，学术组织的组成人员中具有行政职务的人员占多数，在实际工作中，学术权力往往受到行政权力的干涉，学术行政化的情况比较明显。

（三）民主参与权与监督权

高校的民主管理和民主监督，是我国基层民主政治建设的重要组成部分。高校治理机制中民主参与管理是体现民主权利，保护学生、教职工合法权益的重要途径，同时也可以保障学校决策的科学化和民主化。然而，在实践中，高校行政化和官本位的管理模式，使得校内机关只对上级负责，基本上不受校内师生和社会的监督，教代会、学代会在一些学校已经成为走过场和形式主义，教职工与学生的参与权和监督权严重缺失。各高校基本上都明确规定了教职工代表大会和学生代表大会的地位作用和职责权限，但是从人员组成、议事规则、决策程序等操作性规定来看不太乐观。没有具体操作性的程序规定，很可能使执行中的效果大打折扣，容易使民主参与和监督成为形式主义。

---

① 方芳. 大学章程制定中的困惑与突破路径：基于六所高校章程文本的分析. 复旦教育论坛，2014，12（1）：61-66.

二、内部治理存在的问题

我国高等学校的内部治理现状与现代大学制度的要求存在较大的差距，主要体现在以下三个方面：

（一）学术权力的作用发挥不充分

行政和学术两大权力具有不同的性质和运行特征。行政权是一种效率指向的权力，强调管理的标准化；学术权是一种学术指向的权力，强调管理的自主性。何种权力占据主导地位要根据行为主体的活动特性决定，只有权力的性质和运行特征与行为主体的活动特性相匹配，才能使行为主体真正按照自身的活动规律活动，才能有效地发挥自己的功能，否则，行为主体的功能就会受到影响，行为效果就会被削弱。高校是从事学术研究的重要场所，运行及日常管理活动要尊重学术特点与学术规律，要尊重学术研究的自由性和自主性，需要学术权发挥主导作用，只有如此，才能使高校运行更加有利于尊重学术活动规律，促进学术繁荣。同时，用以教授为主导的学术力量治理大学，能够把握学术研究的规律和学术发展的方向，因为教授们从事着学术研究，清楚学术研究所需要的资源及环境，有利于促进管理活动效率、效果的提升。但由于我国高校的组织结构是国家行政体系在高等教育系统的延伸，导致一些高校以行政为本，行政权泛化，学术权受到忽视，以教授为代表的学术组织机构权力弱化。主要表现为：行政权具有完整的执行系统、健全的运行机制、充足的工作人员和推进学校发展的重要资源；行政权管理学术事务，如学科建设、学生培养、教职工及学生学术评价等大多还是在行政管理中进行的；行政权选拔学术权的实施人员，如教授评选、学术委员会成员的资格评选等；行政权管理学术权运行的物质资源；等等。

（二）院系的办学主体地位落实不够

院系是学生培养、科学研究及学科建设的实施者，对学生状况、研究趋势及学科特点有着直接的接触和充分的认识，因此，院系在高校管理中应处于主体地位。但在我国高校内部管理体系中，校级领导及职能部门处于学校管理的主体地位，院系处于学校管理的从属地位，学校与院系的主体地位出现了错位。虽已有不少高校意识到问题，开始实施管理重心下移，提出"二级管理"或"学院办大学"等，但仍有不少高校还存在重心错位，主要表现为：学校在院系教职工招聘、学科建设、教学科研、学生培养及资金分配等方面拥有较大的管理权，掌握着院系实施教育教学活动的重要资源，使院系发展的主动性受到了一定的限制，不利于调动院系参与高校治理的积极性。

（三）师生员工民主管理与监督作用发挥不足

师生员工是学校教育教学活动的实施主体和承受主体，是感受学校教育教学活动效果的直接体验者，是通过建言献策来促进教育教学活动改进的重要力量，因此，应积极发挥他们对学校事务的建议作用和监督作用。高校基本都成立了教代会、工代会和学代会等群众组织，也通过这些组织发挥了一定积极的作用，但在我国高校治理的现实中，师生员工在学校教育教学和管理活动中的监督作用仍然比较有限。主要表现为：学校管理规章制度主要由相关职能部门制定和实施，师生员工缺少广泛征求意见和参与讨论决策的有效途径；师生员工对教育教学活动中发现的新情况、出现的新问题和对学校管理效果的评价难以快速反映到决策部门；师生员工对管理和决策者难以实施有效的监督。

三、完善内部治理体系

完善高校内部治理体系包括完善横向体系构建与完善纵向体系构建两个方面。

（一）完善横向体系构建

完善横向体系构建主要解决权力的分散及权力之间的制衡问题，形成各自独立、权责明确、相互制约的关系。

1. 完善党委领导下的校长负责制，明确权力范围与运行机制

党的十九届四中全会指出，要"完善坚定维护党中央权威和集中统一领导的各项制度"，"健全党的全面领导制度"，并将"坚持党的集中统一领导"作为我国国家制度和国家治理体系 13 个显著优势之首。习近平总书记在全国高校思想政治工作会议上强调："高校党委对学校工作实行全面领导，承担管党治党、办学治校主体责任，把方向、管大局、作决策、保落实。"因此，贯彻落实党委领导下的校长负责制，理顺校内管理体制机制，是推进高校治理体系和治理能力现代化的关键之举①。党委领导下的校长负责制是一个完整、不可分割的有机整体，需要建立健全党委统一领导、党政分工负责、协调高效运行的工作机制。贯彻党委领导下的校长负责制，要依法分清党委、校长的职责，促进权责

---

① 吕传毅.推进高校治理体系和治理能力现代化.中国高等教育，2019（24）：13-15.

统一，分工负责、各司其职，按照现行《高等教育法》和《普通高等学校基层组织工作条例》的要求，坚持党委把好方向、抓好大事、管好干部，统一领导学校各项工作。党委的领导主要是政治领导、思想领导和组织领导，党委的领导核心作用主要体现在把握学校发展方向的领导权、对"三重一大"的决策权和对重大决议执行情况的监督权，但不干预教学、科研、行政管理的具体事务，不包办、代替校长行使法律规定的职权①。校长是学校的法定代表人，全面负责学校的教学、科研和其他行政管理工作。校长负责制是学校党委领导下的校长负责制，校长可以独立负责地行使职权，但是不能削弱党委的领导，更不能脱离党委的领导。对于学校重大事项，校长要按照有关规定和程序进行调研、论证，制定出初步方案后，提交学校党委（常委）会讨论，获得通过后再负责组织实施。党委被赋予了领导职权，若决策失误当然也要承担相应的领导责任。要进一步规范党政会议制度和议事规则。校内党政会议主要是党委（常委）会、校长办公会（校务会）、党政联席会等，需要确定每个会议的议事规则、议事范围、决策程序和原则、监督检查与责任追究②。要明确党委（常委）会、校长办公会（校务会）讨论决定的重大问题和重要事项。党委在讨论决定重大问题时，要按照少数服从多数的原则做出决定。党委表决通过的决定，由党委或校长明确的责任人按职责分工并组织实施。若发生执行不力或执行过程出现重大失误的，要对有关人员进行责任追究。

2. 尊重和规范学术权力，建立科学的服务行政体系

高校学术权力与行政权力的冲突往往是由两者的权力边界不清晰、行政权力泛化造成的。解决这个问题，可以从两个方面入手：一是划分好两种权力的界限，保持两者的相对分离并相互配合。首先，要确认高校学术委员会在学校组织体系中的职权、定位、作用、人员组成。按照《高等学校学术委员会规程》要求，学术委员会作为校内最高学术机构，统筹行使学术事务的审议、评定、咨询及学术纠纷裁定处理等4类职权，学术委员会的人员组成向教师和基层学术组织倾斜。担任学校及职能部门党政领导职务的委员，不超过委员总人数的1/4；不担任党政领导职务及院系主要负责人的专任教授，不少于委员总人数的1/2③。其次，要明晰学术负责人与行政负责人的权力分工，从机制上保证学术权力的相对独立，减少行政权力对学术权力的不当干预。比如，规定校长、党委书记不兼任学术委员会的主要职务，让更多的基层教师进入学术委员会，在

---

① 欧阳淞. 高等学校实行党委领导下的校长负责制的实践与思考. 红旗文稿，2011（5）：10-14.
② 张意忠. 推进我国大学治理体系现代化的思考. 江西社会科学，2016（1）：241-246.
③ 赵婀娜. 学术权力与行政权力相对分离. 人民日报，2014-02-20（12）.

教学和学术资源配置中以学术委员会、教授委员会、学位委员会等学术组织为主[①]。通过这些措施重新分配高校的权力，保证权力规范运行，实现教授治学。二是引入科学的理念与管理模式，构建服务型行政管理体系。提倡尊重学术权力并不意味着要削弱行政管理，因为行政权力的合理使用是保障高校运行效率和秩序的必要条件。我们应当引入"服务行政"的理念与管理模式，构建服务型行政管理体系，寻求高校内部学术权力与行政权力的互补、协调与平衡，使高校治理既遵循知识和学术发展的内在规律，又满足高校自身高效有序运行的需要[②]。

3. 实施民主治校，完善民主科学决策机制

要提升高校的治理水平和治理能力，需要建立民主科学的决策机制。民主是现代治理体系的一个本质特征。实施民主治校是要保证学校所有成员或成员代表参与学校管理，或参与管理的某个环节或管理的全过程，包括民主决策、民主管理、民主监督等[③]。要落实民主治校，首先要广开民主渠道，鼓励广大师生员工建言献策。比如通过师生代表座谈，设立校长信箱、热线电话、校领导接待日等，广集民言、广聚民智。其次，要建立领导、专家、群众相结合的民主决策机制。要充分发挥学术委员会、学位委员会、学校理事会（董事会）等组织和专家、教授的作用，定期开好民主生活会，贯彻执行民主集中制，规范重大问题和重要事项的决策程序，保障在决策前能够充分听取相关方面的意见，实现民主治校、民主决策。再次，要强化教育信息的公开。高校要落实党务公开、校务公开和信息公开制度，其中信息公开要遵照《高等学校信息公开办法》《高等学校信息公开事项清单》的要求，构建信息发布的平台，把招生考试信息、财务资产及收费信息、人事师资信息、教学质量信息、学生管理服务、对外交流与合作等信息，向社会公开，以供社会监督，提高教育工作的透明度。最后，要建立全方位的监督机制。除了要加强人大、政府等职能部门对高校的监督之外，还要加强监察、审计等机构的专门监督。同时，也不可忽视内部监督，要重视发挥党代会、教代会等组织的监督作用[④]。

（二）完善纵向体系构建

完善纵向体系构建包括学校-院系体系构建和组织-个体体系构建两类。在

---

① 刘大卫. 高校"去行政化"的关键点. 人民论坛，2010（35）：212-213.

② 方芳. 大学章程制定中的困惑与突破路径：基于六所高校章程文本的分析. 复旦教育论坛，2014，12（1）：61-66.

③ 桑秀藩. 高校贯彻党委领导下校长负责制的理论思考与实践探索. 思想理论教育，2007（11）：64-69.

④ 张意忠. 推进我国大学治理体系现代化的思考. 江西社会科学，2016（1）：241-246.

学校-院系体系构建方面，应构建以院系为主体的治理结构。在组织-个体体系构建方面，应构建尊重个性特点并有助于维护个人自由的治理结构。

1. 推动学校管理重心下移，探索学校-院系两级管理的科学体系

在学校-院系体系构建方面，传统管理体系管理重心在校一级，强调学校对院系进行绝对的领导和控制，学校是主要的决策机构，负责学校的绝大部分决策，院系负责执行学校的决策，很少有决策权力。传统管理体系束缚了院系的积极性，与现代社会快速发展的节奏、信息的急剧膨胀和民主化的治理理念不符。在现代学校-院系体系构建中，学校的主要工作是提供咨询、指导、帮助等服务工作，根据学校发展的主体规划对院系的发展进行引导。学校应把专业技术职务岗位的设置、人员聘用、经费分配使用、研究生招生自主权等下放到学院，由学院全面负责本学院教学、科研、人事等各项工作。管理重心下移不是简单的放权，而是学校管理体制的深层次改革，旨在建立责任清晰、责权分明、目标权利与责任义务相统一的学校-院系两级管理体制[1]，有利于加快决策的节奏，更好地与社会发展相适应，更是民主管理思想的体现。

2. 加强民主管理，促进师生个体的多样化发展

在组织-个体体系构建方面，传统管理体系强调组织凌驾于个体之上，个体是"组织人"而不是"独立人"。随着社会的进步和民主思潮的兴起，重视个体利益、尊重人的个性的民主管理应该受到重视，"民主是时代进步的标志，也是高校发展的基础，高校作为社会发展的先导，建立现代大学制度进程中实行民主管理的重要性不容忽视"[2]。民主管理包括两个层面：一是管理者在处理组织与个体关系时，不能只要求个体对组织的服从和奉献，同时要重视组织为个体提供的机会和利益，重视个体在组织中的发展；二是管理者对个体的管理应是一种民主式的管理，管理规章的制定应广泛征求教职工的意见，管理方式应以激发和鼓励个体力量的发挥为主，重视个体表达的意见，管理内容要充分重视个体需求，这有利于实现师生个体的多样化发展[3]。

第四节　高校章程建设

现代大学制度的构建是大学治理改革落实与推进的关键驱动力及重要保障。

① 张志强．建设现代大学制度　完善高等教育治理体系．教育探索，2015（6）：55-58.

② 程勉中．现代大学治理与管理制度创新．南京工业大学学报（社会科学版），2005，4（1）：76-79.

③ 甘晖．基于大学治理能力现代化的大学治理体系构建．高等教育研究，2015（7）：36-41.

钟秉林教授指出，构建现代大学，协调内外部关系，回归大学组织特性和本质属性，坚持依法办学、依法治教，既是现代大学制度建设的目标，又是改善高等教育治理能力、推进高等学校内涵建设和可持续发展、推动"双一流"建设的重要基础和制度保障①。章程作为高校的"根本大法"，上承国家法律法规，下启高校内部各项规章制度，是高校依法自主办学、实施管理和履行公共职能的基本准则，为高校治理体系现代化奠定了基本秩序构架②。

一、高校章程制度的建立

改革开放以来，我国围绕着简政放权开展了多项改革探索，目的是有效激发制度的活力。随着改革的推进，高校章程建设的需求越来越紧迫。

（一）高校独立法人地位逐渐凸显

1978 年党的十一届三中全会以后，我国社会发生了巨大的变化，教育体制迫切需要改革。1985 年颁布的《中共中央关于教育体制改革的决定》指出，要在加强宏观管理的同时，坚决实行简政放权，扩大学校的办学自主权。1993年，中共中央、国务院印发《中国教育改革和发展纲要》，规定在政府与学校的关系上，要按照政事分开的原则，通过立法，明确高等学校的权利和义务，使高等学校真正成为面向社会自主办学的法人实体，并提出学校要善于行使自己的权利，承担应负的责任，建立主动适应经济建设和社会发展需要的自我发展、自我约束的运行机制。1995 年全国人大通过《教育法》，明确学校及其他教育机构具备法人条件的，自批准设立或者登记注册之日起取得法人资格，并从法律层面首次提出了具备章程的要求。《教育法》第二十六条规定，设立学校必须具备的基本条件首先是"有组织机构和章程"；第二十八条规定，学校行使的权利，首先是"按照章程自主管理"。1998 年全国人大常委会审议通过了《高等教育法》。该法进一步明确了高等学校的法人地位，规定了申请设立高等学校所需章程的具体事项，规定了章程包含的 10 项内容，并规定章程的修改应当报原审批机关核准③。从政策性规定到法律条文，高等学校独立法人资格的确立，为高等学校制定章程、依法自主办学、按章自主管理奠定了法理基础。高校在学科调整、教学活动、科学研究、人事安排、财物配置等方面的自主空间的扩

---

① 俞婷婕，赵彩霞. 完善高校治理体系　推进内部治理改革："高校内部治理体系创新的理论与实践"高层论坛综述. 教育发展研究，2017（Z1）：125-127.

② 王军. 推进高校治理体系和治理能力现代化. 中国高等教育，2019（6）：25-27.

③ 马陆亭. 高校章程制定工作全面启动后的思考. 中国高教研究，2012（3）：1-7.

大，也为章程建设赋予了实质性的内容。

（二）高校章程制定稳步推进

1999 年 5 月，教育部在上海召开全国高校内部管理体制改革座谈会，会议的共识是高等教育的改革和发展已到非常关键的时刻，必须下大力气积极推进新一轮高校内部管理体制改革，改革的重点是增加高等学校的办学自主权和人事制度改革。但是，接着开展的高等学校大幅度扩招又使得高等教育转向应对发展的任务，转向改善办学条件、提高教育质量。之后，建设世界一流大学、构建现代大学制度逐步成为高等教育面临的新课题。随着教育法律法规的逐步完善，为适应新时代的要求，部分高校开始制定学校章程。吉林大学 2003 年启动了现代大学精神研究，2004 年开始了现代大学制度建设的探索，2005 年成立章程起草委员会与专家工作组，并于同年 12 月出台了《吉林大学章程》，2006 年 1 月 1 日起正式实施。2006 年，教育部要求高等学校开展章程制定的试点工作，北京大学等知名高校纷纷响应。2007 年，教育部法制办公室对全国高校章程建设的整体情况进行调查，结果有 563 所高校报送了章程或章程草案[1]，占当时全国高校总数的 21%。其中，教育部直属高校中有 10 所报送了已制定的章程，13 所报送了正在征求意见的章程草案，占全部直属高校总数的 30% 以上。

2010 年，《国家中长期教育改革和发展规划纲要（2010—2020 年）》颁布，要求"各类高校应依法制定章程，依照章程规定管理学校"。之后成立了国家教育体制改革办公室，开展教育体制改革的试点项目，进入试点项目的 28 所高校均提出要制定学校章程。2011 年 11 月 25 日，教育部政策法规司在华中师范大学召集 13 所高校召开了"完善现代大学制度工作研讨会"，2012 年 1 月 11 日在北京大学召集 15 所高校召开了"推进高等学校章程建设研讨会"。

为落实《国家中长期教育改革和发展规划纲要（2010—2020 年）》的要求，教育部经过认真研究、反复征求意见，于 2011 年 11 月 28 日颁布了《高等学校章程制定暂行办法》（简称《办法》）。《办法》颁布实施的目的是从实体和程序两个方面为高等学校制定章程提供内容指导与程序规范，推动高等学校以章程建设为核心实施整体改革，制定符合法律规定、体现学校需求与特色的高质量章程，使其具备应有的法律效力。《办法》的主要内容包括确立章程的地位与作用、提出制定章程的基本原则、明确高校章程应当具备的要件、规范章程的制定程序、建立章程核准的程序与制度、健全章程的执行与监督机制等，共分为

---

① 王大泉．我国高校章程建设的现状与途径．中国高等教育，2011（9）.

总则、章程内容、章程制定程序、章程核准与监督以及附则等五章 33 条。

2017 年 2 月 7 日，随着《中华人民共和国教育部高等学校章程核准书第113 号（国际关系学院）》的公布，教育部按照《高等教育法》《办法》完成了所有教育部直属高校和其他部委所属高校新制定章程的核准工作，这标志着自2012 年以来教育部推动的大学章程建设圆满完成"制定章程"阶段的工作，宣告了中国公办高校正式步入有章可依的合法办学时代[①]。

二、章程制定对于高校治理的意义

（一）章程制定标志高校独立法人地位的实质性落实

章程的主体应是独立实体，非独立实体不能有章程而只能有内部规章。章程制定工作的全面启动，标志着高校自主办学实体真正形成，预示着我国将进入高校法人地位的实质性落实阶段。《高等教育法》规定"高等学校自批准设立之日起取得法人资格"。现实中高校法人地位的实现需要厘清两种关系：一是办学的外部关系，即所谓的面向社会和依法办学；二是办学的内部关系，即所谓的自我管理和约束机制。第一种关系主要由法律明确，章程承接；第二种关系主要由章程明确，辅之以具体的内部规章。因此，章程上承国家教育法律法规，下启学校规章制度，是推动和规范高校面向社会依法自主办学的基础，是处理学校与政府、社会及其内部关系的准则，是高校在法律框架下行使自治权的自我规范[②]。

改革开放 40 多年来，我国开展了轰轰烈烈的高等教育管理体制改革。但是，由于长期以来高等学校并没有章程的存在，国家法律很难落到实处，学校自主权难以真正落实，即在治理模式上没有突破"国家法律法规—学校规章制度"的体制安排，这才有过去经常出现的权力"放"与"收"的循环和高等学校"去行政化"之争。一方面政府宏观管理部门在不断进行着下放权力的尝试，另一方面具体业务机构又一直在寻求工作上的抓手。如近年来，项目的增加非常快，政府配置高等教育资源方式行政化倾向严重，导致高等学校以行政化的方式获得并分配高等教育资源，始终达不到建立现代大学制度的目标。如今高校章程制定已全面启动，有助于推动高校依法自主和按章办学，协调政府与高校的关系，完善学校的治理结构。章程的制定过程是现代大学制度改革、建设和完善的过程，是促进高等学校发展的过程。章程一旦确立，依照《教育法》，学校就具有按照章程自主

---

① 赵玄. 论大学章程修改的核准：基于教育部对 13 所大学章程修改批复的分析. 重庆高教研究（网络首发），2020－05－07.

② 马陆亭. 高校章程制定工作全面启动后的思考. 中国高教研究，2012（3）：1-7.

管理的权力，政府或其他机构对学校的过度行政干预就丧失了法理基础。

（二）章程可视为高校和政府间的一个合约

首先，章程的上位法律已充分地规定了高等学校的法人地位；其次，《办法》第五条明确规定"高等学校的举办者、主管教育行政部门应当按照政校分开、管办分离的原则，以章程明确界定与学校的关系"；此外，《办法》第二十三条还明确规定了教育行政部门的核准制度。核准即审核批准，表示认可，章程此时体现出了政府与高校间的合约价值。现代大学制度的建立，有赖于一种科学的政府与高校的关系，方向是已经确立的"政府宏观管理、学校面向社会依法自主办学的体制"。为此，需要明确高校与政府的关系，充分尊重高校办学自主权，规范政府管理高校的行为。

政府和高校都是为公共利益服务的，高校不是政权机关，不能用政府的管理模式管理学校和进行学校内部管理。高校与政府部门间的平等、伙伴关系，也并不代表高校在发展和管理上可以无政府或无序。当今社会的高等教育已与社会经济发展、国家综合实力和竞争力紧密地联系在一起，办学已不仅仅是处理学校内部的事务，高校不能超越社会而独立发展，政府也不可能放弃自己应有的责任。因此，有效的管理应是学校意志和国家意志的综合体现，满足政府目标和高校自主的双向要求，这样才能实现学术和国家利益的最大化。问题的关键是什么样的管理模式能满足这样的要求。政府对高校的合约管理是能满足这种要求的一种方式，即在《高等教育法》等有关法律法规及国家发展战略的框架下，政府对高校提出目标和要求，批准学校的章程和发展规划，提供财政及政策支持，进行绩效评估，高校在宏观框架内实行自主办学。因此，章程可视为政府与高校间的一种合约。在性质上，这种合约关系为行政契约，界于行政行为和私法契约之间，兼具行政的公务性和契约的合意性。

（三）章程展示着高校独立法人的组织规程

章程要能充分彰显高校的使命，需要向内外部昭示它是如何办学和发展的，是如何依法治校、按章管理的。不同高校的使命是有差异的，使命及其具体的办学目标与学校定位和人才培养特色密切相关。《办法》第七条规定章程应载明"学校的机构性质、发展定位，培养目标、办学方向；经审批机关核定的办学层次、规模；学校的主要学科门类"等，充分表达了对使命的要求。明确使命既能使高校内部、政府部门、社会机构与大众等主体从战略高度思考学校的发展方向，也会对教师和学生的行为起到潜移默化的指引作用。

章程更要清晰地界定内部治理关系。这种关系主要体现在决策机构、行政机构、学术机构的划定上，包括机构间的运作程序，各机构及重要岗位的职责、义务等。不同高校的内部治理结构在大的组织框架下可以根据学校实际与发展需要而有所不同，应当有利于推进教授治学、民主管理，调动基层组织的积极性。

三、高校章程建设的特点与不足

2013 年 11 月 28 日，教育部高等学校章程核准委员会对第一批提请教育部核准的中国人民大学、东南大学、东华大学、上海外国语大学、武汉理工大学、华中师范大学 6 所高校的章程颁发了核准书，迈出了我国高校章程建设走向法制化与规范化的第一步。好的章程建设是好的形式与好的内容相结合的产物，既要保证章程在制定和修订等程序上具有权威性与合法性，又要确保章程在实质内容上具有指导性与可操作性。而相比获得形式上的权威与合法，完善章程内容，使其更切合我国国情与校情，更是一项需实践、探索并与时俱进的过程。首批提请核准的 6 所高校章程对此做出了有益探索与尝试。

（一）高校章程建设的特点

1. 章程涵盖了高校治理结构的基本方面

《国家中长期教育改革和发展规划纲要（2010—2020 年）》指出："各类高校应依法制定章程，依照章程规定管理学校。"从法律角度来说，高校章程是依法治校的重要组成部分，它上承国家教育法律法规，下启学校规章制度。高校章程重要的一项内容便是要对高校内外部治理体系和结构做出明确规定，使高校运行建立在有章可依、有章必依的法制基础上。从上述 6 所高校章程内容的构成情况来看，从内部管理体制、组织机构设置、民主管理和监督机制、经费资产等财务管理制度，到高校与政府、社会等外部关系的规定说明，从内到外基本涵盖了一个比较完整的高校治理结构体系，有利于以此为依托实现高校治理的法制化[①]。

2. 章程较好回应了现代大学制度建立的具体要求

以推动建立中国特色现代大学制度为高等教育改革的主要抓手和有利契机，并联手高校章程建设，实现依法治教和依法治校，是眼下社会体制转型时期引领我国高等教育体制变革和大学精神重塑的一项重要工作。高校章程的文本基本体现了建立现代大学制度的总体趋势和要求，也很好体现出现代大学制度要

---

① 符琼霖. 对教育部首批核准的六所大学章程分析与建议. 高校教育管理，2015，9（1）：45 - 50.

求彰显的学术自由精神，重视院系学术组织权力、重视社会参与等方面。在社会参与共治上，多数高校章程也做出了规定，如东华大学、上海外国语大学、武汉理工大学在"外部关系"一章中提出，要接受社会中介机构对学校办学的评估与监督，探索学校与行业、企业的合作和产学研协同创新模式，积极开展国际、国内学术交流合作，探索设立校董会、校友会等，这都体现了高校面向社会开放、寻求社会广泛参与的现代大学制度要求。在政府对学校的宏观管理和高校办学自主权的落实上，华中师范大学在"举办者与学校"一章中明确了举办者即政府对高校拥有的 8 项权利和义务，明晰了政府对学校的管理界限，并指出学校依法依规自主享有的在内部组织机构设置和人员配备、评聘教师和其他专业技术人员、确定内部收入分配等方面的权力。同样，东南大学在"举办者与学校"部分也明确指出学校根据法律、行政法规规定享有的在专业设置、人才培养、科研、产学研交流合作等方面的自主权利。

3. 章程着重体现了学术为本的大学精神

高校作为特殊的学术组织，其章程还必须要体现对组织这一根本属性的诉求与保障。在计划经济时期，大学作为政府的附属物，教授治校的传统失去了存在的价值与生命力，但在以"大学自治、学术自由、教授治校"为核心建立现代大学制度和高校去行政化的一再呼吁下，尊重并优化学校基层学术组织，并赋予教授一定程度的参与学校管理和享有学术自由的权利显然已经成为共识。从首批核准的 6 所高校章程来看，此项探索的成效也是显著的。比如，对学术组织的建设，主要包括学院基层学术组织和学校其他各类专业学术组织。对此，6 所高校章程都把"学术组织"（或教学科研机构、学院）单列一章或纳入学校"治理结构"和"管理体制"之下，着重强调学术组织的职责、人员组成办法等，体现出学校对学术组织建设的高度关照；在学术人员的权利和义务保障上，6 所高校的章程也一致把"教职工"单独作为一章，载明了教职工的权利、义务及享有的权益保障，这同样显示了对高校最重要的学术群体（教师）的关注与重视程度[①]。以章程为载体，为大学精神在现代社会的重塑与呵护提供强有力的法律支持与保障，也是我国高等教育体制改革与高校章程建设的应有之义。

4. 章程部分彰显了学校办学与管理的特色

高校章程不仅要对学校的内外部管理制度起提纲挈领的作用，更要成为能体现一校办学与管理特色的展示平台。而此前，章程文本的严重雷同，缺乏学校鲜明特色的弊端一直备受诟病，甚至一度让人们对高校章程建设失去信心。但从提请核准的章程文本来看，该问题明显有所改善。从中国人民大学等 6 所

---

① 符琼霖. 对教育部首批核准的六所大学章程分析与建议. 高校教育管理，2015，9（1）：45-50.

高校的章程文本来看，首先，章程较好地彰显了各校的办学与育人特色。如上海外国语大学是一所以培养外语专业人才见长的语言类大学。学校提出要以培养"具有全球视野、人文情怀、创新精神、实践能力、外语特长，并能够畅达进行跨文化沟通和交流的高端国际型人才"为育人目标，并在章程总则中提出"服务国家战略需求，促进多元文明沟通，提升中华文化影响力"的使命，从而较好地传达了作为语言类学校创建高水平外语大学的特色诉求。中国人民大学章程提出以"主干的文科、精干的理科"为学科特色，"国民表率、社会栋梁"的人才培养目标，体现了以人文社会科学为主的综合性研究型重点大学的办学特色和境界①。其次，章程也较好地彰显了各校的管理特色。由于我国《高等教育法》和《中国共产党普通高等学校基层组织工作条例》已经明确我国公办高校实行党委领导下的校长负责制，并采用校院两级组织形式，所以，从学校到学院的管理结构设置都要围绕如何协调好党委与行政的关系展开，各校对这一制度安排都有灵活创新，如创造性地引入了理事会、董事会、校友会、校务委员会的决策方式。像东华大学就设立了董事会，并明确了其主要权利和义务是为学校发展规划、重大决策提出建议和意见，为学校引进优质资源，促进学校对外交流合作，监督办学资金的使用。东南大学在"其他机构"一章中提出除设立董事会、校友总会外，还可依法设立校务委员会，并将其作为学校重大事项的咨询和建议机构，设立教育基金会以加强学校与外界的联系与合作，设立公共服务机构履行各项服务职能，设立其他联合研究中心开展合作办学、科研等活动。

（二）高校章程建设的不足

1. 章程内容还具有较大的趋同性

对中国人民大学等 6 所高校的章程文本进行分析可以看出，在严格遵守《办法》各项要求的前提下，章程内容呈现趋同性。虽然不同的学校对内容有不同的归类，但总的来说章程主要包括总则、管理体制、组织机构、教职工、学生、外部关系、投入与保障、学校标志和附则几大部分。值得一提的是，在"管理体制"部分，6 所高校均沿袭了原有的管理体制和决策机制。6 所高校均设立了党委会、纪律检查委员会、校长及校长办公会、学术委员会、学位评定委员会、教学委员会、工会、教职工代表大会、学生代表大会、团委等组织机构，且这些机构的权责基本一致。除上述机构外，华中师范大学和武汉理工大学设置了理事会和咨询委员会，中国人民大学、东南大学和上海外国语大学设

---

① 符琼霖. 对教育部首批核准的六所大学章程分析与建议. 高校教育管理，2015，9 (1)：45-50.

置了校务委员会，东南大学和武汉理工大学设置了职称评定委员会，中国人民大学和东南大学等设置了董事会，华中师范大学、东华大学和上海外国语大学提到了民主党派，体现出些许差异。但是，对于这些机构的权责，各高校章程的规定却又十分相似。各高校章程内容具有趋同性，特别是管理体制方面具有高度相似性，是因为章程是对原有管理体制和办学体制的延续，高校章程的制定无法触动原有的高校管理体制。

2. 高校办学自主权还未能充分彰显

首先，政府与高校的关系仍然没有理顺。在 6 所高校的章程中，只有东南大学和华中师范大学对举办者与学校的权利和义务做了明确说明，其他 4 所高校均没有在章程中提及举办者与高校的关系。从东南大学和华中师范大学章程中对举办者与高校的关系定位来看，举办者仍然掌握着对高校的规划、管理、监督、改革、评估等权力，章程只是将目前政府与高校的关系的现状进行了规定，高校的办学自主权没有得到扩大。其次，学术委员会等机构有效参与学校民主决策不足。学术委员会是高校学术权力的代表，学术委员会在高校中的地位，直接反映了学术权力在高校中的地位。从我国 6 所高校章程对学术机构职权的限定不难看出，学术委员会等机构不具备决策权，在学校重大管理事务和决策事务中发挥的作用十分有限。最后，社会力量无法有效参与高校管理。在6 所高校的章程中，华中师范大学和武汉理工大学提出设置理事会和咨询委员会，中国人民大学、东南大学和上海外国语大学提出设置校务委员会，中国人民大学和东南大学等提出设置董事会，但是，各高校章程对上述委员会的职权均没有做出详尽说明[1]。在新修订的高校章程中，上述组织机构在高校中的地位和职权改变不大。

3. 对章程内容的落实还缺乏有效监督

高校章程制定完成并获批后，如何保障章程内容的落实变得十分关键。对于章程内容的监督问题，《办法》规定："高等学校应当指定专门机构监督章程的执行情况，依据章程审查学校内部规章制度、规范性文件，受理对违反章程的管理行为、办学活动的举报和投诉。"但是，由高等学校来指定专门机构对章程的执行进行监督，存在三个问题：第一，除政府部门外，目前社会上还没有形成相对独立的监督机构。第二，由于没有独立的专门机构，高校只有指定政府机构作为监督章程执行的专门机构。就目前的高等教育管理体制而言，教育行政部门理所当然地成为高校章程实施的监督者。这一点在《办法》中也有印

---

① 董凌波，冯增俊. 我国大学章程制定的困境与出路：基于国内六所大学章程的分析. 复旦教育论坛，2014，12（1）：56－60.

证：高等学校的主管教育行政部门"对高等学校履行章程情况应当进行指导、监督"。从这一规定可以看出，教育主管部门主动承担起了监督高校章程落实的责任。第三，监督机构对章程进行监督的依据不足。一般而言，监督机构的监督行为应该有明确的法律依据，这样有利于在监督的过程中对违规行为进行惩处。就我国目前的情况来看，教育主管部门监督章程实施情况的依据就只有《办法》。但是，一方面，《办法》只是由教育主管部门颁布的行政规章，其权威性和由立法机关通过的法律条款有一定差距；另一方面，《办法》也没有细化监督的细则，只是笼统地提出"对高等学校不执行章程的情况或者违反章程规定自行实施的管理行为，应当责令限期整改"，没有明确法律依据的监督规定极有可能导致对章程的监督无法落到实处①。

四、推进高校章程建设的关键

大学章程建设的本质是完善大学治理结构，规制大学权力的运行，促进并保障大学形成自主发展与自我约束的机制。通过高校章程凸显高校独立法人地位，落实高校办学自主权，平衡校内治理结构中的多元权力关系，实现高校规范、有序、健康的自治是制定高校章程的根本目的。《办法》的理念和宗旨如何在实践中得到反映，如何使章程建设真正推动高校治理体制机制的改革，关键在于实践，关键在于高等学校依据《办法》健全完善章程的积极性与主动性②。

（一）改进章程建设的实施路径

推进高校章程建设要在全面部署的基础上，分类指导、试点推进。首先，高等学校的教育主管部门要在推动章程建设方面积极作为。要根据高校不同的组织特点，对综合性大学、专业性或者行业性本科高校、成人高等学校、高等职业学校的章程建设，尤其是章程规定的重点内容、制定程序等提出具体的指导意见，进一步细化和丰富《办法》的规定，为不同类型高校自主规范、制度创新提供更好的平台。其次，要选择适当的、具有改革意识的高校作为试点学校，承担将《办法》的宗旨、原则与要求落实在具体章程中的任务，特别赋予改革的任务。教育主管部门要积极参与试点高校的章程制定工作，以章程为学校改革拓展空间，把能够由学校行使的自主权交还给学校，依据章程行使和管

① 董凌波，冯增俊. 我国大学章程制定的困境与出路：基于国内六所大学章程的分析. 复旦教育论坛，2014，12（1）：56-60.

② 孙霄兵. 推进高校章程建设完善中国特色现代大学制度. 中国高等教育，2012（5）：7-10.

理。在人才招录与选拔方式、人才培养模式、教师聘任考核与评价制度、学院内部治理结构等高校自主权试点改革的重点问题上，要在章程中有所回应和突破。进行试点的高校，则要承担起改革探索的责任，深入总结自身在制度建设中的实践，对在坚持和完善党委领导下的校长负责制、建立和完善教授治学体制和学术管理体制、完善校院两级管理体制、建立董事会（理事会）制度、推进校内大部制改革、创新基层学术组织等方面所取得的进展及突破，通过章程建设进一步加以整合、完善和提升。

（二）突出完善法人治理结构的重点

高等学校是具有特定功能、特定组织属性的法人组织。但目前高等学校作为独立法人，应当具有哪些法人权利、形成什么样的法人治理都在逐步探索当中。作为法人，要有独立的意志和治理机制，要在章程中集中予以反映。因此，高校的章程建设应当反映内部治理结构的核心内容，注重三个方面的制度建设：其一，要完善党委领导下的校长负责制的议事规则。要在章程中构建科学的党政会议体系，进一步明确两个会议的职责定位、议事规则及议事范围，增强贯彻执行党委领导下的校长负责制的规范化。其二，要建立以学术委员会、教授委员会为核心的学术管理制度。章程要保证学术权力独立运行，维护学术自由，积极探索教授治学的有效途径，建立完善学术委员会、教授委员会的组成原则、议事规则等，充分发挥教授在教学、学术研究和学校管理中的作用。其三，要积极探索成立高校理事会（董事会）制度。学校理事会（董事会）的地位、职责、作用要以高校章程的形式予以规定和制度化，明确理事会（董事会）创办的依据、性质、宗旨，人员构成、组织规则等内容，形成管理科学、产权明确、利益平衡、民主监督的管理体系，发挥其在学校事业规划、领导班子评议、深化产学研合作、筹集办学资源等方面的作用。

（三）加强高校章程专项监督的建设

第一，设立高校章程建设的专项监督。我国高校章程建设目前处于特殊的探索阶段，相关主体缺乏足够的认识和饱满的行动力，急需专项监督，并提高监督力度来推动高校章程建设。高校要对照《办法》的要求，认真厘清和修改校内的各种规章制度，完善内部决策及监督机制，落实民主监督制度。校内的监督还需注意监督主体的平衡，不仅需要职能管理部门对章程建设工作的监督，更需要教职工代表大会、学生代表大会这样的基层组织的监督。关于"由谁负责学校章程的监督"，一项调查结果显示，78%的调查对象认为，由教职工代表大会、学生代表大会这样的组织来负责高校章程建设的监督更好[①]。教师和学生是高校的主要成员，他们应当拥有足够的话语权，监督高校章程的建设工作，维护自身的权益。第二，校内监督与校外监督相结合。校外监督是高校章程建设重要的外推力。校外监督可以由第三方机构实现。校内监督与校外监督相结合可以使高校章程建设的监督工作力度十足，切实推进高校章程建设工作不断完善。

---

① 陈立鹏，杨阳．贯彻落实《教育规划纲要》全面推动大学章程建设．国家教育行政学院学报，2010（8）：25－30．

第八章
国际化发展

近年来，高等教育国际化得到空前的发展，在国际化的规模、程度、范围方面都呈现出跨越式的态势。国际化成为高等教育发展的评价目标和理念。高等教育的国际化发展为更多的人提供了出国留学、深入了解他国文化的机会，也促使国际交流和合作范围更加广泛，这些项目包括纵向的国家和各个省级的出国留学、访学项目，与国外著名大学建立联合办学组织，在国外建立传播中国传统文化的学校，承认国外大学的学历和学分等。

第一节　高等教育国际化的新变化

环境的改变是高等教育国际化产生新变化的动因，高等教育的全球化、世界贸易组织的发展以及高等教育国际化市场的形成为高等教育国际化的内涵增添了新的内容。

一、高等教育国际化环境的变化

（一）高等教育全球化

"全球化"与"国际化"这两个概念经常被混淆[①]。全球化是一个概念，也是一种社会现象，通常情况下，全球化被描述为全球在政治、经济、文化方面的联系的不断加强，人类生活更加具有全球性的共性，思想观念更加具有全球化的思维。从这个意义上讲，高等教育的全球化可以理解为，"一些经济、政治、社会及其他的力量，这些力量推动着21世纪的高等教育更好地融入到国际化中"[②]。国际化表现为科学研究的国际视野、学者国际市场的形成、信息技术的跨国化以及高等教育国际交流和合作的加强。这些因素中，信息技术为高等教育国际化提供了手段和新的方式，慕课等教学形式可以使优秀教学资源实现全球共享，网上进行跨地区、跨国学习成为可能，各种知识通过网络可以在更大范围内更加迅速地进行传播。

在全球化背景下，高等教育和知识产业化得到发展，高等教育成为盈利部门，更多的世界资本所有者倾向于把资金投入高等教育领域。特别是在"知识"

---

① ALTBACHP G. Globalization and the university：myths and realities in an unequal world. The NEA 2005 Almanac of Higher Education. Washington，DC：National Education Association，2004：63 - 74.

② 阿特巴赫，莱特. 高等教育国际化的前景展望：动因与现实. 高等教育研究，2006（1）：12 - 21.

社会背景下，经济发展对知识商品的依赖以及对高质量人才的需求都依托于高等教育，高等教育从社会的附属部门、服务部门，转变为支柱部门、中心部门，这些都是高等教育全球化发展的结果。全球化教育产业的建立、全球化人才储备库的形成以及全球化人才流动是高等教育国际化的动因和表现形式。除此以外，跨国性质的学术组织的形成以及跨国性学术项目的共建，使更多国家的人参与到共同的项目或活动中，并顺应这种发展趋势，获得更多利益，这也是国际化发展的表现形式。全球化和国际化的区别在于，全球化是一种不可阻挡的社会发展趋势，而国际化则是一种选择。全球化为国际化提供了背景和必要性，而国际化则是全球化的一种表现形式或是实现手段。

（二）自由贸易

当前，对高等教育影响比较重要的背景之一是世界贸易组织所推动的自由贸易的形成。世界贸易组织成员方通过协商所达成的总协议为高等教育国际化提供了参照标准。世界贸易组织协定中有四款内容对高等教育国际化产生了重要影响①。第一，提供高等教育跨国服务，包括远距离教育（网络教育）、课程或学位的互认以及其他形式；第二，鼓励高等教育境外消费，鼓励消费者到高等教育的提供国去接受教育；第三，鼓励高等教育提供商业服务，服务的提供者在国外提供服务设施，包括建立分校以及与当地机构联合办学等；第四，鼓励人员流动，包括教授、研究者以及其他人员临时到别国提供教育服务。世界贸易组织为高等教育发展提供了新的机遇和挑战，迫使高等教育必须具备开阔的国际视野，促使高等教育国际市场的形成和国际竞争的形成，也迫使高等教育系统内部各个组织必须寻求提高高等教育国际市场竞争力的方法。经济因素在高等教育系统中逐渐具有合法性地位，并且越来越重要。

（三）高等教育国际化市场

20世纪中期以后，高等教育发展的重要特征是与经济的联系愈加紧密，其表现为，高等教育及其附带功能所引发的价值在 GDP 增长中的比重逐渐增加，高等教育人力资本投资回报率被公众所认可，高等教育服务等相关产业在拉动就业、提高居民收入以及提高劳动生产率等方面的作用日益增加。比如澳大利亚、新西兰和美国等高等教育发达国家，教育服务贸易在出口业中的比例分别排在第三、第四和第五位。在美国、英国等世界十个主要教育服务提供国，每

---

① 阿特巴赫，莱特. 高等教育国际化的前景展望：动因与现实. 高等教育研究，2006（1）：12 - 21.

年的海外留学生总数已超过 120 万，教育服务贸易额至少达到 100 亿美元①。鉴于高等教育产业所带动的价值提升，各国政府、企业以及国际组织对高等教育都高度重视，特别是在 20 世纪 90 年代以后，在经济全球化的带动下，高等教育的国际化市场日趋形成、教育服务业迅速扩张，各国都致力于提供教育服务以拉动经济增长。其表现形式为，出国留学、接受跨国教育的人数呈阶梯式增长，跨国教育服务机构和海外留学机构迅速崛起，接受慕课等远程教育形式的受教育者跨越国别的限制向全球范围扩展，教育服务贸易已成为国际交流合作的重要形式，高等教育的国际化市场正在形成。我国加入世界贸易组织后，按照要求对教育市场的开放程度做出承诺。我国高等教育市场已经成为全球教育市场的重要组成部分。在高等教育市场中，我国是教育市场输出国，而且也积极采取各种措施吸引各国留学生到我国学习，提高我国高等教育在国际教育市场上的竞争力。《国家中长期教育改革和发展规划纲要（2010—2020 年）》明确指出，要提高中国的教育国际化水平，坚持以开放促改革、促发展，进一步扩大教育开放作为优化教育资源、培养具有国际竞争力人才的重要举措，大力推动教育改革发展。这是我国第一次以文件的形式规定了高等教育国际化的目标。

　　但从发展现状来看，我国在教育服务贸易市场中还处于劣势地位，据美国商务部统计，2017 年美国与中国双边货物进出口额为 6 359.7 亿美元，其中，美国对中国出口为 1 303.7 亿美元，进口为 5 056.0 亿美元。美国对华贸易逆差为 3 752.3 亿美元，增长 8.1%。然而，在国际教育服务贸易方面，2017 年美国对中国出口为 138.89 亿美元，进口仅为 2.46 亿美元，中国对美国国际教育服务贸易逆差为 136.43 亿美元，较 2016 年增加了 14.25 亿美元，扩大趋势明显②。为了改变这种情况，需要努力提高我国高等教育国际竞争力，增强我国在环境、卫生等领域的综合实力，努力增强我国在国际贸易服务市场领域的"吸引力"。

二、高等教育国际化内涵的变化

　　简·奈特（Jane Knight）认为，"国际化"一词并非一个新的术语，它早已在政治科学和政府关系中使用了几个世纪，但在教育部门中得以使用，实际上

　　① 温雪梅. 教育国际化与中国高等教育国际化服务发展研究. 长沙：湖南师范大学，2010.
　　② 周金凯. 中美两国国际教育服务贸易逆差的影响因素分析：基于逐步回归分析. 国际商务（对外经济贸易大学学报），2019（2）：50-60.

是 20 世纪 80 年代早期才兴起的①。随着全球化的带动和国际化对教育领域的迁移，教育国际化、高等教育国际化在最近二三十年已经成为教育领域里的"时髦词语"。这方面的研究丰富了教育研究的内涵和外延，同时又显露出这些概念本身的模糊性。特别是近十年来，高等教育国际化的内涵又出现了新的变化。

（一）高等教育国际化的内涵

在英文《韦氏新国际字典》中，"国际化"被表述为"internationalize"，其内涵包含四个层次：（1）存在于国家或其公民之间的；（2）与国家间交流有关的；（3）由两个或两个以上国家参与的；（4）影响两个或两个以上国家的。"高等教育国际化"的英文为"internationalization of higher education"。从两个词语的所属关系，高等教育国际化可理解为高等教育机构的教育活动在两个或两个以上国家进行交流的活动。这种概念界定直接表明了活动主体、内容以及活动特征，揭示出了高等教育国际化概念的基本属性。应该说明，对于高等教育国际化的界定在实践领域并没有特别重要的用处，一方面是由于高等教育国际化概念本身随着时代的发展和教育活动的开展不断地被赋予新的内涵；另一方面是因为国内学术界在研究高等教育时也没有过多地纠结于概念本身的辨析，高等教育国际化概念本身更多的是一种实践性的活动而非理论的创制和验证。

从实践性的角度对高等教育国际化进行界定，概括地说，主要有以下几种基本观点：

（1）过程维度的界定。过程维度的视角把高等教育国际化理解为一种持续发展的过程或是发展的趋势，通常用描述性的语言来陈述高等教育国际化的具体内容。一般认为，高等教育国际化主要包括以下三个部分：一是高校加强外语教学，增设有关国际问题的课程、专业和系科，注意培养从事国际事务和国际问题研究的专门人才；二是与他国进行广泛的人员交流；三是进行教育和学术的跨国合作。

（2）结果维度的界定。这种界定方式把高等教育国际化作为一种结果，如"高等教育国际化可以理解为一种结果，国际化了的高等教育应当是一个先进的、开放的、充满活力的体系，是人们为适应今天的竞争、迎接明天的挑战而孜孜以求的近乎理想的大学教育模式"②。或者理解为，高等教育国际化是指在

---

① KNIGHT J. Internationalization remolded: definition, approaches, and rationales. Journal of studies in international education，2004（8）：5-31.

② 陈昌贵. 国际合作：高等学校的第四职能：兼论中国高等教育的国际化. 高等教育研究，1999（5）：11-15.

全球化的背景下，各国各地区高等教育主体（法人）遵循开放、平等、交流、共享等原则，遵守国际公约，凭借市场经济的制度激励，寻求教育理念的共同性，尊重民族文化的多样性，发挥办学主体的创造性，在全球范围内，实现高等教育办学过程的人力资源、信息资源、技术和资金等资源的无障碍沟通、平等合作与和平共享，实行高等教育结果的尊重和互认，其结果是促进全球范围内高等教育服务总量的增加、水平的提高和品质的改进，进而改善人类的福祉，共享人类创造的美好文明成果[①]。这种界定方式虽然颇具争议，但也算作一种研究视角。

（3）目的维度的界定。这种界定方式从国际化要达到宏观目标的角度来陈述其定义，如"国际化反映的是一种由国家主导的世界秩序，它深受帝国、持续的新殖民主义和以冷战为代表的大国地缘政治角逐的退却的影响，强调国家间的战略关系"[②]。国际化可以被看作国家或国际的政治过程，欧洲发布的《索邦宣言》《博洛尼亚宣言》《里斯本条约》都是政府政治参与的结果[③]。国际化主要表现为国家与国家或不同文化之间的交流，国际化的最终目的并不在于建立世界范围统一的模式或一元世界，相反却以主权国家或不同文化的存在为前提[④]。在此视角下，高等教育国际化成为一种国家行为，其主要形式为国家间的交流。在宏观框架下界定高等教育国际化的内涵受到国际政治、经济的影响比较显著，其实质是促进高等教育的一体化进程，促进学生在洲际、校际的流动以及促使学制融合。应该说，宏观的定义方式在一定程度上表明了高等教育国际化的特性，比较符合实际情况，但缺少了教育特性的定义方式在一定程度上抹杀了教育的属性，扩大了高等教育国际化的外延而缩小了其内涵。

（4）质量维度的界定。质量是高等教育永恒的追求，学者张人杰从质量的维度把高等教育国际化划分为不同的层次，认为高等教育国际化必然包含三个方面的层次：第一，教育的质量、水平、效益与国际接轨；第二，与国际教育主潮相衔接；第三，使我国的教育与必须符合的国际教育惯例相衔接[⑤]。索德克威斯特（Minna Söderquist）将高等教育国际化定义为：高等教育国际化是将

① 刘经南，陈闻晋. 论培养"有根"的世界公民：中国研究型大学在高等教育国际化进程中的定位. 中国高教研究，2008（1）：4-7.

② MESTENHAUSER J A, ELLINGBOE B J. Reforming the higher education curriculum: internationalizing the campus. Phoenix, AZ: The Oryx Press, 1998: 198-228.

③ 金帷，温剑波. 如何定义高等教育国际化：寻求一个本土化的概念框架. 现代大学教育，2013（3）：5-9.

④ 黄福涛. 全球化时代的高等教育国际化：历史与比较的视角. 北京大学教育评论，2003（2）：93-98.

⑤ 张人杰. 教育与国际接轨：命题的检讨. 上海高教研究，1999（4）：9-13.

国际维度融入高等教育的方方面面，以提升其质量及竞争力的变迁过程①。加拿大大不列颠哥伦比亚国际教育理事会专家小组认为，"高等教育国际化应促进全球的理解，培育有效的生活和工作在多样化世界的各种技能"。其实质是提升高等教育质量，促进高等教育机构建设②。在质量维度视角下，高等教育国际化的目的和教育质量的提高联系在一起，存在一定程度的合理性，高等教育国际化的本质来源于区域间教育发展水平的差异，这种差异主要还是体现在教育质量上。但应该避免把国际化发展和教育质量提高等同起来的现象。

高等教育国际化在内涵界定方面的差异体现了人们在理解国际化现象时的多样性，同样也表明研究者对国际化研究的不同视角又构成了高等教育国际化概念的重要维度。它表明高等教育国际化是多维度和多层次的，具有强大的包容性，通过多层次的概念界定可以包容教育实践领域内多种多样的现象和活动。可以看出的是，近些年来，随着教育全球化的全面扩展和国际教育服务市场的形成以及自由贸易引发的经济因素向高等教育领域的扩展，高等教育国际化呈现出新的变化。

（二）高等教育国际化发展的新变化

（1）由学者的个人行为向组织行为、系统行为转变。近年来，高等教育国际化的一个重大转变就是组织化与策略化。从学者个人的学术活动变成以高等教育机构为主体的组织活动，国际化活动由零散、个别行为向普遍、系统性行为转变。大学国际化组织和管理日趋专门化和专业化。高等教育国际化系统性发展的另一个表现是高等教育机构致力于根据自身发展的阶段和拥有的资源制定学校国际化发展战略。参与国际交流培训已经成为高等教育机构日常工作的一部分。构建区域或全球范围内统一的高等教育质量保证体系，乃至于建立相对统一的高等教育结构或制度也已成为 20 世纪 90 年代后期高等教育国际化发展的最新走向③。

（2）从单一的人员交流向多样化全方位交流转变。近十年来，高等教育国际化的另一种新变化是交流的形式从单一的人员交流向全方位的交流转变，国际化交流的主体从学者开始向学生、教师、校长以及宏观教育管理者、领导者扩展，交流的内容从课程内容的国际化、教育管理模式的国际化、学制学分制

① SÖDERQVIST M. Internationalization and its management at higher-education institutions：applying conceptual，content discourse analysis. Helsinki：Helsinki School of Economics，2007：80.

② KNIGHT J. Internationalization of higher education in Asia Pacific countries. Amsterdam：European Association for International Education，1991：23.

③ 刘湘溶. 如何应对高等教育国际化. 中国教育报，2004 - 10 - 28.

的国际化扩展到教育理念、国际化意识的培养等，涉及高等教育机构的方方面面，渗透到高等教育教学、科研、服务等所有的职能之中，融入院校管理以及教学管理的各个环节之中，国际化逐渐成为大学发展规划的重要组成部分。

（3）国际化主体日趋多元化，主体职责涵盖高等教育全领域。奈特对高等教育国际化参与主体进行了细分，认为当前高等教育国际化参与主体涵盖了高等教育宏观、微观等多层次领域，包括政府部门、非政府组织、私立与公立基金会以及教育机构和教育提供者。在我国，政府部门是高等教育国际化的主要倡导者、国际活动的推动者和相关政策的制定者，从国家层面制定高等教育国际化发展的指标，为高等教育机构的国际化发展提供政策、资金等方面的支持。《面向 21 世纪教育振兴行动计划》《国家中长期教育改革和发展规划纲要(2010—2020 年)》《高等教育专题规划》等都对大学的国际交流提出了专门的要求。非政府组织、私立与公立基金会等机构更多地为大学的国际交流合作提供资金、技术、项目方面的支持。而高等教育机构作为高等教育主体是高等教育国际化最主要的参与者，承担着国际活动的所有职能，通过人员交流、科研合作、联合办学、项目交流与合作、学分互认以及课程的一体化等活动积极推动国际活动的深入开展。从三个主体的关系上分析，我国高等教育国际化是在国家政策的支持下进行的，国家（政府）和大学在国际化进程中以一种协作的关系，共同推动高等教育国际化的发展。一方面，政府制定政策、提供资金，并通过一定的项目实质性地推动高等教育国际化的进程；另一方面，高等教育机构在这一进程中承担起越来越重要的作用，是国际活动的参与者和国际化进程的实际推动者。

三、高等教育国际化的动因

理解国际化的变化发展，必须厘清催生国际化行为的动因。虽然任何对国际化的定义都应考虑到它对于不同的国家、文化和教育体系的适用性[①]，但总有一些因素是共同的，它们表明高等教育国际化这一现象的本质特征[②]。当前高等教育国际化动因研究中多以奈特的动因分析为基本框架。奈特将国际化的动因归纳为政治、经济、学术及文化和社会动因。其中，政治、经济、学术动因处于显在的位置，而文化和社会动因均蕴含在政治、经济、学术中，这些动

[①] KEHM B M. Internationalization in higher education: from region to global the dialogue between higher education research and practice. Netherland: Kluwer Academic Pulisncrs, 2003: 109 - 119.

[②] 李盛兵，刘冬莲. 高等教育国际化动因理论的演变与新构想. 高等教育研究，2013 (12)：29 - 34.

因又落实在受教育者个人的需求上。

（一）政治动因

从宏观层面上说，促进高等教育国际化的政治动因主要有两个方面：其一，国际组织的发展和作用的增强，促进了国家间的联系和国际共同目标的完成，如联合国教科文组织的宗旨是促进教育、科学及文化方面的国际合作，以利于各国人民之间的相互了解，维护世界和平。高等教育国际化对促进世界和平与发展具有重要价值，通过促进国家间的交流与合作，树立各国人民的全球意识，进而促进世界和平与发展，解决全球性问题，实现人类的共同价值。2015 年联合国教科文组织出版的《反思教育：向"全球共同利益"的理念转变?》就明确指出，教育本身是一项全球共同利益，"应将教育和知识视为全球共同利益。这意味着知识的创造、控制、获取、习得和运用向所有人开放，是一项社会集体努力"。相应的，教育应该具有全球的思维，为了全人类的共同利益而奋斗。其二，从国家层面上说，高等教育国际化有利于促进国家安全，给留学生提供奖学金等措施是一国外交政策非常重要的方面，国际化还可以提高国家的国际声誉，使国家认同得以实现。因此，当前各国普遍加大对留学生的资助力度，提供优惠政策吸引留学生到本国学习，其增强认同感、提高国际知名度等政治目的是显而易见的。

（二）经济动因

高等教育国际化发展的经济动因也包括宏观的国际层次和微观的院校层次两个方面。从宏观层面上说，高等教育国际化通过支持发展中国家高等教育发展促进全球经济的增长与合作，提高各国经济实力。强调国家间经济合作和共同发展，无疑加强了国际一体化的发展。从微观层面上说，国际教育服务市场形成最直接的动因是利益，在教育服务市场上获得赢利，是营利型大学和非营利型大学进行国际化行为的主要动因。对于大学来说，招收外国留学生主要是为了赢利，这种现象在发达国家里尤其明显，如英国、澳大利亚、加拿大和美国普遍存在对外国留学生收取高额学费的现象。据估计，在美国读书的国外学生每年为美国经济贡献 120 亿美元[①]。据英国《卫报》报道，中国学生每年花费高达 2 万多英镑（约合 20 多万元人民币），而一个英国本土的本科生每年只会给大学带来 7 000 英镑的收入。一些发达国家建立海外联合教育机构的目的就

---

① 阿特巴赫，莱特. 高等教育国际化的前景展望：动因与现实. 高等教育研究，2006（1）：12-21.

是增加经济收益，应该说，利益性和经济性是高等教育国际化的直接动因。

（三）学术动因

学术是高等教育发展的前进动因。菲利普·G. 阿特巴赫和简·莱特强调，"国际化的主要动因不在于财政因素，而是为了加强科学研究，扩大知识容量，提高文化互认度以及达到其他一些相关的目标"[①]。在高等教育国际化的过程中，国际组织通过制定国际学术标准，开展各类专业学术前瞻性研究，促进世界知识的发展，实现国际资源的共享与合作。从国家层面来看，高等教育国际化对国家学术水平的提高、科研产品质量的提升及科研与知识产品的增加具有重要现实意义。对研究者来说，高等教育的国际化发展为个人的学术研究提供了国际视野、国际先进的研究方法以及更多进行思想碰撞的机会，为提高科研能力和水平提供更多的机会和更大的平台。也因此，学术交流合作成为高等教育国际活动中的主要形式，得到来自国际组织、政府组织以及学者群体的广泛参与和积极支持。学术能力、科研水平的提升也成为高等教育国际化的直接动因。国际大学协会（IAU）曾对高等教育国际化优先发展的结果进行调查，认为"学术进步或达到较高的学术水平和质量"是国际化最重要的益处，在亚洲、北美和非洲地区，国际化的这一益处却没有排在前三位[②]。

（四）需求动因

受教育者个体的需求是高等教育国际化发展的重要动因。一些国家内部高等教育供给能力不足或高等教育水平较低，无法满足受教育者的学习需求，因此受教育者只能寻求国外的高等教育资源。因而，向教育水平或教育供给不足国家的学生提供教育机会和教育资源也成为高等教育国际化的一大动因。据统计，全世界留学生估计有200万，其中绝大多数是自己筹集学费，受教育者自己选择喜欢的国家和学校进行学习。针对这一情况，有些发达国家制定了"满足高等教育需求"的计划，面向那些没有机会接受中学后教育的学生提供入学机会。虽然从计划的实施情况看，多数参与此计划的高等教育机构都是为了获取经济利益，而较少考虑受教育者的真正需求，但对受教育者教育水平的提升的确起到了积极的作用。IAU对全球六个地区进行调查的结果显示，经常被提及的国际化的益处是促进学生、职员和教师的发展。同时，一些世界著名的高

---

① 阿特巴赫，莱特. 高等教育国际化的前景展望：动因与现实. 高等教育研究，2006（1）：12-21.

② 王云鹏，刘洋. 全球视野的高等教育国际化：国际大学协会2003年度调查报告解读. 文献资料，2008（3）：92-94.

等教育机构也通过向受教育者提供高额助学金等方式参与到教育国际化过程中，比如哈佛、耶鲁等世界名校每年都会通过提供全额助学金的形式面向全球招收优秀学生。由此可见，高等教育国际化的动因不仅包括向在本国无法满足教育需求的受教育者提供教育机会，还包括向精英学生提供高质量的教育，对于后者来说，既有受教育者本身教育需求的因素，还包括一些政治因素。

第二节　高等教育国际化的主要形式

A. 弗朗西斯（A. Francis）认为，高等教育国际化的内容是课程的国际化、教师的国际化、国际学生项目等。B. J. 埃林波（B. J. Ellingboe）也认为，高等教育国际化是一个多元化的过程，其核心的工作包括领导者的国际化，教师广泛参与各国同行、研究机构、大学的国际合作活动，课程的国际化，为学生提供可能、可行的国外流动、学习项目，接纳国际学生、教师和访问学者，国际课程学习项目[①]。J. V. 沃特（J. V. Water）则提出高等教育国际化主要有三方面的内容，即课程内容的国际化、教师和学生的国际流动、国际化的技术支持和合作项目[②]。从这些对国际化的内涵界定可以看出，课程国际化、教师国际化、机构国际化以及学生的国际交流是高等教育国际化的主要形式。

一、高校课程国际化

将国际、跨文化内容引入教学、研究、社会服务将是 21 世纪许多国家大学教育的根本趋势之一。而随着高等教育国际化的深入发展，大学的国际化改造到了一个崭新的阶段——课程国际化时代[③]。所谓课程国际化，主要是指从课程设置的指导思想到具体的课程内容、实施方式都体现出国际性的趋向，课程国际化的主要目标是培养在全球化背景下具有国际视野与国际交往能力的人才[④]。S. 邦德（S. Bond）等人对众多大学的调查研究发现，在各大学的国际化

---

① ELLINGBOE B J. Divisional strategies to internationalize a campus portrait//MESTENHAUSER J A，ELLINGBOE B J. Reforming the higher education curriculum：internationalizing the campus. Phoenix：Ory Press，1998：198-228.

② WIT H. Internationalization of higher education in the United States of America and Europe. New York：Greenwood Press，2002：111-112.

③ 汪霞. 大学课程国际化中教师的参与. 高等教育研究，2010（3）：64-70.

④ 胡建华. 中国大学课程国际化的发展分析. 中国高教研究，2007（9）：69-71.

发展中，课程的国际化是最核心的方面①。

从课程国际化的现状来看主要包含三种形式：其一，在现有课程设计中增加国际课程，如某发达国家的历史、经济发展方面的课程、世界历史、文明等。从国际上看，美国、欧盟等国在课程改革过程中增加了很多非本国政治、经济、法律方面的课程，而我国在课程改革中则致力于增加双语教学、国际课程的比例，这些课程的设置无疑能够增加学生的国际视野，有利于把学生向国际人才方面培养。其二，改革课程内容，将国际化内容融入课程，使课程内容具有国际导向。比如结合相关课程内容，增加对国际背景、历史的讲授，充分运用国际案例，着力探讨全球议题，参考国际与地区的内容，选用外国教材，重视补充与其他国家或文化相关的课程内容等。其三，将国际因素整合到课程及其实施中。经济合作与发展组织（OECD）以课程整合为标准，提出课程国际化应包括九个方面：具有国际科目（如国际关系、欧洲法律）的课程，以国际比较取向扩大原领域的课程，具有国际专业预备的课程，外语或语言学课程中具有跨文化议题并提供跨文化技能训练，属于跨领域、跨区域的学程，导向国际认可专业的课程，导向双联或双学位的课程，有部分的课程在国外进行，专为外籍学生设置的课程。这些方面相互交融，构成了国际课程的主要形式。我国高校十分重视课程设置与课程内容的国际化，比如调整和增加了与国际经贸、科学技术交流有关的课程；重视国际区域研究学科的建设；强调课程内容的通识性与实践性；注意科学与人文教育相结合；通过合作办学的方式，直接使用国外的课程；重视外语教学与研究，近年又开始强调专业外语课程的建设；等等②。

（一）大学课程国际化的发展状况

1. 开设"双语课程"

2001 年教育部印发的《关于加强高等学校本科教学工作 提高教学质量的若干意见》明确要求本科教育要创造条件使用英语等外语进行公共课和专业课教学。2004 年教育部印发的《关于本科教育进一步推进双语教学工作的若干意见》指出：中国加入世界贸易组织后，高等教育如何与国际接轨，培养适应国际化需要的人才，推动中国经济、科技、文化和社会全面、协调、可持续发展，

---

① ODGERS T D. Interculturalizing the internationalized curriculum: a faculty development approach. (2009 - 06 - 10) [2015 - 09 - 02]. http://www.viu.ca/internationalization/docs/In-terculturalizingtheInternationalized Curriculum A Faculty Development Approach. pdf.

② 吴雪梅，刘海涛，刘恩山. 高等教育课程国际化过程中的"中心-外围"现象分析. 教育发展研究，2007（8）：50 - 52.

已成当务之急。开展双语教学工作，是加快我国高等教育国际化进程的需要，更是培养具有国际竞争力的高质量人才和提高我国综合国力的迫切需要。各高校应根据本校的实际制定双语教学课程建设规划，通过立项的方式积极加强双语课程和教材建设。教育部也将通过立项的方式对各高校双语教学建设予以资助。2005 年教育部印发《关于进一步加强高等学校本科教学工作的若干意见》的通知，指出"以大学英语教学改革为突破口，提高大学生的国际交流与合作能力。高等学校要全面推广和使用大学英语教学改革的成果，大力推进基于计算机和校园网的大学英语学习，建立个性化教学体系，切实提高大学生英语综合应用能力，特别是听说能力。以非英语通用语种作为大学公共外语教学要求的院校和专业，也要根据英语教学改革的思路推进改革。要提高双语教学课程的质量，继续扩大双语教学课程的数量。积极鼓励高等学校在本科教学领域开展国际交流与合作"。2007 年在《教育部关于进一步深化本科教学改革 全面提高教学质量的若干意见》中明确提出："鼓励开展双语教学工作，有条件的高等学校要积极聘请国外学者和专家来华从事专业课程的双语教学工作，鼓励和支持留学回国人员用英语讲授专业课程，提高大学生的专业英语水平和能力。"《教育部 财政部关于批准 2009 年度双语教学示范课程建设项目的通知》要求："各高等学校要充分利用示范课程的资源和经验，不断提高本校的双语教学质量，不断探索与国际先进教学理念和教学方法接轨的、符合中国实际的双语课程教学模式，为全面提高我国高等教育教学质量做出新成绩。"2010 年印发的《教育部 财政部关于批准 2010 年度双语教学示范课程建设项目的通知》继续强调，"各高等学校要充分利用示范课程的资源和经验，不断提高本校的双语教学质量，不断探索与国际先进教学理念和教学方法接轨的、符合中国实际的双语课程教学模式，为全面提高我国高等教育教学质量做出新成绩"。

以文件为导向，2007 年教育部批准了 100 门双语教学示范课程，2009 年批准了 152 门，2010 年批准了 151 门。为了响应国家号召，国内许多大学投入资源用于开发双语课程。例如，2012 年，南京大学启动了"本科人才培养方案国际化"项目，在全校 28 个院系比较、借鉴了近 80 所境外一流高校相关或相近专业的人才培养方案，对全校 4 000 门课程进行整合修改，最后建设了 300 多门双语课程。为了推进南京大学国际化课程（群）建设工作，持续提高国际化办学水平，2015 年又以课程群的方式批准 100 门校、院级国际化课程，这些课程基本为双语课程。清华大学 2015 年设计了近 300 门全英文课程，向全校本科生、研究生开放。且在 2016—2017 年，计划有 39 个本科专业、99 个硕士专业和 82 个博士专业招收外国留学生，其中全英文硕士学位项目有 14 个，仍然有近 300 门全英文课程向学生开放。复旦大学在校留学生规模在全国综合性大学中排名第一，每年在校学习的外国留学生约 7 000 人次，来自 120 个国家或地区；其中，42% 是学历生，约 3 000 人，其余为各类进修生、交流生；硕士和博士研究生超过 1 000 人，本科生超过 1 900 人。全校共有 15 个全英语授课硕士项目，建立了适合海外学生修读的全外语课程体系，每年开设的全外语本科课程超过 180 门次。厦门大学选定经济学、统计学、金融学、会计学、数学、海洋科学等优势学科，选拔部分优秀学生组成国际化教学改革试验班，通过引进国外先进教学体系、教学内容和教学方法，主要专业课程采用英语教学，配备有海外留学背景的高职称教师任课，为学生配备导师全程指导，实施个性化培养等一系列措施，培养具有国际化视野和国际交流能力的高层次人才。此外，为了研讨、交流国际上先进的教材、先进的教学方法和手段，从管理和教学角度大力推进双语教学，以适应国家宏观经济结构调整的需要，迎接加入世界贸易组织对我国高等教育的挑战，深化改革、提高质量，增强教育竞争力，教育部从 2004 年起还成立了高等学校双语教学协作组，并委托协作组开展双语教学研究、双语课程建设、双语教学资源中心建设、合作编写双语教材或引进国外优秀教材等。其成员包括清华大学、北京师范大学、武汉大学、厦门大学、华东师范大学、中国海洋大学、浙江大学等国内一流大学，综合这些学校资源，对我国高校双语教学能力的提高起到了积极的促进作用。

2. 建设适应课程国际化的教师队伍

教师是大学课程建设与发展的主要力量，教师的水平在很大程度上决定了课程的质量，这是不言而喻的。教育部在《关于本科教育进一步推进双语教学工作的若干意见》中明确指出，各高校一方面可根据学校的实际情况，引进一些高水平的教师来加强双语教学师资队伍；另一方面更要重视教师业务培训工作，通过让教师到国外学习、培训、交流等途径，进一步提高教师的教学、科研和外语教学水平，特别要注重基础课骨干教师业务学习和培训，为开设、开好双语课程打好基础。教育部每年将为教师提供一定的国际交流名额和资金，支持各高校的教师进修、培训。

建设适应课程国际化的师资队伍，应该包括"走出去""请进来"两方面的内容。"走出去"即派教师出国学习、培训，以提高其教学、科研和外语教学水平；"请进来"是指引入国外的专家、教授给学生授课，发挥他们在课程国际化中的作用。近年来，各层次大学都注意从这两个方面提升自身的国际化水平。2015—2019 年国家公派教师出国人数达到 30 多万，单位公派教师出国人数近12 万，这些公派教师大都是各个学校的青年骨干教师，从国外学成回国后，大多数成为各个领域里面优秀的专家和学者。以浙江大学为例，早期回国的留学人员现均已成为学校学科带头人，14 名院士中有 7 名是改革开放以后出国留学的回国人员。担任国家重点实验室主任、国家工程中心主任职务的，有 58% 是留学回国人员。60 余名在学术上出类拔萃、在管理上也颇有建树的留学回国人员担任了校、学院主要领导。在近年回国的留学人员中，相当数量的中青年教师成为学科带头人，大部分已成为教学科研骨干。

"请进来"则更多地表现为把国外的优秀学者请到学校里进行讲学和授课，传授先进的学术观点和思想。2007 年，《教育部关于进一步深化本科教学改革　全面提高教学质量的若干意见》明确提出加强人才培养的国际合作，要大力引进国外优秀专家学者来华授课或开展教学领域的交流和研究活动。对此，做得最显著的是我国的一些研究型大学。比如为了加强与国际学术界、企业界的交流与合作，争取国（境）外一流的专家学者、知名人士关心和支持清华大学的建设与发展，清华大学累计授予海外人士名誉博士、名誉教授、客座教授、顾问教授 400 余人。北京大学近几年来开展"大学堂"顶尖学者讲学计划、"海外名家讲学计划"、"全球区域研究讲学计划"等项目，最主要的目的就是把国外优秀学者请进大学进行讲学，提高大学的国际化水平和教学质量。"大学堂"顶尖学者讲学计划是北京大学加快建设世界一流大学的重要举措之一，旨在通过在全球范围内邀请各领域的顶尖学者来校举办讲座、开设课程、开展合作研究，在北京大学汇聚一批世界级顶尖学者，进一步提升引进国外智力的层次，增强创建世界一流大学的综合竞争力。自 2012 年启动以来，截至 2015 年 9 月，已有 21 位不同专业领域的杰出学者以"大学堂"顶尖学者的身份来校讲学，领域涉及历史学、批评理论、政治学、物理、化学、生物医学等，其中包括 10 位诺贝尔奖获得者。"海外名家讲学计划"则致力于聘请本学科领域的知名学者和前沿领域的领军人物，包括诺贝尔奖获得者、相应领域的著名奖项获得者、国家级院士等，特别是鼓励邀请外籍专家来校开设英文学分课程，进而推动学校的国际化课程建设，创新复合型人才培养模式，培养学生的国际化视野。"全球区域研究讲学计划"也是鼓励各院系邀请高层次学者来北大开设区域与国别政治学、经济学、语言学等学分课程，提高教育教学的国际化水准。

教师能够出国接受再培训和学习，无疑对增加其学术视野、学识深度等起到重要的作用。而聘请国外的学者到国内讲学，对开发学生的国际视野和知识阅历、加强中外学者的交流合作也具有积极作用。具有国际性视野和知识储备的教师无疑是设置和完善国际化课程的主要力量。

3. 训练学生适应国际化课程的外语能力

提升学生的外语能力是课程国际化所要达到的目标之一，同时学生的外语能力又是实现课程国际化、开设双语课程所要求的基础条件[1]。"推进双语教学，学生的外语水平特别是学生的外语应用能力是一个重要因素。要使双语教学取得实效，必须以学生良好的外语应用能力为保障。""高校应从改进基础外语教学入手，在大学外语教学中加强外语应用方面的教学与训练，提高学生的外语应用能力，为推进双语教学奠定坚实的基础。"《大学英语课程教学要求（试行）》指出："大学英语的教学目标是培养学生的英语综合应用能力，特别是听说能力，使他们在今后工作和社会交往中能用英语有效地进行口头和书面的信息交流，同时增强其自主学习能力，提高综合文化素养，以适应我国社会发展和国际交流的需要。"当前，英语已经成为我国仅次于汉语的第二种语言，英语教学在整个教育体系中占有重要的位置，而高等教育在英语开设中则倾注了更大的力度，在四年制的本科院校中，英语课程要占四个学期的课时，有的学校英语教学安排能达到七个学期。此外，语音教室的配置标准已经成为普通高等学校基本办学条件的重要指标。《普通高等学校基本办学条件指标（试行）》明确规定，每百名学生配多媒体教室和语音教室座位数基本要达到 7 个，此规定无外乎是为提高学生的英语水平创造必要的物质条件。

（二）课程国际化发展中的问题

建设和开发国际化课程成为我国大学国际化发展的重要途径，得到各级各类大学的普遍重视，但在课程的建设过程中也出现了一些问题，比如把课程国际化理解为英语授课或理解为课程名称上增添国际化几个字，忽视了课程国际化的真正含义。课程界定中更多地关注形式，而不是精神内核等。梅森特豪斯（Mestenhauser）认为，仅仅增加一些可以通过灌输就能获得的国际知识的课程国际化范式是无效的[2]。国际化专家贝蒂·利斯克（Betty Leask）则通过研究发现，"外国留学生数量的增长表明高校正在被'国际化'，但几乎没有证据显示课程已经有了更改——文化交流大多数还是偶然发生的"[3]。R. L. 米勒（R. L. Miller）提出："课程国际化无法靠对传统课程和计划就事论事的修修补补来实现，在课程国际化的推进上必须考虑这个事业的全貌。"[4] 这些观点实际上指出了课程国际化中的一些问题，课程的国际化不是有"形"而无"神"的过程，必须是一个"形""神"兼备的过程，是"一个将国际要素、跨文化要素和全球要素整合进课程与教学的过程，并延伸至院校文化及生活之中的系统工

---

① 胡建华. 中国大学课程国际化的发展分析. 中国高教研究，2007（9）：69-71.
② 杨启光. 教育国际化进程与发展模式. 北京：社会科学文献出版社，2011：223.
③ 同②269.
④ 同②223.

程，重要的是让国际维度和跨文化视角扎根于各学科的教学之中"①。而现实中普遍存在着一些共性的不容忽视的问题，如"大量的教职员工并不清楚课程国际化对其所在学科意味着什么，而那些想在这方面有所作为的人往往并不具备有效行动所需要的态度、技能和知识"②。"国际化本身的复杂性、学科间的差异以及如何使教学人员有效地参与国际化过程是课程国际化面临的巨大挑战"③。

当前，课程国际化的问题主要体现在学校、学科和个人三个层面。在学校层面，主要体现在缺少国际化课程建设的资金支持，教师奖励和晋升中没有针对教学人员参与课程国际化工作的奖励机制。在学科层面，主要体现在学科之间差异明显，有些学科认为国际化课程与己无关，因此漠不关心，这种现象在基础理论学科尤其明显；而有些学科则认为，自己本身就是国际化课程，无须进行改进，这在一些双语课程或是在外语课程中比较明显，这是把外语教学等同于国际化课程的一种形式，属于普遍的对国际化课程的误解。在个人层面，有些教师对国际化课程呈现抵制的态度，认为这无形中增加了教师的工作量，而有些教师则缺乏必要的知识和能力进行相关工作。有研究表明，教师对国际化课程的关注，一般取决于"个人自身的国际经历以及由此带来的参与课程国际化的主观意愿"，但现实中，许多教师并没有出国经历，而且也缺少积极主动接受国际思想的主观意愿。究其原因，第一，教师的工作负荷与时间安排占据了大量的时间，使教师无暇补充更多的国际化知识；第二，对很多高校来说，缺乏资金支持教师参与国际会议与交流；第三，对学科课程国际化的实际操作缺乏支持；第四，学校领导者对国际化缺乏认可，教育教学评价中对国际化要求过于宽泛，没有具体的考评标准；第五，教师缺乏在国际背景下与对应国际学科进行合作和交流的机会；等等。寻求解决这些问题的策略和方法对我国国际化课程的完善将起到积极的作用，而这需要从国家立法、政府政策支持、高校认可和配合、教师积极参与、学生知识技能的内化几个方面综合实施，这其中，评价机制的改变是关键因素。

二、高校教师国际化

教师的国际交流是大学国际化最为关键的方面。韩启德院士曾表示，"一个大学，人才不是在课堂里教出来的，而是在大师所创造的氛围中熏陶出来的，

---

① 杜静，姚佳斯. 跨越课程国际化理念与学科实践鸿沟：澳大利亚"课程国际化在行动"项目评述. 比较教育研究，2016（3）：39-45.

② 奈特. 激流中的高等教育：国际化变革与发展. 北京：北京大学出版社，2011：237.

③ 同①.

没有一流的大师，就没有一流的学生"。从国际上看，世界一流大学师资的争夺已经不局限于本国范围，有很多世界顶尖大学都把目标瞄准了世界各地的学术大师，如东京大学动用教学经费的 1/3 面向全世界聘请一流的教师[①]。

香港科技大学在十多年的时间内办成一流大学，其成功的主要经验也向我们证明，大学要面向世界选拔教授，构建一流的教师队伍。从近年来教育发展的成果上看，"中国顶尖大学取得了长足的进步，在某些方面甚至已经达到或接近世界一流大学的水平。但在师资的整体水平上，中国大学还有很长的路要走"。可以说，教师国际化是我国高等教育国际化的核心，没有国际化的教师，就谈不上高等教育的国际化。而从当前高等教育国际化发展状况来看，虽然近些年来教师国际化程度大大提高，教师进行国际培训、参加国际会议和国际项目的机会大大增加，但普遍的教师国际化水平不高仍然是制约高等教育国际化发展的主要问题。为了改变这种情况，从政府到高校都加大了对教师国际化的投入力度。从形式上来看，教师国际化主要表现在教师进修和教师科研两个方面。此外，"111 计划"的实施，也为教师国际化发展提供了更多的机遇。

（一）教师进修

在政策导向上，1987 年以来，国家教育主管部门积极出台了相应的政策文件，鼓励教师到国外参加进修和学习（见表 8-1）。

表 8-1　国家各部门关于教师出国的政策文件

年份	主管部门	政策文件
1987	教育部	《优秀青年教师资助计划》
1990	教育部	《关于具有大学和大学以上学历人员自费出国留学的补充规定》
1999	教育部	《国家留学基金管理委员会章程》
2012	国家留学基金委	《青年骨干教师出国研修项目》
2014	国家留学基金委	《公派访问学者计划》

在政策的引导下，各类公派出国留学教师人数逐年提高。2015 年，国家留学基金委全额资助公派访问学者名额由 2014 年的 2 600 人增加到 3 000 人，人数增加了 15.4%；西部地区人才培养特别项目及地方合作项目计划选派高级研究学者及访问学者名额由 2014 年的 1 900 人增加到 2 100 人，名额增加了 10.5%。2016 年达到 3 800 人[②]。2017 年，教育部仍按计划选拔教育管理学者到加拿大阿尔伯塔大学、新加坡南洋理工大学、英国卡迪夫大学进行专题研修。

---

① 姜远平，刘少雪. 世界一流大学教师学缘研究. 江苏高教，2004（4）：106-108.
② 2016 年高等学校青年骨干教师出国研修项目选派办法. 国家留学网.

从近几年来公派教师出国人数上看，无论是国家公派教师出国还是单位公派教师出国，人数都处于稳定增长中。很多高校按照学校学科建设战略规划，统筹兼顾各学科专业人才发展需要，建立了学校教师国际交流的专项基金，以单位公派的形式资助德才兼备的教学科研一线教师出国进修。2011—2015年国家公派教师累计达到近9万人，单位公派教师累计达到近7万人（见表8-2）。

表8-2　2011—2015年国家公派教师、单位公派教师出国人数　单位：万人

年份	2011	2012	2013	2014	2015
国家公派教师出国人数	1.28	1.35	1.63	2.13	2.59
单位公派教师出国人数	1.21	1.16	1.33	1.55	1.60

资料来源：教育部信息公开中心。

这些项目取得了丰硕的成果，根据北京大学、中山大学"出国留学效益评估"研究组对120余所高等学校、中国科学院和社科院系统的调查：公派留学为我国教育科技界培育了能够与国际学术界进行对话的新一代学术领导群体，其中，有出国留学经历的比重为：院士占76％，博士生导师45岁以上的占55％；国家级教学研究基地主任占71％；在高等院校和科研机构中培养了一批具有国际经验的主要领导管理骨干，其中，有出国留学经历的比重为：校级领导占51％，院系领导占35％；公派留学建立了广泛的国际学术交流网络。留学归国人员成为扩大本单位、国家与国际社会交往的辐射源，尤其是成为我国与国际学术界联系必不可少的桥梁和纽带。有77.3％的留学归国人员认为自己的留学经历对所在单位国际交流与合作的影响程度很大。

（二）教师科研

联合国教科文组织1995年出版的《关于高等教育的变革与发展的政策性文件》指出，"国际学术合作是世界学术界的共同目标，是确保高等教育机构的工作性质和政策效果的必要条件。高等教育一直在知识的发展、转让和分享方面发挥着主要作用，因而国际学术合作要为全面开发人类的潜能做贡献"。从国家的角度讲，"一个国家的大学学术水平在国际上获得一定的评价，就意味着大学教育、研究的机能和制度是国际上普遍存在的，它为外国学者和留学生所接受，在国际社会里往往具有一定的通用性"[①]。大学国际化中的国际学术活动有助于全面、深入地了解世界高校学术活动的发展情况，有助于学术积累、学术对话，了解和掌握国际学术发展的新动向、新方法、新理论，这对于中国尽快缩短与发达国家的学术差距、提高知识创新能力具有不可估量的学术价值。从需求的

---

① 喜多村和之.大学的国际化//大学论集.广岛：广岛大学，1986.

角度分析，满足学术需求是教师出国进修的主要动因，国际的学术合作无论对我国科研实力的提升还是对教师个人科研能力的提升都有莫大的好处，因此，教师参与国际科学研究已成为高等教育国际化的主要动因和形式。教师国际的学术合作得到了来自政府和大学的大力支持，几乎每年都有用于支持国际学术交流的项目和基金。这对提高我国的学术水平起到重要的作用。

（三）"111 计划"

2005 年，《教育部国家外国专家局关于高等学校学科创新引智计划"十一五"规划的通知》颁布，该规划又称"高等学校学科创新引智计划"（简称"111 计划"）。"111 计划"主要针对国外高层次人员、知名高校的知名学者的引进。高校引智是我国高等教育的基本内容之一，也是中外文化和教育交流的有机组成部分，更是加快我国高等教育国际化进程的重要动力，对高校自身的国际化发展，乃至对国家的发展具有举足轻重的意义。

"111 计划"由教育部和国家外国专家局联合组织实施，以建设学科创新引智基地为手段，加大成建制引进海外人才的力度，旨在在高等学校汇聚一批世界一流人才，进一步提升高等学校引进国外智力的层次，促进海外人才与国内科研骨干的融合，开展高水平的合作研究和学术交流，重点建设一批具有创新能力的学科，提升高等学校的科技创新能力和综合竞争力。"111 计划"的总体目标是瞄准国际学科发展前沿，围绕国家目标，结合高等学校具有国际前沿水平或国家重点发展的学科领域，以国家重点学科为基础，以国家、省、部级重点科研基地为平台，从世界排名前 100 位的大学或研究机构的优势学科队伍中，引进、汇聚 1 000 余名海外学术大师、学术骨干，配备一批国内优秀的科研骨干，形成高水平的研究队伍，建设 100 个左右世界一流的学科创新基地，努力创造具有国际影响的科研成果，提高高等学校的整体水平和国际地位。2006 年初步设立约 25 个创新引智基地，遴选范围为已进入国家"985 工程"的高等学校。2007 年设立约 40 个创新引智基地，遴选范围为进入国家"985 工程""211工程"的高等学校。2008 年设立约 35 个创新引智基地，遴选范围为进入国家"985 工程""211 工程"的高等学校及部分有国家重点学科的高等学校。2016年，全国 15 所地方高校获批立项成为新建基地，值得注意的是，前几批入选"111 计划"的都是中央部属高校，这是首次有地方高校入围。2017 年共有 50所高等学校学科创新引智基地获得立项。2018 年、2019 年又分别增加了 25 所、21 所高校。

"111 计划"实施以来，取得了显著的成效，主要表现为：第一，促进重点学科发展。"十一五"期间，"111 计划"覆盖全国 21 个省市的 82 所高校，涉及所有的"985"高校和部分"211"高校最具实力和优势的学科，包括生命科学、资源环境、信息科学、农学、植物学、材料科学等。第二，引进一批高层次人才。据不完全统计，"十一五"期间，通过"111计划"聘请诺贝尔奖获得者39人，各类院士591人，教授及同等职位者近3 700人。第三，深入开展各类学术交流活动。开展讲座和学术报告10 990场次，开展合作研究项目1 192个；各"111计划"基地共做国际会议特邀/大会报告2 263次，主办/承办国际会议696场，发表SCI/EI① 论文21 724篇，申请专利3 434项，联合培养研究生21 309人。

"111计划"提升了我国高校教师和科研人员的创新能力和国际上的影响力，产生了一批具有创新力的学术成果，促进了学科之间的交叉与融合，大大推动了相关学科的发展，对提高我国高等教育国际化的水平、提升学科实力起到了积极的作用。

三、高等教育机构国际化

高等教育机构的国际化主要通过中国大学与外国进行联合办学以及我国在国外建立独立的教育机构来实现。中外联合办学有举办新的教育机构和联合进行相关项目的研究两部分。我国在国外独立举办的教育机构，最具影响力的应该是孔子学院，近年来孔子学院得到长足的发展，成为宣传中国文化的一个重要窗口。

（一）孔子学院

2004年以来，政府在海外设立以教授汉语和传播中国文化、发展多元文化、共同建设和谐世界为宗旨的非营利性公益机构——"孔子学院"。孔子学院是中外合作建立的非营利性教育机构，孔子学院的章程明确指出，致力于适应世界各国（地区）人民对汉语学习的需要，增进世界各国（地区）人民对中国语言文化的了解，加强中国与世界各国教育文化的交流与合作，发展中国与外国的友好关系，促进世界多元文化发展，构建和谐世界。近几年来，孔子学院的影响日趋广泛，已经变成宣传中国文化、加强国际教育交流与合作的重要窗口。截至2019年12月31日，全球162个国家（地区）建立541所孔子学院和1 170个孔子课堂。其中，亚洲39国（地区）135所，非洲46国61所，欧洲43国187所，美洲27国138所，大洋洲7国20所。

2015—2019年孔子学院、孔子课堂设置情况如表8-3所示：

---

① EI为Engineering Index（工程索引）的简称。

表 8 - 3　2015—2019 年孔子学院、孔子课堂设置情况

年份	2015	2016	2017	2018	2019
孔子学院数量（所）	500	513	525	548	541
孔子课堂数量（个）	1 000	1 073	1 113	1 193	1 170
分布国家数量（个）	134	140	146	154	162
学员数量（万）	190	155	232	267	290

资料来源：对孔子学院总部 2015 年、2016 年、2017 年、2018 年、2019 年工作汇报进行整理所得。

孔子学院主要开展汉语教学和中外教育、文化等方面的交流与合作。所提供的服务包括：开展汉语教学；培训汉语教师，提供汉语教学资源；开展汉语考试和汉语教师资格认证；提供中国教育、文化等信息咨询；开展中外语言文化交流活动。

孔子学院已经成为国际社会广泛认可的"传播中国文化，发展中外友好关系，构建和谐世界的重要力量"。澳大利亚西澳大学孔子学院院长席格伦坦言，孔子学院是大学校园里跨文化交流的平台，是中外友谊的桥梁，也是推动世界和谐的力量。英国爱丁堡大学校长奥谢认为，创建孔子学院一方面能促进英国大学对中国的研究，加强英国大学与中国大学的联系；另一方面可以促进英国民众对中国文化的了解，加强英中的友好合作。非洲中西部的喀麦隆雅温得第二大学校长塔比·芒坦·让认为，越来越多的喀麦隆人和非洲人将通过孔子学院加深对中国文化和文明的认识，为合作开辟新的通道。孔子学院正在成为各国朋友了解中国特别是中华文化的一个重要窗口，成为增进各国人民同中国人民相互信任和友谊的桥梁与纽带[①]。

当前孔子学院在发展过程中也出现了一些问题，如不能完全适应全球汉语学习需求、高素质的专业教师数量仍然不足、办学质量有待提高、资源整合亟待加强等。这些问题需要国家、社会各个方面共同来解决，共同把孔子学院办成国际交流与合作的重要平台。

（二）中外合作办学机构、合作项目

中外合作办学是高等教育国际化的重要形式，一般包括两种类型：一是我国大学与外国大学在国内建立联合办学机构，二是我国大学与外国大学就某一问题或领域建立联合办学项目。前者属于常设机构，后者随着问题的解决会有终结。就目前中外合作的形式来看，中外合作项目的数量要远远高于联合办学机构的数量。

———————————

① 孔子学院正在成为和谐世界的推动力. 新华网，2007 - 12 - 11.

　　合作办学是中国大学引进外国优质学术资源、进行国际交流合作的重要途径。2004 年教育部发布的《中华人民共和国中外合作办学条例实施办法》指出："中外合作办学项目是指中国教育机构与外国教育机构以不设立教育机构的方式，在学科、专业、课程等方面，合作开展的以中国公民为主要招生对象的教育教学活动。""国家鼓励中国高等教育机构与国外知名的高等教育机构合作办学。"《国家中长期教育改革和发展规划纲要（2010—2020 年）》指出，要引进优质教育资源，鼓励各级各类学校开展多种形式的国际交流与合作，办好若干所示范性中外合作学校和一批中外合作办学项目，探索多种方式利用国外优质教育资源。按照政策的导向，中国大学与国外教育机构联合办学最根本的动机是，通过引进、吸收和转换国外优质学术资源，影响和带动本校的改革与发展，培养满足经济全球化发展和国内市场经济发展所需的复合型、创新型的国际化人才①。近年来，合作办学机构和办学项目在我国呈全面开花的态势。从中央到地方，各级都高度重视中外合作办学和合作机构的建设。截止到 2016 年 9 月 28 日，教育部中外合作办学信息监督平台公布的中外合作办学项目为 1 107 项，中外合作办学机构（含港澳台）为 176 个。

　　据教育部公布的信息，从 1995 年至 2010 年的 15 年时间里，教育部批准中外合作办学项目 504 个，从 2011 年至 2015 年 12 月的 5 年时间里，这一数量达到了 537 个，超过了前 15 年数量的总和。这足以说明中外合作办学发展速度之快。高校也非常重视与国外高校进行联合办学和教育项目的合作。2015 年，复旦大学与境外高校签约 277 个教育项目，与 29 所世界排名前 200 位的高校展开实质性合作，其中世界排名前 100 位的高校 17 所。此外，复旦大学还参与"全球工程教育交流项目"、"全球八校联盟"、欧盟"伊拉斯莫斯项目"、东盟大学联盟、环黄海大学联盟等一系列国际多边交流合作项目，是中国第一所加入"全球工程教育交流项目"协议的高校。依托这些平台，复旦大学每年选拔一大批本科生到国外著名大学交流学习，兼学众长、增长见识。北京大学于 2014 年 5 月 5 日成立了燕京学堂。燕京学堂以"跨文化交流：聚焦中国，关怀世界"为基本定位，依托北京大学人文社科领域雄厚的历史积淀和师资力量，围绕中国问题，开展人文社科领域跨学科交叉学术研究。首届学生于 2015 年 9 月入学，招生对象为全球各高校 2015 年应届本科毕业生。其中，约 1/3 来自国内院校、2/3 来自国外院校。燕京学堂通过国内外合作大学推荐和公开招生相结合的方式完成招生。首届学生中囊括了 32 个国家和地区，其中 72 名学生来自哈佛大学、普林斯顿大学、耶鲁大学、斯坦福大学、牛津大学、剑桥大学等名校。

---

　　①　丁玲 . 中美大学国际化实践及发展趋势研究 . 武汉：华中科技大学，2012.

通过设立"讲席教授"的形式打造出一支国际一流的"中国学"学术队伍，从北大人文社科优秀学者中联合聘请了 30 名，从国外相关领域杰出学者中聘请了 20 名，邀请顶尖国际访问教授 20 名。

随着中外联合办学机构和项目的迅速发展，怎样对其进行质量监督成为一个重要的议题。为进一步规范中外合作办学秩序，提高办学质量，促进中外合作办学健康发展，教育部采取四项措施加强中外合作办学监管，即重点推进"两个平台"和"两个机制"建设。第一，依托教育部教育涉外监管信息网，设立教育部中外合作办学监管工作信息平台，通过办学监管信息公示，实施对中外合作办学的动态监管，并根据需要向社会和广大就学者提供较全面和可靠的就学指导与服务信息；第二，加强所颁发学历学位证书的认证工作，开发中外合作办学颁发证书认证工作平台；第三，开展中外合作办学质量评估，建立中外合作办学质量评估机制；第四，强化办学单位和各级管理部门的责任，建立中外合作办学执法和处罚机制。通过这些措施，对中外联合办学机构和项目进行有效的监管。教育部明确指出，监管工作措施的核心是加强工作管理，提高办学质量，并立足于为社会和中外合作办学者，特别是中外合作办学的广大学者提供更有效的行政监督和服务。其目标是促进中外合作办学能更好、更健康地发展。

四、高校学生的国际交流

高等教育国际化最终的立足点在于提高学生的教育水平，使学生成长为具有国际素养的优秀人才。进行学生之间的国际交流是高等教育国际化的重要形式。这种形式既包括吸引外国留学人员到我国接受教育，也包括派我国的学生到国外接受教育。

我国学生出国人数的增加取决于国外留学市场的开放以及国外政策的大力支持和国内政府及高校层面的政策支持两个方面。

从国外教育市场的角度来看，近年来，中国出国留学人数翻了两番，出国留学的人群日益壮大，并且保持了一定程度的增长速度，中国成为全球最大留学生生源国。2014 年，出国留学总人数为 45.98 万人，同比增长 11.1％；2015 年，出国留学总人数为 52.37 万人。2016 年约 54.45 万人，2017 年约 60.84 万人，2018 年约 66.21 万人，2019 年为 70.35 万人[1]。中国留学人员的整体形象表现出"知识化、年轻化、国际化，学历高、层次高、素质高，增速快、成长快、成才快"等 9 个基本特征[2]。前瞻产业研究院发布的《留学服务行业发展前

---

①②　出国留学 培养有家国情怀国际视野的建设人才. 教育部网站，2019－09－27.

景与投资预测分析报告》显示，2015 年中国留学行业市场规模达到 2 400 亿元。"面对中国这片跨国教育投资的热土，通过创建学生交换项目和双联项目（twinning programs）、建立学习中心和分校，全世界的高等教育机构和组织都热切地寻求在利润丰厚且不断发展的中国市场上分一杯羹"①。继 2010 年 10 月门户开放政策后，美国进一步放宽留学签证审理，让更多中国申请人享受免面谈的待遇。与此同时，澳大利亚、加拿大、新西兰、荷兰、瑞士等留学教育资源大国也在为了抢占中国高等教育市场，不断调整接收中国留学生的政策。新西兰调整了一些签证条例，如向续签的学生发放过渡签证、体检证明有效期由两年延长为三年、持工作假期签证前往新西兰的年轻人可根据需要学习更多科目的课程等。加拿大继 SPP（Student Partners Program，中加学生合作计划）实施后，再次放宽签证要求，对于具备良好英语基础的学生，在递交加拿大学习许可申请时，简化对其资金文件的要求。澳大利亚从 2011 年 4 月起针对来自中国的 573 类（高等教育）学生签证的签证评估等级（AL）从 4 级降低为 3 级，使馆要求申请人所提供的担保金为原担保金的 70%，而存期要求也变为原存期的一半②。这些政策无疑对我国留学市场起到了刺激作用。

从国内政府和高校层面上看，2007 年，《教育部关于进一步深化本科教学改革 全面提高教学质量的若干意见》指出，要加强人才培养的国际合作，要不断加大与国外高水平大学合作培养人才的力度，积极探索国内外共同培养高素质创新人才的有效途径。要制定学分互认的政策，积极鼓励大学生到国外大学选修课程学分和学习交流，拓宽学生的国际视野。之后，教育部每年都有相应政策出台，鼓励学生到国外学习。在政策的引导下，近几年来，学生因公派出呈现机制化、体系化良好态势，各级高校、院系及对口的职能部门将学生因公出国（境）培养作为学生国际化培养的重要措施，直接纳入学生培养体系，结合学生专业需求及国际化素养教育，设立各类学生国际化培养项目及国际学术交流基金，为学生提供高质量、稳固的国际化培养平台和大量的资金支持。学生在学期间因公出国（境）人数稳步提升，学校学生国际化培养步入常态化。

在国家层面，始于 2007 年的"国家建设高水平大学公派研究生项目"每年选派几千名博士研究生到全球顶尖级院校进行联合培养（2016 年多达 6 000 名）。在学校层面，学生的出国留学人数、参与国际教育交流的人数、招收国际学生的人数等指标更能体现一所大学国际化的办学水平。各类大学都非常重视学生之间的国际交流。例如，2014 年，清华大学积极开拓并实施了优秀新生海

---

① HELMS R M. Transnational education in China. Journal of international higher education，2008（4）.

② 选择留学国家满足自己的需求最重要. 沈阳晚报，2011 - 07 - 12.

外研修项目、暑期实验室研修项目及暑期课程等一系列特色项目，同时进一步推进了本科学生交换等项目，当年派出本科学生 2 000 余人次，其中一些学生被派往哈佛大学、耶鲁大学、斯坦福大学、剑桥大学、牛津大学等世界一流大学。学生国际化培养项目的迅速开展，不仅促进了学校的人才培养工作，而且通过清华学生在国际舞台上的优异表现，进一步提升了学校的国际影响和知名度。北京大学有 100 余个学生海外学习项目（EAP），让学生走进斯坦福大学、耶鲁大学、加州大学、芝加哥大学、剑桥大学、伦敦大学、爱丁堡大学、墨尔本大学、东京大学、新加坡国立大学等海外名校课堂开阔视野。每年有近万名国际学生或来攻读学位，或来短期学习。北京大学的校园中还活跃着 20 多家从事国际交流活动的学生社团，学生国际交流协会、模拟联合国协会、中美交流协会、中欧交流协会等是这类社团的代表。它们举办的品牌活动如"北大哈佛交流营""北大-斯坦福中美学生论坛""IMUSE 中美大学生论坛""北京大学-东京大学'京论坛'""世界模拟联合国大会""聚焦中东的 CAMEL 项目"等，构成了校园国际舞台上亮丽的风景。这些社团活动也为学生进行国际交流和学习提供了舞台。

由于国外留学市场的扩大和开放以及国内政府和高校的大力支持，2015—2018 年，我国出国留学生人数持续上升（见表 8 - 4）。

表 8 - 4　2015—2018 年我国出国留学生人数

年份	2015	2016	2017	2018
出国留学生人数	523 700	544 500	608 400	662 100

资料来源：数据由教育部信息公开中心提供。

2019 年 3 月，教育部发布统计数据称，从 1978 年到 2018 年底，各类出国留学人员累计达 585.71 万人。其中 153.39 万人正在国外进行相关阶段的学习和研究；432.32 万人已完成学业；365.14 万人在完成学业后选择回国发展，占已完成学业群体的 84.46%[①]。出国学生数量的显著增加既表明我国高等教育国际化水平在不断提升，也表明我国开放的程度在不断增大。

我国在大力支持学生出国留学的同时，也积极提供相应政策吸引外国留学生来华学习，建立和发展中国教育服务市场。2009 年教育部发布的《国家中长期教育改革和发展规划纲要（公开征求意见稿)》的体制改革部分对来华留学有了新的表述：进一步扩大外国留学生规模，增加中国政府奖学金数量，重点资助发展中国家学生，优化来华留学人员结构。实施来华留学预备教育，增加高等学校外语授课的学科专业，不断提高来华留学教育质量。在政府政策支持和

---

① 2018 年度我国出国留学人员情况统计．教育部官网，2019 - 03 - 27.

国内教育市场持续开放的情况下，2015—2018 年来华留学人数也呈持续上升的态势（见表 8-5）。

表 8-5　2015—2018 年来华留学生人数

年份	2015	2016	2017	2018
来华留学生人数	397 635	442 773	489 200	492 185

资料来源：数据由教育部信息公开中心提供。

从来华留学生留学途径上来看，90% 以上的留学生选择自费留学，这在一定程度上表明我国留学市场发展是比较成熟的（见表 8-6）。

表 8-6　来华留学生奖学金比例

年份	2015	2016	2017	2018
政府奖学金学生（比例）	40 600（10.21%）	49 022（11.07%）	58 600（11.97%）	63 041（12.81%）
自费学生（比例）	357 035（89.79%）	393 751（88.93%）	430 600（88.03%）	429 144（87.19%）

资料来源：数据由教育部信息公开中心提供。

综上，可以归纳出我国高等教育国际化的主要特点：第一，在政府相关政策的支持下，选择性地引进优秀外资与"外智"，举办多种类、多形式、多层次的中外合作办学，实现在国门内培养国际化人才的目标；第二，进一步完善招收留学生的制度，扩大接收国外留学生的数量，通过继续接收留学生，扩大中国大学在国际上的影响；第三，扩大对世界通信科技以及网络资源的利用，迅速把握国外高等教育教学和科研方面的成果，积极主动地搭建教育和科研合作的平台；第四，学习国外长久以来形成的科学研究规范，努力提高学术水平和地位；第五，改革课程，积极在高校开展国际理解教育，特别是对金融危机、自然灾害、环境污染、多元文化等具有全球意义的问题进行广泛而深入的探讨。

第三节　高等教育国际化发展面临的挑战

从近年来我国高等教育发展的情况来看，取得显著成绩的同时也仍然存在一些不尽如人意的地方。从目前大学科研合作及人才培养环境来看，我国大学的开放程度仍不够，跨国、跨学科的科研项目较少，合作范围也较为狭窄，高等教育国际化面临着不少挑战。

一、国际化理念有待进一步明确

理念是展开一切国际化活动的内在先导和指导国际化改革的哲学，具有导向和调解的功能，没有对国际化的理性认识和理想追求，是不可能增强大学国际化实践的有效性的[①]。国际化理念指引着高等教育国际化的制度建构和行为方式。理念上的偏差是影响高等教育国际化发展的重要因素，主要体现为缺乏"全球视野和国际竞争力"。日本广岛大学教育研究所的喜多村和之教授强调的大学应该具有的三个方向已经成为现代大学国际化发展理念之经典。他说，所谓"国际化"，一是本国文化能够为他国、他民族所承认，二是能够与他国进行平等交流，三是能够充分对外开放，亦即"通用性"、"交流性"和"开放性"。高等教育国际化的理念应该是开放的、包容的，而不是封闭的、狭隘的。它表明大学应该具有国际性的、全球的视野。美国州立院校联合会在敦促加快教育国际化的报告中也指出，大学应改变那种"自扫门前雪"的封闭式教育观念，加强与外部世界的联系。从理念的高度提高对国际化重要性的认识，是加快高等教育国际化进程的前提。这就要求提高大学领导者和管理者对国际化战略的认同感，以国际视野来指导学校的教学和科研工作。大学教师要树立国际视野，了解本学科、本专业世界发展的前沿，向学生传达那些处在学科前沿的知识。但现实中这些方面仍然有做得不尽如人意的地方，主要原因是理念上不重视，封闭、狭隘的教育理念是阻碍高等教育国际化发展的重要因素。

二、竞争意识有待进一步加强

高等教育竞争力，主要是指一个国家或地区高等教育的产出在与别国比较时所具有的相对优势和能力，通常被认为是国家或区域实力的重要组成部分[②]。我国加入世界贸易组织以后，开放教育市场成为世界贸易组织协议中的重要条款。开放式的教育市场的主要规则就是市场竞争。在这个市场中，大量外国高等教育机构通过"走进来"办学和吸引留学生出国的方法来华竞争高等教育市场。如前所述，我国是世界上最大的留学人员输出国之一，教育收益"逆差"现象突出。其学费及生活费等对高等教育出口国是一笔可观的收益，对中国

---

① 丁玲. 中美大学国际化实践及发展趋势研究. 武汉：华中科技大学，2012.

② 周浩波. 基于竞争力导向的区域高等教育国际化战略研究. 中国高教研究，2013（10）：10-20.

的高等教育市场则是一笔损失。分析国外教育市场的主体我们可以发现，来华办学的大多数外国高校恰恰是以营利为目的的，发达国家对发展中国家的无偿教育援助在减少，更多的是商业化的运作行为，谋求的是直接的经济利益。在国际教育市场竞争逐渐增强的情况下，我国大部分高校仍然缺少市场意识和竞争意识，没有考虑到国际竞争对高校的作用，竞争意识淡薄，国际竞争力不足。

三、高校的主体性有待进一步提升

经过近些年的发展，应该说中国高等教育的国际化方式已经从"最初亦步亦趋的单向模仿"转为开始认真思考和积极探索适合本国高等教育实际需要的国际化道路[①]。但从高等教育国际化的动因和形式上分析，我国高等教育国际化还处于较低层次，特别是在高校层面上，除了少数研究型大学以外，大多数高校对于参与国际交流与合作项目处于一种被动、零散和无序的状态，还存在把国际化作为学校达标的任务来完成的情况，没有认识到国际化的精神实质，也没有领会到国际化对学校发展的重要意义。对于大多数普通高校来说，"谋求国际交流与合作在高校被边缘化、形式化、名誉化，投资力度、重视程度远远不够"[②]。比如，有些普通高校虽然也设有国际交流和管理机构，但就机构的职能来说，主要局限于招收和管理留学人员，对于全面参与国际交流、推广学校的办学理念和教育成果则认识不够；一些高校对国际化发展缺乏足够的重视，缺乏前瞻性、开拓性，满足于在现有的水平上重复着国内的教育任务和课程，并不是很愿意走出国门参与国际竞争[③]。有学者曾将高等教育国际化分为从低到高的三个层次：第一层次是指高校之间开展师生短期交流、个别学者互访、进行若干项目的技术援助与合作，召开国际性学术会议；第二层次是指高校之间开展学分互换、学位接轨，在专业结构和课程设置上实行互补，进行联合办学；第三层次是指国家制定国际化发展战略及其相关政策，发展留学生教育，开拓境外教育市场[④]。从我国高等教育国际化的发展来看，虽然在三个层次上

① 王英杰，高益民. 高等教育国际化：21 世纪中国高等教育发展的重要课题. 清华大学教育研究，2000（2）：13 - 16.

② 周作宇. 国家语言战略与高等教育国际化. 中国高教研究，2013（6）：14 - 21.

③ 邢文英，陈艳春. 中国高等教育的国际化：趋势、问题与对策. 河北师范大学学报（教育科学版），2014（3）：22 - 24.

④ 陈向丽，付有龙. 经济全球化背景下的中国高等教育国际化问题与对策探析. 中国成人教育，2011（18）：10 - 11.

都有一定的成效，但第一层次的比例比较大，第二、第三层次比例明显不足。大部分高等院校只是在有限的范围内采用了一些有限的方式开展对外交流与合作，没有掌握对外交流与合作的主动权，其深度和广度均有待推进；开放式的教育模式尚不成熟，国际交流与合作经验不足，大学的国际化服务设施不够完善。对高等教育国际化的认识不足、主体性缺乏、参与国际教育活动被动是造成这种现象的主要原因。这限制了高等教育国际化的纵深发展。因此，如何进一步提升高校的主体性，将关系到我国高等教育国际化能否进一步持续全面地发展。

第九章
高等教育研究

　　我国高等教育研究的发展离不开 30 多年来尤其是 20 世纪 90 年代中后期以来高等教育事业的进步与高等教育改革的深入。众所周知，自 20 世纪 90 年代末开始，我国高等教育的发展进入了一个快速增长的通道，高等学校数量不断增加，高等教育人口迅速扩大，高等教育入学率持续上升。在高等教育事业迅速发展的同时，高等教育改革也在不断深入。自 1985 年《中共中央关于教育体制改革的决定》出台以来，体制改革始终是高等教育改革的重头戏。2010 年颁布的《国家中长期教育改革和发展规划纲要（2010—2020 年）》进一步提出了"落实和扩大学校办学自主权""完善中国特色现代大学制度""完善治理结构""加强章程建设"等将高等教育体制改革持续推向深入的任务。体制改革的目的是为教育实施、提高人才培养质量提供更好的制度环境。因此，高等教育人才培养方式、高校课程体系、教学方法等方面的改革也在各高校广泛深入地展开。尤其是在高等教育规模不断扩大、大众化持续发展、质量与水平日益受到关注的形势下，许多高校在人才培养过程的诸多环节上加强了改革的力度与深度。30 多年来，我国高等教育的改革与发展为高等教育研究提供了坚实的实践基础。同时，高等教育研究的成果也对高等教育改革与发展起到了一定的促进作用。

第一节　高等教育研究的进展

　　近年来，我国高等教育研究取得的成果有目共睹，不只在数量上显著增加，在质量上也有了明显的提升。具体表现为在研究内容、研究水平、研究队伍等方面都显示出一种繁荣多样的景象。"人才培养""高等教育与社会发展""高等教育治理""高等教育理念""高等教育强国建设"等是高等教育研究成果比较集中的领域。学理性的研究不断增强、院校研究的比重不断增加、研究的专业化程度愈加提高、高等教育研究的国际化趋向愈加显著，这些是高等教育研究发展的主要趋势。

一、高等教育研究的总体状况

　　近年来，我国的高等教育从高速发展过渡到稳定增长，2015—2018 年，全国各类高等教育总规模从 3 647 万人增加到 3 833 万人，普通高校数从 2 560 所增加到 2 663 所[①]。与高等教育规模的平稳发展相对应的是，我国高等教育研究

---

　　①　数据来源于教育部发布的 2015 年、2018 年全国教育事业发展统计公报。

也处于快速平稳发展的时期，研究成果稳步增长。

（一）数量上的变化

1. 学术期刊论文与硕博士论文

依据中国知网（CNKI）的论文检索统计，2015 年以来，有关高等教育研究的论文每年都在 25 000 篇以上。从 2015 年到 2019 年，CNKI 上以高等教育为主题的论文总数达到 14.6 万多篇。

从表 9-1 可以看出，从 2015 年到 2019 年的五年中，以高等教育为主题的论文数量略有下降，但维持在 2.5 万篇以上。这显示出我国高等教育研究人员基本处在一个相对稳定的数量上。

表 9-1　2015—2019 年，CNKI 上以高等教育为主题的论文检索数量

年份	2015	2016	2017	2018	2019
论文数（篇）	31 737	31 501	25 828	29 573	28 112

为了更加全面地体现高等教育研究成果的概况，在 CNKI 上以大学为主题词进行检索，发现 2015—2019 年，相关论文数量达到 1 463 600 篇，比以高等教育为关键词检索的 146 751 还要多 1 316 849 篇。这说明，高等教育研究的主题丰富，相关论文数量巨大（见表 9-2）。

表 9-2　2015—2019 年，CNKI 上以大学为主题的论文检索数量

年份	2015	2016	2017	2018	2019
论文数（篇）	262 979	388 796	246 263	262 266	303 296

硕士、博士学位论文是硕士、博士生们在学期间学习研究的主要成果，尤其是博士生的研究在一定程度上反映了某一学科研究发展的方向。因此，除了期刊论文之外，与高等教育相关的硕士、博士学位论文数量也能从一个侧面反映高等教育研究的状况。2015—2019 年，除了 2019 年略少外，其他四年的硕士、博士学位论文数量都在 3 000 篇之上（见表 9-3）。

表 9-3　2015—2019 年，CNKI 上以高等教育为主题的硕博士学位论文数量

年份	2015	2016	2017	2018	2019
论文数（篇）	3 733	4 081	3 217	3 426	2 603

2. 高等教育立项课题

如果说论文数量反映的是研究结果的状况，那么课题数量则反映了研究开端与过程的状况，能够从一个侧面体现高等教育研究的水平与趋向，这两者的

结合会使我们对高等教育研究的进展有更加全面的认识。

随着我国高等教育与科学研究事业整体的发展，高等教育课题的立项单位、立项数量、研究经费都有了很大的增长。在此，仅以具有代表性的全国教育科学规划课题为例。根据全国教育科学规划领导小组办公室公布的资料，在2015年到2019年5年间立项的课题中，可归入高等教育研究的课题共计1 528项，其中2015年297项，约占当年课题总量的70%，包括国家重大、重点课题11项，国家一般课题76项，国家青年课题55项；2016年326项，约占当年课题总量的70%，包括国家重大、重点课题9项，国家一般课题96项，国家青年课题49项；2017年335项，约占当年课题总量的69%，包括国家重大、重点课题10项，国家一般课题167项，国家青年课题27项；2018年295项，约占当年课题总量的58%，包括国家重大、重点课题12项，国家一般课题141项，国家青年课题32项，从2018年开始，有了西部专项项目共15项，其中高等教育项目6项；2019年375项，约占当年课题总量的72%，包括国家重大、重点课题17项，国家一般课题162项，国家青年课题33项，西部专项项目共19项，其中高等教育项目15项[①]。总体来看，这5年的高等教育课题数量占课题总量的67%左右。这说明随着高等教育改革发展的不断深入，高等教育系统愈加复杂，许多现实问题需要研究，需要探讨问题背后的规律和解决问题的方法，因此高等教育研究日益受到人们的关注、受到政府的重视，高等教育学科从相对边缘的地带向中心转移。

（二）水平上的提升

近年来，伴随着高等教育研究成果数量上的增长，高等教育研究的水平也有了明显的提高。

1. 研究主题的广度和深度不断拓展

分析近年来高等教育研究的主题，可以看到主题广度和深度的不断拓展是一个显著的特点。研究主题的广度表明高等教育研究的成果覆盖了高等教育各个领域，从高等教育基本原理、高等教育史、国际与比较高等教育、高校教学与课程研究到高等教育国际化发展、高等教育管理与战略、现代大学制度、拔尖创新人才培养、世界一流大学建设、高等教育评估与质量保障、各类高校转型发展等[②]。对于高等教育研究多元化的特点，胡建华认为，近年来我国高等

---

① 数据来源于"全国教育科学规划领导小组办公室主页"全国教育科学规划"十二五"规划2015—2019立项课题名单，http：//onsgep. moe. edu. cn。高职高专院校的课题也被计入数据中。

② 潘懋元，别敦荣，陈斌，等. 2014年中国高等教育研究回顾与述评. 高校教育管理，2015（3）：1-7.

教育研究呈现出"研究视角的多学科"、"研究内容的多样化"和"研究人员的广泛性"等三个方面的特点①。研究主题深度的拓展表明高等教育的理论性研究更加深入，对高等教育主题理论性的探讨增多，其中最明显的例子是高等教育学科性质的探讨。例如，2015—2019 年发表的高等教育学科发展研究论文超过 1 400 篇，研究的主题涉及高等教育学科规范、高等教育学科研究方法、高等教育学科知识领域、高等教育学科批判、高等教育学科研究重点、高等教育研究话语、研究生教育学等②。不少文章研究视角独特、观点新颖、具有创新性，弥补了高等教育学研究中理论研究不足的现状，具有启发性。比如，有学者提出应该塑造高等教育学的学科品性，提高高等教育学的本体价值③。有学者认为，应当以"高等教育存在"为研究对象，开展复杂性、综合性研究，实现高等教育学的学科独立④。还有学者认为，要摆脱高等教育学对教育学的依赖性，努力使高等教育学成为一级学科等。这些思想丰富了高等教育学的学科理论，对学科的独立和进一步发展有很大的作用。

除了学科研究以外，近年来关于高等教育学原理的研究也不断深入。高等教育学原理研究是高等教育学科走向成熟的重要基础。一些不承认高等教育学独立性的人往往以高等教育学原理薄弱为疑问点，所以，在高等教育研究中，原理研究有着十分重要的意义⑤。针对高等教育理论，有的学者认为生搬硬套马克思主义理论有着明显的逻辑错误，付诸实践只会进一步扭曲我国高校的办学方向⑥。高等教育本身是一门应用学科，不可能坚持认知理性独尊的地位⑦，应该增加高等教育与社会、经济的适应能力等。对于高等教育学原理的探讨，增强了高等教育学科的理论深度，表明我国高等教育学的研究有了独立的理论基础。

2. 高水平研究成果不断增多

SCI 于 1957 年由美国科学信息研究所（Institute for Scientific Information, ISI）在美国费城创办，是由 ISI 1961 年创办的引文数据库；EI 是由美国工程师

---

① 陈廷柱，蔡文伯. 提升高等教育研究水平 开创学科建设新局面：中国高等教育学会高等教育学专业委员会 2011 年学术年会综述. 高等教育研究，2011（11）：106 - 109.

② 别敦荣，王严淞. 2015 年中国高等教育研究述评. 高校教育管理，2016（3）：5 - 11.

③ 钟勇为，高宇. 大学教学文化冲突：征象与应对·亚文化的视角. 教师教育研究，2015（1）：6 - 11.

④ 伍红林. 论高等教育学与教育学的"因缘". 高等教育研究，2015（8）：49 - 55.

⑤ 潘懋元，别敦荣，陈斌，等. 2014 年中国高等教育研究回顾与述评. 高校教育管理，2015（3）：1 - 7.

⑥ 杨兴林. "高等教育的本质是知识的扩大再生产"观点辨正. 复旦教育论坛，2014（3）：5 - 11.

⑦ 王洪才. 论高等教育"适应论"及其超越：对高等教育"理性视角"的理性再审视. 北京大学教育评论，2013（4）：129 - 149.

学会联合会于 1884 年创办的历史上最悠久的一部大型综合性检索工具。EI 在全球的学术界、工程界、信息界中享有盛誉，是科技界共同认可的重要检索工具。CSSCI——中文社会科学引文索引，英文全称为 "Chinese Social Sciences Citation Index"。CSSCI 的文献来自南京大学中国社会科学研究评价中心根据中文社会科学引文索引指导委员会确定的选刊原则和方法遴选并报教育部批准的来源期刊，用来检索中文社会科学领域的论文收录和文献被引用情况。SCI、EI、ISTP（科技会议录索引）是世界著名的三大科技文献检索系统，是国际公认的进行科学统计与科学评价的主要检索工具。CSSCI 已被北京大学、清华大学、中国人民大学、复旦大学、国家图书馆、中科院等众多单位包库使用，并作为地区、机构、学术、学科、项目及成果评价与评审的重要依据。教育部已将 CSSCI 数据作为全国高校机构与基地评估、成果评奖、项目立项、名优期刊的评估、人才培养等方面的重要指标。

因此，可以认为 SCI、EI、CSSCI 三大检索目录的收录情况，基本代表着这个学科发展的水平和程度，是高水平研究成果的表现。通过宽泛地以高等教育为主题词在 SCI、EI、CSSCI 三大检索目录上检索发现，2015—2019 年，累计共发表相关论文 13 809 篇。以大学为主题词在 SCI、EI、CSSCI 中检索，2015—2019 年，累计共发表相关论文 55 825 篇。这些检索结果从侧面说明了高等教育研究中高水平研究论文的发表状况（见表 9 - 4、表 9 - 5）。

表 9 - 4　SCI、EI、CSSCI 中以高等教育为主题的论文检索结果（2015—2019 年）

年份	2015	2016	2017	2018	2019
论文数（篇）	3 091	2 992	2 546	2 824	2 356

表 9 - 5　SCI、EI、CSSCI 中以大学为主题的论文检索结果（2015—2019 年）

年份	2015	2016	2017	2018	2019
论文数（篇）	12 833	12 097	10 319	11 251	9 325

二、高等教育研究的主要领域

（一）人才培养

人才培养是大学的基本职能和根本任务。从人才培养的内涵和外延上说，包含着人才培养目标和规格、专业设置和建设、课程体系和教学内容、教学方法和教学手段、教学评价和质量监控等内容，涵盖了包括培养目标、培养内容、培养方式和培养条件在内的人才培养诸要素①。人才培养始终是高等教育研究的重要主题之一，2015—2019 年在 CNKI 上以人才培养为主题检索到的各类论文达到 178 741 篇。在 SCI、EI、CSSIC 中以人才培养为主题检索到的各类论文也达到 9 087 篇。这充分说明人才培养在高等教育研究中的重要性（见表 9 - 6、表 9 - 7）。

表 9 - 6　CNKI 中以人才培养为主题的论文检索结果（2015—2019 年）

年份	2015	2016	2017	2018	2019
论文数（篇）	34 935	36 639	30 870	38 178	38 119

表 9 - 7　SCI、EI、CSSCI 中以人才培养为主题的论文检索结果（2015—2019 年）

年份	2015	2016	2017	2018	2019
论文数（篇）	2 158	2 025	1 671	1 995	1 738

关于人才培养的观点，学者们有各自的看法。钟秉林认为，随着我国高等教育大众化的推进，高等学校内涵建设任务繁重，人才培养面临新的挑战，高等学校要不断深化人才培养模式改革，稳步提高人才培养质量②。俞婷捷、眭依凡分析了人才培养和教学的关系，认为教学从属于人才培养，是人才培养的重要载体，教学的唯一功能就是为人才培养服务，人才培养的成败在很大程度上受到教学改革的制约③。王平祥则强调，在建设世界一流大学的进程中，我国研究型大学需进一步厘清培养目标及其价值取向认识，立足中国，放眼全球，胸怀人类，以学生为中心，构建多元化本科人才培养目标价值体系和凸显个性特色的培养目标④。张大良认为，全面提高高校人才培养质量，要坚持党的全面领导和社会主义办学方向，坚持德育为先、德学兼修，构建更高水平的人才培养体系，进一步加强教育教学质量保障体系建设。科教融合、产教融合、理实融合培养人才是三个有机联系、不可或缺的着力点⑤。从上述观点可以看出，人才培养在高校中的中心地位是达成共识的，提高人才培养水平必须对教学、课程等进行根本性的变革，学科更新和资源的整合是提高人才培养质量的关键。

在人才培养中，创新人才培养是近几年来主要的关注点。关于创新人才培养，研究者也从各自的角度进行了分析。展涛认为，当前研究型大学在培养创

①② 钟秉林．人才培养模式改革是高等学校内涵建设的核心．高等教育研究，2013（11）：71 - 76.

③ 俞婷捷，眭依凡．大学课程与人才培养：基于教学理性的思考．清华大学教育研究，2013（12）：30 - 38.

④ 王平祥．世界一流大学本科人才培养目标及其价值取向审思．高等教育研究，2018（3）：58 - 63.

⑤ 张大良．提高人才培养质量，坐实三个融合．中国高教研究，2020（3）：1 - 3.

新型人才的过程中，存在着大学使命偏失、培养制度低效、批判精神孱弱、教育目的异化等问题，需要通过制度设计，探索研究型大学多元人才培养模式①。胡建华分析了素质教育与人才培养的关系，认为素质教育是人才培养的一种模式，在高校的教学中要树立研究取向、独立取向、实践取向以利于创新人才的培养。吴康宁则对什么样的大学能够促进创新人才培养进行了分析，提出只有"有理想与高度，有魂灵的大学"、"有智慧与深度，有眼光的大学"、"有活力与宽度，有胸怀的大学"以及"有胆量与硬度，有脊梁的大学"才能促进创新人才的培养②。在认可成绩的同时，邬大光等学者还认为，不能只以毕业率为唯一指标，必须对我国人才培养指标有清醒的认识③。

（二）高等教育与社会发展

高等教育与社会发展是高等教育研究的主题之一。近年来，高等教育与社会发展的关系研究的热度有所下降。通过对 CNKI 进行检索，2015—2019 年，以高等教育与社会发展为主题发表的论文有 147 篇，在 SCI、EI、CSSCI 中以高等教育与社会发展为主题检索到的论文有 32 篇（见表 9-8、表 9-9）。

表 9-8　CNKI 中以高等教育与社会发展为主题的论文检索结果（2015—2019 年）

年份	2015	2016	2017	2018	2019
论文数（篇）	35	44	25	18	25

表 9-9　SCI、EI、CSSCI 中以高等教育与社会发展为主题的论文检索结果（2015—2019 年）

年份	2015	2016	2017	2018	2019
论文数（篇）	7	10	5	3	7

学者们关于高等教育与社会发展的关系也表达了各自的观点。王建华从"适应论"的角度论证了高等教育与社会发展的关系，他认为，对于高等教育而言，适应既是客观的，又是主观的。一方面，高等教育要适应社会的需要，另一方面，高等教育要保有超越性，二者之间必须维持一种平衡。过分强调高等教育的适应性，会导致高等教育发展中工具理性膨胀、价值理性衰落；过分强调高等教育的超越性，大学躲进象牙塔，远离社会需要，也会造成灾难性的后果④。马凤岐则强调探讨高等教育与社会发展的规律，认为"高等教育与社会之间的关系，一些

①　展涛. 我国研究型大学创新型人才培养的思考. 高等教育研究，2011（1）：7-13.

②　吴康宁. 创新人才培养究竟需要什么样的大学. 高等教育研究，2013（1）：11-15.

③　邬大光，等. 大学本科毕业率与高等教育质量相关性分析：基于中美大学本科毕业率数据的比较分析. 高等教育研究，2016（12）：56-65.

④　王建华. 高等教育适应论的省思. 高等教育研究，2014（7）：1-7.

是物质性的，另一些则可以还原为人与人之间的关系。高等教育与社会的关系'规律'，有描述性的，也有规范性的，后者作为实现特定目的的条件的'规律'更具实践价值。使用博弈论描述和分析高等教育与社会的关系，可以为高等教育相对独立提供理论基础，为按教育规律办教育提供空间和动力机制"[1]。别敦荣认为，全面提高高等教育质量，发展个性化的高等教育和加强高等教育适应国家经济社会发展的能力，必须通过建立中国特色的素质教育来完成[2]。邸俊鹏、孙百才考察了1978—2010年高等教育对国民经济各部门的影响，通过实证研究发现，高等教育对经济发展起积极的作用，一定的经济发展水平决定着高等教育的专业配置和培养规模，而合理的高等教育专业设置和适当的规模反过来又会助推经济的快速发展[3]。

（三）高等教育治理

近年来，高等教育治理上升为热点研究主题，成为高等教育研究成果重要的组成部分。2015年的相关研究又有所拓展，研究的问题集中表现在大学章程研究、高等教育治理体系和治理能力现代化研究等方面。2015—2019年，CNKI中以高等教育治理为主题的论文数量累计为1 021篇，SCI、EI、CSSCI中以高等教育治理为主题的论文数量累计为350篇（见表9-10、表9-11）。从数量上看，似乎关于高等教育治理的文章不是特别多，但通过分析可以发现，不少研究者以大学治理为主题发表了有关高等教育治理的研究论文。因此，以大学治理为主题词分别在CNKI以及SCI、EI、CSSCI进行检索，2015—2019年，CNKI中有4 122篇论文，SCI、EI、CSSCI中有1 052篇论文（见表9-12、表9-13）。以大学治理为主题的论文数量远远多于以高等教育治理为主题的论文数量。

表9-10　CNKI中以高等教育治理为主题的论文检索结果（2015—2019年）

年份	2015	2016	2017	2018	2019
论文数（篇）	202	233	185	184	217

表9-11　SCI、EI、CSSCI中以高等教育治理为主题的论文检索结果（2015—2019年）

年份	2015	2016	2017	2018	2019
论文数（篇）	70	78	67	59	76

① 马凤岐. 高等教育与社会的关系博弈：适应与博弈. 高等教育研究，2017（2）：1-13.
② 别敦荣. 发展普及化高等教育与素质教育. 中国高等教育，2017（7）：17-21.
③ 邸俊鹏，孙百才. 高等教育对经济增长的影响：基于分专业视角的实证分析. 教育研究，2014（9）：39-46.

表 9-12　CNKI 中以大学治理为主题的论文检索结果（2015—2019 年）

年份	2015	2016	2017	2018	2019
论文数（篇）	910	961	669	815	767

表 9-13　SCI、EI、CSSCI 中以大学治理为主题的论文检索结果（2015—2019 年）

年份	2015	2016	2017	2018	2019
论文数（篇）	236	220	210	218	168

关于高等教育治理，学者们从各自的立场和角度进行了论证。有学者认为，高等教育治理是解决高等教育的利益相关组织、公民群体和个人参与办学与管学问题的举措①。推进国家治理体系和治理能力现代化已成为国家战略，要转变国家治理模式，健全高等教育内部治理结构，提升高校内部治理结构，创新评估机制，推进教育治理能力的现代化②。有学者特别指出，高等教育治理体系和治理能力现代化应该遵循科学治理、民主治理、依法治理和过程治理等基本原则③。关于高等教育治理体系的类型，有学者归纳为威治型、人治型、法治型和道治型④。关于高等教育治理的主体，有学者从提高校长管理水平的角度进行了分析，比如宣勇、郑莉认为，建立大学校长职业化市场是影响大学治理能力现代化进程的重要因素，要改变一元化遴选校长的制度，遴选职业化的校长对大学进行专业化的管理⑤。大学校长对大学的管理要遵循"专心的事业、专长的从业、专门的职业"三个"专"的维度⑥。除了强调校长的作用外，王建华提出了创新治理的理念，"创新治理"被等同于"国家创新治理"或"企业创新治理"。大学以高深学问为合法性基础，受传统的学术治理范式主导，忽视了创新体系建设和创新治理的重要性。在学术自治和学术自由的框架下，大学的创新几乎处于无组织的状态。随着大学在国家创新体系中地位的提升，以及创新创业之于经济社会发展重要性的凸显，大学需要更新对创新创业的认知，将创新体系建设置于大学工作的中心地位，时刻准备创新，并为创新而治理⑦。张应强等学者则分析说，高校分类分层建设和特色发展是现代大规模高等教育

---

① 别敦荣. 治理体系和治理能力现代化与高等教育现代化的关系. 中国高教研究, 2015 (1): 29-33.

② 瞿振元. 建设中国特色高等教育治理体系 推进治理能力现代化. 中国高教研究, 2014 (1): 1-4.

③ 别敦荣, 韦莉娜, 唐汉琦. 高等教育治理体系和治理能力现代化的基本原则. 复旦教育论坛, 2015 (3): 5-10.

④ 崔琦恩, 张晓霞. "教授治学"的反思与追问. 国家教育行政学院学报, 2015 (1): 70-73.

⑤ 宣勇, 郑莉. 大学校长遴选与高等教育治理能力的现代化. 中国高教研究, 2015 (8): 23-26.

⑥ 宣勇. 治理视野中的我国大学校长管理专业化. 中国高教研究, 2015 (1): 26-28.

⑦ 王建华. 为创新而治理：大学治理变革的方向. 清华大学教育研究, 2020 (1): 12-17.

的基本特征之一，其形成机制主要有两种：一是通过市场的竞争机制而自然形成，二是通过政府的政策性机制而人为形成。我国难以实现高校分类分层建设和特色发展的主要原因在于：高等教育类市场化治理模式限制了竞争机制的作用，地方政府高等教育竞争强化了高校的办学层次竞争，"双一流"建设引发新一轮院校"同轨竞争"，高等教育评估制度具有的导向作用和文化传统的负面影响[1]。为此，高等教育治理的核心是决策权的分配，中国高等教育治理的现代化必须解决社会问责、举办体制、法人治理结构、大学董事会、大学校长遴选机制、学术权力、大学内部组织构建、基层学术组织自治和大学章程建设等问题[2]。

从学者的观点可以看出，对于高等教育治理的研究，学者们倾向于协调高等教育治理中政府与高校的关系，倡导高等学校有更多的治理权限，这也符合扩大高校自主权的改革趋势。

（四）高等教育理念

一般而言，高等教育理念与大学理念存在着一定的等同性。从哲学的角度来看，大学理念是大学之所以为大学的根本规定，它决定着大学的价值选择和发展方向，规范着大学精神、大学文化[3]。高等教育理念与大学理念始终是高等教育研究的重要主题。通过对 CNKI 进行检索可以看到，2015—2019 年，以高等教育理念为主题的论文累计达到 1 481 篇，在 SCI、EI、CSSCI 中检索到的同一主题论文有 170 篇（见表 9 - 14、表 9 - 15）。若以大学理念为主题词进行检索，CNKI 为 2 537 篇，SCI、EI、CSSCI 有 1 052 篇（见表 9 - 16、表 9 - 17）。

表 9 - 14　CNKI 中以高等教育理念为主题的论文检索结果（2015—2019 年）

年份	2015	2016	2017	2018	2019
论文数（篇）	298	409	270	259	245

表 9 - 15　SCI、EI、CSSCI 中以高等教育理念为主题的论文检索结果（2015—2019 年）

年份	2015	2016	2017	2018	2019
论文数（篇）	30	49	36	31	24

---

① 张应强，周钦."双一流"建设背景下的高校分类分层建设和特色发展．大学教育科学，2020（1）.

② 周光礼．中国高等教育治理现代化现状、问题与对策．中国高教研究，2014（9）.

③ 程光泉．哲学视野下的大学理念、大学精神、大学文化．北京师范大学学报（社会科学版），2010（1）.

表 9-16　CNKI 中以大学理念为主题的论文检索结果（2015—2019 年）

年份	2015	2016	2017	2018	2019
论文数（篇）	527	544	506	472	488

表 9-17　SCI、EI、CSSCI 中以大学理念为主题的论文检索结果（2015—2019 年）

年份	2015	2016	2017	2018	2019
论文数（篇）	236	220	210	218	168

学者们对大学理念进行了深入探讨。李枭鹰对大学理念进行了诗歌化的描述，认为"大学理念是真善美的统一，而非真善美的割裂；大学理念是个性化的张扬，是集体智慧的结晶"[1]。张炜梳理了中世纪、文艺复兴和宗教改革时期，以及纽曼和洪堡的大学理念，分析了美国大学理念的起源和演变，特别是威斯康星理念的意义，强调大学核心理念体现了大学活动的基础性法则与深层信念，提出建立分层次、多样化的中国特色的教育理念[2]。张炜强调，中国大学发展的问题，主要是缺乏明确的核心理念。建构大学核心理念有利于大学提高办学理性认识，改善大学同质化现象，适应社会整合诉求，保障大学基业长青和思想独立[3]。周作宇认为，大学理念源于哲学生活、政治生活和日常生活，既往大学理念的讨论对日常生活以及其他两种生活的关系有所忽视，知识的二重性和大学的理性有密切的联系，大学理念应该关注大学的行为[4]。眭依凡提出，大学理念要依据大学的社会职能、大学的价值哲学和大学的组织属性三个逻辑层次进行构建，而当前大学理念中出现了育人使命意识的淡漠、尊师重教理念的淡漠、人才培养理念的落后、文化理性的偏失等方面的问题[5]。别敦荣、胡颖重点指出，协同创新既是大学办学内生的需要，又是社会发展对大学所提出的新要求，是一种新的大学理念。

学者们虽然观点、视角各异，但都对理念之于高等教育乃至大学的重要性表示认同，这已成为学术界的一种共识。

（五）高等教育强国建设

2007 年，教育部直属高校领导会议就高等教育强国的战略意义、重点、基本思路做了全面阐释。2015 年 10 月 24 日，国务院发布了《统筹推进世界一流

① 李枭鹰. 大学理念的特质探论. 高等教育研究，2014（8）：17-21.
② 张炜. 大学理念的演变与回归. 中国高教研究，2015（5）：15-19.
③ 刘献君，周进. 大学核心理念：意义、内涵与建构. 教育研究，2012（11）：50-55.
④ 周作宇. 大学理念：知识论基础及价值选择. 北京大学教育评论，2014（1）：90-107.
⑤ 眭依凡. 大学理念建构及其现实问题思考. 中国高教研究，2011（6）：8-15.

大学和一流学科建设总体方案》，明确提出一流大学和一流学科的建设方案，并指出，到 2050 年前争取建成高等教育强国①。在国家政策的引导下，出现了一批有关高等教育强国的研究成果。根据 CNKI 的检索结果，2011—2015 年，以高等教育强国为主题的论文累计达到 641 篇，而在 SCI、EI、CSSCI 检索中，相关论文累计为 204 篇（见表 9-18、表 9-19）。

表 9-18　CNKI 中以高等教育强国为主题的论文检索结果（2011—2015 年）

年份	2011	2012	2013	2014	2015
论文数（篇）	91	112	116	145	177

表 9-19　SCI、EI、CSSCI 中以高等教育强国为主题的论文检索结果（2011—2015 年）

年份	2011	2012	2013	2014	2015
论文数（篇）	17	23	39	63	62

关于高等教育强国，周光礼认为，高等教育强国是我国国家实力提升的必然选择，"世界高等教育中心的转移与世界科学活动中心转移之间存在强相关关系。世界强国首先是高教强国，发达国家走向高等教育强国在很大程度上得益于教育理念的创新"②。而现存高等教育理念与国家理想、社会需求之间的不适应，已成为建设高等教育强国的核心问题。建设高等教育强国，需要教育理念的创新③。胡建华也强调，培养人才的大规模、高质量是建设高等教育强国的基本内涵之一。需要重视人才培养理念的不断更新、人才培养结构的不断协调，人才培养制度的不断改革，来促进高等教育强国的建设④。但从高等教育经费投入、人力资源对经济发展的贡献率、国际化水平、科研质量、世界一流大学数量等方面来看，我国与西方高等教育强国仍有较大差距⑤。所以，高等教育强国不仅要求建设若干所世界一流大学，更要建成一个完整而强大的高等教育体系，这一体系中要求规模、结构、质量、效益、公平五个要素相互协调⑥。其基本特征表现在高等教育正向功能的发挥、尊重学术组织特性、鲜明的国别

①　胡建华. 进一步深化高等教育强国建设研究. 中国高教研究，2016（2）：47-48.
②　周光礼. 走向高等教育强国：发达国家教育理念的传承与创新. 高等工程教育研究，2010（3）：66-77.
③　刘献君. 创新教育理念是建设高等教育强国的首要任务. 中国高教研究，2016（2）：42-45.
④　胡建华. 高等教育强国视野下的高校人才培养制度改革. 高等教育研究，2009（10）：1-5.
⑤　陈学飞，沈文钦. 建设高等教育强国的背景与条件分析. 中国高教研究，2011（11）：8-12.
⑥　瞿振元. 高等教育强国本质、要素与实现途径. 中国高教研究，2013（3）：1-5.

特征以及多元高等教育体系四个方面①。眭依凡则认为，要增加我国在国际上的话语权，需要加速国际化建设的力度，"建设高等教育强国"，"加速高等教育现代化"，尤其是"加速高等教育国际化"，这是提升我国高等教育话语权的必然选择②。黄兴胜在梳理了70年来我国高等教育强国发展脉络后强调，高等教育强国建设的历史逻辑对未来中国高等教育建设发展提供了宝贵的经验启示：始终坚持中国特色社会主义高等教育办学模式，始终坚持服务经济社会发展战略导向，始终遵循高等教育发展基本规律，始终坚持高等教育开放办学交流互鉴③。

三、高等教育研究的作用

高等教育研究之所以能够蓬勃发展，一个重要的原因是政府、大学和社会各界对高等教育研究的支持与资助，同时高等教育研究与高等教育学科建设的成果也对高等教育改革与发展起到了一定的促进作用。高等教育研究的价值，既是高等教育学科生存与发展的重要命题，也是关系到一个国家高等教育发展水平和治理能力的命题。在我国从高等教育大国向高等教育强国迈进的进程中，系统梳理中西方高等教育研究的历程，重新审视高等教育研究的价值，无疑具有重大意义④。正如潘懋元先生所言，新时代的高等教育科研，应该推动建设具有中国特色、世界水平的教育科学理论体系，不断提升教育科学研究质量和服务水平，为加快推进教育现代化、建设教育强国、办好人民满意的教育提供有力的智力支持和知识贡献⑤。

（一）高等教育研究的观念引导作用

纵观世界高等教育与大学的发展历史，研究所产生的观念变革对高等教育实践的引导与影响作用是不容忽视的。在近年来大学治理改革的探讨中，"学术

① 王洪才．高等教育强国与现代大学制度建设．厦门大学学报（哲学社会科学版），2011（6）：119-126．

② 眭依凡．建设高等教育强国加速高等教育现代化：提升高等教育国际话语权的必然选择．中国高教研究，2015（7）：6-12．

③ 黄兴胜，黄少成．新中国成立70年来高等教育强国建设的历史逻辑与启示．中国高教研究，2019（12）：29-35．

④ 邬大光．重新认识高等教育研究的存在价值：兼论大学治理中的经验与科学．大学教育科学，2020（1）：8-13．

⑤ 余小波，蒋家琼，李震声．新时代高等教育科学研究的使命担当：著名教育家潘懋元先生访谈录．大学教育科学，2020（1）：4-7．

权力"是人们常常提到的词语之一。学术权力也成为完善我国大学治理结构必须认真面对的一个主要课题。最早将"学术权力"一词引入我国学术界的也许是 1989 年王承绪教授团队出版的译著《学术权力：七国高等教育管理体制比较》。进入 21 世纪之后，随着高等教育改革的不断深入，有关学术权力的研究广泛而深入地开展起来。以 CNKI 收录的论文为例，以"学术权力"为主题的搜索结果显示，1989 年至 2019 年，共发表了 11 063 篇论文，其中绝大多数论文发表于 2000 年之后，之前发表的论文仅 83 篇。深入而广泛的研究使人们对大学内部治理结构中各种权力、各种组织之间的关系有了更加深刻的认识，意识到必须明确作为学术权力主要载体的学术委员会在大学内部治理体系中的地位，并充分发挥它们的作用。比如《清华大学章程》规定：学校设学术委员会作为最高学术机构，依照有关法律、规章产生和行使职权，统筹负责学术事务的决策、审议、评定和咨询等事项，致力于促进人才培养与学术研究，追求学术理想，坚持学术自由，发扬学术民主，推动学术创新，维护学术道德。

（二）高等教育研究的决策服务作用

社会科学研究不仅具有提供科学知识的功能，而且还具有服务于社会发展的功能。服务于社会发展，其中包括为政府的决策提供知识与智力服务。我国的高等教育学科经过多年的发展，已经形成相当的规模，其学科理论与研究方法正在逐步走向成熟。数以百计的高等教育学研究生培养单位培养了众多的从事高等教育研究与管理实践的专门人才；1 200 余所高等学校设有高等教育研究机构，大批专职研究人员进行着高等教育的理论与实践研究；一批高水平的学术期刊成为高等教育研究成果的重要交流平台，高等教育研究在为政府的决策服务方面也做出了许多积极的努力。

例如，多年前开始的高等教育强国建设研究为政府制定高等教育强国的发展战略提供了重要的参考依据。2008 年，中国高等教育学会组织了全国的高等教育研究力量，围绕着"为什么要建设高等教育强国""什么是高等教育强国""怎样建设高等教育强国"等一系列命题，开展了以建设高等教育强国为主题的全面而深入的研究，2014 年课题研究任务完成。在作为课题研究成果"总论"的《建设高等教育强国》一书的"结语"中写道："党的十五大报告首次提出了'两个一百年'的奋斗目标，党的十八大报告再次重申：在中国共产党成立一百年时全面建成小康社会，在新中国成立一百年时建成富强民主文明和谐的社会主义现代化国家。社会主义现代化国家需要将高质量、高水平的高等教育体系作为坚实的基础，因此可以认为，建设高等教育强国与'两个一百年'的奋斗目标是同步的，即到建国 100 年时，我国应该跻身世界高等教育强国的行列。"①
2015 年 10 月 24 日，国务院发布的《统筹推进世界一流大学和一流学科建设总
体方案》第一次正式地列出了建设高等教育强国的时间表，即"到本世纪中叶，
一流大学和一流学科的数量和实力进入世界前列，基本建成高等教育强国"。研
究的结论与政府的时间表恰好一致，这充分说明"建设高等教育强国的研究，
已由学术界的研究转化为国家意志"②。

（三）高等教育研究的实践改进作用

高等教育学作为一门社会科学，在它的发展过程中，研究的应用性是主要
特征之一。所谓应用性，可以理解为研究的许多问题来源于实践，解释实践中
产生的问题并提出可资参考的方法思路是研究的主要指向。因此，"高等教育学
研究必须关注高等教育实践的发展，必须研究实践中暴露出来的问题，为解决
实践中的问题提供理论上的指导是高等教育学的学科功能之一"③。40 多年来，
我国高等教育学科的成长是以高等教育改革的不断深入和高等教育规模的逐步
扩大为背景的，改革与发展主题的转换不断给研究提出新的课题。而高等教育
研究的许多成果也确实对高等教育实践的改进起到了积极的作用。

我国高等教育的发展进入 21 世纪以来，规模的迅速扩大所带来的质量问题
引起了广泛的关注。2007 年，教育部发布了《教育部关于进一步深化本科教学
改革 全面提高教学质量的若干意见》，之后又推出了"高等学校本科教学质量
与教学改革工程"。2012 年，教育部又发布了《关于全面提高高等教育质量的
若干意见》，提出"牢固确立人才培养的中心地位，树立科学的高等教育发展
观，坚持稳定规模、优化结构、强化特色、注重创新，走以质量提升为核心的
内涵式发展道路"。在提高教学质量的工作中，高校教师的作用当然是具有决定
意义的。况且，我国高校教师的状态与提高教学质量的要求之间还存在着差距。
一是长期以来形成的"重科研、轻教学"的观念、制度在一定程度上影响着人
们，二是大量的青年教师（据教育部《责任教师年龄情况（普通高校）》统计，
2018 年普通高校专任教师 1 672 753 人中，不满 40 岁的教师有 871 550 人，占
总人数的 52.1%）面临着如何提升教学能力与水平的问题。学术界在研究高校
教师的过程中，"教师发展"的概念及理论在十多年前开始出现。在中国知网的
数据库中，以"高校教师发展"与"大学教师发展"为主题的搜索结果显示，

①　建设高等教育强国发展战略研究课题组 . 建设高等教育强国 . 北京：高等教育出版社，2015.
②　瞿振元，王建国 . 建设高等教育强国的意义与使命 . 北京：高等教育出版社，2015.
③　胡建华，等 . 高等教育学新论 . 南京：江苏教育出版社，1995.

2003 年出现了一篇题为《自我发展 规范管理：国外高校"教师发展"的经验和启示》的论文，2007 年之后，研究逐步增多起来。教师发展的研究传导并影响到高校的办学实践，近几年来，许多大学建立了教师（教学）发展中心，以教师培训、教学咨询、教学改革、教学研究为中心展开各项活动。教育部 2012 年发出《关于启动国家级教师教学发展示范中心建设工作的通知》，提出"以提升高等学校中青年教师和基础课教师业务水平和教学能力为重点，完善教师教学发展机制，推进教师培训、教学咨询、教学改革、质量评价等工作的常态化、制度化，切实提高教师教学能力和水平，建设高素质教师队伍。'十二五'期间，教育部在中央部委所属高等学校中重点支持建设 30 个国家级教师教学发展示范中心"。

第二节　高等教育研究的不足

近年来，我国高等教育研究的发展取得了显著的成就，但从现状来看，与发达国家相比还有很大的差距，还存在着诸如缺乏相对统一的规范、研究范式体系中的矛盾和冲突以及学科研究理论和方法的不足等问题。

一、研究范式体系中的矛盾和冲突

一般认为，是否具有相对统一的研究范式是评价一门学科成熟与否的主要标准，因为只有在统一的研究框架下，其结论才是可信和有效的，其研究结论和成果才能构成一个完整的学科体系。但就目前我国高等教育研究的现状来看，一个最主要的问题就是缺乏统一的研究范式。正如刘献君所言，"我国高等教育研究存在的问题还不少，研究尚未走向规范化是最主要、最突出的问题之一，因为缺乏规范和标准，导致高等教育研究经常出现问题偏大、理论偏多、资料偏虚、方法偏乱等不足。"为此，他呼吁"高等教育研究学术共同体要树立研究的规范意识，建立有关规范的标准和制度，并以严格的规范培养人才"[①]。潘懋元教授也特别强调，对于高等教育研究方法的研究虽然可以说一直未停止过，但主要是青年学者借鉴其他学科的模式，引进一些新概念、新方法，以此来研究高等教育问题。近几年来，主要围绕多学科研究方法与高等教育的学科建设

---

① 陈廷柱，孙丽芝.变革中的高等教育及其对高等教育研究的挑战：中国高等教育学会高等教育学专业委员会 2013 年学术年会综述.高等教育研究，2013（12）：102 - 105.

掀起了一个小小的高潮。但是，"应该说，目前的研究还有待深入，特别是关于多学科研究方法的机制和弊端的解决等问题还没有突破性进展"①。可以说，任何社会科学研究，既要接受哲学方法论的指导，也要遵循学科共同体成员惯用的研究范式，还要采用具体的方法和技术。研究方法实质上是由方法论、研究范式和具体方法三者构成的方法体系②。

归纳高等教育学研究的方法论体系，长期存在着三种主要的研究范式：一是从高等教育实践出发，以高等教育领域中的问题研究为出发点，总结规律，发现理论，可以把这种范式倾向称为实证主义的方法体系。二是以理论建构为立足点，认为高等教育学的主要任务是进行理论建构，此种研究范式从一开始就将高等教育学作为成熟的学科进行理解和定义，把高等教育学和高等教育研究区分开来，把理论研究作为学科建设的根本。持这种观念的学者致力于高等教育学的理论构建，追求高等教育学的学科地位，把理论构建作为高等教育学研究方法的主要方法论。三是折中性的方法论研究体系，这种研究倾向并不关心高等教育学究竟是理论研究还是实践研究，认为高等教育学研究应该放弃非理论即实践的二元争论，把高等教育实践领域中的一切问题都作为高等教育学的研究对象，强调只要能解决实践问题的研究方法都是好的研究方法，所有学科的研究方法都可以拿来用，追求跨学科研究、多学科研究。高等教育学研究中长期存在着这三种主要的方法论体系，它们有时相互弥补、有时相互排斥，成为高等教育学研究的基本逻辑结构，但它们在研究方法、逻辑起点和研究内容上存在着难以逾越的鸿沟。这三种研究人为地造成了教育领域的两个世界——教育理论者的世界和教育实践者的世界。教育实践者处在旁听的"边缘"状态，他们的需要、感受在研究者的视野之外；研究的过程成为一个思辨的过程，教育研究成了抽象的概念和理论逻辑。抽象理论代替了活生生的现实生活世界，现实生活世界很大程度上成了理论的佐证，成了一般理论的个别表征③。潘懋元教授撰文指出："我曾在第四届全国高等教育学研究会的主题报告中讲过，我们的高等教育理论研究，有很多研究成果是有理有据的，但不可否认，有一些所谓的理论研究存在'大、空、洋'的倾向。'大'就是题目大、口气大，往往'前不见古人'，或别人的研究一无是处，只有自己的观点、理论才是最新的、最正确的；'空'即空对空，依据和结果往往都纯粹由理论推导出来，有的甚至连逻辑也不顾，空话连篇；'洋'就是喜欢搬洋人的话，以壮大自己的

① 潘懋元，刘小强. 21 世纪初我国高等教育研究的进展与问题. 国家教育行政学院学报，2006(8)：30-39.

② 江新华. 大学学术道德失范的制度分析. 武汉：华中科技大学，2002：8.

③ 李太平. 当前教育研究中需要注意的几种倾向. 教育研究，2006(10)：22-25.

声势。有的研究连篇累牍地引用外国二三流作品，而对中国自己的理论建树不屑一顾，以为'洋'的就是好的。这是十年前的看法，好像现在依然适用……二是应用研究多停留在现行政策解释和经验总结层面，理论深度不够，缺乏理论说服力"①。这正是二元割裂的研究范式的表征。

二、学科危机与学科研究不足

张应强等在《高等教育学到底有什么用》一文中系统阐述了当前高等教育学的学科危机现象，包括学科地位的急剧下降、研究机构的大量裁减、学术共同体的迅速分裂等，这加深了高等教育学的学科危机②。文章在一定程度上说明了当前高等教育学发展中的危机现状和高等教育研究人员对研究目标的迷茫，甚至包括对高等教育学科性质的迷茫。这也从另一个方面表现了当前高等教育学学科发展中的问题，正如王建华所言："长期以来，我国高等教育研究以'学科'自居，但知识的积累却相当贫乏。究其原因，与其在具体研究过程中方法论意识严重缺失，不清楚知识生产的类型，不清楚学科立场，难以形成应有的学术规范与研究传统等不无关系。具体而言，我国高等教育研究经常以传统的思辨替代现代学术研究中应有的科学方法论意识，从而使本应以经验或实证为基础的学术研究经常充满文人式的表达，其结果是知识的探索被意见的倾诉所掩盖，学科立场被外来的知识或官方立场或个人主观态度所'遮蔽'。"③ 而真正的学科本质的东西被选择性地忽略了。

从学科界定和发展的角度分析。在《教育大辞典》中，学科被解释为：（1）学术上的分类，指一定科学领域或一门科学的分支……（2）教学的科目，依据一定的教学理论组织起来的知识和技能体系④。鲍嵘提出了广义的"学科"与狭义的"学科"。广义的"学科"是指一般而言的学问分支或学术组织机构，狭义的"学科"是指高等学校利用学问划分来组织高校教学、研究工作，以实现高校培养人才、发展科学、服务社会之职能的单位⑤。学科演进的基本线索是由知识建构到方法建构，再到社会建制。知识建构包括对本学科的知识进行归类、提炼和结构化，从而使之成为一种知识体系。就当前高等教育学学科研究的现状来看，缺乏对高等教育学的基本研究，缺乏对高等教育学元问题的追究，对

① 潘懋元．中国高等教育研究的历史与未来．中国地质大学学报（社会科学版），2006（5）：1-6.
② 张应强，唐萌．高等教育学到底有什么用．中国高教研究，2016（12）：56-62.
③ 王建华．社会科学方法论与高等教育研究．高等教育研究，2005（11）：55-60.
④ 顾明远．教育大辞典．增订合编本．上海：上海教育出版社，1997.
⑤ 鲍嵘．学科制度的源起及走向初探．高等教育研究，2002（4）：102-106.

基本概念、命题和原理没有深层次的研究也缺少足够的关注，致使高等教育学作为主干学科缺乏足够的支撑力度。学科是一个体系，其中包含着主干学科和分支学科，除了高等教育学作为主干学科外，分支学科如高等教育哲学、高等教育经济学、高等教育社会学等缺乏代表性观点和代表性人物，研究成果较少，缺乏深入的研究。

从学科情感的角度分析。学科不仅代表着一种工种科学的分类，还表明了一种对组织的情怀、归属等所有复杂的内容。学科本身包含着浓厚的学科信念、立场和情感。学科内部的人员充满了对学科的自信和敬重，并将这种对学科的自信和敬重通过学科凝聚力和学科发展的使命凝聚在研究者的研究过程和研究成果中。陈伯璋认为，教育研究的目的，不只是要从客观量化的研究中来了解事实，它更重要的在于了解和解释这些事实背后的意义，以此作为批判、改进和超越不合理的教育现象的基础①。这需要一种科学的精神，而如果缺乏基本的学科忠诚，那么这种精神也是欠缺的。

三、方法论与研究方法的使用不当

任何学科的构成都是方法论和研究方法相互支撑的结果，它们一起支撑着整个学科的体系和结构。正如袁方、欧阳康、陈向明等人的界定，研究方法划分为三个层次：第一层次是方法论层面，主要指研究的基本假设、逻辑、原则、规则等问题，它是指导研究的一般思想方法或哲学，是同一定的哲学观点和学科理论相连的，不同的学科可以有不同的方法论。第二层次是研究方式层面，即贯穿于整个研究过程的程序和操作方式，它表明研究的主要手段和步骤，包括研究法与研究设计类型。各门学科常用的研究法可能有所不同，在社会研究中主要有统计调查、实地研究、实验研究和间接研究等四种，在教育研究中主要指常用的经验总结法、实验法、观察法、调查法、理论研究法、历史法、比较法等。研究设计是针对研究类型、研究程序和具体方法加以选择并制定的详细研究方案，从目的上可以分为描述性研究、解释性研究和探索性研究，从时间上可以分为横剖研究和纵贯研究。第三层次是具体方法、技术或工具层面，是指在研究的各个阶段使用的方法、工具和手段，即在某一研究程序中所使用的具体收集与分析资料的方法、技术、手段、工具等。这三个层面相互联系，构成一个研究方法的结构体系。研究方法不仅仅涉及具体技术和程序的运用，而且还有其自身本体论、认识论和方法论方面的基础。而这一切与我们对世界

---

① 陈伯璋. 教育研究方法的新取向. 台北：台北南宏图书有限公司，1990.

的看法以及建构世界的方式密切相关，对其进行探讨可以使我们对自己"日用而不知"的思维方式和行为习惯进行反思①。相当一部分研究者对什么是研究方法，研究方法是否有层次、有哪些层次及各层次之间的关系，什么样的方法才真正算得上一种独立的研究法，如何规范地使用各种研究法等一系列基本问题知之甚少。也就是说，一些研究者没有树立起研究方法是有一定思想基础、研究程序、操作方式和具体方法与技术相配套的整体意识，因而导致在认识和使用过程中以偏概全②。

对于高等教育学科来说，人们往往将高等教育研究仅仅视作一种应用研究，没有自己独立的理论，对高等教育研究方法的研究也长期被归结为对普通教育研究方法的研究。在这种观念的影响下，尽管 20 世纪后期，教育学家和教育家们开始反思并自觉探索普通教育研究的方法论和方法，但对高等教育研究的方法论和方法则很少涉足，只有为数不多的学者在关心高等教育学科的性质、理论基础，高等教育学的逻辑起点、基本范畴、思维特征和理论结构等作为一个独立学科必须解决的问题。这在很大程度上阻碍了高等教育理论研究的深入和高等教育学科的发展③。当前，高等教育研究中还存在着方法紊乱等问题，其主要表现在：第一，没有方法。不少研究没有运用科学的方法，只是拍拍脑袋，进行一般性的经验总结。第二，方法不适切。方法无所谓好坏，关键是适切，适合所要解决的问题，用一个很简单的方法回答很有意义的问题。第三，缺乏程序意识。方法是一套严格的程序，但研究者往往缺乏程序意识。一是没有遵循研究过程总的程序，二是每一个具体环节的实施没有遵循一定的程序④。造成这些问题的原因，还是对于高等教育研究的方法论和研究方法认识不足。这需要高等教育研究人员具备方法意识，在进行研究前，首先要考虑研究的目的、研究的方法，方法的适切性、科学性、严谨性、代表性，而不能随便找几个人进行访谈、做几份问卷就得出结论。随着国际上对量化研究方法的推崇，在研究中也应该避免为了量化研究而量化研究的现象，人为地设计图表、公式、计算等方法，而忽略研究目标、研究对象的特征等。

① 陈向明. 质的研究方法与社会科学研究. 北京：教育科学出版，2000.

② 田虎伟. 我国高等教育研究方法的现状、问题及出路. 武汉：华中科技大学，2007.

③ 张黎，马静萍. 高等教育研究的发展与高等教育研究方法论. 高等农业教育，2002 (10)：15 - 19.

④ 刘献君. 论高等教育研究的规范化. 高等教育研究，2013 (11)：42 - 48.

第三节　高等教育研究的趋势

从上面进展和不足的分析可以看出，我国高等教育研究正处于旺盛的发展时期，尽管存在一些问题，但无论从研究成果的数量还是水平上看，高等教育研究都显示出无穷的活力，表现出良好的发展前景。学科学理性研究不断增强、院校研究的比重不断增加、研究的专业化程度愈加提高、研究的国际化趋向愈加显著，这些是高等教育研究未来发展的主要趋势。

一、学科学理性研究不断增强

学理是学科的灵魂，任何一门学科的存在都离不开学理研究，高等教育学也不能例外①。缺乏一套科学合理的学理体系和结构必然使学科成为无根之木、无源之水。在很长一段时间里，学界内外对高等教育学科的合法性和合理性进行质疑的主要原因就是高等教育学科缺少所特有的学理体系。但近年来，学理性研究越来越受到人们的重视，高等教育研究的学科地位也越来越巩固。从我国学者论文的主题来看，以往工作手册式、经验总结类方面的研究越来越少，关于问题本质、机制、规律的探析和解释的文章逐渐增多，学理性研究日益受到重视。

二、院校研究的比重不断增加

院校研究是近年来高等教育研究的另一条主线。2015 年，教育部发布的《关于引导部分地方本科普通高校向应用型转变的指导意见》提出引导部分普通本科高校向应用技术型高校转型。学界关于院校研究的成果呈扩张趋势。有关院校研究的理论与方法以及以一些院校为个案的论文逐年增加，甚至在《高等教育研究》等期刊上开设了院校研究的专栏。院校研究受到了学者和刊物的重视，相关研究成果对推动院校研究走向科学化无疑具有重要指导意义，也将对高校改革与发展发挥更积极的促进作用。潘懋元先生认为，教育是一个特殊的社会子系统，一种特殊的社会活动，它的运行，除了与整个社会大系统和社会

---

① 别敦荣，彭阳红．近 10 年我国高等教育研究的现状与未来走向：以《高等教育研究》刊发论文为样本．高等教育研究，2008（4）：65 - 72．

其他子系统的活动存在内在的必然联系，要遵循教育的外部关系规律之外，还要遵循其本身的特殊规律，这就是教育的内部关系规律①。院校研究的"自我研究、管理研究、咨询研究、应用研究"②，无疑对发现教育内部的特殊现象和规律起到积极的促进作用，而院校研究的比重不断增加也成为我国高等教育研究的主要趋势之一。

三、研究的专业化程度愈加提高

一门学科的专业化程度决定了学科的地位。由于人文社会科学的特性和历史的局限性，在很长一段时间里，高等教育学的专业化水平是不高的，这主要表现为：一是研究队伍的专业化程度不高，缺少专门的研究人员。一部分研究人员是兼职的，很多研究都是人们从工作过程中总结经验得来的，缺少专业化和系统性的研究。二是学科意识不足。在相当长的一段时间里，更多的研究者没有把高等教育学作为一个独立的学科，而是作为教育学的附属学科，也因此缺乏对高等教育学进行学理探究的意识。三是学科依附性强，缺乏独立性。对教育学和外国高等教育研究理论的依赖，导致学科壁垒不明显，影响学科的专业性。近年来，高等教育学的学科专业性不断增强，具有博士学位的专职研究人员不断增多。对学科地位提高的需求愈加强烈，更多的学者希望高等教育学能脱离教育学，成为一级学科，学科意识前所未有地增强。而伴随着高等教育规模的增长和高等教育学学理性研究的增强，高等教育学的专业化程度不断提高是大势所趋。

四、研究的国际化趋向愈加显著

我国成建制的高等教育研究起步于 20 世纪 70 年代末，至今不过 40 多年的历史，但高等教育学科发展速度非常快，高等教育的内在学科建制和外在学科建制的规模举世无双，高等教育研究是所有教育研究中最活跃的研究领域③。特别是近些年来，我国高等教育规模跨越式地增长，一跃成为世界上最大的高等教育体系之一，高等教育研究的数量和水平突飞猛进，很多研究成果已经达到或超越了国际水平，而相应的高等教育研究的国际化程度也愈加显著。这主

---

① 潘懋元，王伟廉. 高等教育学. 福州：福建教育出版社，1997.
② 刘献君. 中国院校研究将从初步形成走向规范发展. 高等教育研究，2011（7）：1-8.
③ 李硕豪，张红. 国际高等教育现状及启示：基于 13 种 SSCI 期刊 2010—2014 年发表论文情况的量化分析. 中国高等教育，2015（10）：57-62.

要体现在：第一，国际化的合作项目日益增多，2016 年教育部中外合作办学监管工作信息平台公布的中外合作项目 1 000 余项，这为开展国际研究提供了平台。第二，英文等外文研究成果越来越多，更多的高等教育研究者在国外知名杂志上刊登论文。有学者对 2014 年期刊引证报告（JCR）中高等教育学影响力排名居前的 12 种 SSCI（社会科学引文索引）和 AHCI（艺术人文引文索引）期刊进行统计，我国发文量为 148 篇，占 2.122％，文献总引频次为 936 次[①]，这在一定程度上表明了我国高等教育研究的国际化程度。第三，参与国际合作会议的机会增加，以高等教育为主题的高等教育国际会议每年都在增加，使更多的研究者能够在国际舞台上介绍我国高等教育的研究成就，这也是提升中国高等教育学科影响力的有力举措。第四，对国外高等教育特别是发达国家研究型大学的关注越来越多，特别是国外大学取得的成就、发展历程、规律、运行方式等方面的研究成果非常多，这些研究开阔了我国高等教育研究的学术视野，也为我国高等教育改革和发展提供了重要的依据。第五，增加了国外研究成果引进的数量。介绍、引用国外特别是发达国家高等教育研究的成果以及其他学科研究的成果，包括思想、观点、论文、论著、管理方法和经验、策略等，有利于高等教育研究的国际交流和对话。

---

① 兰国帅，张一春. 国外高等教育研究：进展与趋势：高等教育领域 12 种 SSCI 和 AHCI 期刊的可视化分析. 高等教育研究，2015（2）：87 - 98.

第十章
展　望

改革开放以来我国高等教育取得了长足的发展，体制改革、教学改革等也在不断深入，政府对高等教育愈加重视，社会对高等教育日益关注；同时，高等教育也在社会进步、经济发展、人民生活水平提高、国家实力增长中发挥着愈来愈重要的作用。政府出台的一系列政策为今后一段时间内高等教育改革与发展制定了宏大的目标，我国高等教育将进入一个新的任务更加艰巨、竞争更加激烈的历史发展阶段。

第一节　面向高等教育普及化，完善公平、多样化的高等教育体系

40 多年来，尤其是进入 21 世纪以来我国高等教育发展的一个重要标志是高等教育规模的增长和接受高等教育人数的增加。据《2019 年全国教育事业发展统计公报》，2019 年，全国各类高等教育在学总规模达到 4 002 万人，高等教育毛入学率达到 51.6%。全国共有普通高等学校和成人高等学校 2 956 所，其中普通高等学校 2 688 所。普通高等教育本专科共招生 914.90 万人，在校生3 031.53 万人，毕业生 758.53 万人；研究生招生 91.65 万人，在学研究生286.37 万人，毕业研究生 63.97 万人。我国的高等教育已经进入高等教育普及化阶段，成为世界上高等学校在学人数最多的体系。

普及化阶段的高等教育与大众化阶段的高等教育相比，将发生许多变化。从政府的政策、高等教育的现状以及高等教育普及化阶段的特质出发，如何构建一个公平的高等教育体系、进一步促进高等教育机会公平应该成为今后一段时间内高等教育发展的重要目标。

《国家中长期教育改革和发展规划纲要（2010—2020 年）》指出："把促进公平作为国家基本教育政策。教育公平是社会公平的重要基础。教育公平的关键是机会公平，基本要求是保障公民依法享有受教育的权利……教育公平的主要责任在政府，全社会要共同促进教育公平。"2017 年 1 月，国务院颁发的《国家教育事业发展"十三五"规划》也将促进教育公平作为国家教育事业发展的基本原则。"坚持促进公平。教育的公平性是社会主义本质要求，要发展社会主义，逐步实现人民共同富裕，教育公平是基础。注重有教无类，让全体人民、每个家庭的孩子都有机会接受比较好的教育，让教育改革发展成果更好地惠及最广大人民群众。"

促进教育公平不仅是义务教育的重要任务，高等教育亦如此。从现实来看，虽然近年来高等教育在质量与数量方面都取得了令人瞩目的成绩，但是在公平

方面仍然存在着许多问题。譬如，在高校招生考试制度改革的过程中，公平问题常常受到人们的质疑。公平是现代教育制度构建与实施的基石之一，公平在不同的社会发展阶段、不同的教育阶段的含义有着些许的差别。对于义务教育阶段而言，实现公平是指每一个儿童都应享有平等地接受教育的机会。对于高等教育阶段而言，实现公平是指每一个具有接受高等教育能力的人都应享有平等地接受高等教育的机会。这里，如何判定一个人是否具有接受高等教育的能力就成为实现高等教育公平的关键所在。换句话说，是否具有接受高等教育的能力是人们享有平等地接受高等教育机会的唯一前提条件，其他因素如性别、种族、社会地位、经济状况、居住区域等都不应发挥影响作用。由于高校招生考试这一环节在人们能否进入大学、能否接受高等教育方面起着决定性的作用，因此高校招生考试制度的制定与实施就关乎高等教育机会公平的实现。综观世界各国的高校招生考试制度，无论是采取单一的考试制、高中文凭制，还是采取综合制，给予每个申请接受高等教育的考生平等的机会、公平录取是制度制定与实施所遵循的基本原则。

毫无疑问，公平也是我国制定高校招生考试制度、推进高考改革的基本原则之一。然而，公平从来就是一个历史的概念，高校招生考试中的公平是相对的、不断变化的。40多年来我国的高校招生考试制度虽然一直处在改革的过程中，但是制度的本质特征似乎没有发生太大的改变。我国高校招生考试制度的特征可以概括为政府主导、统一考试、分省招生。这样一种高校招生考试制度的形成既有历史的原因，又反映了我国的国情。从公平与效率关系的角度来看，这种制度设计贯彻了公平的理念，"分数面前人人平等"，考试分数可以看作衡量一个人是否具有接受高等教育能力的尺度，成为高校招生的唯一依据。但同时，这一制度设计更体现了效率的思想，在我国这样一个参加高考人数将近千万、地域辽阔的国度里，统一考试与招生是比较经济、效率较高的。不过应该看到，现行高校招生考试制度中的公平是相对的，有些方面其实存在着不公平。譬如，分省招生所带来的高校招生录取分数线的地区差异，产生了接受高等教育机会的不平等现象。比如，由于分省招生，一方面容易产生"高考移民"现象，另一方面大量进城务工人员子女不能享有与当地居民子女同等的接受高等教育的机会。因此，在我国，使每一个具有接受高等教育能力的人都享有平等地接受高等教育的机会，进一步在高校招生考试制度改革中提高公平的水平，还面临着许多困难与挑战。

20世纪80年代以来的改革使我国高等教育制度发生了自20世纪50年代初期改革之后的又一次带有根本性质的变化。如果说20世纪50年代初期改革之后形成的高等教育体系以"统一化"为主要特征的话，那么20世纪80年代开始持续至今的改革已经并仍在推动高等教育体系向着"多样化"的方向发展。多样化作为我国高等教育普及化发展的主要方向具有普遍意义，反映在从高等教育体制、管理到大学办学、教育的各个领域中。其中，高等学校的层次化毫无疑问是高等教育体系多样化的一个重要内容。

大学体系层次化的意义主要在于高校分层、目标分化、办学分类、评价分级，即在一个由多层构成的大学体系中，使处在不同层次的高校各自具有不同的办学目标、办学方式、办学对象，对不同层次高校的办学水平用不同的指标、标准去评价。虽然在高校办学的现实中，分层办学似乎是一个简单明了的道理和一种不言自明的事实，但是由于评价标准单一，博士点、硕士点、重点学科、科研项目、科研成果等这些本该只反映高层次大学特征的东西却成为许多不同层次大学办学所共同追求的目标。这种办学层次与目标的混乱，特别是一些不具备条件的院校也大力发展研究生教育，开展许多在低水平上重复的研究，势必造成短缺资源的浪费和质量低下的产出。

这里有必要对"教学与研究相结合"的原则做一番重新认识与思考。自 19 世纪初期洪堡提出这一原则并以此指导德国大学的改革以来，"教学与研究相结合"成为大学办学的一条"金科玉律"。但是，当现代高等教育发展到如此大的规模之后，"教学与研究相结合"就很难再说是适用于所有高等学校的一条普遍原则。现代大众化高等教育的需要，以扩大了五倍和十倍甚至更多的低年级和中间年级的学生，开始一个"教学漂移"（teaching drift）的大潮。在这个大潮中，教学从以科研为中心的系和大学拉出来，移到专门负责教学的机构和大学[①]。因此，在大规模的大学体系内，出现了一部分专事教学（教育）的院校。在这些院校中，"教学与研究（这里所说的研究主要指科学研究、学术研究）相结合"的原则不应再是"金科玉律"，教师的主要任务是从事教育、教学活动，科研项目以及科研成果的多少不应再作为教师任职资格评判的主要标准，也不应再作为评价学校水平高低的主要依据。对"教学与研究相结合"原则的这种重新认识符合现代高等教育发展的实际，也是大学体系层次化所需要的观念转变。

在我国大学体系重构的今天，强调层次化，意在破除单一的办学理念、单一的办学模式、单一的评价标准的状况，真正形成一个相对稳定的、能够适应社会各种需要的、多层多类的新大学体系。

---

① 克拉克. 探究的场所：现代大学的科研和研究生教育. 杭州：浙江教育出版社，2001.

第二节　面向高等教育现代化，实施高水平、高质量的高等教育

高等教育现代化作为教育现代化的重要组成部分，已明确进入国家现代化议程，成为支撑、推动和引领国家现代化发展的重要基础和引擎。同时，高等教育现代化的实现也与建设高等教育强国息息相关，可以说，两者在目标上是基本一致的。21世纪上半叶是我国实现高等教育现代化与建设高等教育强国的重要时期。实现高等教育现代化，有着丰富的内涵和多重的任务，其中，高水平、高质量毫无疑问是最为关键的要素之一。

无论人们对高等教育现代化的含义做何种解释，也无论高等教育现代化的概念是综合的还是多元的，有一点应该比较确定：在高等教育现代化的诸多内涵中，培养人才的高质量是其基本要义。这是因为培养人才不仅是高等教育自产生以来就具有的基本功能，而且在当今高等教育社会功能不断扩展的状况下，高等教育为社会能够做出的最大且不能为其他机构所代替的贡献仍然是培养人才，尤其是培养高质量的人才。

我国的高等教育人才培养制度多年来发生了很大的变化，主要体现在人才培养的理念、结构、内容、方法等方面。在人才培养理念上，以社会本位价值观为指导的人才培养理念转向了社会发展与人的发展相统一指导下的人才培养理念，素质教育思想、通识教育理论成为当前我国高校人才培养的重要依据。在人才培养结构上，一个由专科、本科、研究生多层次组成的高等教育人才培养结构已经形成，尤其是近年来研究生教育在数量与质量上的迅速发展使我国培养高层次、高水平创新人才的教育体系逐渐完善。在人才培养内容上，随着学分制、选修制、大类招生等改革措施的实施，以及通识教育的逐渐扩展，一个以宽专业、宽基础、宽口径为基本特征的人才培养内容体系正在形成。在人才培养方法上，偏重课堂讲授、偏重书本知识的传统教学方法正在发生变化，重视在实验教学、社会实践中培养学生的动手能力、实践能力、创新能力正在成为高校教学方法改革的主要取向。这些在高等教育人才培养实践中的诸多变化，毫无疑问为面向高等教育现代化构建高质量的人才培养制度打下了良好的基础。

那么，若从实现高等教育现代化的角度出发，我们应该如何认识和实践人才培养制度改革？换句话说，为了培养出符合高等教育现代化要求的高水平、高质量人才，高等教育的人才培养应该如何进行？改革开放40多年来我国高等

教育人才培养改革的实践，以及高等教育发达国家尤其是高等教育强国高水平、高质量人才培养的经验可以作为我们思考这一问题的基本参照系。

第一，重视人才培养理念的不断更新。在高等学校的人才培养过程及人才培养制度的构建中，理念的作用是不可或缺的。从中外高等教育发展历史的角度来看，理念在很大程度上决定着人才培养内容的性质、人才培养方法的选择及人才培养过程的走向。譬如，19世纪初期的德国大学，在洪堡的通过研究进行教学、教学与研究相结合思想的影响下，学术研究进入大学的教学过程，大学成为培养学术人才的基地。到19世纪70年代左右为止，全世界能够训练学生从事科学、学术研究的机构，实际上唯有德国的大学①。又如，自20世纪初开始在美国高等教育中逐渐形成的通识教育理念，成为美国大学教学内容及课程体系制定的重要基础，其影响作用一直延续至今。因此，理念的更新在面向高等教育现代化的人才培养制度构建过程中就显得十分重要。在我国当前的高等教育理念革新中，教学观的改变显得尤为迫切，而教学观革新的核心是逐步树立让学生具有更多的学习自由的思想。计划经济时代，在适应计划经济体制的高等教育制度框架内，有计划地培养与国民经济各个部门直接对口的专门人才这一指导思想规定了高等学校教学内容、教学方法、教学组织的计划性与统一性。学生在进入大学之时，其4年所学课程已经被有目的、有计划地安排好，4年的学习过程即是这一制定好的教学计划的展开过程。这种方式虽然对培养有一定规格要求的专门人才有作用，但是对培养具有较高知识素养与较强创新能力的人才或许不太适宜。因为创新是一种不受拘束、富有个性的活动，因此，培养创新人才勇于质疑、善于批判、敢于打破常规的能力与素质十分重要。而这些能力与素质的培养需要一种宽松、自由的学习氛围。所以，重视学生的学习自由应成为面向高等教育现代化改革人才培养制度的重要理念基础。其实，早在19世纪德国大学培养学术创新人才的实践中，学习自由就被作为一条基本原则。

第二，重视人才培养结构的不断协调。人才培养结构涵盖的内容比较多，是人们经常探讨的问题，如有人才培养的地区结构、类型结构、层次结构、科类结构等。对各国的高等教育人才培养结构做一研究比较可以发现，人才培养的诸种结构在不同国家存在着一定的差别。例如，就层次结构而言，有的国家专科生、本科生、研究生的比例构成呈"金字塔形"，有的国家专科生、本科生、研究生的比例构成呈"橄榄球形"。因此，关于人才培养的结构，很难找到一个适应众多国家的一致的标准或模型。不过，进一步研究高等教育发达国家

① Joseph Ben David. 学問の府. 东京：サイマル出版会，1982.

的人才培养层次结构可以发现，研究生比例相对较高是一种普遍现象。可以这么认为，世界上诸多国家的高等教育人才培养层次结构，大致可以分为以专科生、本科生占绝大多数的所谓"低重心"层次结构和研究生占有相当比例的"高重心"层次结构两大类，而高等教育发达国家尤其是高等教育强国的层次结构，毫无疑问属于后一类。有统计资料表明，美国 2016 年在学本科生人数为1 687.5 万，研究生 297.2 万，研究生数占本科生数的 17.6%；英国 2017 年在学本科生 164.5 万，研究生 56.8 万，研究生数占本科生数的 34.5%；法国2017 年在学本科生 89.3 万，研究生 63.1 万，研究生数占本科生数的 70.7%；德国 2017 年在学本科生 181.6 万，研究生 102.9 万，研究生数占本科生数的56.7%；日本 2019 年在学本科生 260.9 万，研究生 25.5 万，研究生数占本科生数的 9.8%。我国 2017 年在学本科生 1 648.6 万，研究生 263.9 万，研究生数占本科生数的 16.0%。从上述统计来看，应该说我国研究生教育经过近年来的大发展，在数量上已经达到相当规模，研究生在学人数占本科生数的比例已经超过日本，接近美国。换句话说，从数量上来看，我国的高等教育人才培养层次结构正在从"低重心"向"高重心"发展。问题是仅有数量是远远不够的，实现高等教育现代化所要求的人才培养主要在于高水平、高质量，尤其是在研究生教育层次。因此，我们这里所说的人才培养结构的协调不能仅仅认为是数量结构，还应包括内容结构。比如不同层次的教育，特别是本科教育与研究生教育的衔接问题；不同类型人才（学术型、应用型、技能型）的培养内容、方式的区别与融通问题；等等。

第三，重视人才培养制度的不断改革。高等教育人才培养制度有广义与狭义之分。广义的人才培养制度实际上包括了从招生到就业、从校园文化到学生生活等有关人才成长的方方面面的制度、规则。狭义的人才培养制度主要指与高校教育、教学过程和活动相关的制度、规则。人才培养制度的确定与人才培养模式有着密切的联系。就专门人才的培养来讲，可以看到这样两种不同的培养模式，即"本科+研究生的专门人才培养模式"和"本科专门人才培养模式"。前者的代表主要是美国，自 19 世纪 70 年代约翰斯·霍普金斯大学创建现代研究生教育制度之后，以培养法律、医务、商务、管理、教育等专业人员为目的的从事研究生教育的专业学院（Professional School）逐渐出现，由此，本科学院（如哈佛大学的哈佛学院、哥伦比亚大学的哥伦比亚学院）加专业研究生学院成为美国综合性大学的学院构成方式，"本科+研究生"成为培养专业人员的基本模式。在这样的专门人才培养模式中，本科教育的通识性、研究生教育的高深性成为基本特征。所谓"本科专门人才培养模式"主要指在本科阶段完成对专业人员的培养，本科教育的专业性是这一模式的基本特征。20 世纪 50

年代初期的高等教育改革之后，我国所确立的专门人才培养模式就是这后一种。为了达到在本科阶段完成专门人才培养的任务，我们制定了从教学计划、教学组织到教学实施、教学管理的一整套人才培养制度。当高等教育进入大众化阶段，社会主义市场经济成为高等教育发展的宏观背景，尤其是当研究生教育获得迅速的发展、研究生数量占研究生与本科生总数的10%以上时，研究生教育内容与本科生教育内容的重复、研究生教育水平的低下等问题就凸显出来了。现在应该是到了认真思考专门人才的培养模式、重新审视我们已经习惯了的人才培养制度的时候了，尤其是在面向高等教育现代化的背景下。

提高高等教育的人才培养质量，毫无疑问与提升高等学校的办学水平息息相关。国家将"双一流"建设作为提升高等学校办学水平的一项重大战略举措。2015年10月24日，国务院发布了《统筹推进世界一流大学和一流学科建设总体方案》，明确提出："到2020年，若干所大学和一批学科进入世界一流行列，若干学科进入世界一流学科前列。到2030年，更多的大学和学科进入世界一流行列，若干所大学进入世界一流大学前列，一批学科进入世界一流学科前列，高等教育整体实力显著提升。到本世纪中叶，一流大学和一流学科的数量和实力进入世界前列，基本建成高等教育强国。"可以这么认为，"双一流"建设的成效关乎高等教育现代化的进程，"双一流"本身是衡量高等教育现代化水平的重要指标之一。因此，从实现高等教育现代化的角度出发，应扎实、稳步地推进"双一流"建设，让一流大学、一流学科在我国高等教育现代化的进程中发挥更大的作用。

第三节　面向高等教育国际化，形成富有活力、特色的高等教育中国模式

高等教育国际化是近二三十年来世界高等教育发展的一大潮流。高等教育国际化不仅表现在科学知识、大学教师与学生在国际的大量流动，而且随着大学排行榜的流行，大学办学的国际标准成为各国大学努力的目标，促进着国际化的深入发展。高等教育国际化也是近年来我国高等教育发展的主要特点之一。据《2018年度我国出国留学人员情况统计》，2018年我国出国留学人员总数为66.21万人，其中，国家公派3.02万人，单位公派3.56万人，自费留学59.63万人。2018年各类留学回国人员总数为51.94万人，其中，国家公派2.53万人，单位公派2.65万人，自费留学46.76万人。从1978年到2018年底，各类出国留学人员总数达585.71万人，其中153.39万人正在国外进行相关阶段的

学习和研究；改革开放以来，留学回国人员总数达 365.14 万人，有 84.46％的留学人员学成后选择回国发展。我国在成为留学生输出主要国家的同时，也正在成为留学生输入的重要国家。据《2018 年来华留学统计》，2018 年共有来自 196 个国家和地区的 492 185 名各类外国留学人员在 31 个省、自治区、直辖市的 1 004 所高等学校、科研院所和其他教学机构中学习，比 2017 年增加 3 013 人，增长比例为 0.62％。

高等教育国际化已经成为影响一个国家高等教育发展的重要因素。如何在高等教育国际化的潮流中，既关注世界高等教育的发展趋势又保持自己国家高等教育的发展特色与优势，是许多国家尤其是发展中国家所面临的一大课题。在高等教育的历史上，接受外来模式的影响实际上是一种高等教育发展的常态。美国比较教育学者菲利浦·G. 阿特巴赫认为："国际性的大学模式在全世界的高等教育发展中，已经发挥了并且还在继续发挥着重要的作用，这一点也是显而易见的。任何一个国家高等教育确切的历史，都是由许多因素结合而构成的。例如，某一个国家就常因某种外国的影响造成一种历史的偶然。"① 人们在研究中世纪大学的产生与发展时发现，最早的两所中世纪大学——巴黎大学与博洛尼亚大学分别以它们特有的办学模式影响了后来的大学。特别是"一种占有主导地位的模式——以教授为主的巴黎大学——在国际上是最有影响的。它基本上确定了世界上各国大学的体制"②。

在美国的大学发展史上，我们至少可以看到有过这样两次较大的接受外来模式影响的过程。1636 年，美国历史上第一所高等教育机构——哈佛学院成立（据历史记载，哈佛学院正式命名为 1639 年，之前的名称为剑桥学院③）。"哈佛学院完全是按照英国大学的模式创建的。具体来说，剑桥大学伊曼纽尔学院对哈佛影响最大。从哈佛创办者留下来的明确的声明中，可以发现哈佛的章程是直接取自伊丽莎白时期的剑桥大学章程的。'按照英格兰大学的方式'这个用语出现在第一个哈佛学位方案中"④。在英国统治的殖民地时期出现的其他 8 所学院也都是以英国大学的学院模式为蓝本建立起来的。19 世纪中叶的南北战争之后，美国大学发展进入了一个新的变化时期，影响这一时期大学发展的主要因素有两个：一个是 1862 年由林肯总统签署实施的有关赠地办农业和机械工程学院的《莫里尔法案》，另一个是新型的德国大学模式。当时，德国大学模式对美国大学的影响主要表现在以下 4 个方面：（1）系的体制就是根据德国讲座制度

①② 阿特巴赫. 比较高等教育. 北京：文化教育出版社，1985.

③ 张斌贤. 美国高等教育史：上. 北京：教育科学出版社，2019，108-109.

④ 贺国庆. 德国和美国大学发达史. 北京：人民教育出版社，1998.

的概念而建立的，大学的学术工作是根据学科来划分的。（2）科学研究越来越被强调为大学不可缺少的一部分，博士学位被确定为大学教育的顶点。（3）大学与国家的关系越来越密切，政府对科学研究的投资更普遍了。（4）随着大学自主权的扩大和可得到的科学研究资金的增加，大学教授的声誉也提高了①。而 1876 年成立的约翰斯·霍普金斯大学更被看作德国大学的翻版，它被人们称为"巴尔的摩的哥廷根大学"。约翰斯·霍普金斯大学之后，斯坦福大学、克拉克大学、芝加哥大学等新大学的相继成立和哈佛大学、哥伦比亚大学、耶鲁大学等老大学的改造把学习德国模式推向了高潮，以至于当时的美国大学被认为是在德国以外比任何国家的大学都彻底地德国化了②。第一次外来模式的影响造就了美国的近代大学，第二次外来模式的影响则直接推动了美国大学的现代化。

我国近现代高等教育的发展也多次受到外来模式的影响。20 世纪初，当时的清朝政府以日本大学模式为蓝本建立了近代大学制度。1904 年颁布的《奏定大学堂章程》在解释大学堂所设 8 个分科大学时写道：日本国大学止文、法、医、格致、农、工六门，其商学即以政法学科内之上法统之，不立专门。又文科大学内有汉学科，分经学专修、史学专修、文学专修三类。又有宗教学，附入文科大学之哲学科国文学科，汉学科史学科内。今中国特立经学一门，又特立商学一门，故为八门③。不仅学科设置，大学堂开设的许多课程也是效仿日本，并使用日本大学的教科书。中华人民共和国成立之后，按照苏联模式建立社会主义大学制度是当时大学改革的一个重要特点。1954 年，高等教育部部长马叙伦在总结新中国成立后 5 年来的高等教育发展时谈道："中央人民政府于 1952 年暑假进行了大规模的院系调整工作，依据苏联高等学校制度，从庞杂纷乱的旧大学中取消院的一级，调整出工、农、医、师范、政法、财经等系科独立建院或与原有同类学院合并集中，并根据培养国家建设各项专门人才的需要，结合各校师资设备等条件，普遍设置各种专业，根本改变了旧的高等学校设置混乱、系科重叠、教学脱离实际的状况，而使学校系科专业设置成为新型而能有效地为国家经济建设服务。"正是在苏联政府与专家的协助指导下，在全面学习苏联经验的过程中，用了 1950 年至 1955 年大约 6 年的时间，建立起以苏联模式为蓝本的社会主义大学制度，这一制度成为 20 世纪后半叶我国大学发展的重要基础。

①　阿特巴赫. 比较高等教育. 北京：文化教育出版社，1985.
②　高木英明. 大学の法的地位と自治機関に関する研究. 多贺出版株式会社，1998.
③　中国教育大系编纂出版委员会. 历代教育制度考：下. 武汉：湖北教育出版社，1994.

改革开放以来，我国高等教育发展进入了一个新的历史阶段。经过 40 多年的改革与建设，我国高等教育取得了长足的进步，不仅数量上得到很大的发展，成为高等教育大国；而且水平也得到了明显的提升，为实现高等教育现代化、建设高等教育强国打下了坚实的基础。更值得注意的是，在长时间受到外国模式影响、学习高等教育发达国家的经验之后，我国高等教育的特色、优势正在逐渐形成。在高等教育国际化的潮流中，在日益激烈的竞争环境下，要想立于不败之地，必须形成体系的特色与优势，必须形成富有活力、特色的高等教育中国模式。高等教育中国模式的内涵包括：中国传统文化与现代科学知识相结合的高等教育理念，适合中国国情、科学合理的高等教育制度，先进、有效的高等教育治理和能培养出促进社会进步、国家富强、人民幸福的大批合格人才的高等教育体系。毫无疑问，高等教育中国模式的形成与建设高等教育强国是紧密相连的，当今世界上的高等教育强国无不有着在长期历史发展过程中形成的独特的高等教育模式。因此，在实现高等教育现代化、建设高等教育强国的进程中，形成富有特色的中国模式将是 21 世纪上半叶我国高等教育发展的一个主要课题。

后 记

高等教育领域在改革开放以来发生了巨大的变化。一是高等教育规模在 40余年间尤其是进入 21 世纪以来增长迅速，在不太长的时间内由精英阶段跨过大众化阶段，进入了普及化阶段。二是高等教育改革持续深化，高等学校的教学、科研、社会服务能力显著提升，为社会培养出大批合格的专门人才，产出的大量科研成果不仅丰富了学科知识，而且促进了社会经济、文化的发展。高等教育领域广泛，在一本书中难以面面俱到。因此，我们经过多次讨论、反复沟通，确定了 10 章的框架结构，力图符合发展逻辑，抓住主要方面，突出时代特点。

参与本书写作的人员如下：李立国（第一章）、张海生（第一章）、高文豪（第二章）、易鹏（第三章）、梁曦文（第三章）、吴秋翔（第四章）、冯鹏达（第五章）、俞亚萍（第六章、第七章）、解瑞红（第八章、第九章）、胡建华（第十章）。胡建华、李立国负责全书统稿。

感谢审稿专家提出的宝贵意见和中国人民大学出版社的编辑们为本书出版付出的辛勤努力。囿于能力与水平，书中难免存在一些不当之处，恳请批评指正。

编者

2021 年 2 月

图书在版编目（CIP）数据

当代中国高等教育：以变化适应未来人才需求/瞿
振元主编. --北京：中国人民大学出版社，2021.9
（当代中国教育改革与创新书系/朱永新总主编）
ISBN 978-7-300-29282-3

Ⅰ.①当… Ⅱ.①瞿… Ⅲ.①高等教育-人才培养-
研究-中国 Ⅳ.①G649.21

中国版本图书馆 CIP 数据核字（2021）第 068763 号

国家出版基金项目
当代中国教育改革与创新书系
总主编 朱永新
当代中国高等教育
以变化适应未来人才需求
主　编　瞿振元
副主编　胡建华　李立国
Dangdai Zhongguo Gaodeng Jiaoyu

出版发行	中国人民大学出版社	
社　　址	北京中关村大街 31 号	**邮政编码** 100080
电　　话	010 - 62511242（总编室）	010 - 62511770（质管部）
	010 - 82501766（邮购部）	010 - 62514148（门市部）
	010 - 62515195（发行公司）	010 - 62515275（盗版举报）
网　　址	http://www.crup.com.cn	
经　　销	新华书店	
印　　刷	天津中印联印务有限公司	
规　　格	170 mm×240 mm　16 开本	**版　次** 2021 年 9 月第 1 版
印　　张	21.25 插页 1	**印　次** 2021 年 9 月第 1 次印刷
字　　数	358 000	**定　价** 78.00 元